호산 전창일과
통일운동 77년사

1

호산 전창일과
통일운동 77년사 1

초판 1쇄 인쇄일 2023년 3월 25일
초판 1쇄 발행일 2023년 4월 5일

지은이 김상구
펴낸이 양옥매
디자인 표지혜 송다희
교   정 김민정
마케팅 송용호

펴낸곳 도서출판 책과나무
출판등록 제2012-000376
주소 서울특별시 마포구 방울내로 79 이노빌딩 302호
대표전화 02.372.1537   **팩스** 02.372.1538
이메일 booknamu2007@naver.com
홈페이지 www.booknamu.com
ISBN 979-11-6752-277-1 (세트)
ISBN 979-11-6752-278-8 (04300)

1

호산 전창일과
통일운동 77년사

분단과 ─────── 전쟁

김상구 편저 ｜ 전창일 감수

책나무와

통일운동의 이론가이시고
실천가이신 호산 선생님

권오헌 (사)정의 · 평화 · 인권을 위한 양심수후원회 명예회장

지난여름 어느 날 아주 반가운 소식을 들었습니다.

평소 존경해 오던 전창일 선생님께서 전화를 주셨는데 선생님의 살아 오신 77년 통일운동사 초록을 보낼 터이니 읽어보고 '추천사'를 써 달라는 말씀이셨습니다.

책을 펴낸다는 말씀은 참으로 반가웠지만, 선생님의 귀중한 생애와 통일운동사에 감히 제가 추천사라니 가당치 않았지만, 거절하지는 못했습니다. 제가 선생님을 존경하는 것만큼 선생님 또한 저를 믿어 오셨기 때문입니다.

그리고 얼마 뒤 1,000페이지가 넘는 방대한 양의 '호산 전창일과 통일운동 77년사'(1, 2, 3부) 초고를 받았습니다. 우선 초고의 분량에 압도되었지만. 다른 한편 제가 선생님을 몰랐던 시기에 대한 호기심이 발동했

습니다. 대충 목차만 보았어도 북녘 조국 북청에서 태어나시어 대부분의 생애를 남쪽에서 보내시는 동안의, 선생님의 귀중한 생애이면서 당대의 사회사, 민족사 바로 우리 현대사가 조감되고 있었습니다. 그 많은 자료와 주해 또한 이 저작의 실증력과 객관성을 담보하고 있었습니다.

그런데 참으로 죄송스럽고 유감스러운 일이 생겼습니다. 하필 초고를 받았을 때 저는 3기 항암 주사가 시작되었고 더하여 코로나까지 감염되어 참으로 힘든 투병생활을 하게 되었습니다. 어떠한 계기마다 '77년사'를 읽어보려 했지만 통증에 기력까지 떨어져 집중력을 잃게 되고 포기하곤 했습니다. 또 불가피한 일이 벌어져 우선순위에서 밀려지게 되었습니다.

그러다가 최근 뒤늦었지만 돋보기에 확대경까지 동원, 오랜 시간을 거쳐 '70년사'를 대략 읽게 되었습니다. 선생님 살아오신 험난한 삶과 그 어떤 역경에서도 이겨내신 끈질긴 생활력과 돌파력을 읽게 되었습니다. 그리고 새삼 느끼게 되었습니다. 한 사람의 생애를 규정하는 것은 당사자의 주체 의지이면서 사회적 환경과 역사적 조건의 반영일 수도 있다는 점이었습니다. 바로 당대 사회가 요구하는 인간의 본성, 민족적 양심으로는 다른 선택의 여지가 없는 길을 걸었다는 점이었습니다. 선생님의 90 생애도 예외는 아니었습니다.

자료를 읽고서는 무엇보다 북녘 조국에서 해방 뒤 남쪽에 오신 선생님께서 어떻게 반북 반공이 아닌 자주통일 전선에 헌신하실 수 있었는지를 알게 되었습니다. 선생님께서는 일제 강점기에 태어나시어 왜놈들의 강도 같은 식민지지배를 직접 겪으셨고, 해방된 조국이 분단으로 고착될 줄 모르신 채 해방공간에 서울로 유학을 오셨습니다. 남쪽에서는 열혈 단신으로 학업에, 아르바이트에, 단선·단정 반대투쟁을 하셨고 그 때문에 1949년 4월 서대문형무소에 갇히는 몸이 되셨습니다. 그리고 1950년 6월 28일, 조선 인민군에 의해 서대문감옥 문이 열리면서 애국청년으로 출옥하는, 선생님 생애 가장 극적인 장면도 있었습니다.

선생님께서는 인민군이 해방시킨 수감자 자격으로 서울시인민위원회 소집현장에 함께하시고 곧바로 조선로동당 직속 인민유격대 제353부대에 배속 남쪽 해방구역, 경남 산청으로 파견되었고 인공시대의 선전사업을 하셨습니다.

이후 전선 이동과 함께 선생님의 신분과 활동은 좌에서 우로 우에서 좌로, 동족상잔의 비극 속에 전개되는 처절한 전장을 체험하시게 됩니다. 인민유격대 → 피난민 귀환자 → 국민방위군에 편입, 제주도로 송출 → 다시 서울로 → 한국군 지게부대 → 미군 지게부대 차출 → 미군 부대(1169공병여단) 취직 → 양말수입 장사로 번 돈, 미곡상회투자로 탕진 등 제가 전혀 몰랐던 선생님의 전쟁과 전후 시기의 파란만장한 사연이었습니다. 이때 선생님은 평생의 반려자이며 변혁운동의 동지인 공주사대 출신 임인영 교사와 결혼을 하셨습니다.

선생님께서 전쟁 시기 네 차례의 각기 다른 포연 자욱한 전장을 겪으셨고 미군 부대 취직을 하는 동안에도 결코 잊지 않았던 것은 조국통일 염원이셨습니다. 그리고 마침내 4·19 혁명으로 지난 30여 년의 방황(?)의 길은 한 가지 목표로 자리매김하게 되었습니다. 언제나 자주통일

노선이고 진보개혁 노선이란 본연의 자리였습니다.

　제가 4·19 혁명과 5·16 쿠데타를 군대에서 겪어야 했던 바로 그런 시기를 제외한다면, 박정희 군사정권 반대, 굴욕적인 한일회담 반대 특히 유신독재 반대투쟁에서 선생님과 저는 같은 길을 걸었지만 아슬아슬하게 서로 만나는 데는 빗나갔습니다. 가령 옛 혁신계 김달호, 장건상 선생이나 1차 인혁당이나 민족일보 사건에서의 박현채, 김철 선생 등은 다 같이 교우했던 인사들이었습니다. 2차 인혁당 당시 가족들과 명동성당에서 무죄 석방 미사에 함께하기도 했었습니다.

　그러나 강물은 결국 바다로 들어가게 되었지요.
　제가 선생님을 처음 뵙게 된 때는 1982년 초였습니다. 저는 남조선민족해방전선 준비위원회 사건으로 형이 확정되어 서울구치소에서 광주교도소로, 다시 1981년 말께 대구교도소로 이감을 갔는데 인민혁명당 재건위 사건에 연루되셨던 선생님께서는 저보다 몇 달 앞서 대구교도소로 이감 오신 사실을 알게 되었습니다.

　그런 어느 날 제가 수감돼 있던 2사(특사)의 제 방 뒷창문에 수의를 입은 낯모르는 분이 나타나셨습니다. 바로 전창일 선생님이셨습니다. 당시 인혁당 재건위 사건 관련 선생님들은 3사에 수감돼 있었는데 운동 시간에 남민전 관련자들이 이감 온 것을 아시고 찾아오신 것입니다. 처음 뵈었지만 초면 같지 않은 동지적 연대감을 느끼게 되었습니다. 그 뒤 1982년 3월 부산미문화원 응징사건 소식을 전해주시는 등 새로운 사회 소식을 알려주시는 일이 있었습니다.

선생님께서는 1982년 12월 24일 형집행정지로 출감하셨습니다. 남민전 동지들은 인혁당 관련 선배들의 석방을 마음속 깊이 축하해 드렸습니다.

그리고 저도 이듬해 3월 대구교도소에서 3년 만기 출소했습니다. 출소 뒤 선생님을 비롯한 인혁당 관련 선생님들과는 남다른 동류의식에서 가까이 지냈고 특히 남민전 남은 동지들 석방 운동하는 데 물심양면으로 큰 도움을 주셨습니다. 특히 사모님이신 임인영 여사는 남민전 동지이기도 했습니다.

어느 날 석관동 선생님 댁을 찾아뵈었을 때도 남민전 총서기 이재문 선생님 도피생활과 임인영 여사의 남민전 수사과정의 숨겨진 옛이야기를 나누기도 했습니다.

바로 당시 석관동 전창일 선생님 댁에 이재문 선생이 숨어있었는데 인혁당 재건위 사건으로 선생님은 중앙정보부에 연행되었지만 이재문 선생은 다락방에 안전하게 숨어 무사했었다는 옛이야기였습니다. 그리고 저는 임인영 여사께서 수사기관을 호령하던 일화를 상기시켜드렸습니다.

1979년 10월 어느 날 저는 남영동 치안본부 대공분실에서 대방동 미군들의 대공수사기관으로 옮겨졌습니다. 그런 며칠 뒤 한 여성의 고함 소리가 들렸습니다. "이놈들아, 생사람 잡지 말고 고문조작 중단하라!, 죄 없는 사람들 당장 석방하라!"라는. 뒤에 알았지만, 임인영 여

사이셨습니다. 그때 남민전 동지들은 대개 초범(?)들이어서 고문 등에 맞서 싸울 줄도 모르고 있었는데 임 여사의 호통소리에 큰 힘을 얻게 되었습니다.

제가 선생님을 자주통일운동의 대선배로 언제나 존경하고 지도를 받고 있었지만 함께 어떤 단체나 조직 활동을 하지는 않았습니다. 선생님께서는 조국통일범민족연합(남·북·해외)의 강령규약을 최종 확정하는 데 자긍심을 갖고 계셨고 그만큼 범민련 활동에 헌신을 다하셨습니다. 또한 자주 통일 운동의 이론과 실천과정에서 객관적 합리성과 구체적 현실성을 강조하셨습니다.

저는 수십 년 감옥에 갇혀있는 비전향 장기수들의 석방과 후원, 그리고 송환활동을 하는 선생님과는 다른 부문에서 일하고 있었지만 선생님께서는 그 자체가 자주통일운동의 역할분담으로 이해하시며 격려해 주셨습니다. 그리고 1995년 범민련 남측본부 결성과 대탄압 시기에 30여명의 범민련 지도부가 구속되고 강압수사, 법정에 세워지고 있을 때 누구 못지않게 무죄 석방 운동을 한 바 있습니다.

이처럼 단체나 조직 활동을 함께하지는 않았지만 언제나 각기 하는 사업에 서로 존중하고 신뢰하는 관계였으며 제가 자주, 민주, 통일 관련 언론 기고 등에 대해 선생님께서는 언제나 격려·고무해 주셨습니다.

언젠가 선생님께서는 제가 해방공간에서 발행된 『자본론』(1, 2, 3권-전석담·최영철·허동 공역)을 갖고 있다는 것을 아시고 복사본을 갖고 싶어 하셨습니다. 저는 서슴없이 원본보다 더 보기 좋은 복사본을 만들어 드린 일이 있습니다. 선생님께서 평소 서로 아끼시고 믿어주신 데 대한 저의 존경의 뜻이었습니다.

선생님의 귀중한 생애와 특히 통일운동 77년은 우리 모두가 가져야 할 자산이었습니다. 자주통일운동에 헌신하는 많은 분께서 꼭 한번 읽어보시길 바랍니다.

전창일 선생님의 삶을
함께 따르겠습니다.

이석영 전북대학교 명예교수

전창일 선생님! 훌륭하신 선생님의 이름을 부르고서야 이 글을 쓰게 됨을 용서하여 주시옵소서! 전 선생님을 알게 되고 뵙게 된 경위부터 써야겠습니다. 제가 전주에 있는 전북대학교에 오게 되면서 영광스런 일이 시작됩니다. 전북대학교 농과대학에 부임하니까, 먼저 오신 선배 교수님들께서 이 대학교에서 활발하게 운동해 온 한국기독학생총연맹(KSCF, Korea Student Christian Federation)을 지도해 달라고 부탁했습니다. 그래서 이 학생단체의 소위 지도교수를 맡게 되었습니다. 때는 1970년이었습니다.

학생지도를 맡고 보니까 이 단체가 당시 군부독재 항거운동의 선구자라는 것을 알게 되었습니다. 유인물이 뿌려졌다 하면 으레 기독학생총연맹이 뿌린 유인물이고, 부르짖었다 하면 이 단체로부터 시작된 함성이었습니다. 당시 학생운동의 선구적 역할을 하는 학생단체 지도교수의

11

책임과 사명을 절감하게 되었습니다.

그리하여 나의 생활에도 큰 변화가 생겼습니다. 하루하루가 긴장의 연속이었습니다. 학생들의 항거운동이 있는 날은 그냥 지나가는 하루가 아니었습니다. 그런데 제 전공이 물리화학이다 보니 수학부터 물리 · 화학을 늘 공부해야 하는 처지였습니다. 전공과목 공부를 소홀히 하고 운동만 한다는 평을 들을 수 없어 사회운동에 관한 공부는 못하고, 경제적 도움과 몸으로만 학생운동을 돕는 것으로 만족하고 살았습니다. 사회과학도 모르고, 우리가 사는 세대의 역사적 지식도 없는 사람이 당시의 국가적 사회적 온갖 문제를 다루는 학생들을 지도한다는 것이 신기한 일이었습니다. 그래도 같이 만나고 행동하고 함께 살아왔다는 자체가 흐뭇한 일이었습니다.

그러한 상황에서 서울에서 활동하는 기독자교수협의회의 모임에 참석했다는 것이 저에게는 큰 행운이었습니다. 진보적인 인문학과 신학대학의 훌륭한 교수님들의 행동하는 모임에 동참할 수 있었다는 자체가 큰 영광이었습니다. 서울대의 한완상 교수, 연세대의 김찬국 · 노정선 교수, 고려대의 이문영 교수, 이화여대의 서광선 교수, 한국신학대의 안병무 · 문동환 · 문익환 · 서남동 · 김창락 교수 그리고 김성은(서울신대), 이정배(감신대), 이은선(세종대) 교수 등 학문적으로나 실천적 삶의 면에서 훌륭하시고 뜻이 높은 분들과 함께했다는 자체가 저로서는 세상에 태어난 큰 보람으로 생각하고 살아오고 있습니다.

그렇게 학생들과 어울리고 교수님들과 함께 살아오면서 기쁘면서도 불안한 생활을 영위하다가 5·18사태를 몸으로 만나게 되었습니다. 보안대에 끌려가 지독한 고문을 당했습니다. 눈 가리고, 옷을 빨가벗기고, 고문몽둥이로 무지하게 맞았습니다. 보니까 아예 고문기구가 구비되어 있더군요.

몸도 그렇지만 정신적으로 그 후유증이 15년 넘게 지속됨을 느꼈습니다. 늘 불안하고, 자신감이 없고, 쓸데없는 걱정을 하며 살았습니다. 그런 후유증이 있는 중에도 기독학생과 기독자교수협의회의 활동을 하며 살아왔다는 것은 신통한 기적이었습니다. 1985년에는 미국에서 열린 남북기독교대표자회의(남측 대표: 노정선, 이삼열, 이석영)에 참석하게 되어 남북의 사람이 다름이 없다는 것을 알았습니다.

여러모로 부족한 제가 한국기독자교수협의회 회장이 되었습니다. 그동안 여러 활동을 하는 가운데 "동학 농민 전쟁 전적지"를 둘러보는 행사는 참 잘했다고 여겼으며, 정말 대단한 가치를 가진 일정이었습니다. 동학농민혁명 전적지 체험일정은 저를 비롯한 많은 교수님의 삶에 깊은 감명을 준 것으로 알고 있습니다. 특히 박명규 교수(후에 서울대로 자리를 옮김)의 전적지 안내 설명은 그의 뜻깊은 연구업적의 결과물인바 우리에게 심오한 체험을 하게 하였습니다.

여행에 동참하신 강희남 목사님도 큰 감동을 받았다고 합니다. 민주화운동과 정의를 위한 투쟁에 늘 앞장섰으며 고락을 함께했던 목사님은 이번 체험을 통해 저를 더욱 믿게 되었다고 하시며, 저와 더 깊은 뜻을 같이하자고 권유했습니다. 목사님께서 주관하고 계시는 모임에 함께하자는 뜻이었습니다. 저를 그렇게 참여하도록 권고하신 모임이 바로 조국통일범민족연합(범민련)이었습니다.

그 후 전창일 선생님을 뵙고, 전 선생이 하시는 일과 모습 그리고 생애를 알게 되었습니다. 그 무렵부터 한 달에 두 번 모이는 화목회(구 목요회)에 거의 빠지지 않고 참석하여 선생님을 뵈었습니다. 헤아려 보니 선생님과의 인연이 20여 년 이상 이어지고 있는 셈입니다. 이처럼 긴 세월 동안 출석 모범생이 된 이유가 있습니다. 서둘지 않으시면서 깊은 연구와 통찰을 겸한 끊임없는 공부와 실행을 삶을 통해서 실천하시는 그 열의에 저도 모르게 동참하게 되었습니다.

그리고 그 옆에서 도와드리며 우리나라의 현대사를 끈질기게 빈틈없이 공부하고 역사의 진실을 밝히면서 기록하는 김상구 동지를 통해 새로운 정보를 많이 얻고 있습니다. 이제는 같이하면서 삶의 동지로 서로 돕고 있는 사이가 되었습니다.

앞에서 몇 차례 이야기한 강희남 목사님의 헌신적인 나라 사랑을 늘 기억하면서 그분의 삶을, 한편으로는 전창일 선생님의 삶을 함께 생각하고 기억하면서 그분들의 삶을 함께 따르겠다는 다짐을 고백합니다.

큰 통일어르신 전창일 의장님
일대기를 읽고

강정구 전 동국대학교 교수

　늦깎이로 학문의 세계에 발을 들여놓고, 곧바로 민족의 통일과 평화에 관심을 가지면서, 자연스럽게 접한 이름이 전창일 선생님이시다. 통일운동 일선이 아닌 학문적 접근을 하다 보니 최전선의 범민련과 인혁당 어르신들을 먼발치에서 뵐 뿐 가까이할 위치가 아니었다.

　이들 어르신 가운데 유독 전창일 선생님과는 학술논의의 장에서 자주 만나게 되고 또 함께 발표와 토론을 하는 기회가 주어졌다. 이런데도 저 자신의 소극적 성격 때문에 선생님을 깊이 이해하지 못했다. 그러면서 선생님, 당신에 대한 몇 가지 궁금증이 자연스레 생겼다.

　하나. 왜 큰 통일일꾼들 가운데서도 선생님을 상당히 높게 평가하고 존경하는 모습을 보이는가?

하나. 동시에 일부에서는 왜 부정적 평가의 강도가 짙은가?

하나. 선생님은 왜 저를 과분하게 좋아하시는가? 등이다.

첫 번째 의문: 선생님은 평소에 상당히 현실적이면서도 이론적인 기반을 갖춘 처방이나 의견을 내놓으시고 또 몸소 발표를 직접 담당하시는 모습에서 선명성과 강경 기조만을 고집하시는 분들과는 차별성을 보이셨다. 또한, 뵐 때마다 읽어야 할 복사물을 나눠주시고 새로운 책들을 소개해 주셨다. 그 가운데는 일본어, 영어 등으로 된 것들이 많아 언제나 국제적인 동향에 대해서도 진행형으로 관찰하고 계시는 것을 확인할 수 있었다.

이 책을 통해서 당연히 해소되었지만, 당신께 통일은 민족문제와 더불어 개인사적인 질곡에서 해방되는 가장 선차적이고 절대 양보할 수 없는 과제였다. 이를 위해 전력투구하셨기도 하거니와 이 통일 역정을 역사의 현장으로 손색없이 후손에게 남겨야 한다는 일념에 그 많은 기록물을 비상한 기억력과 함께 엮어 통일운동의 산 역사로 남기셨다. 이런 것들 하나하나가 바탕이 되어 사람들에게 존경심을 불러일으킨 것은 당연지사다.

두 번째 의문: 이런데도 가끔 선생님을 부정적으로 평가하는 얘기가 나돌았다. 왜 그럴까? 이 책을 읽어보면 자연스레 풀릴 것 같다. 선생님께서 6 · 25 동란 전후 겪으신 파란만장한 삶의 궤적은 상상을 허용하지 않을 정도로 가혹했다. 이런 가운데서 용케도 버티셨고, 또 엔지니

어, 지식인, 통일일꾼, 번듯한 직장인으로서 각양각색의 삶의 여정을 밟으셨다. 기구하게도 한반도 분단과 전쟁의 원흉인 미국과 주한 미군에 개인적으로 도움까지 받는 운명의 장난까지도 감당하셔야 했다. 이러다 보니 불필요한 오해와 불신을 받기도 했던 것 같다. 일반적으로 이해되지 않는 이러한 일들이 수도 없이 일어난 현장이 바로 우리의 해방 공간과 통일운동 및 혁신운동의 현장이다.

세 번째 의문: 선생님 당신께서는 지나치게 저를 아껴주시는 것 같다. 짐작건대 만경대방명록이나 맥아더 우상 허물기 및 6·25 통일 전쟁론 등에서 나름대로 민족 중심적인 목소리를 내었기 때문이라고 생각된다. 아마도 당신께서 지식인으로서 민족 통일에 관한 학문적 소양을 한껏 펼쳤으면 하는 바람이 일부 저에게 투영된 게 아닌가 하는 주제넘은 생각도 해본다.

곧, 100수를 맞이하실 당신께서 이 진귀한 역사를 온전히 남기신 것은 우리 후대들이 기필코 조국의 통일과 평화를 완결하라는 칙명을 내리신 것으로 보인다. 이런 뜻을 잘 받들어 이 평전을 엮은 김상구 선생께도 아울러 찬사의 찬사를 올린다.

전창일 선생님께
감사와 존경의 큰절을 드리고 싶습니다

이재봉 원광대학교 정치외교학·평화학 명예교수

전창일 선생님을 언제 어디서 처음 뵙게 됐는지 모르겠습니다. 제가 주로 글과 강연을 통해 통일운동 해오느라 6천 명쯤에 이메일 보내는데 선생님께서 어떻게 수신자 명단에 포함됐는지도 궁금하고요. 아무튼, 매달 한두 번 보내는 이메일에 종종 정성과 사랑으로 답해주시는 분이 었습니다. 이메일 아이디에 '하나의 조국'이라는 'onejoguk'을 쓰고 계시니 열렬한 통일운동가로 짐작할 수 있었고요.

선생님께서는 저를 항상 과대평가하셨습니다. 대략 10년 전부터 30년 아래 자식뻘인 저에게 꼭 '존경하는 이재봉 교수님'으로 시작하는 답 글을 보내시더군요. 과분하고 민망스러운 칭찬을 곁들이시면서요. 2014년 〈이재봉의 법정 증언〉을 연재할 때는 '양심과 지식과 용기를 겸비한 학자'로 떠받들어주셨습니다. 국제정세에 관한 글엔 '자랑스러운 민족의 석학'이나 '세계적 석학'이라고 치켜세워주시고요. 책을 소개하면 양서 추천해줘 고맙다며 주문해 읽어보겠다고 하셨습니다. 게다가 제 이메일을 받으면 복사해 가까운 분들에게 나누어준다고 하시더군요.

제가 무슨 모금 운동을 벌이면 기꺼이 동참하셨습니다. 통장도 없어 따님을 통해서요. 박정희 정권 때 이른바 '인혁당 사건'으로 무기수가 돼 징역살이한 데 대한 배상금을 이명박 정권 때 받았는데, 그 액수가 많다고 박근혜 정권이 강제반납 조처를 내리며 은행예금을 압류하고 연리 20%의 '이자 고문'까지 하는 바람에 극심한 어려움을 겪으시면서 말입니다.

2~3년 전엔 '90대 늙은이'여서 잘 걷지는 못해도 살아 숨 쉬는 한 저와 함께 조국의 평화와 통일을 위해 더 큰 걸음을 내딛고 싶다고 하셨습니다. 컴퓨터를 일주일에 한두 번 열어보느라 제 이메일을 며칠 늦게 읽으면 무슨 큰 죄라도 저지른 듯 죄송하다고 하셨고요. 작년엔 시력이 약해져 대형 손잡이 돋보기를 이용하느라 책 읽기가 아주 불편하다면서도 이메일 답 글을 보내주셨습니다. "늙어서 보행도 어렵고 모임에 가도 무슨 소리인지 알아듣지 못해" 웬만하면 외출하지 않고 주위의 권유로 회고록을 쓰신다더군요.

지난 5월 '진보당'에 가입했다는 제 이메일엔 얼마나 반가웠는지, '존경하는 이재봉 교수님'이란 호칭을 '경애하는 이재봉 동지! 박사님!'으로 바꾸셨습니다. '진보당 고문'으로서 제 입당을 쌍수를 들어 환영한다며, "함께 하여 더욱 반갑고 기쁨이 한이 없습니다"고 하시더군요. 작년 10~11월 제가 '김동수 선생 유산 나누기 운동'을 벌이면서부터 선생님께서 진보당원이라는 걸 짐작하고 있던 터였습니다. 김재연 진보당 대표에게도 책을 보내달라면서 송료를 대신 부담하셨거든요.

그런데 지난 3월 대선을 앞두고 제가 진보당에 몹쓸 짓을 했습니다. "검찰 독재의 횡포와 역사의 퇴행 그리고 무엇보다 전쟁을 피하기 위해" 윤석열 집권을 막자며 김재연 대선 후보에겐 사퇴 권유하는 글을 은밀히 보내고, 당원들에겐 이재명 찍어달라는 글을 여기저기 올렸으니까요. 열성 당원들의 거센 비판과 거친 욕설에 잠시 시달리며 선생님을 떠올려봤습니다. 나중에 아래와 같은 답 글을 주시더군요. "저 역시 지난 대통령선거에 이재명 후보 캠프 남북공동선언 실천위원회 특보단 상임 고문으로 참여했습니다. 진보당 고문임에도 이재명 후보의 당선을 낙관할 수 없는 위급한 처지라 판단되었기 때문이었지요." 인혁당 사건과 범민련 활동 등으로 십수 년 감옥에 갇혔던 어르신의 유연성이 존경스러웠습니다.

이에 앞서 작년 말 양쪽 눈 백내장 진단을 받고 수술을 앞두고 있는데, 다행히 회고록 집필을 마무리하고 김상구 현대사학자에게 평전과 편집을 맡겼다는 소식을 전해주시더군요. 그리고 지난달 김상구 선생으로부터 이 책 추천사를 부탁받으며 무려 1,100쪽의 원고를 받았습니다.

원고를 읽기 전까지, 선생님께서 저를 과대평가하신 만큼 저는 선생님을 과소평가했습니다. 1960~70년대부터 통일운동과 민주화운동에 헌신해 오신 수많은 어르신 가운데 한 분으로만 알았지요. 인민혁명당(인혁당) 사건으로 무기 징역형을 받고, 정부에서 이적단체 취급하는 조국통일범민족연합(범민련) 남측본부 지도자로 지내셨다니 조금 '과격한 통일운동가'이리라는 생각을 가졌고요.

원고를 통해 우리나라의 독립운동, 통일운동, 민주화운동 역사를 공부하면서, 선생님의 기구한 운명과 너무 앞서가신 삶을 어느 정도 알게 됐습니다. 선생님은 1928년 함경남도 북청에서 태어나 고등학교까지 마친 뒤, 부모 도움 없이 대학을 다니려고 1947년 홀로 서울로 내려왔답니다. 1948년 남한 단독선거 단독정부 반대 데모에 참여해 서대문형무소에 갇혔다가 전쟁이 일어나 석방됐고요. 전쟁 중엔 북한 인민군 장교로 시작해, 남한 국민방위군 훈련병이 되었다가 미군 부대 지게부대원으로 일하는 등 세 번 징집을 당했답니다. 이 과정에서 1928년생 전철구가 1921년생 전창일로 뒤바뀌며 호적까지 뒤죽박죽됐고요. 나중엔 미군 부대 통역관이 돼 미군 장교 대우를 받기도 하고, 미8군 사령부 경제조정관으로 일하기도 하면서 떼돈을 벌기도 했답니다. 남한 회사의 중역으로 초빙되면서는 근무시간의 절반을 통일운동에 할애하겠다는 조건을 내걸고, 1960년 4월 혁명 이후 1961년 결성된 민족자주통일중앙협의회(민자통) 최고운영위원으로 활동하면서 본격적으로 통일운동에 몸담게 됐고요. 그러면서 1990년대 말까지 다섯 번에 걸쳐 15년간 감옥에 갇히는 등 험난한 시련을 겪으신 거죠.

그뿐만 아니었습니다. 부인께서도 똑같았으니까요. 1950년대 당시 최고 사범대학을 나와 사명감으로 초등학교 교사로 일했답니다. 부잣집 아이는 공부 잘하지 못하는데 반장을 하며 1등으로 기록되고, 가난한 집 아이는 공부를 가장 잘하는데 4~5등으로 기록된 걸 발견하고 바로잡았답니다. 교장과 교감의 협박 섞인 수정요구를 거부하며 싸운 뒤, 학교의 부정과 비리에 교사의 자부심과 보람을 맛보기 어려워 3년 만에 사표를 내고 말았답니다. 곧 양재기술을 배워 의상실을 차리고 돈 벌어 자식들 교육시켰고요. 한편 남편 석방운동 벌이다 1970년대 터진 남조선민족해방전선준비위원회(남민전) 사건에 엮여 잠시 구속됐는데, 그때 받은 고문 후유증으로 2003년 작고하셨다는군요.

원고를 읽는 동안 제가 몹시 존경하는 '간첩' 김낙중 선생님이 종종 떠올랐습니다. 두 분의 삶에 비슷한 점이 많아서요. 전창일 선생님보다 3년 후배지만 2년 전 돌아가신 그분도 저에게 글을 보내실 때 꼭 '존경하는 이재봉 교수님께'로 시작하셨지요. 자식 같은 놈에게 제발 그러지 마시라고 극구 말렸습니다만. 김낙중 선생님과 1990년대 말부터 교분을 쌓으면서 2008년 썼던 글 한 토막 아래에 옮깁니다.

"저는 좀 건방진 편이라 남들에게 존경한다는 표현을 잘 쓰지 않는데, 가장 존경하는 인물이 누구냐고 묻는다면 주저 없이 두 분을 들겠습니다. 간디와 김낙중……, 그에게 죄가 있다면 시대를 너무 앞서간 것으로 생각합니다. 아무리 성인이고 선각자라도 몇 년 정도 앞서가야 이해와 존경심을 갖고 따르는 후배와 제자들이 많이 생겼을 텐데, 수십 년을 앞서가는 바람에 '정신병자'나 '간첩'이 되어 장기수가 되지 않았을까요?"

전창일 선생님께서도 시대를 너무 앞서가시는 바람에 기구한 운명을 만들고 험난한 시련을 겪으셨습니다. 이 책 제3권 '전창일의 맺음 글'엔

다음과 같은 대목이 있습니다. "통일문제에 대해 좋은 글을 쓰신 분, 저서 발간하신 분들과 감사와 격려 편지 등을 전자우편(e-mail)으로 교류하여 교우관계를 형성하며 이론과 실천을 겸비한 학자들을 나이의 차이를 떠나 나는 학문적 스승으로 모시고 있다." 그리고 나열한 10여 명 이름엔 '이재봉 교수'도 끼어있군요. 쑥스럽지만 저를 이토록 아끼고 사랑해주신 선생님을 곧 찾아뵙고 감사와 존경의 큰절을 드리고 싶습니다.

군대를 네 번 가고 다섯 번 징역살이했던
실향민의 통일운동 이야기

나치가 처음 공산주의자들을 덮쳤을 때, 나는 침묵했다. 나는 공산주의자가 아니었다/ 이어서 그들이 사회민주당원을 가뒀을 때, 나는 침묵했다. 나는 사회민주당원이 아니었다/ 이어서 그들이 노동조합원을 덮쳤을 때, 나는 아무 말도 하지 않았다. 나는 노동조합원이 아니었다/ 어느 날 그들이 유대인들을 끌고 갔을 때, 나는 아무 말도 하지 않았다. 나는 유대인이 아니었다/ 그들이 나에게 닥쳤을 때, 그때는 더 이상 나를 위해 말해 줄 이가 아무도 남아있지 않았다.

본디 제목은 '처음 그들이 왔을 때(First they came)'이지만 '나치가 그들을 덮쳤을 때' 혹은 '침묵의 대가' '그들은 자신들이 자유롭다고 생각했다.' 등으로 널리 알려진 이 글은 마르틴 니묄러(1892~1984) 목사가 쓴 것으로 추정되고 있다. 그는 이 글을 통해, 나치가 권력을 남용할 때 저항하지 않고 침묵한 독일 지식인들과 적극 동조하진 않았어도 무관심으로 방조했던 국민들을 질타했다. 오늘 현재 우리에게도 여전히 유효한 글이다. 특히 분단과 통일문제에 대해 그렇다. 인용한 글에서 말하는

'그들'은 일본제국, 미 군정, 이승만 독재정권, 박정희·전두환 군사정권 등으로 대체할 수 있을 것이다.

종로5가역 5번 출구 인근에 송화빌딩이라는 건물이 있다. 엘리베이터가 없다 보니 어르신들은 난간을 짚고 지팡이에 의지할 수밖에 없었다. 힘겹게 오르고 있는 어르신들의 면면은 강희남 목사님(1920~2009), 박창균 목사님(1925~2012), 전창일 선생님(1928~), 김병태 교수님(1929~), 김홍섭 선생님(1929~), 박현서 교수님(1930~2019)… 등으로 대부분 지은이의 아버님 연배였다. 이분들은 '그들'이 덮쳤을 때 침묵하지 않고 온몸으로 저항하다가 철창행을 선택했던 어르신들이다. 이 건물 5층에 있는 민화련(민족화합운동연합)과 련방통추(우리민족련방제통일추진회의) 사무실에서 호산 선생님을 처음 뵈었다.

어르신들은 현 시국의 현황과 문제점에 대해 담론하다가, 남북분단, 단독선거·단독정부 반대, 여순 및 제주도 민중항쟁, 빨치산투쟁, 한국전쟁, 민간인 학살, 조봉암 사법살인, 2대 악법(데모규제법, 반공 특별법)반대운동, 5·16 쿠데타, 민족일보 조용수 사장 사법살인, 1·2차 인혁당 사건, 남민전(남조선민족해방전선준비위원회) 사건 등 경험담을 언급하기도 했다. 자연스레 그분들 평생의 염원이 '연방제통일' '국가보안법철폐' '미군 철수'라는 것을 알게 되었다. 충격을 많이 받았고, 지은이가 현대사 연구와 집필로 방향을 정한 직접적 계기가 되었음을 고백한다.

어르신들의 경험을 간접적으로나마 체험하다 보니, 현대사의 증인이라고 할 수 있는 이분들이 자서전이나 회고록을 남겼으면 하는 바람이 저절로 일어나게 되었다. 하지만 안타깝게도 많은 분이 작고하셨고 생존해 계신 분들도 노령으로 대부분 거동이 불편하신 처지다.

10년 넘게 호산 선생님을 모시다 보니 가족들과도 가까이 지내게 되었다. 2020년 가을 어느 날 선생님의 큰딸로부터 연락이 왔다. 아버지의 일생을 조명한 책을 내고 싶다는 얘기를 꺼냈다. 의논 끝에 호산 선생님의 일생을 중심으로 분단 이후 전개된 통일운동사를 쓰기로 결정했다. 자서전 출간에 회의적이었던 선생님도 결국 동의를 해주셨고, 그후 놀라운 정력으로 작성한 회고록과 모아두었던 자료를 건네주셨다. 그리고 한 달에 두세 번 만나 보충설명을 덧붙여주셨다.

작업하는 가운데 선생님의 정확한 기억력에 놀란 경우가 한두 번 아니었음을 밝힌다. 김충생(김춘배), 이재옥, 이춘균, 조훈, 송영회, 주진경, 전삼갑, 박윤원, 김제옥, 강택룡, 백금석, 안병화… 등 이 책에는 수많은 인물이 등장한다. 선생님이 기억을 더듬어 언급한 인물들이다. 지은이는 선생님의 증언을 기초로 당시 신문, 미군노획문서, 관련 논문 등을 검토한 결과 언급된 인물들이 실존했던 것을 확인할 수 있었다. 김춘배를 김충생으로, 북청 물장수 아들 이재옥의 성공담을 보도한 곳이 「조선일보」가 아니고 「동아일보」라는 사실 등 다소 오류가 있었지만, 전반적인 내용은 대부분 일치했다.

이번에 출간된 『호산 전창일과 통일운동 77년사』는 전창일 선생의 삶을 중심으로 한국 현대사를 재해석한 책이다. 분단 이후 통일운동은 민중(민간인) 중심의 통일운동과 정부(관)주도의 통일 정책으로 구분할 수 있다. 민간통일운동은 여운형 · 김규식 선생이 주도한 좌우합작 7원칙, 단선 · 단정 반대투쟁, 민족자주통일중앙협의회(민자통), 조국통일범민족연합(범민련)으로 큰 맥이 이어져 왔다.

정부 주도 통일방안의 경우, 연방통일방안제시(김일성, 1960) → 남북연방제(김일성, 1969) → 7 · 4 남북공동선언(박정희 · 김일성, 1972) → 고려연방제(김일성, 1973)→ '고려민주공화국' 창설방안 제시(김일성, 1980) → 남북기본합의서(김일성 · 노태우, 1991) → 6 · 15 공동선언(김대중 · 김정일, 2000) → 10 · 4 남북정상선언(노무현 · 김정일, 2007) → 판문점 선언(김정은 · 문재인, 2018.4.27.) → 싱가포르 조미 선언(김정은 · 트럼프, 6.12.) → 평양 공동선언(김정은 · 문재인, 9.19.) → 하노이 조미 회담(김정은 · 트럼프, 2019.2.26.~28.) → 판문점 조미 정상회담(김정은 · 트럼프, 6.30.) 등이 주요 결과물인데, 미국과 한국의 정권이 바뀐 후 북과의 대화 자체가 실종된 상태다. 무엇보다 안타까운 것은 범민련 · 전대협(한총련) 같은 민간통일운동이 거의 역할을 하지 못한 점이다. 연방제통일이나 미군 철수, 국가보안법 철폐를 주장하는 통일운동단체는 모두 이적단체로 규정했기 때문이다.

이 책에는 분단을 극복하고 민족자주와 평화통일을 외쳤다는 죄 아닌 죄로 목숨을 잃은 이, 고문을 당하고 출옥 후에도 정상적인 사회생활을 하지 못한 이들이 헤아릴 수 없을 정도로 많이 등장한다. 이들의 수난과 가족들의 사연은 일제강점기 시절 독립운동가의 삶과 너무나 흡사하다. 독립운동가 중에도 사회주의 계열이거나 무장 · 항일투쟁가들은 77

년 세월이 흘러도 제대로 평가받지 못하는 것이 오늘의 현실이다.

통일운동도 마찬가지다. 같은 민주화 활동을 했어도 기존 정치권에 투신한 이들은 투옥 이력이 훈장이 되어 국회의원·장차관 등으로 부귀영화를 누린 바 있다. 그러나 연방제를 주장하고, 미군 철수와 국가보안법 철폐를 외치며 통일운동을 하는 이들은 스스로 고난을 선택한 의인들이다.

호산 선생님은 한국전쟁 당시 인민군으로 시작해 국민방위군, 국방군 지게부대, 미군 공병대 등 네 차례에 걸쳐 군대에 징집되었고, 이승만·박정희·전두환·노태우·김영삼 정권하에서 모두 수형생활을 겪은 흔치 않은 이력을 가진 분이다. 휴전 후에는 UN군사령부 경제조정관실 행정보좌관, 공영토건, 콜린즈 라디오 컴퍼니, 극동건설 등에서 근무하는 등 중견 직장인으로 성장했다. 그러나 인혁당 조작사건으로 무기징역 선고 후 박정희의 죽음으로 인해 10년 가까운 수형생활 후 사회로 다시 복귀했지만, 전문 엔지니어로서 선생님이 지닌 능력을 발휘할 곳은 어디에도 없었다. 생활은 부인 임인영 여사님이 책임을 졌고, 전 선생님은 범민련 활동에 전념했다.

결과는 또다시 감옥행이었다. 주위에서 빨갱이라고 수군거려도 전혀 개의치 않았고, 연방제통일을 부르짖었다. 북쪽과 친하게 지내는 것은 통일을 위한 필수조건이라고 외치며 자신은 친북 주의자임을 공공연하게 주장하고 다녔다. 아무튼 통일에 대한 전창일 선생의 집념은 해가 갈수록, 나이가 들수록 더욱 견고해지고 있는 듯하다.

이쯤에서 남과 북에서 범민련 활동을 한 핵심인사들을 살펴보자.

윤기복(1926~2003, 범민련 북쪽본부 의장), 백인준(1920~1999, 범민련 북쪽본부 의장), 여연구(1927~1996, 범민련 북쪽본부 부의장) 등은 북쪽 정부에서 장관급으로 활동했으며, 사후에도 북쪽 인민들의 존경을 받고 있다. 반면 문익환(1918~1994, 범민련 남측본부 결성준비위원회 위원장), 강희남(1920~2009, 범민련 남측본부 의장), 전창일(1928~, 범민련 남측본부 부의장) 등 남측본부 주요 인사들은 모두 옥고를 치렀을 뿐 아니라 출옥 후, 사면복권이 되어도 '빨갱이' '주사파' 등으로 호칭되며 범죄자 취급을 받고 있는 형편이다. 그뿐 아니라 문익환 목사를 제외한 강희남 · 전창일 등은 존재 자체가 희미한, 유령취급을 받고 있는 게 현실이다. 지은이는 호산 선생님뿐 아니라 유령취급을 받고 있는 수많은 통일운동 인사들을 최대한 조명하고자 노력했다.

선생님과 함께 걷다 보면 늘 숨이 차게 된다. 백수(白壽)에 가까운 연세인데도 청년의 걸음걸이를 유지하고 있다. 선생님을 지금까지도 바쁘게 걷게 하는 원동력은 무엇일까? 혹자는 타고난 건강과 본인의 세심한 건강관리 탓이라고 할 터이다. 하지만 건강한 몸으로 고향을 방문하겠다는 신념을 가졌기에 고문으로 엉망진창이 된 육신을 지금껏 다스렸다고 본다. 통일되는 날까지 그 힘찬 걸음을 계속 보았으면 하는 희망을 전한다.

2023년 2월 편저자

김상구

구순의 나이에 돌아보는, 내가 걸어온 길

 나는 유년기에 소의 등에 앉아 졸다가 떨어지기도 한 목동이었고, 소년기에는 엄마랑 누나와 함께 또는 아버지를 돕는 학생 농부였다. 청년기에는 미 제국주의와 그에 추종하는 자들에 의해 국토가 분단되고 민족이 분열되어 동족상잔의 슬픈 역사의 회오리 속에서 험한 애국·애족적 통일의 길을 걸으면서 낮에는 신문 배달과 막노동, 밤에는 야간대학을 다니면서 주경야독하는 혁명가였다. 그 후 다섯 번 옥문을 드나들어 합계 15년 동안 감옥 생활하면서 옥중 수업하였다.

 그리하여 각자는 능력에 따라 노동하고 필요에 따라 소비하는 풍요롭고 평등한 세상, 필연의 왕국에서 자유로운 왕국으로 인간의 비약이 약속되는 과학적 사회주의(Scientific Socialism) 이념이 나의 세계관이다. 하지만 분단된 조국을 통일하는 것이 민족지상의 과제로 인식하여 조국통일운동에 몸 바치기로 인식하며 살아왔다. 조국의 자주통일은 모든 이념에서 최우선적 민족적 과제이다. 이에 따라 조국통일범민족연합(범민련) 조직운동에 미력하나마 일미지역(一尾之役)을 다해왔다.

범민련 강령규약 제정에 남북 해외 3자 협력으로 참여한 것을 크나큰 영광으로 생각한다. 하나의 민족, 하나의 국가, 두 개의 정부, 두 개의 사회제도, 어느 일방이 타방을 먹거나 먹히지 않는 즉, 적화통일이나 흡수통일을 배제하며 남과 북, 북과 남이 서로 공존·공영하는 자주적 평화통일, 연방제 통일국가 건설이 가장 합리적인 통일방안이라고 확신한다. 이것이 또한 조국통일범민족연합이 추구하는 강령적 노선이다.

범민련은 남과 북, 북과 남 그리고 해외동포를 포함한 3자가 연대한, 분단 이후 처음으로 온 겨레가 망라된 통일 운동체이다. 남측에서는 1990년 12월 14일 범민족대회추진본부 제6차 대표자회의에서 조국통일범민족연합(범민련) 남측본부를 결성할 것을 결의하고 조직소위원회를 구성하였다. 위원은 이창복, 김희택, 박순경, 전창일, 권형택 등 5명이 선임되었다.[1]

1991년 1월 23일, 범민련 남측본부 결성준비위원회가 결성되었다. 위원장에 문익환 목사, 부위원장에 윤영규(전교조), 권종대(전농), 박순경(여성), 계훈제(사회), 전대협 의장(학생대표) 그리고 실행위원장에 이창복(전민련 상임의장), 실행위원 17명, 준비위원 165명이 선임되었다. 전창일은 조직 담당 실행위원으로 선임되었다. 주요 참가단체로 전민련, 전농, 전교조, 전빈련, 민주당(김영삼) 등 31개 정당·사회단체가 참여하였다.

그러나 조직출범부터 노태우 정권의 탄압이 시작되었다. 실행위원 17명 전원이 관할 경찰서로부터 범민련 활동 즉각 중지, 불응하면 구속한

---

1 『범민련자료집 I』 1993, p.117.

다는 경고를 받았으며, 이창복 실행위원장과 김희택 실행위원은 연행·구속되었다. 많은 참가단체가 이탈하였다. 그러한 상황에서도 조직사업은 계속 진행되었다. 공개, 비공개를 병행하는 반지하활동 전술(Semi Underground Tactics)이 구사되었다. 이것은 무제한 탄압의 산물이었다. 민주당을 대표하여 장기욱 국회의원은 매번 비공개 모임에도 참가하여 우리에게 용기를 주었다.

4월 1일에는 문익환 목사 방북 2주기 기념 및 통일운동 탄압 분쇄 결의대회도 개최하였다. 노태우 정권의 집요한 방해 책동에도 불구하고 동년(1991년) 6월 6일 거행된 통일일꾼 수련회에는 80여 명이 모였다. 한편, 1989년 3월 25일 평양을 방문하고 4월 13일 돌아오면서 구속되어 19개월 만인 10월 20일 형 집행정지로 출옥되었던 문익환 위원장을 노태우 정권은 이날(6월 6일) 재구속하였다. 범민련 조직에 대한 보복 방해 책동이었다.

달력을 조금 앞으로 돌리겠다. 1990년 11월 19, 20일 양일간 베를린에서 조국의 평화와 통일을 위한 범민족 통일운동 상설기구 결성을 위한 남북 해외 3자 실무회담에 남측대표로 참가한 조용술, 이해학, 조성우 세 사람이 귀국길 일본 도쿄에서 기자회견을 하고 '7천만 동포에게 드리는 글'을 발표하였다. 3자 실무회의에서는 평화통일을 위한 범민족 상설기구를 1991년 1월까지 결성하기로 하고, 2월에 각 지역에서 선출된 의장, 부의장들이 모여 공동의장단 회의를 갖기로 합의하였다. 동시에 공동선언문, 실무회담합의서, 유엔 사무총장에게 보내는 편지 등을 채택했다.

1990년 11월 30일, 남측 실무대표들은 귀국하자 공항에서 대공분실 요원들에 의해 연행 구속되었다. 조용술 목사는 7개월 만에 석방되었는데, 1991년 6월 19일 고려대학교 강당에서 조용술 목사 석방환영 모임을 가진 후 범민련결성준비위원 비상총회를 개최했다. 총회에서는 범민련결성대책과 1991 제2차 범민족대회 추진에 대해 논의하고 탄압국면 이후 소속단체의 사정에 따라 직무이탈, 유고된 부위원장 윤영규, 권종대, 계훈제 대신 신창균, 조용술, 전창일을 선임했다. 그리고 문익환 위원장이 재수감됨에 따라 비상실행위원회에서 선임된 '강희남 위원장 직무대행'을 추인하였다. 그리고 지도체제를 보강한 후 6월 25일에는 '6·25 전쟁 희생자 위령제 및 반전·반핵 평화 월간 선포식'을 거행하였다. 계속하여 제1차 범민련 남측본부 결성준비위원회를 소집하고 7월 6일에는 임수경 방북 2주년 기념 통일문제 토론회를 진행하였다.

7월 27일, 반전·반핵 평화옹호 범민족 걷기대회를 성대하게 진행하자, 범민련 간부 전원에게 공안당국이 소환장을 발부하였다. 연속적인 탄압 속에서도 예정된 조국의 평화와 통일을 위한 제2차 범민족대회와 국토종단 대행진을 진행했다. 대회는 경희대학교에서 거행되었는데, 진행 중 경찰특공대의 최루탄 습격으로 일대 수라장이 되었다. 북측 대표단의 참가도 당국의 불허로 실현되지 못했다. 많은 참가자들이 경찰에 연행되었다. 대회는 8월 18일 폐회되었다. 제2차 범민족대회는 북측의 경우 판문점 북측지역에서, 해외 측은 일본 도쿄, 남측은 서울에서 분산 개최하였지만, 공동결의문은 동시에 발표하였다.

1992년 3월 14일, 범민련 공동의장단(강희남, 신창균, 전창일) 및 사무국장(이관복) 참석을 위한 협조요청 공문을 통일원에 제출했으나 불허한다는 통보를 받았다. 게다가 그들은 우리에게 출국금지 조치까지 취했다. 어쩔 수 없이 의장단 비공개회의를 소집하고, 그 회의에서 전화와 FAX를 이용한 통신회담을 제안하였다. 전원이 동의했다는 결과를 범민련 공동사무국에 알려 동의를 요청했다.

예정된 4월 1일과 2일, 범민련 제1차 공동의장단 및 사무국장 회의가 일본 도쿄에서 개최되었다. 남측에서는 통신으로 참여했고, 북측은 상임부의장을 단장으로 하는 대표단 그리고 해외는 윤이상 상임의장을 단장으로 임민식 사무총장을 포함한 여러 명의 대표단이 참석하였다. 그런데 남측의 강희남 의장은 교회일정 때문에, 또 다른 사람들도 개인 사정으로 참가 못 한다고 하여 나 혼자 참여할 수밖에 없었다. 중앙대학 총학생회장 사무실 전화와 FAX를 이용하기로 했다. 민자통의 이종린 의장과 김영옥 동지에게 회의진행 참관을 요청했더니 쾌히 승낙하였다. 여연구 단장과의 통화에는 너무나 감격한 나머지 가슴이 울컥하여 한참 동안 말을 할 수 없었다. 내가 몽양 여운형 선생 기념사업회 고문직도 맡고 있다 하니 상대도 감격하여 서로가 같은 심정이었다.

회의에서는 합의서, 공동결의문, 남측 당국에 보내는 긴급요청서, 7천만 동포에게 보내는 호소문 등을 채택하고 해외본부에서 제출한 범민련 강령규약 초안을 심의하였다. 북측과 해외 측에서 동의를 요청하였고 김영옥 동지도 동의를 권했으나, 제출된 초안은 이번 회의에서는 결정을 유보하고, 향후 심도 있는 연구와 검토를 거쳐 보다 폭넓은 합의를 위하여 차기 범민족대회에서 처리할 것을 수정 제의하여 북과 해외 측에서 동의하여 결정하였다. 이후 개최된 남측의장단 실행위원 연석회의에서 공동의장단회의에 대한 보고와 강령규약심의위원회를 구성하는 작업을 하였다.

7월 14일 1992 제3차 범민족대회 남측추진본부 구성을 위한 연석회의를 개최하고, 상임본부장에 강희남 목사, 문정현 신부를 선임하고, 남측은 8월 15일 서울대학교에서 학생 재야인사 등 2만여 명이 모였다.

대회에서 학생들은 조국통일범민족청년학생연합(범청학련)을 결성하였다. 북측과 해외는 판문점 북측지역 통일각에서 거행하였다. 동년 12월 24일, 장기결석 실행위원을 정비하고 강령규약 남측 수정 초안을 최종 심의한 뒤 송년 모임을 가졌다.

1993년 1월 13일, 범민련 남측본부(준) 제8차 의장단, 실행위원 연석회의를 개최하고 강령규약을 최종확정하였다. 그리고 범민련 공동사무국에 전송하였다. 6월 4일, 북과 해외본부로부터 강령, 규약에 대한 합의된 수정안이 남측에 전송되었다. 11월 17일, 제19차 의장단, 실행위원 연석회의에서 조직위원회에서 제안한 범민련 강령규약을 확정하고, 범민련 공동사무국에 발송하였다. 11월 22일, 공동사무국에서 북과 해외 측에서 동의한다는 공문을 보내왔다. 이로써 범민련 강령규약은 남·북·해외 3자 간에 합의되었다. 동년 12월 16일, 남·북·해외 3자는 범민련 강령규약을 선포하는 기자회견을 동시에 가졌다.[2]

문익환 목사의 범민련 해체 주장과 함께 범민련 남측본부는 위기에 처하게 되었다. 당국의 탄압도 가중되었다. 조직위원장 직책까지 겸직한 나로서는 중차대한 책임감과 범민련 사수에 비장한 각오를 하지 않을 수 없었다. 더욱 가슴 아픈 일은 지금까지 범민족대회 추진과 범민련 사업에서 핵심적 역할을 해온 이창복, 이해학, 조성우, 김희선 등이 함께 이탈한 것이다.

나는 당국의 탄압을 막기 위해 저명한 항일 독립운동 전력을 가진 유공자를 위시하여 조국통일과 민주화를 위해 애쓴 원로 선배들을 고문

---

2 기자회견문, 『범민련자료집 I』 1993, pp. 122~127.

으로 추대하는 일과 범민련 지방조직을 강화하는 일에 힘썼다. 그리하여 이강훈(전 광복회장), 신도성(초대 통일원 장관), 유혁(항일무장투쟁 전력, 혁신계 원로), 류한종(혁신계 원로), 이원명(혁신계 원로), 김윤식 (전 국회의원, 신민당 고문), 이형우(전 국회의원, 혁신계 원로), 김병걸 (대학교수), 신창균(전 전민련 상임의장) 등 제 선배들을 찾아다녀 범민련 참여를 간청하여 고문직 수락을 받고, 1993년 12월 3일 종로1가에 있는 한일관에 초대하여 고문단 환영모임을 가졌다. 같은 달 15일, 범민련 남측본부(준) 제20차 고문단 · 의장단 · 실행위원 연석회의가 연세대학 학생회관에서 개최되었다. 이 회의에서 문익환 의장, 이창복 실행위원장 및 사의를 표명한 실행위원들의 사표를 수리하고 고문추대 인준과 의장단을 다음과 같이 보선하였다. [상임의장: 강희남/ 부의장: 조용술, 박순경, 전창일, 이종린, 이현수, 한총련 의장]

이렇게 되기까지 범민련 남측본부는 우여곡절도 많았다. 1993년 7월 6일, 탄압국면에서 범민련으로부터 이탈된 대중 · 단체들을 재규합하기 위하여 현 위원장단 및 실행위원 전원이 시한부로 일괄사임하고 대상 대중단체에 재가입 요청서를 발부하였다. 8월 11일 제15차 연석회의를 개최하고 범민련 임직의 백지 상태에서, 이탈한 대중단체를 재참여시키려고 했으나 기한이 10여 일 지나도 실현되지 않았다.

더욱이 일부에서는 8 · 15 범민족대회에서 범민련을 해체하고 새로운 통일 운동체를 결성하자는 주장이 나오게 됨에 따라 범민련을 수호 강화하려는 간부들이 모여 범민련 구 지도부의 환원선언과 전창일 부의장이 작성한 "범민련 깃발 아래 굳게 단결하자"는 결의문을 의장단 · 실행위원 연석회의 참가자 일동의 명의로 발표하였다.[3] 이튿날인 8월 12일, 당국은 범민련 사무실을 압수·수색하여 서류 일체를 약탈해 갔다. '93 제4차 범민족대회를 연세대학으로 정하고 대회장으로 문익환 목사를 추대했다. 그럼에도 김영삼 정권은 최루탄으로 대회장을 원천봉쇄함에 따라 긴급히 한양대학으로 옮겨 범민족대회를 거행하였다.

1994년 1월 18일, 통일운동으로 수차례 투옥되면서 수난을 겪었던 문익환 목사가 서거하였다. 북측은 범민련 공동사무국을 통해 문 목사의 서거에 대한 북측의 입장을 어떻게 하는 것이 좋겠냐고 나에게 문의하였다. 나는 전직 범민련 남측본부의장으로 예우해주면 좋겠다고 답하였다. 이튿날 수유리 한신대학에 마련된 빈소를 찾아가, 범민련 공동사무국 FAX로 보낸 김일성 주석의 명의로 된 추도사를 부인 박용길 장로에게 전달하였다. 장례위원회는 추도사를 큰 백지에 옮겨 써서 현관 게시판에 붙여, 조문객이 볼 수 있게 하였다. 동년 7월 8일, 김일성 주석이 서거했다.

1995년 2월 15일, 범민련 남측본부는 준비위원회 딱지를 떼고 정식으로 결성대회를 거행했고, 제6차 범민족대회를 개최한다는 결의문을 발표했다. 범민련에서 이탈한 새로운통일운동체(새통체)와 전국연합은 8월 15일 연례행사인 '95 제6차 범민족대회를 앞두고 범민련이 선포한 규약에서 "범민련 최고의결기구는 조국통일범민족대회이다. 조국통일대회는 2년에 한 번 소집하며 필요에 따라 임시 또는 비상대회를 소집할

---

3 발표문, 『범민련자료집 Ⅰ』, 1993, p.107.

수 있다."라는 제8조를 거론하며 범민련과 범민족대회를 같이 할 수 없다며 시비하였다. 여러 차례의 설득에도 듣지 않아 범민련 남측은 북측과 해외와 협력하여 "범민련 최고의결기구는 조국통일범민족회의이다"라고 수정하면서까지 양보했으나 반응은 없었다.[4]

그리하여 1995 제6차 범민족대회는 범민련 남측본부의 경우 서울대에서, 새통체와 전국연합은 보라매공원에서 각각 같은 행사를 두 곳에서 따로따로 거행하였다. 범민련을 와해·해체하려는 불순한 책동을 막아주는 실력부대는 언제나 애국 정예대열 학생들이었다. 학생들은 강희남 남측 범민족 대회장이 제6차 범민족대회는 민족공동행사 안에서 범민련이 주최하는 행사로 한다는 제안을 모든 애국시민단체가 받아들여야 한다고 말했다. 그리고 서울시민 결의대회와 범청학련 통일대축전을 한양대학교에서 거행하고 범민족대회추진본부에 합류한 대오와 남총련 등 범민족대회를 사수하려는 대오가 8월 14일 오전 9시경 서울대학으로 진입했다. 오후 3시경 한국대학생총연합(한총련)은 중앙상임위원회를 열어 범민련의 범민족대회에도 참가하기로 결정하였다.

오후 9시경부터 민족공동행사장인 보라매공원에 있던 1만여 명의 학생들이 "범민족대회 사수, 범민련강화, 연방제통일"을 외치며 범민족대회장인 서울대학으로 오기 시작했다. 그리고 범민련이 진행하는 범민족회의 남측지역회의에 참가하였다. 8월 15일 새벽, 서울대학에서 제6차 범민족대회 보고대회를 진행하고 범청학련은 구파발 일대에서 판문점 진격투쟁을 벌였다. 범민련은 의장단회의, 대민족회의 등 판문점 대회

---

4   조국통일범민족연합 강령, 규약, 『범민련자료집 I 』, 1993, pp. 54~58.

지지성명을 발표하고 저녁 8시경 한양대학에서 폐회식을 거행했다.

11월 29일, 안기부와 보안수사대에서 범민련 관련 인사 강희남, 전창일, 이종린, 김병권, 신정길, 김영옥, 류혁, 신창균, 김광렬, 김병길 등을 포함한 30명을 연행 구속했다. 같은 날 구속을 면한 강순정 동지가 주동하여 〈범민련 사수와 애국 통일운동인사 석방을 위한 비상대책위원회〉를 구성하고, 김영삼 정권은 범민련에 대한 탄압을 즉각 중단하라는 성명을 발표했다. 그리고 공안탄압 분쇄와 범민련 사수를 위한 농성에 돌입했다.

강순정 동지는 본래 김대중 씨가 대표하던 신민당에서 활동하던 사람인데 내가 민자통 재건을 맡으면서 발탁한 열성적인 일꾼이었다. 민자통 간부들이 구속되면서 김시현이 비상대책위원회를 꾸려 민자통 해체를 결의한 뒤, 구속된 간부들의 요청을 받아들여 내가 민자통 조직 강화 사업을 맡았다. 김세현 동지는 민족 민주의 성지 전라도 광주 출신으로 1960년 이승만 정권 타도를 위한 4 · 19 혁명 때 전남대학교 총학생회장으로 학생운동을 이끌었던 투사이다. 동지는 민자통을 해체하고 '4월 혁명연구소'를 창설하였다. 연구소가 자리를 잡게 되자 '4월혁명회'로 개칭하고 민족 민주운동권에서 중요한 역할을 담당하고 있다.

강순정 동지는 나와 함께 민자통 운동하다가 내가 범민련 운동을 하니 따라온 성실한 동지다. 범민련 서울시 부의장직을 맡고 있었다. 이관복 동지는 사립중학교 교장 출신이다. 강순정 동지처럼 신민당에서 정치 활동하다가, 민자통 사무처장직을 맡은 바 있다. 그 후 나와 함께 범민련에 합류하여 사무처장으로 활약했는데 강순정, 이관복 두 사람 모두 정치권에서 단련된 우수한 활동가들이다. 가슴 아픈 일은 나를 따라 범민련 사업에 참여했다가 감옥생활까지 하여 가족들 고생시켜 죄송

할 따름이다.

재판과정을 언급하고자 한다. 일부 인사를 제외하고 모두 자랑스러운 범민련 성원들이었다. 취조 과정에서 강희남 의장을 위시하여 몇몇 동지는 단식투쟁을 결행했다. 법정에서는 범민련 운동의 정당성을 설파하며 훌륭한 법정투쟁을 하여 방청인들을 감동시켰다. 북측과 해외 범민련을 비롯한 수많은 애국 단체, 개인들이 김영삼 정권의 폭압을 성토하면서 구속자 석방을 호소했다. 면회를 와서 이러한 소식을 전해주는 아내의 얼굴에는 미소가 가득했다. 1996년 1월 13일 강희남, 이종린, 김영옥, 이천재, 주명순, 박석률, 김영제, 곽병준, 홍세표 등은 기소되었다. 나와 김병권, 신정길 등 세 사람은 별도로 간첩죄로 1월 18일에 기소되었다.[5]

1997년 3월 20일, 수원 경기대학교에서 범민련 남측본부 중앙위원 총회가 개최되었다. 이종린 부의장이 의장직무대행으로 인준되고 중앙집행위원장에 김영제, 사무처장에 민경우가 선임되었다. 12월 30일, 범민련 남측본부 송년행사 및 출소자 환영대회를 한양대학교에서 가졌다.

1998년 6월 18일, 범민련 북측본부는 제9차 범민족대회 북측준비위원회(위원장 백인준)를 구성하고 남측과 해외 범민련조직과 연대하여 범민족대회 추진을 결의하였다. 강인덕 통일부 장관은 북측이 제안한 통일대축전을 수용할 용의가 있다, 하지만 이적단체인 범민련과 한총련 참여는 허락할 수 없다는 뜻을 표명하였다. 전국연합은 정부의 통일대축전 수용방침에 대한 성명서를 내었다. 주요 내용은 통일대축전을 환

---

5   재판기록 참조

영한다, 통일대축전은 전국연합이 추진하는 "남북합의서 이행과 평화군축 실현을 위한 민족대회"와 같은 취지의 대회이다. 대축전의 성사를 위해 노력할 것이다 등이다.

6월 22일 북측 최고인민위원회 통일정책위원회 김용순 위원장 앞으로 보낸 강인덕 통일원 장관의 서신에 따르면, 7월 2일 북측 판문각에서 남과 북 각 3인의 대표가 참여하는 실무회담에 범민련과 한총련 등 이적단체는 참가를 불허한다고 되어 있다. 이에 대하여 북측은 비난 성명을 내었다.

6월 25일 통일대축전 준비위원회 구성을 위한 제2차 실무위원회에서 강만길(경실련 통일협회 이사장), 이창복(민주주의민족통일전국연합 상임의장, 자주평화통일민족회의 상임의장), 구중서(민족예술인총연합 이사장), 김중배(참여연대 대표), 이우정(평화를 만드는 여성회 대표) 등 5인을 공동대표로 하는 남측준비위원회를 구성했다. 한총련과 범민련은 정부 방침대로 배제되었다.

범민련 남측본부는 향린교회에서 기자회견을 하고 8 · 15 통일대축전을 환영하면서 범민련, 한총련에 대한 참여 보장을 정부 당국에 촉구하는 성명서와 기자회견문 그리고 김대중 대통령에게 보내는 공개서한을 채택했다. 범민련 공동사무국은 8 · 15 통일대축전 남측본부준비위원회가 북측이 제안한 〈민족의 화해와 단합을 위한 통일대축전〉을 〈민족의 화해와 평화통일을 위한 통일대축전〉으로 변경한 것에 대해 유감을 표하였다. 통일을 향해 언제나 진취적인 북측의 성의 있는 표현을 퇴행적으로 수정하는 남측통일운동가들의 옹졸함이 엿보인다.

7월 10일, 통일부 주관으로 4개 정당(국민회의, 한나라당, 자민련, 국민신당)과 민족통일중앙협의회(송영대), 자주평화통일민족회의(조성우), 경실련 통일협회(이장희), 이산가족교류협의회(이병훈), 우리민족 서로돕기운동본부(서경석), 한국예총, 민족예술인총연합 등 12개 단체의 2차 간담회에서 민간통일운동의 구심체를 구성하기로 합의했다.

동년 7월 15일 개최된 전국연합 5차 중앙집행위원회에서 8·15 대축전에 범민련, 한총련에 대한 이적단체 규정 철회를 위해 노력하고 통일대축전의 주체로 결합시키도록 노력한다고 결정하였다. 너무나 당연한 결정이다. 통일을 위해 화해·협력한다는 상대를 적으로 규정하면서 화해와 통일을 위해 협의하고 축전을 함께한다는 것은 세계사에 유례가 없는 미증유의 기형적 사고방식이라 하겠다. 이러한 정상적인 역사인식이 결여된 태도가 시정되지 않고는 남북의 화해협력은 실현되기 어렵다.

우선적인 과제는 같은 우리 민족 북을 적으로 규정한 국가보안법을 철폐하여 이적단체란 폭압 수단을 없애야 한다. 우리 민족끼리란 민족 사랑의 따뜻한 정서와 단일민족이란 역사적 이데올로기를 수반하지 않는 자세로는 민족의 자주적 평화통일은 실현될 수 없다. 범민련 남측본부 의장으로 활약했던 강희남 목사는 말하기를 통일문제에 관한 한 북측의 주장은 언제나 논리적이며 빈틈없이 정당하고 일관된 논지라고 찬양하였다. 남측도 북측에 이러한 믿음을 줘야 한다. 상호신뢰는 일의 성사의 기초이다.

범민련은 7월 21일 중국 베이징에서 가진 범민련 통일대축전 3자 실무회담에서 8·15 통일대축전의 기조와 행사를 확정하고 이를 준비하기 위한 남측준비위원회를 남측본부 중심으로 구성하기로 하고 대회명칭은 〈민족의 화해와 단합을 위한 대축전〉이라 정하고 일정과 장소는 8월 14일과 15일 양일간 판문점에서 거행하기로 결정하였다.

7월 30일, 북측 민족화해협의회(민화협)은 통일대축전 남측준비위원회(범민련 남측본부) 앞으로 방북 초청장과 신변보증서(7월 26일로 명기)를 보내왔다. 대상은 강희남, 이종린, 전창일, 김병균, 리영희, 신창균, 김상근, 홍근수, 이창복 등 14인이다.

민족통일대축전 남측준비위원회가 북측에 제안한 실무회담은 무산되었다. 전국연합 상임 집행위원회는 민족통일대축전이 성사되지 못한 것에 대해 사과를 하고, 민주노총과 공동으로 8월 15일 오후 4시 장충단공원에서 남북합의서 이행과 군축 실현을 위한 민족자주 결의대회를 했다.

한편, 범민련과 한총련은 8월 12일 제9차 범민족대회와 제8차 범청학련 통일대축전 개최를 위해 서울대학교로 집결하였다. 8월 15일 정오 민족의 화해와 단합·통일을 위한 대축전과 제9차 범민족대회는 2천여 명이 참가하여 성대하게 치러졌다. 대회 종료 후 한총련은 판문점 진격 투쟁을 감행하여 경찰과 충돌하였다. 참가자 200여 명이 연행되었다. 같은 시각 판문점 북측지역인 판문각에서 남측의 한총련 대표 황선, 김대원 2명과 문규현 신부가 참여한 가운데 통일대축전과 제9차 범민족대회가 거행되었다. 그리고 민족화해범국민협의회 남측추진본부 주관 통일행사는 한반도 평화와 통일을 위한 국제학술토론회를 세종문화회관 대회의실에서 거행되었다.

8월 17일, 당국은 범민련 사무실을 또 압수 수색했다. 9월 3일, 민족화해범국민협의회(민화협)가 정식 결성되었다. 이렇게 1998년 8·15 통일행사는 뿔뿔이 흩어진 분산행사로 끝났다. 원칙적인 문제가 유린당한 필연적인 결과였다.

1999년 8·15 연례행사는 〈민족의 자주와 대단결을 위한 '99 통일대축전 11차 범민족대회〉를 위한 사전행사로 〈민족의 자주와 대단결을 위한 민족토론회〉실무회담을 중국 베이징 유영식당에서 8월 4일 개최하였다. 남측에서는 나창순(범민련 남측본부 대표), 이성우(전국연합 대표단장), 박기수(전국연합 대표), 북측에서는 김령성(민족화해협의회 부회장), 김룡수(민족화해협의회 사무국 지도원), 해외에서는 임민식(범민련 해외공동사무국 사무총장), 정기열(자주연합 자주통일위원장), 한호석(자주연합 정책위원장, 통일학 연구소장) 등이 참석하였다. 이튿날 위 실무회담 참가자들과 남측에서는 전국연합 여러 명의 성원이 참가하였다.

제1 주제 발표는 민족자주의 문제(박기수: 전국연합대표)

제2 주제 민족의 화해와 단합문제(이상훈: 전국연합대표, 한국민족민주청년단체연합)

제3 주제 연방제 통일문제(이성우: 전국연합대표단장, 부산연합 상임의장)

토론회는 진지한 분위기 속에서 잘 진행되었다. 그리고 민족의 자주와 대단결을 위한 '99 통일대축전 10차 범민족대회, 범민족 통일대축전을 공동의 노력으로 성대히 개최할 것을 다짐하는 결의를 했다. 1999년 8·15 행사는 오종열 상임의장이 지도하는 전국연합의 협조로 큰 잡음 없이 성대히 치렀다. 하지만 범민족대회가 끝난 후 다수 학생을 포함한 지도부 인사 500여 명이 연행되어 10여 명이 구속되었다.

16일 오후 2시경 명동성당 입구에서 연행구속자 석방과 민간통일운동 탄압 분쇄를 위한 사회단체 긴급 기자회견이 진행되었다. 기자회견 후 범추본 지도부는 명당성당에서 농성에 들어갔다. 범추본 대변인 박해전 동지는 20여 일 장기간 단식을 결행하였다. 범민련 북측과 해외 각 지역 본부에서도 범민련 남측본부에 지지와 연대 편지를 보내왔다. 임민식, 정기열, 한호석 등 토론회에 참석한 해외대표들은 미국과 영국대학에서 박사학위를 받은 학자들이다.

통일운동에서 우리 대학생들이 결행한 역사적이고 자랑스러운 투쟁을 기록하면 벽돌 같은 책을 몇 권 써도 모자랄 것이다. 그 중 특히 기억될 것을 적어보면 세계학생 평양축전(1989년)에 전대협대표로 참가한 임수경(한국외대) 학생의 축전참가. 똑같이 평양에서 거행되고 백두산에 시작된 "조국통일촉진 백두-한라 대행진(1991년)"에 참가한 전대협 대표 박성희(경희대)·성용승(건국대) 두 학생의 역사적 쾌거를 잊을 수 없다. 우리 속담에 지척이 천 리란 말은 있지만, 지척이 수천만 리란 말은 없다. 평양 가는데 지구 반 바퀴 돌아서 가야 하는 초유의 기현상이다. 모두 분단과 적대관계의 산물이다.

성희 학생은 내가 석관동에 살 때 이웃에 살았다. 성희 엄마와 우리 집사람은 친구같이 다정하게 살았다. 내가 감옥에서 풀려나 집에 돌아올 때 제일 먼저 선물을 들고 찾아오는 이가 성희 엄마였다. 그의 무남독녀 외딸이 전대협 대표로 평양 갔다 집으로 돌아오지 못하고 평생을 타향에서 망향하고 있다. 분단과 적대가 얼마나 잔인한가. 그 외 나라의 민주화와 분단과 적대청산을 위해, 통일을 위한 투쟁현장에서 목숨을 던진 학생은 얼마나 되는가? 김세진(1965~1986, 서울대), 강경대(1972~1991, 명지대)…, 또 경찰에 끌려가 고문치사 당한 학생은 그 얼마인가…. 이 모두가 분단과 적대의 산물이다. 용감한 애국 학생들, 우리는 잊을 수 없다.

최근에 분단의 원흉 미국은 미군의 주둔비용을 몇 배 인상하여 갈취하려고 한다. 미국은 세계 63개국에 865개의 군사기지를 보유하면서 156개국에 25만 명의 군대를 주둔시키고 있다. 1784년 독립 이래 210년 동안 268건의 전쟁을 치르고 있는 전쟁과 침략의 제국이다. 독립 이후 전쟁이 없었던 해는 단 13년이라 한다. 패전국 점령지가 아닌 우리

나라만 적반하장 주둔비를 강요하고 있다. 다른 나라의 경우 기지 땅세를 내고 군사장비도 사전 양해 허가를 받으면서 유독 우리나라에서만 무상·무허가 주둔, 반입 상태이다.

이에 용감한 우리의 애국 학생들이 주한 미국대사에게 항의하려고 면담요청을 하였으나 응하지 않아 대사관 담을 넘어 항의·시위하다가 경찰에 연행 구속되었다. 나는 이 학생들에게 격려편지를 보냈고 감사답장을 받았다. 김재영, 김유진, 김수형, 이상덕, 감옥에 갇혔던 영웅들이다.

한편, 해외에 거주하면서 조국의 통일운동에 일생을 바치고 있는 애국시민들도 다수 있다. 몇 사람을 소개한다. 임민식 박사(1942년생)는 민족운동의 성지 광주태생으로 영국 유학시절 덴마크에서 유학을 온 여성과 결혼하여 학업을 마친 후 덴마크에서 대학교수 생활을 하면서 범민련 운동에 참가하여 고국 방문을 할 수 없는 처지에 놓여 있다.

한호석 박사(1955년생)는 미국 뉴욕 플러싱에 설립된 통일학연구소(개소 당시 명칭은 미주 평화통일연구소)에서 소장으로 일하고 있으면서, 통일문제에 관한 많은 논문을 발표하고 있는 통일학자이다. 매주 월요일마다 인터넷신문 자주시보에 흥미진진한 좋은 논문을 기고하고 있다. 그 역시 조국통일범민족연합 재미본부 사무국장 등을 역임하며 범민련 운동에 참가하였다.

정기열 박사(1953년생)는 한때 귀국하여 반독재 민주화와 통일운동에 참여한 진보적인 학자이며 또 기독교 목사이기도 하다. SBS 방송사에서 방영하는 심야토론6에 나와 함께 출연한 적도 있다. 토론주제가 진보

6   맥아더 동상 철거논란(62회 SBS 토론공감), 「SBS」, 2005년 9월 23일 밤 11시 55분·1

와 보수의 대담이었다. 보수진에서는 한때 미국공화당 추천으로 당선된 한국계 미국 국회의원(하원)을 했던 김창준을 포함한 10명의 보수를 자처하는 인사들이었고, 진보진영에는 정기열 박사를 비롯한 전창일(통일연대 상임고문), 김수남(맥아더 동상 타도 특위 위원장), 김승교 (민변 변호사), 박경순(한국진보운동연구소 상임연구원) 등이 참여하여 열띤 토론을 한 적이 있다. 정 박사는 명쾌한 논리를 전개하여 인상적이었다.

한국의 자칭 보수는 그 뿌리가 일제 강점기 일제의 식민통치에 협력한 소위 친일파 그리고 해방 후에는 재빠르게 친미로 변신하여 미국과 이승만의 단선 단정에 협력한 국토분단과 민족분열의 주도세력이다. 그러므로 필연적으로 박정희를 위시한 군부독재 폭압 정치를 비호하는 반민주 반통일 세력일 수밖에 없다. 우리 진보인사들은 이에 대한 반대개념이란 논리를 전개하였다.

전직 미국 국회의원을 위시한 보수진에서는 한반도 분단의 원흉은 소련이라 우기며 보수는 반공의 보루라고 하면서 민주주의의 수호자라고 자처하는 논리를 폈다. 정 목사가 전직 미국 국회의원에게 브루스 커밍스(Bruce Cumings, 1943년생)가 쓴 『한국전쟁의 기원』을 읽어 보았느냐고 묻자 우물쭈물하며 웃으며 넘어갔다. 정 목사는 그 후 고국을 떠나 중국 복단대학교수, 평양 김일성대학 교수, 일본의 조선대학까지 맡으면서 「The 21st Century」라는 영문인터넷신문도 경영하며 분주한 삶을 살고 있다. 나는 그 영문신문에 게재된 좋은 기사를 번역하여 국내 인터넷신문에 올리고 때로는 친지들의 소모임에 강의 자료로 이용하기도 한다.

시 15분 방영

차례

제1부 분단과 전쟁

제1장   내 고향 북청에 내 핏줄들이 살고 있다

제2장   일제 통치하에서 살아가기

제6장 대한민국 국민으로 살아가기

표 목차

자세히 보기 목차

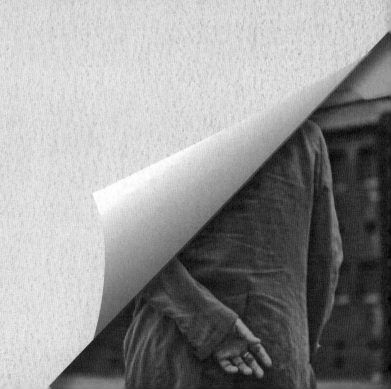

제1부

분단과 전쟁

제1장

내 고향 북청에
내 핏줄들이 살고 있다.

:: 01 ::

분단으로 인해 뿌리가 바뀌다

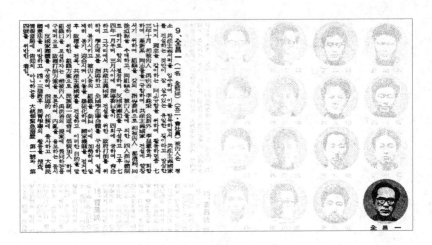

〈 그림1: 1974년 5월 27일 자 동아일보 〉

1974년 5월 27일, 비상보통군법회의검찰부는 소위 '전국민주청년학생총연맹(민청학련)'이 주동이 된 국가변란기획 사건의 주모자급에 대한 검찰수사를 마치고 그중 54명에 대해 대통령긴급조치 제4호 위반 · 국가보안법 위반 · 반공법 위반 · 내란예비음모 · 내란 선동 · 대통령긴급조치 제1호 위반 등의 죄명으로 구속 · 기소했다.[1] 대부분 신문들이 1면

---

1   폭력혁명으로 국가변란획책, 비상보통군재 검찰부 민청학련 주모급 54명 구속기소, 「경향신문」, 1974.5.27.

톱으로 다룰 정도로 대형사건이 터진 것이다. 「동아일보」「경향신문」 등은 많은 지면을 할애하여 공소사실 요지를 보도하였다.

서도원, 도예종, 하재완, 이수병, 김용원, 여정남, 우홍선, 송상진 등 이듬해 4월 9일 형장의 이슬로 사라질 8명을 필두로 전창일, 김종대의 순서로 소개되었는데, 54명의 피고인 중 김지하와 전창일 두 사람은 일명(一名, 본명 이외에 달리 일컫는 이름)을 별도로 표기하였다. 김지하(金芝河)는 오적(五賊) 사건[2] 등으로 인해 본명인 김영일(金英一)보다 필명이 더 알려진 탓으로 일명을 덧붙인 것으로 보인다.

특이한 것은 전창일의 경우다. 그는 김지하처럼 필명으로 글을 쓰는 문인도 아니고 별도의 이름이 필요한 지하 세계의 인물은 더욱 아니었다. 구속될 무렵의 전창일은 극동건설주식회사[3] 외국 공사부장으로 근무 중인 평범한 회사원이었다.

사실 그의 본명은 전철구(全澈球)이다. 전철구란 이름을 거론했다는 것은 중앙정보부가 전창일의 이름에 얽힌 사연을 이미 파악했다는 얘기다. 전창일의 증언을 따르면, 인혁당 사건으로 조사를 받을 때 호적이 잘못되었다는 점을 진술하고 차제에 호적을 고치려고 했으나 "호적의 오류 자체는 범죄가 되지 않고, 수정하려면 복잡하니 그대로 둡시다."라는 수사관의 말에 따라 지금까지 호적(가족관계증명서)이 그대로

---

2 담시 '오적' 필자 김지하 씨 구속, 「조선일보」, 1970.6.3.

3 극동건설은 현대건설, 대림산업, 동아건설산업, 삼부토건 등과 함께 도급순위 상위권을 형성한 1970년대의 대표적인 건설업체였다. 〈50년간 30대 건설업체 중 83% 변동, 「한국건설신문」, 2012.4.6.〉

있다고 한다.[4] 전창일의 호적에는 그의 본명뿐 아니라, 나이, 부모님의 성함, 본관 등이 틀리게 기록되어 있다. 전창일은 "우리 비운의 민족사에, 그 와중의 현상에서 생긴 일"이라고 말한다. 분단으로 뒤바뀐 호적의 사연을 추적해 보자.

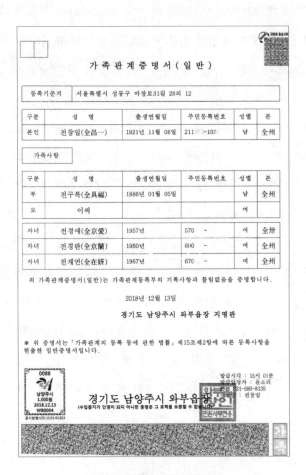

〈 그림2: 전창일의 가족관계증명서 〉

---

4   임미리 기록, 녹취록 4차-1, 가호적 등록 시 이름 개명, 출생연도도 빠르게, 『1960년대 이후 통일운동가들의 통일운동 및 사회운동 경험, 전창일 구술』, 국사편찬위원회, 2014, 녹취록 4차-1, 가호적 등록 시 이름 개명, 출생연도도 빠르게

– 이영재: 어떤 기록은 28년, 어디는 21년 이렇게 되어 있습니다. 11월 8일 아니면 11월 18일 왔다 갔다 하거든요? 선생님! 정확히 언제 출생하셨습니까?

– 전창일: 그게 이제, 우리 비운의 우리 민족사에 그 와중에서 생기게 된 현상이라고 봐도 과언이 아닐 거예요.

– 이영재: 네.…

– 전창일: 내가 정확하게는 1928년 11월 18일인데 생일이 어떻게 하여 그렇게 되었냐 하면……, 내가 6·25 동란 중에 동두천에 주둔하고 있는 미군 부대에 근무하고 있었어요. 그래 그때는 소위 민통선이 의정부 남쪽이었어요. 의정부 이북은 일반인들은 못 들어왔어요. 그런데 나와 함께 근무하던 사람의 가족이 어떻게 민통선을 뚫고 부대 앞까지 면회를 왔어요.

– 이영재: 네.

– 전창일: 당시 이북 사람들은 호적이 없었거든요. 해방 직후에 월남해 나온 사람들, 그러니까 그 사람들을 법적으로 구제한다 해서 월남자 호적, 가호적을 등재한다는 정부의 정견이 발표됐어요. 그런데 내가 있던 그곳에는 행정기관이 없었어요. 동두천은 소위 말하자면 미수복 지역이었거든요. 천상 서울에 나가서 내가 직접 해야만 할 처지였는데, 마침 동료의 부인이 서울사람이었고, 서울에서 면회 왔기에 부탁을 했어요. 함경남도 북청군, 부친 이름, 형제 이름 등 호적에 필요한 정보를 다 적어 줬어요. 그런데 이 부인이 정보가 적힌 쪽지를 그만 잃어버렸답니다. 다시 들어오려고 하니 그게 쉽지 않았어요.

참, 그 여자가 머리가 좋았어요. 경성사범 나온 여자예요. 우리 집사람도 공주사범 나왔지만, 그 당시 사범학교, 머리 나쁜 사람 못 들어갔어요. 아무튼, 가호적 등록 마감날짜가 다가오니까 자신의 기억력을 믿고 호적 등록을 했답니다. 우리 아버지 이름을 그 부인이 지은 셈이지. (웃음) 그러니까 호적이 이렇게 엉망이야.

그 후 변호사 하는 친구한테 이거 아무래도 고쳐야 하겠는데 어떻게, 어떻게 하지 하니까, 에이 뭐 고치긴 뭘 고쳐. 이제 통일이 되면 다 다시 할 텐데. 그냥 내버려 두라고. 그래 가지고 내 호적이 이렇게 되어 있다고.

- 이영재: 아 예.
- 전창일: 그러나 무척 고통스러울 때도 있었어요. 길가에서 불심검문을 당할 때 얼굴을 딱 보곤 따진다고요. 띠가 뭐냐, 소화 몇 년에 태어났어, 서기 몇 년도야, 단기 몇 년이야… 이렇게 신문을 당하곤 했어요. 근데 그러한 신문이 귀찮으니까 예상 질문에 맞춰서 컴퓨터에 입력하듯이 내 머리에다 입력해놓곤 검문을 당할 때마다 대답했던 거예요. 내가 지금까지 그렇게 살아왔어요. 음! 그래서 간혹 "군대 안 가려고 꼼수를 부려 나이를 늘렸군요." 하는 사람들도 있는데 사실 그런 심정이 없진 않았으나, 내가 미군 부대 들어간 과정도 얘기할 텐데…(중략)…미군 부대 종사하면 군대 끌려가는 것은 걱정을 안 해도 돼. 그러니까 굳이 생년을 늘려서 군대 안 가려고 하는 꼼수를 부릴 이유가 없었다는 말입니다.

그렇다고 해서 가까운 친구에게 거짓말을 할 수도 없고, 그러니까 지금처럼 사실을 밝혀야 하는 경우에는 사실대로 얘기하거든. 그러니까 기록은 이렇게도 나오고 저렇게도 나오곤 하는 거야. 비극적인 현대사의 한 산물이에요.

- 정호기: 사회활동 하면서 친구분들 만나실 때는 어떤 것으로 하셨어요? (웃음)
- 전창일: 아 필요할 땐 뭐. 자기가 위라고 나이 자랑하게 되면 신분증 내 봐. (웃음) 그리곤 서로 웃곤 하지요.5

나이와 생일이 바뀌게 된 연유는 위 대담으로 충분히 설명된다. 그러나 이름이 전창일로 변하게 된 것은 다른 이유가 숨어 있다. 인용한 대담 1년쯤 후 국사편찬위원회에서 주관한 구술을 살펴보면 다음과 같은 대화가 나온다.

- 구술자: 여기 나와서 그 기록이라는 것은 북청공업학교 졸업장 가지고 나왔는데 잃어버렸어요. 그다음은 여기 뭐 대학(한국대학)……내가 6·25 전쟁 난 후 이름 바꾸어버렸거든요. 지금 이름 전창일로. 그 학교 학적부엔 전창일이 아니에요. 그 이제 그런 거 아이고, 그러면 안 된다고 그랬는데 그냥 두라고.
- 면담자: 그러면 아니, 원래는 뭐였는데요?
- 구술자: 내가 이름이 전철구예요. 원래 본명. 저기, 저기 있잖아요. 구명(舊名), 구명 철구라고 돼 있잖아요. 그래서 그건 왜 그런가 하면 인민군 치하 들어갔다가 국군 치하 들어갔다가 왔다, 갔다 하는데 나는 서울사람 되는 것이 여러 가지로 편리하다는 걸 생각했어

5   면담자(이영재·정호기·이창훈), 『인민혁명당과 혁신계의 활동, 주요인사(전창일 님) 구술사료 수집』4·9 통일평화재단, 2014.2.3, pp.16~17. 〈중복되는 발언을 삭제하는 등 필자가 다소 윤문했음〉

요. 그래 가지고 이름을 바꿔버렸거든요.

- 면담자: 그 호정 등, 가호적 신청할 때요?

- 구술자: 그렇죠. 이미 그때는 전창일로 돼 있을 때예요. 그래서 그 이후에, 필요에 의해 내가 이렇게 학자들과 내 과거를 이야기할 때는 지금처럼 이야기하지만, 예를 들어 공식적으로 중앙정부에 가서 조사받을 때는 그런 얘기를 하게 되면 복잡해지잖아요. 수사가. 그러니까 얘기를 안 하지. (호적이) 잘못됐다는 그러한 얘기를 안 하지. 그래서 21년생으로 태어난 걸로 해 가지고 7년이라는 경력을 속여서 만들어서 진술하고 그랬다고. 그런데 인혁당 사건 때는 내가 중앙정보부에서 조사받으면서 호적이 이렇게 돼서 이게 잘못됐다. 내가 여기에 대한 벌을 달게 같이 받겠다. 그리고 차제에 내 호적을 고치고 싶다.

- 면담자: 네.

- 구술자: 그랬더니 쟤들이 나중에 뭐 그것은 지금 범죄가 될 수가 없다 그거야. 지금 현행법으로.

- 면담자: 네.

- 구술자: 그리고 자기네가 고쳐주려면 복잡하고. 그러니 "그대로 둡시다." 그러더라고, 그 수사관이. 그래서 지금까지 그대로 돼 있는 거예요.[6]

전창일의 구술을 따르면 그는 가호적 신청 이전에 이미 전창일이란

---

6   임미리 기록, 『1960년대 이후 통일운동가들의 통일운동 및 사회운동 경험, 전창일 구술』, 국사편찬위원회, 2014, 녹취록 4차-1. 가호적 등록 시 이름 개명, 출생연도도 빠르게

이름을 사용하고 있었다. 월남 후 한국대학에 다닐 때만 해도 전철구라는 본명을 사용했으나 6·25 전쟁 후, 더 정확한 시기는 1950년 9월 28일 서울 수복 후부터 가명을 사용했다. 그는 "서울사람 되는 것이 여러 가지로 편리하다."는 이유로 이름을 바꾸었다고 했으나 또 다른 이유가 있었을 것이다. 바로 부역자에 대한 대대적인 숙청이다.

이승만 정권은 전쟁이 일어나자 후퇴하면서 《국민보도연맹7》과 《국민방위군설치법8》에 의해 수많은 민간인을 살해하였다. 서울이 수복된 후

---

7 보도연맹: 1949년 좌익전향자들로 구성된 조직. 정식 명칭은 국민보도연맹이었다. 이 단체는 국가보안법의 구체적인 운용책의 하나로 국가보안법에 저촉된 자 또는 전향자로 분류된 인사들을 이 단체에 빠짐없이 가입하도록 규정해 놓았으며, 그들에 대한 회유와 통제를 쉽게 하도록 했다. 1949년 말까지 이 단체의 가입자 수는 약 30만 명에 달했으며, 서울에 1만 9,800명이었다. 1949~50년 이들은 당시 좌익세력을 와해시키는 데 결정적인 역할을 했다. 그러나 6·25 전쟁이 일어나자 일부 위장전향자들과 북한에 동조할 가능성이 있는 세력을 뿌리 뽑는다는 정부방침에 의해 무차별 검속과 즉결처분이 실시된 것으로 알려졌으나 이때의 실상은 공개된 것이 없다. 《다음백과》; 국민보도연맹 학살(國民保導聯盟虐殺)은 1950년 한국전쟁 중에 대한민국 국군·헌병·반공단체 등이 국민보도연맹원이나 양심수 등을 포함해 공식적으로 확인된 4,934명과 10만 명에서 최대 20만 명으로 추산되는 민간인을 살해했다고 추정되는 대학살 사건이다. 보도연맹원 학살 사건이라고도 불린다. 이 사건에는 미군도 민간인 집단 학살 현장에 개입했다. 오랜 기간 동안 대한민국 정부가 철저히 은폐했고 금기시해 보도연맹이라는 존재가 잊혀져 왔지만, 1990년대 말에 전국 각지에서 보도연맹원 학살 사건 피해자들의 시체가 발굴되면서 보도연맹 사건이 실제 있었던 사건임이 확인됐다. 2009년 11월 '진실화해를위한과거사정리위원회'를 통해 정부는 국가기관에 의해 민간인이 희생되었다는 것을 확인했다고 밝혔다. 현재에도 사건 진상 조사가 이루어지고 있다. 《위키백과》

8 국민방위군 사건: 이승만 정부는 1951년 1·4후퇴를 하면서 100만여 명에 달하는 청년들을 남쪽으로 후송하려는 계획을 세웠다. 이에 따라 이승만 대통령은 1950년 12월 15일 '국민방위군 설치법안'을 국회에 상정, 같은 해 12월 16일 이 법안을 즉시 공포하여 발효시켰다. 그러나 국민방위군 간부들이 예산을 횡령하여 5만 명이 굶어 죽거나 얼어 죽고 영양실조에 걸렸다. 이승만 정부는 사건을 축소시키려 했으나, 국회의 재조사 과정에서 국민방위군 간부들이 이승만 개인의 정치 조직에 수천만 원의 정치자금을 준 사실이 밝혀졌다. 이에 국민방위군 간부들을 군법회의에 회부해 총살형에 처했다. 그러나 정치자금 문제와 국방부와 육군본부에 상납된 돈에 대한 수사는 착수조차 하지 않았다. 《다음백과》

에는 '부역자 처벌'이란 보복적 살상을 진행했다.

〈 그림3: 좌로부터 1950년 10월 1일, 10월 12일, 11월 4일 자 동아일보 〉

　수복 열흘쯤 지난 1950년 10월 11일, 국무총리서리 겸 국방장관 신성
모는 기자회견을 통해 "부역자를 엄중 처단"하겠다고 공언했으며,[9] 같
은 날 경인지구계엄사령관 이준식 준장은 "반역행위자를 엄단"하겠다는
담화를 발표했다.[10]

　부역자 처벌은 정부의 방침대로 진행되었다. 엄단처벌에 대한 발표
가 한 달이 채 안 된 11월 4일 자 보도에 따르면, 군법회의가 부역자에
게 사형을 선고한 판결만 해도 39건이었다.[11] 한편, 내무장관 조병옥은
"11월 13일 전국 부역자 총검거 수는 55,909건(서울: 13,948)이며 이들
중 12,377명(서울: 5,466)이 송치되었다"는 발표를 했다.[12] 당시의 끔찍

9　附逆者 嚴重 處斷,「동아일보」, 1950.10.11.

10　反逆行爲者嚴斷 京仁地區 戒嚴司令官 李准將談,「동아일보」, 1950.10.12.

11　死刑만 卅九件 軍法會議의 附逆者判決,「동아일보」, 1950.11.4.

12　五萬五千餘名 전국 부역자 검거 수,「동아일보」, 1950.11.16.

했던 상황을 문학평론가 백철은 다음과 같이 묘사했다.

> 서울이 수복되었다고 해서 곧 평화의 날이 왔다는 이야기가 아
> 니었다. …(중략)… 무엇보다도 수복해 온 군경당국의 남아있던
> 서울 시민에 대한 서자적 대우 때문이었다. 소위 부역자를 탐색해
> 내어 마구 총살해 버리는 장면도 벌어졌다. 무슨 복수나 하듯 분
> 풀이의 흥분이 살벌했다. 아마 내가 생각하기엔 그때 부역자 처분
> 에 있어서도 옥석을 구분 못하고 적지 않은 인재들이 희생된 사실
> 도 없지 않을 줄 안다.[13]

이제 서울은 공포의 도시가 된 것이다. 전창일도 혼란 속에 하루하루
를 보내야 했다. 무엇보다 서울시민증을 구해야만 했다. 정부의 부역자
엄단 처벌 방침 발표 이후, 서울시는 "선량한 시민의 신분을 보장하며
적의 잠입을 방지하고 제5열을 철저히 소탕하여 치안을 확보"한다는 명
분 아래 서울 전 시민에게 '시민증'을 발행하기로 했다. 대상은 만 14세
이상 남녀 전체였고, 시민증이 없는 사람에겐 통행이 제한되었다. 하지
만 그 증을 습득하는 과정이 만만치 않았다.

시민증을 발행하는 수속은, 각 세대가 전 가족의 시민증 교부 신청을
반장 통장을 경유하여 동회에 제출하면 경찰관의 심사를 거쳐 발행하기
로 되었다 한다. 그리고 신청서를 작성할 때 보증인 두 사람의 보증이

---

13 백철, 『(속)진리와 현실』, 박영사, 1976, p.439. 〈서동수, 『한국전쟁기 문학담론과 반공프
   로젝트』, 소명출판, 2012, p.32.〉재인용

필요했다.[14] 더욱이 계엄사령관 지시로 서울시는 시내 각 구·동회를 통해 부역한 자 또는 협력한 자를 반원 연대 책임하에 철저히 적발하기로 했다.[15] 전창일에겐 이 모든 과정이 난감할 수밖에 없었다. 1950년 10월 현재의 전창일에게 서울 시민증 획득은 생사의 갈림길 선택 여부와 동일했던 것이다.

그 무렵의 전창일은 숨겨야 할 사안이 많았다. 단선 단독정부 반대 데모 건(국가보안법 위반)으로 구속되어 미결수 신분하에서 1년 이상 서대문형무소에서 구금되어 있던 중 전쟁으로 인해 석방되었고, 석방 후의 행적도 불투명했다. 그리고 고향인 북청으로 돌아가지 않고 서울에서 배회하고 있는 점도 설명하기 곤란한 사안이었다. 전철구라는 이름으로 이력을 추적하면, 대부분 드러날 문제점들이었다. 결국, 선택한 것은 새로운 이름이었다. 전철구라는 본명을 버리고 전창일이라는 새로운 사람이 되어 서울시민이 되고자 했다.

그 무렵 전창일의 나이는 23세였다. 다행스럽게도 전창일은 부역자 혹은 반역자로 처벌받는 것은 모면했다. 그 대신 세 차례에 걸쳐 징집되는 희귀한 경험을 하게 된다. 군대에 세 번 끌려간 이야기는 별도의 장에서 거론할 주제이다.

---

14 시민의 신분보장, 시민증 제도 실시, 「동아일보」, 1950.10.11.
15 附逆者는 우리 손으로 卄日內班單位로 摘發 戒嚴司令部指示로 實施, 「동아일보」, 1950.10.12.

호산 전창일과 통일운동 77년사

:: 02 ::

혈육들의 소식을 듣기까지

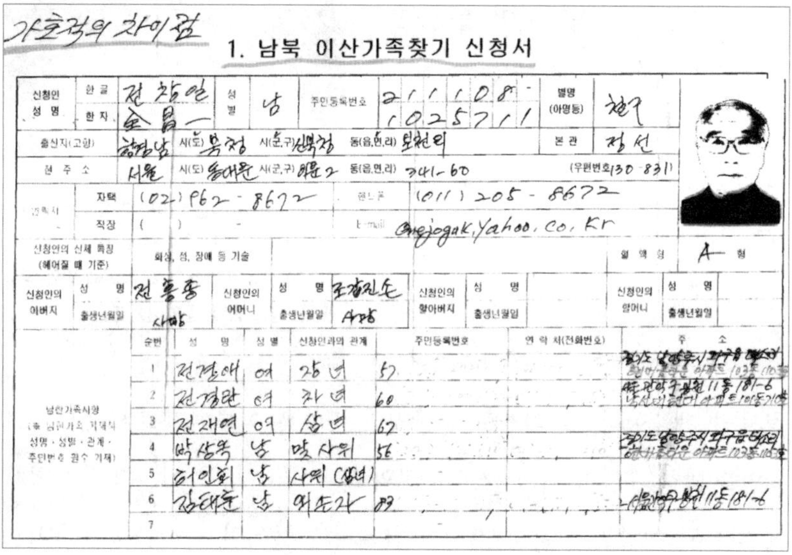

〈 그림4: 남북 이산가족 신청서 〉

국사편찬위원회 면담자와의 대화에서 "내가 이름이 전철구예요. 원래
본명. 저기, 저기 있잖아요. 구명(舊名), 구명 철구라고 돼 있잖아요."
라고 하는 전창일의 발언을 기억할 것이다. 전창일이 "구명 철구라고
돼 있잖아요."라면서 보여준 서류는 2007년 8월 1일 자로 작성한 '남북
이산가족 찾기 신청서'를 말한다.

2007년 17일부터 22일까지 금강산에서 남북 이산가족 상봉행사가 열렸다. 2000년 8월 15일부터 8월 18일까지 개최되었던 제1차 이산가족 상봉 이후 16번째의 행사였다. 2박 3일간 두 차례로 나뉘어 열린 행사에서 1회차 상봉에는 북측 97명이 재남 가족 404명과 상봉하였으며, 2회차에는 남측 94명이 재북 가족 219명을 상봉했다.

〈 그림5: 제16차 남북 이산가족 상봉행사 2회차 만남이 20일 금강산호텔에서 열려 김태석(90세)옹이 북측의 딸 김미혜 씨와 부둥켜안고 울고 있다. ⓒ파이낸셜뉴스 〉

전창일은 이 상봉행사에 참가하기 위해 통일부에 '남북 이산가족 신청서'를 제출했다. 아쉽게도 전창일의 바람은 이루어지지 않았다. 그 원인을 밝히는 것이 이 책 저술목적의 하나이다. 남북 이산가족 신청서에 기록된 전창일의 북녘 가족과 남에서 만들어진 가족관계증명서(호적)를 비교하면 아래 표와 같다.

[표1: 전창일의 호적과 남북 이산가족 신청서의 내역 비교표]

	호적(가족관계증명서)		남북 이산가족 신청서	
	성명	출생연월일	성명	출생연월일
본적	서울특별시 성동구 마장동 513번지의 9		–	
원적	함경남도 북청군 신북청면 빈천리 665번		함경남도 북청군 신북청면 보천리	
본관	전주 전씨(全州 全氏)		정선 전씨(旌善 全氏)	
부	전구복(全具福)	1886년 1월 5일	전흥종	사망

모	이 씨	–	조갑진손	사망
본인	전창일(全昌一)	1921년 11월 8일	전철구(별명)	(1928년 11월 18일)
	※취적(1953년 12월 30일 법령 제179호)		※가족: 전철우(사촌 형)·전철문(동생)·전철명(동생)·전초선(누님)·전을선(누님)·전상주(조카)	

〈 그림6: 1990년 7월 20일 자 동아일보, 경향신문 〉

　북녘에 있는 가족을 만나기 위한 전창일의 시도와 좌절은 위 인용한 사례가 첫 경험은 아니다. 인혁당 사건으로 인한 8년 8개월의 수감을 마치고 출옥한 1982년 12월 24일 이후, 범민련과 민자통 등 재야단체에서 통일운동을 하던 전창일은 뜻밖의 소식을 들었다. 노태우 대통령이 "남북한 자유왕래를 제의하며, 8월 13일부터 17일까지를 민족대교류 기간"으로 하겠다고 선언했다는 소식이었다.[1] 대통령 노태우의 소위 7·20 특별발표였다. 대통령의 선언은 야권통합원칙 발표와 때를 같이 하고 북한의 범민족대회를 앞둔 시점에서 나왔다. 이러한 시기 선택 탓으로 정치적 쇼라는 인상을 준 것은 사실이다. 하지만 남북한 사회를 완전히 개방토록 하려는 민족대교류의 원칙을 언급했다는 점에서 선언의 중요성을 무시할 수는 없는 대 사건임은 틀림없었다.

전창일 역시 마찬가지 생각이었다. 거시적 담론으로 통일운동을 하던 전창일은, 그 무렵부터 개인적인 소망 즉 북녘에 있는 가족과의 만남을 동시에 추진했다. 그는 즉시 통일부에 신청서를 접수했다. 민족대교류 기간에 북한을 방문하길 원한다고. 아래 공문은 국토통일원 장관 홍성철이 전창일에게 보낸 답신이다.

---

1   민족대교류 선언, 「동아일보」 1990.7.20.

전 창 원 선생님 귀하

안녕하십니까?

유난히도 기승을 부리던 불볕더위도 한풀 꺾인듯 하지만 늦더위가
아직 만만치 않은 요즈음, 선생님과 댁내 제절이 건승하심을 삼가
기원합니다.

이번에 정부에서 민족대교류기간을 설정하여 방북희망자들의 신청을
접수함에 있어서 선생님께서 보여주신 뜨거운 참여와 노고에 대하여
국토통일원장관으로서 감사와 위로의 인사를 드립니다.

노태우 대통령께서 『7. 20 특별발표』를 하신 것은 동서진영이 화해와
협력관계를 구축해 가는 새로운 국면을 맞이하여 우리 남북간에도
개방과 교류를 통해 화해와 통일의 문을 열어가야 할 때가 되었으며,
특히 이산가족문제는 더 이상 지체할 수 없는 절박한 과제이므로
어떻게 해서든지 해결의 실마리를 찾아 보려는 일념에서 비롯되었던
것입니다.

북한측은 김일성의 신년사 등을 통하여 이미 수 차례에 걸쳐
남북사회의 전면개방과 자유왕래를 제의한 바 있으며, 우리 정부가
인도주의적이고 민족화합의 차원에서 보다 수용적이고 구체적인 제안을
할 때 이를 받아들일 것으로 정부는 기대하였습니다.

선생님을 비롯한 6만 2천명의 방북희망자께서 그 무더위 속에서도
이른 새벽부터 접수창구에 장사진을 이루신 모습은 혈육상봉의 열망이
얼마나 뜨거우며 분단극복의 의지가 얼마나 간절한가를 국내외에
다시 한번 확인시켜 주셨습니다.

그러나 유감스럽게도 북한측은 우리의 국가보안법 철폐니, 소위
임수경 위문단의 재소자 면회니, 『전민련』, 『전대협』대표들만의
『범민족대회』참가 허용이니 하는 등의 부당한 전제조건을 내세워
우리측의 제의를 거부하고 방북희망자 명단의 접수조차 외면해
버렸습니다.

참으로 서글픈 일입니다.

더욱이 혈육상봉과 고향방문에 대한 기대나 다른 여러가지 목적으로 방북을 신청하신 선생님의 소망이 속절없이 무산된데 대하여 통일정책의 주무장관으로서 안타까운 심정과 송구스러움을 금할 수 없습니다.

선생님께서도 잘 알고 계시듯이 45년이라는 긴 세월, 이념과 체제를 달리하는 남북한이 신뢰를 회복하고 화합을 도모하며 통일을 실현시키는 것은 실로 쉬운 일이 아니며 또한 짧은 기간내에 이룰 수 있는 일도 아니라는 것을 절감하게 됩니다.

이것은 7천만 겨레가 함께 지혜를 모아 꾸준히 노력함으로써 비로소 이루어질 수 있는 민족적 과제이며 우리 모두의 인내와 노력을 필요로 하고 있는 문제라고 생각됩니다.

이러한 점에서, 선생님을 비롯한 방북희망자 여러분들의 열렬한 참여와 노고는 결코 무의미한 것이 아니며, 이산가족의 고통해소 및 상호신뢰와 이해증진 등 남북관계 개선을 위해 소중한 씨앗을 뿌린 매우 값진 것이라고 저는 굳게 믿고 있습니다.

태산이 제 아무리 높다해도 오르고 또 오르면 언젠가는 정상에 다다르게 되고, 봄이 오는 해변가에 떠있는 큰 얼음덩이도 햇볕이 계속 내려쬐면 녹게 마련입니다.

선생님께서 이번에 방북희망 신청에 존함을 올리신 것은 비단 개인적 열망의 표시에 그치지 않고 북쪽을 향한 거대한 국내외 여론의 물굽이를 형성함에 있어서 흔연히 동참해 주신 값진 일이라고 생각되어 거듭 경의를 표하는 바입니다.

비록 올해 광복절의 민족대교류를 외면한 북한이라 하더라도 우리들의 정성어린 노력이 두번 세번 거듭되어 나갈 때, 그들도 이 뜨거운 민족적 요구와 개방과 화해의 세계사적 조류를 언제까지나 외면하지는 못할 것입니다.

이러한 신념에서 정부는 앞으로도 계속 다가오는 추석, 설날, 한식 등 민족명절을 기하여 『7.20특별발표』정신에 의한 민족교류가 성사될 수 있도록 다각적인 노력을 기울여 나갈 것입니다.

정부는 9월초 분단사상 처음으로 열릴 예정인 남북총리회담의 성사를 위해 진지한 노력을 벌이고 있으며, 여기서도 남북 왕래문제를 우선적으로 다룸으로써 선생님의 간절한 소망과 강렬한 의지가 기필코 관철될 수 있도록 힘쓰려고 합니다.

그리하여 앞으로 민족교류가 실현될 경우, 선생님의 방북신청은 그대로 유효하며 우선적으로 시행되도록 할 것입니다.

지나온 45년은 참으로 길고 긴 기다림의 세월이었습니다.

그것은 출구의 빛도 안보이는 참참한 터널이었습니다.

그러나 이제는 출구의 빛이 우리들 시야에 들어오고 있습니다.

45년을 기다릴 수 밖에 없었던 우리들의 인내심에 또 한번 끈기의 불길을 지핀다면 우리 모두가 소망하는 통일의 큰 길로 나갈 수 있음을 함께 다짐하십시다.

방북신청 과정에서 선생님이 보여주신 뜨거운 관심에 거듭 감사의 말씀을 드리면서 선생님과 선생님의 가정에 건강과 행복이 깃들기를 충심으로 기원합니다.

1990년 8월   일

국토통일원장관   홍 성 철 드림

〈 그림7: 통일원 장관 홍성철이 전창일에게 보낸 답신 〉

그러나 민족대교류 기간 선언의 실행은 무산되었다. "7 · 20 대북제의가 정권적 차원에서 악용되지 않기 위해서는 국가보안법 폐지 등 제도적 개선이 뒷받침돼야 한다"[2]는 평민당 대변인 김태식의 지적처럼 한계가 있는 선언이었다. 하지만 전창일 개인으로서는 나쁘지 않은 상황이었다. 민족대교류 기간 중 가족을 만나겠다는 소망은 허물어졌지만, 그는 포기하지 않고 차선의 방안을 선택했다. 제3국을 통해 서신으로나마 북녘 가족과의 접촉을 추진했다. 마침 외삼촌의 아들 조열하[3]가 미국에 거주하고 있었다. 이종사촌 동생을 통해 편지를 주고받겠다는 계획이었다. 1991년 8월 6일, 수많은 시행착오 끝에 결국 통일원으로부터 접촉승인을 받아냈다. 승인조건(유효기간)은 정부승인 후 1년이었다.[4]

---

2   통일 향한 위대한 행보 환영, 보안법 개정 등 뒷받침돼야, 「경향신문」, 1990.7.20.

3   서울대 의과대학 졸업, 국립의료원(을지로 6가)에서 외과의사로 근무하다 미국에 가서 개업의원을 했다. 인도주의 의사회의 사무처장으로 있으면서 의료기구와 의약품을 수차례 북조선에 보낸 바 있다. 그러면서 평양과 고향 함흥도 방문하였다. 전창일과의 관계가 알려지면서 미국 CIA의 조사도 여러 번 받고 하여, 그 후 전창일과의 관계를 끊고 있다. 〈2021년 2월, 전창일의 증언〉

4   통일원(교일 02201), 1991.8.6., 북한 주민 접촉승인 통지, 수신 전창일, 발신 통일원 장관

호산 전창일과 통일운동 77년사

:: 03 ::

40여 년 만에 핏줄이 쓴 편지를 보다

정부의 승인을 획득한 후 떨리는 마음으로 북녘의 가족들에게 첫 편지를 썼다. 전창일이 아닌 진짜 전철구를 알고 있는 사촌 형, 누님 그리고 동생들에게 자신의 소식을 전한 것이다. 날짜는 1992년 2월 10일이다. 그리고 내용을 좀 더 다듬어 '내 고향 이북(북청)에 띄우는 편지'라는 제목을 붙여 진보적 월간지 「말」에도 투고했다. 아래에 두 편의 편지를 소개한다.

자세히 보기-1

[전창일이 형제들에게 보내는 편지(1992.2.10.)]

한없이 그리운 형님, 누님 그리고 동생들에게,

강대국에 의하여 쪼개진 땅, 제 나라 제 땅에서도 오도 가도 못하는 불우한 세월, 잔인한 역사가 반세기 가까이 분노, 울분 그리고 한숨 속에서 흘러가고 있습니다. 45년 만에 불러보는 다정하고 그리운 그 이름들 – 형님, 누님 그리고 사랑스러운 동생!

모두 안녕하신지? 제발 건강히 살아 계시길 애절하게 기원하면서 이 편지 쓰고 있습니다. 수암, 순선 누이들, 철문, 철명, 철렴, 철요 동생들 모두 잘 있는지? 지금은 어디서 어떻게 지내는

지? 40여 년 애타게 염려하는 조릿한 마음, 무엇으로 무슨 말로 표현할 수 있을지 모르겠습니다. 불쌍한 일생, 고생 속에서 한 많은 생을 마쳤을 아버님과 병고에 시달리시던 어머님! 지금은 살아계시지 못하리라 생각만 하면 가슴이 찢어지는 것만 같습니다.

남들이 다정하게 부르는 "아버지" "어머니"라는 말만 들어도 눈시울이 뜨거워지는 괴로운 45년!

생사도 모르고 지내야 하는 이 잔인한 역사의 소용돌이에서 온 겨레의 불행과 고통의 화근인 분단을 극복하고 통일을 쟁취하는 운동이야말로 이 시대의 "최고의 선"이라는 가치관을 간직하고 또 이것이 불효한 자식이 불우하게 생을 마쳤을 부모님과 사랑하는 형제에 대한 보답이라 생각하였기에 더더욱 일생 동안 통일을 가로막는 외세와 온갖 반동과 분단체제에 저항하여 왔습니다. 그로 인하여 근 10년간을 감옥에서 영어생활과 갖은 수모를 겪어야 했습니다.

1974년 세상을 떠들썩하게 했던 "인민혁명당" 사건에 연루되어 무기징역으로 수형생활, 지금은 "조국통일을 위한 범민족 연합 남측준비위원회(위원장 문익환)" 실행위원 겸 공동부위원장으로 또 국가보안법 위반혐의로 불구속으로 입건되어 해외여행 금지, 보호관찰 등 활동의 제약을 받고 있는 실정입니다.

가족으로는 서울 방산초등학교(상주가 재직하던 학교) 여교사로 있던 림인영(林仁英) 씨와 1956년에 결혼하여 딸 셋이 있습니다. 아내는 남편을 감옥으로 보내고도 한때는 함께 갇히기도 하면서 아이들을 대학까지 공부시켜 냈습니다. 둘은 출가하여 첫째는 딸, 둘째는 아들을 두었어요. 첫째 이름은 전경애, 현재 서울 성신여자중학교 국어교사로 재직하고 있으며, 둘째는 경란, 셋째는 재연이라 합니다. 고향 떠나 45년 하루도 잊어본 적 없는 그리운 부모 형제, 맛있는 음식 앞에 앉을 때나 밤하늘에 뜬 달을 쳐다볼 때면 눈앞에 선히 떠오르는 애절하고 사랑스러운 그 모습들! 어머니, 아버지, 형제들 "서울 가서 공부 많이 하고 돌아오라." 하시던 어머님의 애정 어린 가냘프고 인자하셨던 그 모습! 떠나는 무정한 아들의 모습이 보이지 않을 때까지 돌아서시지 못한 어머님! 그것이 마지막일 줄이야. 그 누가 알았겠습니까. 우리를 이렇게 잔인하게 갈라놓은 자가 과연 누구입니까?

생각하면 분통이 터져 미칠 것만 같습니다. 형이라 치고 한 번도 형 노릇 못 해준 내 불쌍한 동생들, 너무나 고생하면서 자랐던 동생들, 특히 너무 어려서 헤어진 철럼, 생각만 하면 눈시울이 뜨거워지곤 합니다. 지금은 어떻게 어디서 모두들 지내는지? 고향산천은 어떻게 변했는지? 숨 가쁘게 궁금할 뿐입니다.

이 편지와 비슷한 내용의 편지 두어 달 전에 미국에서 외과의사로 있으면서 고향 나라 방문도 했던 조열하 박사를 통해서 우송을 부탁했는데 아직도 아무 소식이 없어 서울에 온 중국에 사는 동포를 통해서 또다시 부치려고 합니다. 미국에 있는 조열하 박사는 외사촌 동생입니다. 외삼촌은 목사로서 몇 해 전 제가 감옥에 있는 사이 돌아가셨습니다. 이 편지 받으신 즉시 겉봉투 주소로 발송인을 통하여 소식 전해 주세요.

고향에 계신 가족과의 서신 거래만은 제3국을 통해서 할 수 있는 허가는 이곳 정부로부터 받아놓고 있습니다. 혈육 간의 서신 왕래마저 허가 신고받아야 하는 현실이 통탄스러울 뿐입니다.

형님은 나의 자랑스러운 형입니다. 온성군청에 계실 때 그 좋아하시던 담배를 끊고 배급담배를 팔아 제 학자금 보내주신 일 저는 평생 잊지 않고 있습니다. 그것도 형수님을 통해서 비로소 알고 그 후 저는 시간을 아껴 가면서 공부에 열중하는 습성이 생활화되었습니다. 형님 부디 재회의 그 날까지 모두 몸 건강하시길 기원합니다.

　　전쟁의 참화 속에서 헤어진 상주(尙柱) 소식도 궁금합니다. 연술은 몇 해 전에 서울에서 죽었다는 소식 들었습니다. 출가하여 몇 달 만에(2년?) 신랑과 생이별하여 근 50년이란 세월이 지난 명순이는 어떻게 지내는지? 이곳에서 출판업으로 꽤 성공한 명순이 신랑 가끔 만나기도 합니다. 난리 통에 귀향길에 올랐던 미삼촌의 이근억과 송(宋)가 산당의 송홍국, 송금선 등의 소식도 궁금합니다.

　　세성리(西島里) 수중원 고종 누님이 이곳 저희 집에서 멀지 않은 곳에 홀로 살고 있습니다. 매부는 몇 해 전에 타계하셨습니다.

　　형님 듣고 싶고 알리고 싶은 이야기 끝이 없습니다. 이 지구촌 또 어디 이렇게 막힌 세상이 있겠습니까? 우리의 통일을 가로막는 외세와 그를 추종하는 반통일세력과 주변 상황이 아무리 강하고 순탄치 않아도 통일은 결코 우리 민족사 필연의 귀결입니다. 자주, 평화, 민족대단결의 원칙에서 서로 먹고 먹히지 않는 공존 공영하는 평화롭고 모든 사람이 인간속박에서 해방된 자유로운 통일된 세상, 형제애로서 남과 북이 서로 협력하는 하나 된 통일국가! 지난해 12월 13일 채택된 남북합의서의 성공적 이행을 위하여 모두가 최선을 다해야 한다고 생각합니다.

끝이 없을 사연, 오늘은 이만 줄이겠습니다. 6·25 전쟁 중 남에게 부탁하여 등재한 이곳의 나의 가호적이 아래와 같이 착오가 있는데 고치려면 재판을 통해야 하는 번거로움 때문에 그냥 틀린 대로 사용하고 있으니 양해하시길 바랍니다.

저의 이름은 전창일(믐一)
생년월일은 1921년 11월 8일
호주 아버님 이름은 전구복(全具福)으로 되어 있습니다.
주소는 서울특별시 동대문구 이문2동 341-60
전화는 02-962-8672

1992년 2월 10일,
서울에서 전철구 드림

[내 고향 이북(북청)에 띄우는 편지 (1992.5.1.; 「말」지 1992년)]

한없이 그리운 형님, 누님 그리고 동생들에게,

강대국에 의하여 쪼개진 땅, 제 나라 제 땅에서도 오가도 못하는 불우한 세월, 반세기 가까운 잔인한 역사가 분노와 울분 한숨 속에서 흘러가고 있습니다.

45년 만에 불러보는 다정하고 그리운 그 이름들 – 형님, 누님 그리고 한없이 사랑스러운 동생들! 모두 안녕하신지요. 회상하기도 가슴 아픈 전쟁의 폐허에서 어찌 되었는지… 제발 건강히 살아 계시길 애절하게 기원하면서 이 편지 쓰고 있습니다. 수암, 순선 누이들 모두 잘 있는지 궁금합니다. 지금은 어디서 어떻게 지내는지……. 40여 년 애타게 염려하는 애끓는 마음, 무엇으로 무슨 말로 표현할 수 있을지 모르겠습니다.

불쌍한 일생의 고생 속에서 한 많은 생을 마쳤을 아버님과 병고에 시달리시던 어머님! 지금 아버님은 100세가 넘고 어머님도 가까우시니 살아계시지 못하리라 생각만 하면 가슴이 찢어지는 것만 같습니다. 남들이 다정하게 부르는 "아버지" "어머니"라는 말만 들어도 눈시울이 뜨거워지는 괴로운 불효 40년! 생사도 모르고 지내야 하는 이 잔인한 역사의 소용돌이에서 온 겨레의 불행과 고통의 화근인 분단을 극복하고 통일을 쟁취하는 운동이야말로 이 시대 "최고의 선"이라는 가치관을 간직하고 또 이것이 불효한 자식이 불우하게 생을 마쳤을 부모님과 사랑하는 형제에 대한 보답이라 생각하였기에 더더욱 일생 동안 통일을 가로막는 외세와 온갖 반동과 분단체제에 저항해 왔습니다.

그로 인하여 근 10년간 감옥에서 영어생활과 갖은 수모를 겪어야 했습니다.

1974년 세상을 떠들썩하게 했던 "인민혁명당" 사건에 연루되어 무기징역의 수형생활을 하다가 민주세력의 석방운동 덕분에 형 집행정지로 풀려나와 있습니다.

인민혁명당 사건은 1964년 당시 5·16 군사쿠데타로 정권을 찬탈한 박정희 정권이 한일협정을 졸속으로 체결함으로써 폭발

호산 전창일과 통일운동 77년사

한 굴욕외교 규탄 학생시위를 배후에서 조종하여 국가전복을 획책했다는 혐의로 40여 명의 반외세 자주화, 민주화를 지향하는 진보적 인사들을 구속한 사건에서부터 시작합니다.

1972년에 박정희 정권은 영구집권을 꾀하여 7·4 남북공동선언에 합의하여 민심을 들뜨게 해놓고 이른바 "유신헌법"을 만들어 사회혼란과 정치 불안을 조성했을 때 자주, 민주, 통일을 쟁취하려는 대학생들을 위시하여 사회의 진보와 보수를 망라한 애국세력이 총궐기하였습니다.

이에 당황한 박정희 군사정권은 "민청학련 국가변란기도 사건"이라 하여 수백 명을 검거 투옥했는데 그 핵심 배후라 하여 진보적인 인사 20여 명을 묶어 인민혁명당을 재건하여 반정부 시위를 유발하고 국가변란을 일으켜 궁극적으로 적화통일을 꾀했다는 혐의로 군사재판에 회부한 정치사건이 곧 인민혁명당 사건입니다.

삼엄한 군사 법정에 줄지어 앉아있는 피고인들에 대하여 1번부터 차례로 모두 사형을 언도해 내려가더니 제 차례에 이르러 한숨을 돌리고 나서 저에게는 무기징역이라 선고하는 것이었어요. 실로 어처구니없는 광경이었습니다. 사형을 선고받은 사람들은 평소에 모두가 한결같이 마음씨 곱고 남을 위하여 자기를 희생하는 도덕성 높고 인품이 고결한 나의 벗들이요 자주, 민주, 평화통일을 염원하는 나의 동지들이었지요.

우리에게는 구금 1년이 되도록 가족면회 한번 허락되지 않았어요. 더욱이 보통·고등 양 군법회의는 재판기록을 변조하여 대법원에 제출하기까지 하였습니다. 다시 말하면 우리들 피고가 법정에서 검사의 신문에 부인한 사실을 시인한 것으로 거짓 기록하였어요. 4월 8일에 대법원에서 사형이 확정된 8명의 벗은 이튿날 새벽에 형장으로 끌려나가 무참히 처형되었던 것입니다. 이들은 그때까지 구금 1년간 사랑하는 가족들을 한 번도 만나지 못하고 죽어갔던 것입니다. 군사독재정치의 잔악상을 드러내는 참극이 아니고 무엇이겠습니까.

구금된 피의자 우리 모두 사람으로서는 말할 수 없는 모욕과 야수적인 고문을 당했습니다. 전기고문, 물고문, 양키 야전침대 목에 의한 매질 등. 어떤 사람은 고문 중에 항문이 터져서 탈장되는 고통을 겪었습니다. 이 사건은 권력이 자기의 정적을 법이란 이름으로 집단 학살한 사법살인이었습니다.

어처구니없이 억울하게 형장의 이슬로 사라진 내 다정했던 동지들 벗들의 그 모습! 그들은 내 고향 부모형제들의 모습과 함께 저의 뇌리에서 떠나지 않고 언제나 머물러 있습니다. 죽임에서 아슬하게 벗어난 남은 벗들은 "엄정 독거, 완전격리"라는 수감지침에 따라 마치 무서운 전염병 환자들처럼 격리되어 한때는 말을 잊어버리는 것이 아닌가 하는 두려움에서 홀로 미친 사람처럼 독백해 보는 때도 있었습니다.

고요한 밤 콘크리트 바닥 복도를 걷는 간수의 뚜벅뚜벅하는 군홧발소리에 잠을 깨면 밖에서는 찍찍·쭉쭉 하는 쥐들의 알 수 없는 다정한(?) 속삭임, 15척 높은 담 너머에서 개 짖는 소리를 들으며 0.75평 독거 방 철창에 걸려있는 둥근 달을 쳐다볼 때는 사랑하는 부모 형제 그리고 고향산천이 더욱더 그리워 고독의 서러움에 홀로 베개를 눈물로 적실 때가 어디 한두 번이었겠습니

까. 형님, 제가 옥중에서 고향을 생각하며 지어 본 한문 시를 두
어 수 들려 드릴게요.

北游白雲 悠然望 愁雲千里 思鄉路
(북유백운 유연망 수운천리 사향로)

艱難愁恨 繁雪鬢 怨嗟獄事 參去便
(간난수한 번설빈 원차옥사 삼거편)

秋空鴈聲 更凄然 故鄉消息 願傳聞
(추공안성 경처연 고향소식 원전문)

有慕血肉 皆離散 死生一書 無家問
(유모혈육 개이산 사생일서 무가문)

失鄉一去 四十年 千里悲秋 常囚客
(실향일거 사십년 천리비추 상수객)

去秋鐵窓 來寒霜 切國哀史 何時罷
(거추철창 래한상 절국애사 하시파)

一九八二. 晚秋 於 大邱監獄

북쪽으로 날아가는 흰 구름 멍히 쳐다보니
수심 안은 저 구름 천 리 내 고향길 생각게 하네
모진 어려움과 한 많은 서러움에 백발만 늘어 가는데
억울한 내 옥살이 이 사연 갖고 가 전해주렴
가을 하늘 날아가는 기러기 소리 더욱 처량해
북쪽의 내 고향 소식이나 전해주면 좋으련만

혈육이라곤 모두가 서로 흩어져

안부 여부 편지 한 장 없는 이 지경

고향 잃고 흘러간 세월 어언 40년

천리타향 기약 없는 무기수에게

가을은 더욱 슬프기만 하고나

가을 떠난 철창에는 다시 찬 서리 내리는데

두 동강 난 조국의 슬픈 역사는 언제나 끝장날 것인가!

　　　　　　　　　　- 1982년 늦가을 대구 감옥에서

夕陽西山盡 日暮客愁新(석양서산진 일모객수신)

天氣晩來秋 風鳴庭梧葉(천기만래추 풍명정오엽)

暝野聽蟋愁 夜天鴈驚眠(명야철실수 야천안경면)

朔月封鐵窓 寒燈思故鄕(삭월봉철창 한등사고향)

墻外聞狗吠 愁恨不眠囚(장외문구폐 수한불면수)

看守告就寢 念祖國統一(간수고취침 염조국통일)

석양은 서산에 지고

저무는 하루 나그네 수심 새로워

밤하늘 찬 기운 가을을 몰고 오는데

뜰 안에 오동잎 바람에 우네

들에서는 귀뚜라미 소리 슬프게 들려오고

밤하늘 기러기 소리 내 잠을 깨우네

철창에는 초승달이 걸려있는데
차갑고 희미한 전등불 고향 생각나네
높은 담장 밖에서는 개 짖는 소리
고향 생각 북받쳐 잠 못 이룬 수인에게
철없는 간수는 잠들기를 재촉하네
생각은 조국통일 오직 그것뿐!

– 1982년 늦가을 대구 감옥에서

　재작년 90년도 8·15 범민족대회 본부장의 한 사람으로, 또 91년도 범민족대회 진행 준비를 했다는 이유로 또다시 국가보안법 위반 혐의를 받아 불구속 입건되어 해외여행금지 조치에 묶여있습니다. 뿐만 아니라 보호관찰 조치 등 온갖 제약에서도 굴하지 않고 꿋꿋하게 살아가고 있습니다. 고향 떠나 45년, 하루도 잊어본 적 없는 그리운 고향의 부모 형제, 맛있는 음식 앞에 앉을 때나 밤하늘에 뜬 달을 쳐다볼 때면 눈앞에 홀연히 다가오는 애절하고 사랑스러운 그 모습들! 어머니, 아버지, 형제들 "서울 가서 공부 많이 하고 돌아오라." 하시던 어머님의 가냘프고 애정 어린 그 인자하신 모습! 떠나는 무정한 아들의 모습이 보이지 않을 때까지 돌아서지 못하던 어머님! 그것이 마지막일 줄이야 그 누가 알았겠습니까. 우리를 이렇게 잔인하게 갈라놓은 자가 과연 누구입니까?
　생각하면 분통이 터져 미칠 것만 같습니다. 형이라 치고 한 번도 형 노릇 못 해준 내 불쌍한 동생들, 너무나 고생하면서 자랐던 동생들이었기에 가슴이 아픕니다. 특히 너무 어렸던 철렴이 생각만 하면 눈시울이 뜨거워지곤 합니다. 지금은 어떻게 어디서 모두들 지내는지? 고향산천은 어떻게 변했는지? 숨 가쁘게 궁금할 뿐입니다.

우리 형제들은 고향의 풍습에 따라 어려서부터 들에 나가 어른들의 일손을 도우며 자랐지요. 누님도 그랬고 나도 그랬고 또 나의 어린 동생들도 말이요. 피땀 흘려 지은 농사…

전쟁에 광분하던 일제는 공출이란 명목으로 마구잡이로 빼앗아 많은 농민이 그랬듯이 우리 식구 모두가 초근목피 섞인 죽으로 연명했던 그 시절, 주림에 시달리던 어린 동생들의 애련한 모습, 자식들을 먹이느라 제대로 손수 잡수시지도 않으시던 어머님, 생각만 해도 가슴이 북받쳐 울고만 싶습니다. 지금은 자녀를 거느린 어엿한 어른들이 되어 있겠지요. 그리고 우리가 모두 겪었던 고생은 옛말로 남아 있겠지요.

형님은 나의 자랑스러운 형이었습니다. 함흥농업학교를 졸업하고 온성에 가서 취직하였을 때 그 좋아하시던 담배를 끊고 배급담배까지 팔아 제 학자금을 보내주신 일 저는 평생 잊을 수가 없습니다. 그것도 형수님을 통해서 비로소 전해 듣고 그 후 저는 시간을 아껴 가면서 공부를 열심히 하는 습성이 생활화되었습니다. 형님! 듣고 싶고 알리고 싶은 이야기 끝이 없습니다. 이 지구촌 또 어디에 이렇게 막힌 세상이 있겠습니까? 우리의 통일을 가로막는 외세와 그를 추종하는 반통일세력과, 주변 상황이 아무리 강하고 순탄치 않아도 통일은 단연코 우리 민족사의 귀결입니다.

자주, 평화, 민족대단결의 3대 원칙은 통일의 기본강령입니다.

서로 먹고 먹히지 않는 공존 공영하는 평화롭고 모든 사람이 인간속박에서 해방된 자유로운 통일된 세상, 형제애로써 남과 북이 서로 협력하는 하나 된 통일국가! 지난해 12월 13일 채택된 남북합의서의 성공적 이행을 위하여 모두가 최선을 다해야 한다고 생각합니다. 그래서 이 분단의 질곡에서 해방되어 내 나라 내 땅을 마음 놓고 오가는 세상, 생각만 해도 신나는 일입니다. 이 신나는 세상을 가로막는 것이 바로 외세입니다. 그러므로 통일을 위해서는 반외세 자주화 운동과 반독재 민주화운동을 함께 추진해야 한다고 생각합니다. 자주화는 민주화를 내용으로 하고 민주화는 자주화를 내용으로 하는 교호 관계에 있다고 믿습니다. 통일을 반대하는 외세는 자주화를 유린함으로써 외세의존을 촉진하고 민주화를 유린함으로써 독재를 촉진하고 있습니다. 그리하여 반세기 가까운 분단의 지루하고 잔인한 역사가 계속되어 우리들의 뜨거운 형제애가 단절되고 있는 것이 아니겠습니까?.

통일을 가로막는 걸림돌을 제거하는 작업이며 또한 통일을 역행하는 일체의 반동과의 투쟁을 존재양식으로 하는 통일운동은 모든 것을 위한 운동입니다. 그것은 남과 북 간의 이해대립과 외세가 조성하는 반목을 극복하고 남북과 해외의 칠천만 민족의 공통된 이익을 확보하는 운동이라는 것을 형님 또한 확신하실 줄 믿습니다. 이것은 우리가 자유롭게 만나는 운동이며 남과 북이 함께 온 인류의 평화에 적극적으로 기여하는 평화운동이기도 합니다.

존경하는 형님! 끝없는 이야기 한이 없습니다. 마지막으로 저의 가족상황을 알려드리면서 45년 만에 처음 띄우는 저의 편지를 마무리하렵니다. 홀몸으로 객지에 나선 1947년 이후 파란 많은 우여곡절에서도 1956년에 서울 방산초등학교(상주가 재직하던 학교) 여교사로 있던 임인영(林仁英) 씨와 결혼하여 딸 셋을 두었습니다. 아내는 남편을 감옥으로 보내고도 한때는 함께 갇히기도 하면서 아이들을 대학까지 공부시켜 냈습니다. 둘은 출가하여 첫째는 딸, 둘째는 아들을 낳았어요. 첫째 이름은 경애, 현재 중학교 국어교사로 재직하고 사위는 은행에 근무하고 있습니다. 둘째는 경란, 셋째는 재연, 재작년에 대학을 졸업했어요. 예쁜 딸들이라 모두 칭찬합니다. 다들 데리고 고향 찾는 꿈, 잊고 지나는 날이 없습니다. 부디 안녕히 계시길 온 마음을 바쳐 기원합니다.

통일 염원 48년 5월 1일, 서울에서

전창일(철구) 올림

(조국통일범민족연합 남측본부 결성준비위원회 부위원장)

편지를 보냈지만, 답장이 오지 않았다. 초조한 마음, 불안한 마음으로 기다리다가 지칠 무렵 답신이 왔다. 2월 초에 보낸 편지가 그 해 추석인 9월에야 답장이 도착했다. 동생 전철문과 사촌 형 전철우가 보낸 편지였다. 동생은 추석날인 9월 11일, 그리고 사촌 형은 그다음 날 편지를 썼던 모양이다. 눈물이 저절로 흘러나왔다. 형제들도 마찬가지였을 것이다. 헤어진 지 40여 년 만에 듣게 되는 가족들의 소식을 함께 읽어 보자.

호산 전창일과 통일운동 77년사

[동생 전철문이 전창일에게 보낸 편지(1992.9.11. 추석날)]

전창일(全昌一) 앞

그간 가족이 모두 안녕과 건강하십니까.

9월 7일에 그립던 편지 접하고 비애, 근심, 팔자적 슬픔, 옹졸의 우울, 마음의 한구석 그늘 속에 웃어도 칵 웃지 못하고 조심이 무너지고, 용맹 기세로 나도 다른 사람들이(처럼) 우정이 오가는 진짜 형님이 살아계신다. 나한테도 형님이 있다는 자력의 기쁨 안겨, 정중한 두 손으로 기쁨, 반가움, 세상을 떠난 부모님들의 얼굴이 눈앞에 얼른거리며 쏟아지는 눈물 비비며.

아 이 눈물은 왜 이리도 저도 모르게. 마음 굳세게 가다듬어 빨리 전문을 봐야 할 재촉을 하면서도… 아, 이 눈물은. 누구 앞에 탓할 것 없다. 자신의 육신을 놀려 로쇠(?)를 버리고, 찾지 못했구나. 슬픔 비애가 아니다.

내 맏아들 평주야, 둘째 아들 봉주야, 며느리 미화, 맏딸 봉순, 봉숙, 춘화 다 들어라. 우리 모두의 로력이고, 힘이다. 주인된 자각과 책임을 다하는 것이다. 용기를 내서 일하자! 그래서 그리운 형님, 형수님, 조카들을 만나는 그 날을 어서 빨리 앞당기자고 기백의 합심 하였습니다.

나는 1961년 11월 15일 약정동 류선해와 결혼하여 아들 둘, 딸 셋을 보고 집안 식구 모두 건강하고 행복하게 농사일을 합니다.

맏아들은 장가가서 손녀를 올해 8·15일에 출생하고, 며눌은 동도리 청해 리씨 리구술의 둘째 딸 리미화입니다. 맏딸 전봉순은 서울시에서 살다가 들어 온 조병길의 외아들 조한철과 결혼하여 외손자 조일남을 생남하고, 북청리 문동리에서 농사합니다. 맏며느리가 생녀한 손녀 이름은 전혜남이라고 이름 지었습니다.

형님, 한 강산의 강물은 막을 길 없어 흐르고 기러기도 하늘을 오가며 날지만, 헤어져 44년 처음 쓰는 편지여서 눈물이 글에 떨어질까 봐 머리 돌려 땅에 머리 흔들어 떨구고 쓰니 글도 늘씬하게 쓰지 못합니다. 이 강산이 쪼개지고 갈라진 산천의 비극참상이 이렇게 편지 쓰는 글발에도 빚어집니다.

오늘은 추석날이 되어 나는 처가 정중하게 차린 제물을 딸들이 이고, 처가 이고, 아들들이 지고, 온 가족이 함께 과수골, 노골, 새골, 달밭이 망쌍골 조상을 찾았고, 새골에 온 집안 안 식구 합쳤는데 이제는 자손이 불어 30명 넘었습니다. 밤에는 둥근 달과 별을 보니 형님도 저 달과 별을 보시는지 마음 생각이 납니다.

부친은 땅을 적시는 농사일을 하시다가 1961년 3월 31일(음력 2월 14일) 연로하시어 병으로 사망하여 과수골에 묘가 있습니다. 모친님 조갑진송(조갑진손)도 농사하다가 1952년 6월 10일(음력 5월 19일)에 병으로 사망하여 과수골에 묘지가 있습니다. 새골 지씨 큰어머님 제사일은 음력 10월 24일이고 노골 철홍 형님 제사일은 음력 1월 13일입니다.

형님, 이곳 형님 누님 동생 조카 이상 분들 온 마을이 모두 잘 지내고 계십니다. 옳습니다. 시대의 영생 삶이 최고의 지점, 부모, 사랑하는 형제에 대한 보답이며, 또 그렇게 기대하고 믿었기에 명이 있어 편지도, 44년의 세월이 흘러가도 편지를 두 팔 손으로 기쁨으로 맞이하게 되니 더 한량없는 일이라고 봅니다. 시

호산 전창일과 통일운동 77년사

대의 영생 가치관으로 값있게 살며, 순간순간을 후회되지 않게 살아야 한다는 의미를 생각하고 마음 놓고 눈감고, 부모님들은 세상을 떠났습니다.

어머님은 병석에 누웠다 일어나시며 작은 되 창문을 확 열어젖히고 가슴 터지는 마음 누르며 남녘을 향해 눈물로 이름 부르다가 기진해 자리에 눕곤 하시던 어머님. 그 생각하며 추석날 제상에서 편지 왔다고 알렸습니다.

철우 형님과 형수 김송금은 건강하시며, 아들 순주 의주 기주 윤주 넷이고, 딸 셋입니다. 모두 며눌을 데리고 출가하여 사위를 보았습니다. 현재 년로(연로)로 보장받지만 로쇠(노쇠)를 버리고 심장의 고동이 멈출 때까지 쉬시지 않고 농사일에 열중하시며 근면한 분이십니다. 앞에 형님과 형수님은 우리, 부모, 형님분들의 시름을 남긴 것을 불만 없이 기쁨으로 모두 감당하시고 나를 비롯하여 동생들 모두를 장가보내시고, 오늘은 우리들의 자식들의 혼방문제, 잔치문제를 걱정하시고 계시며, 이웃마을의 작은 일부터 큰 대사를 맡아 보아 주십니다.

편지 받은 날만 하여도 나는 북청을 가고 없으니 형님과 형수님이 편지 가지고 온 두 분을 배웅하시고 맞이하시었습니다. 나는 미안스러워 형수님 보고 4촌 모두를 장가 맡아 보셨고 또 오늘 수고가 많으셨다고 하니, 형수님은 나는 그저 창일의 명이 붙어 있으니 더한 기쁨이며 행복이다. 언제 만나겠는지 하시었습니다.

철명은 평양시에서 일하면서 야간전문을 졸업하고 공업대학 탐측학부(?) 졸업하고, 현재 황해남도 장연구 락연구 1반에 거주하고, 대학 시절에 평양 여자와 결혼하여 아들 전덕주, 딸 둘을 보고, 직업은 황해남도 금광관리국 실험기사 하고, 직장지점 이름은 황해남도 송화군 송화광산 기술과입니다.

철렴은(현재 공민증 전철염입니다) 평양공업대학 채탄학부를 졸업하고 평안북도 구장군 룡문탄광 설계 실장하다가 상부 지시로 석탄공업단과 대학교원(상급교원) 준 박사로 일하다가 박사 론문 집필 끝나고 연구과제 끝나 종합문건 작성 중 연구문서 책상 위에서 뇌출혈로 1990년 5월 14일 사망하였습니다. 본처는 교원 하였을 때 사망했고, 아들 전남주, 영주, 남기었습니다.

후처, 대학 교원을 하던 여자, 켠녀자남자을 보고 있고(전처의 자식들을 돌보고 있고), 현주소 평안북도 구장군 구장읍 86반, 후처이름 리금란입니다. 남주는 아버지 대학 동력학부 학생입니다. 금란은 현재 어린이 교양원학교 원장입니다. 전수암(현재, 전초선) 북청군 신청구 121반에 거주, 년로 보장받고 리호봉은 1950년 10월 17일 사망하고, 아들 리인환 사망, 둘째 아들 리성환은 사무원입니다. 잘 지내고 있습니다.

전순선(현재, 전을선)은 출가했던 곳, 북청군 청해리 농산 2반 거주하고 농사 후 년로보장 받고 계시며, 아들 종히 방히는 대학 졸업했습니다. 대히는 사무원이고 서희는 학교졸업 배치 중입니다. 딸 셋 중 하나는 사망했습니다. 다 시집 장가보내고 막내만 남고 행복합니다.

전철요(1935년 출생)는 대학졸업 후 북청군 예승리(옛날 예월리, 해안리) 수의축산 기술원 하다가 5년 전 사망했습니다. 아들은 전당주이며 딸 둘은 출가했고, 형수님은 예승리에서 살고 계십니다.

집안 내에서 이상 분들은 서울 큰어머님, 석복실 담배집, 신씨 큰어머님 등만 생존하고 다 사망했습니다. 철래 형님도 사망했습니다.

전상주 조카님은 북청읍 120반에 거주하며 년로보장 받고 싶니다. 처는 미산촌 리숙자이고, 아들 연학 37살, 연용 35살, 셋째 23살 경공업 대학생이고, 딸 연옥 33살, 연선 31살, 연히 29살, 연실 26살입니다. 출가 장가보낼 것은 막내입니다. 행복하고 건강합니다.

세월의 흐름 속에 사랑, 애착, 존귀의 온전한 삶에는 천하 유아독존으로 생각지 말고, 허심하게 배우고 또 배우는 자세로 수양. 피곤 곤할 때일수록 자리를 차고, 인생의 삶의 유익성에 해롭지 않게 살았는가, 자비검로에 책은 손에서 놓지 말아야 할 길동무. 나 역시 부족한 것을 자비(자기비판)합니다.

익은 벼, 이삭 머리 숙인다고, 실해(?) 속에서 살며, 늘 사람들 속에서 모범을 배워야 합니다. 꼬리만치 안다고 머리 들지 말고, 차근하게 깨우쳐도 주고, 서로 서로가 배우는 웃음 속에 자신의 부족이 무엇인가 찾고, 나쁜 것을 버리고, 온전하고 바르게 살아야 합니다.

임인영 형수님 그간 남편 공대 아이들 시중 가정운영 세간살이에 수고가 많으시었습니다. 형님, 딸님들도 아들과 마찬가지입니다. 또 핏줄의 자식입니다. 다른 려의(염려) 마시고 수고와 애타게 자식들을 기르시며, 살림 세간살이 바쁘신 형수님을 더 잘 위장(?), 돌보시면서 늘그막 여생까지 령감, 로친 의좋게 건강과 행복 원합니다.

1992.9.11 추석날

함경남도 북청군 보천리 19반 동생 전철문 올립니다.

보내는 사람 (全澈文)

이 편지를 받을 사람 주소

서울시 동대문구 이문2동 341-60

전창일(仝틈一) 앞

자세히 보기-4

[사촌 형 전철우가 전창일에게 보낸 편지(1992.9.12.)]

전창일에게

44년 만에 보낸 소식을 정확히 받고 너무도 뜻밖에 소식으로서 나와 온 가족을 반가운 눈물로 적시게 하였고 우리 모두에게 힘과 용기를 북돋게 하였다. 감격과 환희로써 모두가 흥분되었다.

얼마나 많은 고초를 겪고 의로운 위업으로 자기의 한 생을 바치는 고결한 의지, 동생이 힘써 하려는 조국통일을 하루속히 성취하여 우리의 상봉을 더욱 앞당기기 바란다.

철문이의 편지에서 자세한 내용을 썼기에 반복을 피하면서 창일이가 떠난 후 동생 셋은 대학을 졸업했고 나와 철요 나의 아들 사위, 모두 대학을 졸업하고 전문부문에서 일하고 있으며 이제는 모두가 아이들까지 같이 있는 가정을 꾸리고 잘 있다는 것을 알린다. 리근억도 대학에서 교편을 잡다가 이제는 집에 와서 평안히 보내고 있다. 나의 아들은 다 떠(나)고 나와 형수만 집에서 살며 여생을 행복하게 보내며 지금도 남 못지않게 일하고 있다.

제수 림씨 조카 경애, 경란, 재연 모두 잘 있다 하니 더욱 반갑다. 언젠가 보게 되겠지.

편지 받기 3일 전에 형수와 창일이는 죽기 전에는 만날 것 같지 못하다고 했는데 그 3일 후 소식을 받으니 꿈만 같더라. 이제는 만난 것만 같다고 생각된다. 절대로 집 걱정은 말고 조국통일에 전심전력하면 된다.

어제는 추석이어서 전날에는 먼 모지(묘지)를 다 찾고 추석날에는 약정동 샛골에 40여 명이 모여 제 지내고 오랫동안 제 음식을 놓고 선친들을 추모하면서 하루를 즐겁게 보냈다. 창동은 해방 후 100호가 오늘은 230호나 되고 차수갠을 막아서 큰 저수지를 만들어 가물 모르는 풍요한 보천리로 되었다. 나는 70이 넘은 고령이지만 아픔과 피곤을 모르고 일하고 있으며 형수도 매우 건강하다. 삼촌 두 분은 좋은 자리에 묻혀있으니 안심하기 바란다. 집안일은 내가 있으니 걱정할 것 없다.

북남 전체 겨레들과 같이 조국통일의 그 날을 위하여 더욱 억세게 힘을 기울여야 한다고 생각한다. 동생 제수 조카들이 몸 건강하기를 먼 북청에서 축복한다.

1992. 9. 12.
북청군 보천리 18반
전철우

부모님에 대한 불길한 소식은 어느 정도 예상했겠지만, 자신보다 한참 어린 두 동생의 죽음은 전창일에게 큰 충격을 주었으리라 짐작된다. 그 외 북녘의 소식에 대한 감동과 감상은 독자들에게 맡긴다.

사촌 형과 동생에게서 온 편지에 대한 감격과 비탄을 뒤로하고 전창일에겐 또 다른 의무와 해결해야 할 문제가 있었다. 가족 간의 사적인 편지였지만 피 접촉인의 인적사항, 접촉목적, 접촉일시 및 장소, 접촉경위, 접촉방법, 접촉결과 개요 등을 작성하여 관계 당국에 '북한주민 접촉결과보고서'를 보내야만 했다.

전철우(74세, 4촌 형), 전철문(58세, 동생)으로부터 편지를 받았고, 미국 Clemens(미시건주 마운트 클레멘스)에 영주하는 외사촌 동생 조열하를 통해서 편지를 보냈으며 또 회신받았음을 1992년 10월 26일 자로 고지했다. 당장 해결해야 할 문제는 접촉승인 유효기간이었다. 통일원의 접촉승인조건에 의하면 유효기간 1년(1991년 8월 6일부터 1992년 8월 5일)이 벌써 지나버렸다.

전창일은 "45년 만에야 부모 형제의 생사를 겨우 확인할 수 있게 된 것을 고맙게 생각합니다. 돌이켜 생각하면 이 얼마나 잔인한 역사입니까? 그러나 승인조건(유효기간)이 정부승인 후 1년으로 되어 있어 안타까울 뿐입니다. 45년 만에 겨우 트인 통로 이용하여 계속 소식 안부를 교환할 수 있게 기간을 무기한 연장해 주시길 간곡히 청원합니다."라고 통일원 장관에게 읍소했다. 다행히 며칠 지나지 않아 접촉승인 통지가 왔다. 무기한 연기라고 기간을 명시하지 않았지만 "매 접촉 후 10일 이내 결과보고서 제출"이라는 조건부 허락이었다. 아래는 통일원의 '북한주민 접촉승인 통지'문이다.

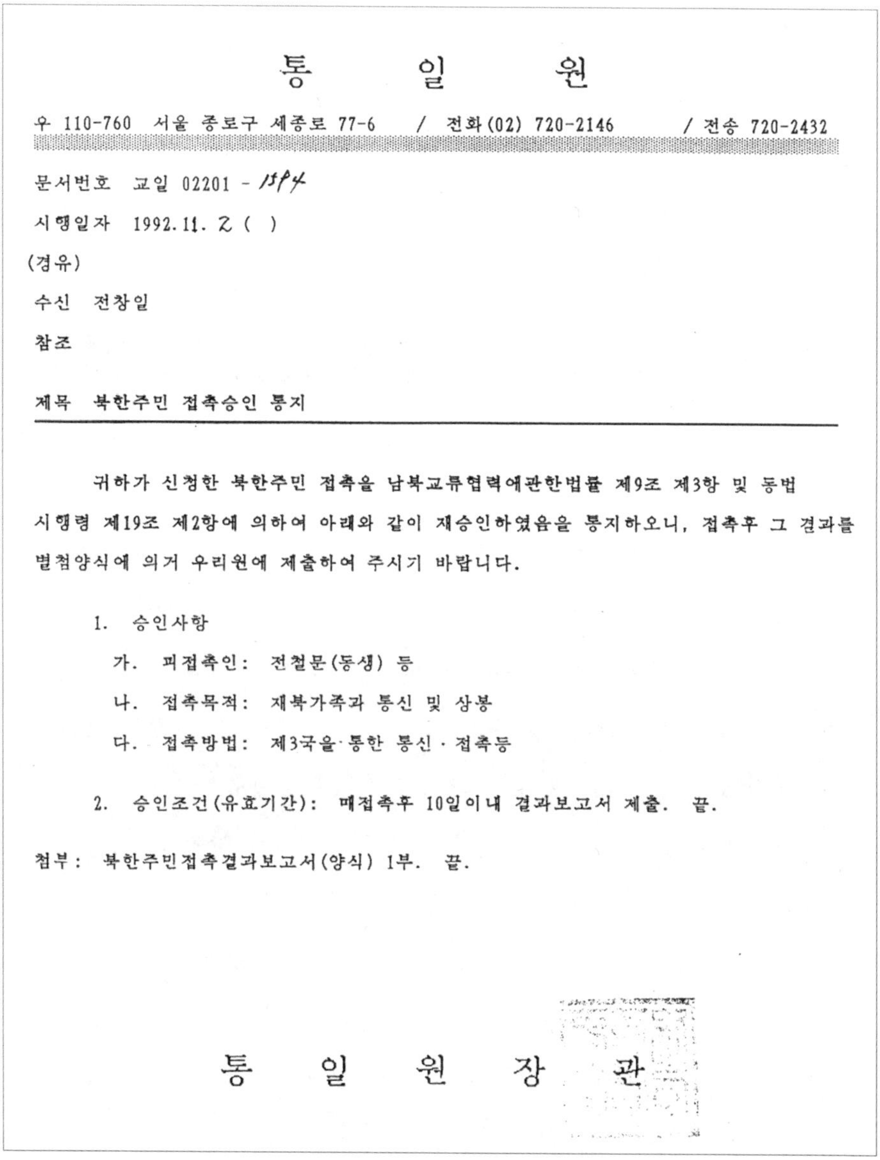

통 일 원

우 110-760 서울 종로구 세종로 77-6 / 전화(02) 720-2146 / 전송 720-2432

문서번호 교일 02201 - *15%*

시행일자 1992. 11. 2 ( )

(경유)

수신 전창일

참조

제목 북한주민 접촉승인 통지

　　귀하가 신청한 북한주민 접촉을 남북교류협력에관한법률 제9조 제3항 및 동법
시행령 제19조 제2항에 의하여 아래와 같이 재승인하였음을 통지하오니, 접촉후 그 결과를
별첨양식에 의거 우리원에 제출하여 주시기 바랍니다.

　　1. 승인사항

　　　가. 피접촉인: 전철문(동생) 등

　　　나. 접촉목적: 재북가족과 통신 및 상봉

　　　다. 접촉방법: 제3국을 통한 통신·접촉등

　　2. 승인조건(유효기간): 매접촉후 10일이내 결과보고서 제출. 끝.

첨부: 북한주민접촉결과보고서(양식) 1부. 끝.

통 일 원 장 관

〈 그림8: 통일원의 북한주민 접촉승인 통지문 〉

　　정부로부터 접촉승인이 다시 허락되자 사촌 형 전철우와 동생 전철문
에게 편지를 썼다. 지난번 받은 편지에 대한 답신인 셈이다. 그리고 이

러한 편지왕래가 가능하도록 크게 도움을 준 이종사촌 조열하에게도 감사의 글을 보냈다. 전철우에게는 몇 달 전 「말」지에 실린 '내 고향 이북(북청)에 띄우는 편지'도 동봉했다.[1] 아래에 세 편의 편지를 소개한다.

자세히 보기-5

[전창일이 사촌 형 전철우에게 보낸 편지(1992.12.)]

그리운 형님에게,

반세기 가까운 타향살이 지구촌 그 어느 곳에서도 찾기 어려운 희과 절묘한 사실, 지척이 천 리라는 과장된 옛 우화를 비웃을 현실, 지척이 수만 리 지구촌을 한 바퀴 돌아온 형님과 철문이 손수 쓴 편지, 미국의 이종동생 조열하 박사가 속달 국제우편으로 보내줘 지난 10월 24일 받고 보니 전신이 눈물로 적시는 것만 같은 반가움과 슬픔이 교차하면서 혈관을 치는 만감에 망연자실하였습니다.

엎드러지면 코 닿을 곳 내 고향 북청 – 비행기 있으면 한 시간, 고속도로 있으면 자동차로 다섯 시간 거리인데, 45년이나 학수고대하던 고향편지, 단절의 장벽을 넘어온 귀한 편지, 온 가족이 함께 감격과 환희에 차 눈물을 붉혔습니다.

한 세상을 자식들을 위하여 고생만 하시다 돌아가신 부모님,

---

1   〈자세히 보기-2〉 참조

호산 전창일과 통일운동 77년사

그리고 집안의 어른들, 이 무정한 형을 뵙지도 못하고 요절한 철렴의 사연은 저를 더욱 슬프게 합니다. 병상에서 불효한 아들을 절규하시면서 운명하신 우리 어머님! 일찍이 사랑하는 남편을 잃은 누님! 형님이 그렇게 귀여워하시던 동생 철요의 요절, 얼마나 가슴 아프셨겠습니까! 그리고 돌아가신 어른들! "생자필멸, 회자정리"라는 옛적에 책에서 읽은 세사의 진리 속에서 자신을 발견하는 허전한 심정입니다. 형님, 몇 달 전에 서울에서 발간되는 지식층에 인기 있는 「말」에 실린 형님과 동생들에게 드리는 저의 편지 동봉합니다.

나의 잊을 수 없는 다정했던 친구 근억의 소식 더욱 반가웠습니다. 동생처럼 사랑해 주시길 바라면서 제가 고향 갈 때까지 내 형제들과 함께 건강하길 바란다고 전해주세요. 형님 생각하면 70이 넘으신 형님의 모습을 그려보면서도 저는 형님이 북청농업학교 교복 차림의 독 사진, 목에 A자 붙인 그 예쁘고 귀엽게 생기셨던 그 젊은 모습을 항상 인상 깊게 연상하고 있습니다.

전쟁 당시 듣기에는 미군의 무자비한 폭격으로 석기시대로 돌아갔다는 그곳에서 살아남아 전후 복구건설에 애써 살기 좋은 고장을 이룩한 업적에 머리 숙여 감사드립니다.

우리 고장 보천리는 본시 땅이 척박한 곳인데 어떻게들 살아가는지 궁금했는데 저수지 축조로 가뭄 모르는 풍요한 보천리에 230호나 되는 농촌인구가 잘 지낸다니 옛 생각으로는 기적과 같은 이야기입니다.

형님, 보천리(寶泉里) 그 이름과 같이 천연의 부존자원은 맑은 샘인데 지금 공업화에 뒤덮인 많은 나라에서는 도시 식수원인 강물이 오염되어 마시는 물이 귀해졌어요. 서울에서도 많은 시민이 수돗물은 허드렛물로 쓰고 마시는 물은 따로 사 먹는데 휘발윳값보다 비싸요. 보천리는 장차 도시민의 식수공급지가 될 수 있습니다. 엄동에도 따뜻한 샘물이 솟아오르는 현상은 지하에 온천용수를 부존하고 있는지도 몰라요.

보천리를 관통한 개천(한갠?)의 깨끗한 모래는 건축용 시멘트 벽돌과 블록(Concrete Block)원료에 알맞아 근처에 블록 제조공장을 건설하면 높아진 하상(河床)을 낮추는 일거양득의 효과도 얻을 것 같아요. 근대식 농촌주택 건설에도 크게 도움이 되고, 멀리 단절된 타향에서 고향을 사랑하는 마음, 장님이 담벼락을 만지는 것만 같습니다. 모두가 잘사는 고향이 되길 기원합니다. 그래서 마을 사람들이 다정하게 모여 정담을 나누며 장기·바둑을 즐기던 도청에서 모두 함께 고생하던 옛 역사를 이야기하며 행복하게 즐길 수 있기를 바랍니다.

며칠 있으면 새해가 옵니다. 1993년 도청에서 연로를 즐기시며 소일하시는 마을 어른들에게 새해 세배를 드리면서 모두 만수무강하시길 간절히 기원합니다. 살아계시는 큰 어머님 두 분과 형수님께 인사드립니다.

통일 염원 48년 12월

서울에서 전창일

그리운 동생 철문, 철명에게

근 반세기 45년 만에 지구 한 바퀴 돌아온 눈물겨운 편지를 받고 답장 쓰려고 펜을 잡으면 눈물이 앞을 가려 멈추고 차일피일한 지 몇 번인지 모르겠다. 고향 떠난 45년 처음 받은 편지 사연, 반가움과 눈물이 뒤범벅되어 내 가슴이 찢어지도록 아프기만 하구나.

병상에 누우셔 이 불효한 아들을 절규하며 한 많은 세상을 하직하신 어머님의 애처로운 가냘픈 모습이, 자식들을 위하여 변변히 잡수지도 못하며 평생을 고생만 하셨던 우리 부모님, 1952년에 어머님이 돌아가셨다니 아버님과 너희들은 얼마나 고생되었겠느냐.

너무나 어렸기에 그렇게도 걱정되던 철렴이 바로 재작년에 죽었다니 이 무슨 날벼락인지, 그것도 박사까지 되어서 말이다. 아빠와 엄마를 잃은 조카 남주와 영주, 안타까운 마음 어찌할 바를 모르겠구나. 너무나 슬퍼하는 나에게 형수는 "여보 남주와 영주 우리가 아비 노릇 하며 키우면 되지 않소." 하며 위로한다. 단절된 남북관계 잠깐 잊었던 모양이야.

누님은, 리호봉 매형이 그렇게도 일직이 1950년에 타계하셨다니 청상과부로 일생을 보냈다는 말이구나. 내가 떠날 때 건강한 젖먹이였던 아들 인환이도 잃었다니 얼마나 가슴 아픈 생애를 겪었겠나, 모두가 나를 슬프게만 하는구나.

이 지구촌 어느 곳에도 찾아볼 수 없는 단절의 세사, 잔인한 역사를 저주하고 원망할 따름이다. 두 동강 난 강토, 허리 이어 남북이 하나 되어 내 나라 내 땅을 마음 놓고 오가는 그 날을 위해 7천만 겨레가 함께 애써야 할 텐데 아직도 너무나 많은 장애가 가로막고 있구나. 남·북 간에 정치적으로 반목관계에 있어 헤어진 가족관계에도 많은 규제가 따른다. 이곳 실정법의 요구에 따라 받은 편지 신고하고 허가 기간 만료된 것을 주무관청인 통일원에 무기한 연기신청 하였더니 제3국에서의 상봉까지 허가는 받았다. 하지만 나에게는 그림의 떡인 격이다.

공민권도 아직 완전히 회복되지 않고 여권발급은 물론 해외여행 금지 조치마저 받고 있으니 말이다. 그러나 꿈은 아직 잃지 않고 있다. 잃은 권리 찾기 위해 싸워야 한다. 빨리 남북관계 좋아져 마음 놓고 내 고향 방문하여 조상의 묘를 성묘하고 반세기 동안 떨어져 살아온 우리 형제들이 부둥켜안고 감격하는 꿈! 내 사랑하는 형제들과 귀여운 조카들 손에 손잡고 서울구경 시켜주는 신나는 꿈! 이 꿈이 실현되는 그 날도 결코 멀지는 않을 것으로 확신한다. 그것이 우리의 역사가 흘러갈 정도이기 때문이다. 서울 큰 어머님 그때까지 부디 건강하셔서 함께 고향인 서울구경 시켜 드린다고 전해라.

그리고 이곳에 있는 고종 누님 수중월이 서섬리 동생 리광, 리용의 소식 애타고 있다고 형님께 전해라. 상주 소식 반가웠다.

북청에 있다니 어머님의 끈질긴 정성으로 내가 4년 반의 학업을 마쳤던 공업학교 소식도 궁금하다. 그곳에서도 남쪽과 서신 연락하는데 규제 법규 있을 텐데 매사 법을 준수하여 제재받는 일 없도록 각별히 유의하여 다오.

집안의 아직도 면식이 없는 계수(제수)들과 한없이 귀여울 조카들에게도 면목없는 이 형의 뜨거운 인사 전해다오. 순선이 누나 시집가기까지 많은 고생을 하였는데 생각하면 눈물겹구나. 이곳 형수와 조카들 사진 동봉한다. 다음 편지에는 내 보고 싶은 모든 이의 사진 보내 다오. 그럼 서울에서 띄우는 제2신 이만 쓰고 모두에게 새해 인사와 건강을 축원한다. 누님들에게도 이 편지 읽어드려라.

통일 염원 48년(1992년) 12월

서울에서 전창일

자세히 보기-7

[전창일이 이종 동생 조열하 장로에게 보내는 편지(1992.12.14.)]

고마운 아우, 조열하 장로에게

고향 떠나 45년 지척이 천 리 아니 지척이 수천만 리, 단절의 장벽을 뛰어넘어 온 고향소식 전해줘 어떻게 이 기쁨과 고마움을 전해야 좋을지 모르겠소.

조상이 묻힌 정든 고향 땅을 떠나 남달리 좋은 머리와 재간을 가지고도 낯설고 물설은 이국땅에서 사는 동생들이 안타깝게만 생각되던 마음도 가시고, 지금은 오히려 '현 상황에서는 비극적 무대를 일시 탈출한 다행한 일이기도 하구나.' 하는 마음을 갖게 해요. 이국땅 삶의 어려움을 극복하면서 성실하게 살아가는 자랑스러운 동생의 덕분으로 얻은 혜택으로 생각해요.

낙루의 정이 솟구치는 감격과 놀라움을 함께 안아주는 편지! 반가움과 슬픔, 세사와 인생의 무상함을 새삼 절감케 하는 사연들이었소. 생자필멸 회자정리(生者必滅 會者定離)라는 예부터 듣던 세사에서 자신을 발견한 느낌이었어요.

속달우편으로 보내 준 편지 받고 이곳 실정법이 규정한 대로 통일원에 신고하면서 서신 거래 만료된 허가기간을 무기한 연장 신청하여 별지와 같이 허가를 받았어요. 앞으로도 계속 우편연락 맡아주길 바라요.

고국은 지금 대통령 선거운동 종반에 접어들면서 가열 분위기에서 새로운 민주정부 수립에 대한 꿈이 부풀어 있어요. 민주주의를 진실로 보강하여 통일에 성의를 다할 사람이 당선되길 바랄 따름이요. 외숙모님과 동생들 그리고 모든 가족이 함께 즐거운 Christmas를 보내며 새해도 더욱 건강하시고 복 많이 받으시길 고국 땅에서 충심으로 기원해요.

1992. 12. 14.
서울에서 전창일

:: 04 ::

전창일, 또 감옥으로 가다

대통령이 바뀌었다. 1993년 2월 25일, 노태우에 이어 제14대 대통령
으로 김영삼이 취임했다. 취임 다음 해인 1994년, 통일운동에 변곡점
이 되는 두 사람의 거인이 작고했다. 문익환 목사가 1994년 1월 18일,[1]
북한의 김일성 주석이 같은 해 7월 8일 작고했다.[2] 이해할 수 없는 것은
정부의 대북관이다.

〈 그림9: 1994년 1월 21일 자 동아일보, 7월 9일 자 한겨레신문 〉

---

1 김 주석 문 목사 애도 북 중앙통신 보도, 「동아일보」, 1994.1.21.
2 김일성 주석 사망, 「한겨레」, 1994.7.9

전임 대통령 노태우는 1990년 7월 20일 남북한 자유왕래를 제의하는 등 소위 '7·20특별발표'를 선언하고, 1991년 12월 13일에는 분단국가인 대한민국과 조선민주주의인민공화국이 한국의 재통일과 관련하여 합의한 '남북기본합의서'를 발표했다. 그리고 김영삼의 경우 의원 시절에 김일성과의 회담을 위해 평양방문 용의를 피력했으며,[3] 민주당 총재로 재임하고 있을 때도 여러 차례에 걸쳐 김일성 주석과 만날 용의가 있다고 발표했다.[4] 특히 대통령 취임사에서 "어떤 이념이나 어떤 사상도 민족보다 더 큰 행복을 가져다주지 못합니다. 김 주석이 참으로 민족을 더 중요하게 생각한다면, 그리고 남북한 동포의 진정한 화해와 통일을 원한다면, 이를 논의하기 위해 우리는 언제 어디서라도 만날 수 있습니다."라고 하면서 남북정상회담을 제의하기도 했다.[5]

남쪽 대통령의 이러한 제의에 대해 북쪽의 김일성 주석도 적극적인 화답을 했다. 1989년 1월 초 노태우 대통령을 초청한 바 있으며,[6] 김영삼 대통령에게는 1994년 8월 15일 회담을 희망한다고 구체적인 날짜까지 제시했다.[7]

정부의 전향적인 통일방침에 재야단체를 비롯한 수많은 대중들이 갈채를 보냈다. 그리고 남과 북의 통일을 위해 목소리를 높였다. 특히 범

---

3 김영삼 의원 김일성과 회담 위해 평양 방문 용의, 「경향신문」 1972.7.24.

4 김영삼 총재의 평양 방문 용의, 「동아일보」 1988.7.1; 남북정상회담 정부 수용 촉구, 「한겨레」 1988.9.10; 김일성 주석 만날 용의, 김영삼 총재 일 사회당 방문주선 시사, 「한겨레」 1989.1.4.

5 김영삼 대통령 취임사 전문, 「한겨레」 1993.2.26.

6 김일성, 노 대통령 초청, 「매일경제」 1989.1.4.

7 김일성, 8.15회담 희망, 「조선일보」 1994.6.22.

호산 전창일과 통일운동 77년사

민련이 앞장을 섰다. 그러나 돌아온 것은 엄혹한 탄압뿐이었다. 수없이 많은 인사들이 범민련 관련으로 구속되었다.[8] 전창일 역시 예외가 될 수 없었다.

불길한 징조는 문익환 목사가 작고했을 때 이미 예고되었다. 김일성 주석은 문 목사의 사망에 대해 개인적인 조의를 표했으며, 범민련 북측본부는 문 목사의 장례식에 조문단을 보내겠다고 통보했으나 통일원은 거절했다. 범민련이 1992년 7월 대법원 확정판결에 의해 이적단체로 규정되었다는 것이 이유였다. 하지만 그 무렵의 범민련은 설립준비단계였다. 범민련 남측본부가 정식으로 결성된 것은 1995년 2월 15일이다(초대의장 강희남). 그리고 대법원이 범민련을 이적단체로 판결을 내린 시기는 1997년 5월 16일이다.[9] 민간인 통일운동을 억압하고, 정부만이 남북관계 접촉을

범민련 5명 구속

NAVER

조문 방북추진 관련

서울경찰청은 18일 김일성 주석 조문을 위해 판문점을 통해 북한으로 가려 한 조국통일 범민족연합(범민련) 남쪽본부 의장 강희남(74) 목사, 간사 안희만(29)씨와 이 단체 전창일(73), 이종린(71) 부의장 및 서울연합 부의장 강순정(64)씨 등 간부 5명을 국가보안법 위반(잠입·탈출, 찬양·고무, 회합·통신 등) 혐의로 구속했다.

강 의장과 안씨는 지난 16일 김 주석 조문을 위해 임진각으로 향하다 경기도 고양시 내유검문소에서 경찰에 연행돼 조사를 받아 왔으며, 전 부의장 등 3명은 범민련 해외본부와 전화 등을 통해 이들의 북한 방문에 관해 협의한 혐의를 받고 있다고 경찰은 밝혔다.

한편 민주주의민족통일전국연합, 불교인권위원회 등은 강 목사 등의 구속과 관련해 성명을 내고 "민족을 최우선시한다는 문민정부가 동족 지도자의 장례식 조문길을 국가보안법으로 막아 이적시하는 것은 반민족적, 반통일적 매카시즘을 부활시켜 민족민주세력을 압살시키려는 것"이라며 구속자들을 즉각 석방하라고 주장했다.

오철우 기자

⟨ 그림10: 1994년 7월 19일 자 한겨레신문 ⟩

---

8 자세한 사항은 별도의 장에서 다룰 예정이다.

9 조국통일범민족연합, 《위키백과》

독점하겠다는 의도였다.

이러한 상황에서 범민련은 김일성 주석 조문을 강행했고, 결과는 강희남(의장) · 전창일(부의장)을 비롯한 주요 인사들의 구속이었다. 구속된 날짜는 1994년 7월 18일이다. 범민족대회 추진관계(당시 직책, 남쪽 준비위 실행위원 겸 조직위원)로 소환장을 받은 뒤 불구속 입건된 적이 있었지만,[10] 이제는 진짜 구속이 된 것이다.[11] 소위 문민정부라는 김영삼 정부가 자행한 폭거였다.

1심 재판부는 전창일에게 집행유예를 선고했다. 6개월 동안 옥고를 치른 후였다. 석방은 되었으나 아직 재판은 끝나지 않았다. 오랫동안 북녘의 가족에게 연락하지 못한 연유다. 엄혹한 시절이었지만, 전창일은 출옥하자 곧 사촌 형 전철우와 동생 전철문에게 편지를 보내 자신이 처한 상황을 설명했다. 마침 그 무렵 막내딸의 결혼식 일정이 잡혀 그에 대한 소식도 전달했다. 아래는 편지 전문이다.

자세히 보기-8

[전창일이 전철우 전철문 형제에게 보내는 편지(1995.3.22.)]

조선민주주의 인민공화국 함경남도 북청군 보천리 18반
전철우 전철문 형제에게

---

10 범민련 7명 소환, 「한겨레」, 1991.8.9; 범민련 박순경 씨 구속, 「조선일보」, 1991.8.14.
11 범민련 5명 구속, 「한겨레」, 1994.7.19.

호산 전창일과 통일운동 77년사

눈물겨운 온 정으로 부둥켜안고 싶은 사랑하는 형님, 누님 그리고 내 동생들! 헤어진 지 40여 년 만에 처음 편지 주고받은 지도 벌써 두 해가 다 되었습니다. 그간 모두 안녕하신지 안타깝게 궁금하기만 합니다. 저는 작년 김일성 주석의 서거에 즈음하여 조의·조문을 주장한 탓으로 근 6개월 동안 또다시 옥고를 치러야 했습니다. 1심에서 집행유예로 석방은 되었으나 아직도 재판은 진행되고 있습니다.

형님, 누님, 내 사랑스러운 동생들이여, 내 영영 볼 수 없는 저승으로 타계한 철럼! 그리고 아직은 면식 없는 내 귀여운 조카들이여!

분단, 이것은 우리에겐 얼마나 분통하고 비탄스러운 것인가! 사랑하는 가족끼리도 서로 만날 수 없는 이 처절한 현실, 나라와 겨레, 혈육을 사랑하는 모든 이의 인격을 파괴하고 인간 회복을 가로막는 분단 속에서 우리는 언제까지 이렇게 애타는 몸부림을 쳐야 할 것인가? 생각하면 가슴이 찢어지는 것만 같은 아픔을 느낍니다.

형님! 오늘은 우리 가족들에게 분단이 강요한 단절의 장벽을 뚫고 기쁜 소식 전해드리려고 펜을 잡았습니다. 오는 3월 25일 14:00시에 저의 셋째 딸 재연의 혼례식을 서울 고려대학교 민주광장에서 거행합니다.

신랑은 허인회(許仁會), 고려대 출신으로 격동의 80년대에 조국의 자주, 민주, 통일을 위해 100만 학도의 선두에서 젊음을 불태운 용감한 애국청년으로 많은 사람의 사랑을 받는 믿음직하고 자랑스러운 청년입니다. 신랑 신부는 물론 우리 혼인 양가는 많

은 사람으로부터 열렬한 축하를 받고 있습니다. 특히 조국통일범
민족연합(범민련) 공동사무국, 해외본부, 멀리 유럽, 러시아, 중
국에서까지 우리 범민련 성원들로부터 뜨거운 애정 어린 축전들
이 답지하고 있습니다. 조국통일을 위한 운동의 고난스런 생활에
서도 분에 넘친 영광된 보람을 느껴 보기도 합니다. 이북에 있는
우리 혈육들이여, 이 경사스러운 날에도 우리는 이렇게 만나지
못하는 이 분단장벽에 갇혀야 하는 아픈 현실이 한없이 저주스럽
기만 합니다.

얼싸안고 기쁨을 같이할 그 날, 모든 겨레가 함께할 조국통일
의 그 날까지 모두 건강하시길 두 손 모아 기원합니다.

1995년 3월 22일
범민련 남측본부 사무실에서
전창일
서울

·여러가지로· 어려운 조건하에서 조국통일의 성업을 위하여 얼마나 간고분투하고 계십니까 무엇보다도 옥체 만강하신지 항상 걱정하고 있습니다

선생님께서 중첩되는 처지가의 애로와 난관을 뚫하면서 범민련사업을 위하여 헌신 하고계시는것을 여기서도 잘 알고 있습니다

특히 지난해 민족이 당한 유고에 북의 인민들과 슬픔을 함께하려는 선생님의 의로운 활동은 우리들을 크게 감동시켰습니다

우리 북측본부의 사업정형을 간단히 말씀드리면 무엇보다도 범민련 6차대회의 결의 실천, 특히는 련방제 통일실현을 위하여 각방의 노력을 다하고 있습니다

이와함께 오는 11월 20일 범민련결성 5돐 기념행사를 성대히 진행하기 위하여 많단의 들이 사업을 추진시켜 나가고 있습니다。 물론 남측 본부에서도 다양한 기념행사들이 활발히 진행 되고 있으리라 믿습니다.

다만 한가지 말하고 싶은것은 민족의 숙원인 조국 통일을 이룩하는데서 무엇보다 민족대단결을 이룩하기 위하여 앞에서 범민련이 다른 통일단체들과의 폭 넓은 련대를 실현하여 주시기를 부탁합니다.

내외의 반통일세력이 온갖 민족분렬책동을 다 하고 있으며 지어는 우리 민족을 동족상잔의 참화 속에 몰아넣으려고 발악하고 있는 현황에서 통일을 지향하기만 한다면 설사 그 견해와 립장에서 차이가 있다 하더라도 차이점을 뒤로 미루고 우선 공통점을 찾아 련대를 확대강화해 나가는 것이 민족지상의 과업인 조국통일성업을 달성하기 위한 애국애족의 길이라고 생각합니다.

우리들의 통일열망과 애국애족심이 그만큼 크므로 각계층 군중을 대하는 우리들의 도량도 그에 상응하게 커야하며 절대로 통일세력내부에서의 분렬로 하여 내외 원부들에게 어부지리를 얻게하는 일이 없도록 하여야 할것이라고 생각합니다.

또 그러는 과정에 남조선의 통일운동에서 범민련의 핵심적 선봉적 역할도 커져 가리라고 생각합니다.

우리가 반갑게 만나 뜨겁게 포옹하며 조국통일의 력사적 승리를 함께 경축할 그 날을 반드시

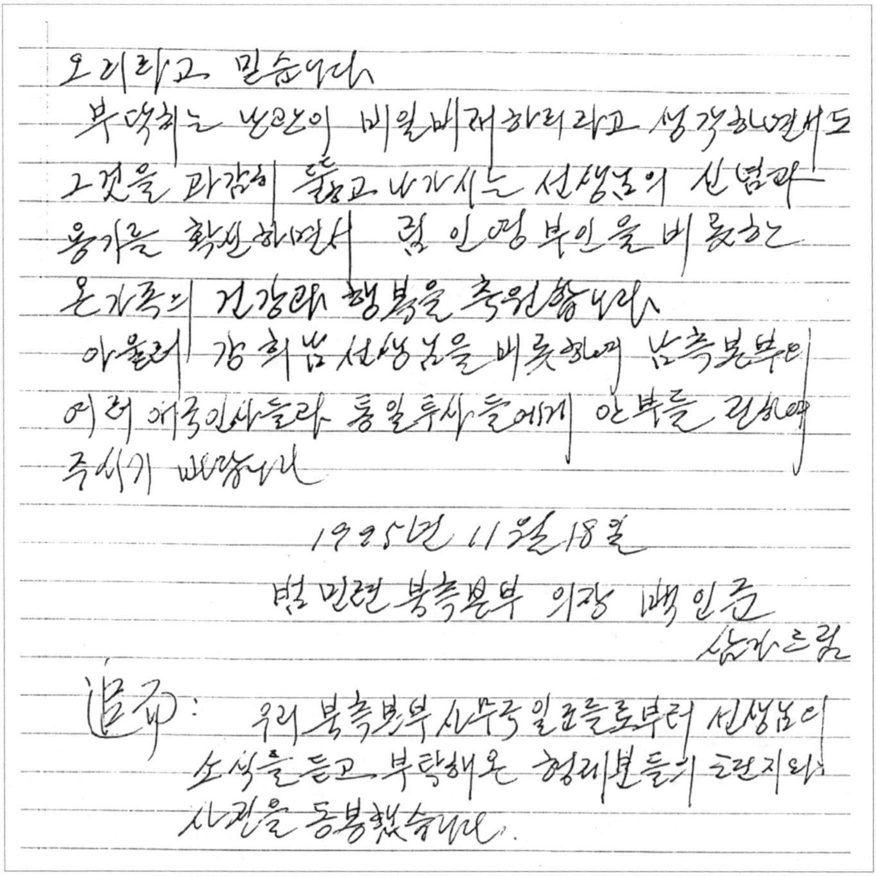

오리라고 믿습니다.
부덕하는 본인의 비열배려하리라고 생각하면서도
그것을 과감히 물리고 나가시는 선생님의 신념과
용기를 확신하면서 령인 영부인을 비롯한
온가족의 건강과 행복을 축원합니다.
아울러 강희남 선생님을 비롯하여 남측본부의
여러 애국인사들과 통일투사들에게 안부를 전하여
주시기 바랍니다.

1995년 11월 18일
범민련 북측본부 의장 백인준
삼가 드림

追申: 우리 북측본부 사무국 일군들로부터 선생님의
소식을 듣고 부탁해온 형제분들의 편지와
사진을 동봉했습니다.

〈 그림11: 범민련 북측본부 의장 백인준이 전창일에게 보낸 편지 〉

같은 해 11월 18일, 범민련 북측본부 의장 백인준이 전창일에게 편지를 보냈다. 범민련의 노고와 희생을 잘 알고 있으며, 특히 지난해 김일성 주석의 유고 때 슬픔을 함께하려는 전창일의 의로운 활동에 크게 감동했다고 전했다. 범민련결성 5돌 기념행사 등 북측본부의 향후 일정을 알려 주는 동시에 통일운동 단체의 연대를 부탁하기도 했다. 무엇보다 형제들의 편지와 사진을 동봉해줌으로써 전창일은 감격할 수밖에 없었다. 사촌 형 전철우, 큰 누님 전수암(전초선), 남동생 전철문 등 세 사람의 편지를 소개한다.

자세히 보기-9

[사촌 형 전철우가 전철구에게 보낸 편지(1995.11.5.)]

자나 깨나 보고 싶은 동생 철구에게

50여 년 동안 언제나 잊지 못한 사랑하는 철구를 신문과 텔레비전 화면을 통해 보게 되었고, 최근에는 림인영과 가정을 이루고 귀여운 세 딸을 낳아 지난 3월에 막내 결혼식까지 하였다는 소식을 듣고 우리 가족을 비롯한 고향의 모든 친척이 매우 반갑게 생각한다. 50년 만에 처음 쓰는 편지여서인지 무엇을 어떻게 썼으면 좋겠는지 종잡을 수 없구나.

보지 못한 제수와 조카들은 잘 있는지. 너는 그 험한 세상에서 어떻게 지내고 있는지, 자나 깨나 언제나 잊지 못하고 있다. 우리 가족은 네가 고향을 떠나간 후 고향의 그 집에서 잘 지내고 있다. 나는 올해 72살인데 보천 농장에서 일하고 형수도 건강히 집안일을 돌보고 있다.

전쟁 후에 나는 고향에서 목장 지배인과 보천리 농장 기사로 오늘까지 일하고 있다. 50년 세월이 흘렀으니 나도 7남매를 낳아 그들이 지금은 모두가 사회생활을 하고 있다. 첫째 딸은 어순이고 둘째 딸은 히순, 셋째 딸은 어남인데 모두가 결혼하여 가정을 이루고 남부럽지 않게 행복한 생활을 누리고 있다. 맏아들은 순주이고(43살), 둘째 아들은 의주, 셋째는 기주, 넷째는 윤주인데 모두가 대학을 졸업하고 도 안의 중요기관에서 일하고 있다.

우리 아버지와 어머니, 작은어머니, 서울 어머니는 모두 돌아 가셨고, 철요는 10년 전 불치의 병으로 사망하고 아들 하나 딸 둘 남았다. 철문이는 군사 복무하다가 지금은 년로보장받고(2남 3녀), 철명이는 김책공대를 졸업하고(1남 2녀) 지금은 년로보장 받고, 철염이는 공대를 졸업하고(3남 1녀) 교편을 잡다가 5년 전 에 병으로 사망하였다.

그리고 수암, 순선 누나들은 년로한 몸이지만, 우리에게 땅을 주고 보람찬 생활을 마련해 준 나라 은덕에 조금이나마 보탬을 주려고 애써 노력하고 있다.

지금 우리 두 집 손은 집 걱정, 직업 걱정, 생활 걱정 모르고 행복한 생활을 누리고 있으며 부모 시절 모든 고생 모습이 회상 된다. 그리고 철음과 철수 철무 철O도 건재하며 향토를 잘 지키 고 있다.

철점은 성전에서 수산관청 위원장으로 있고 새선간 철양 아들 네 형제는 평양과 신포에서 잘 있다.

우리 아버지와 어머니는 리영 자봉단 발치에 3촌 두 부처는 과 수골의 좋은 자리에 모셨다. 그 외 세분 묘지는 너가 떠나기 전 ○○○이다. 매년 추석이면 모두 모여서 성묘 방문 제사를 지내 고 있는데 너만 오지 못하고 있구나.

…(판독불능)…되었다. 가재잡이 하던 채수갠은 동서 산을 막 아 큰 저수지를 만들어 밭이 논으로 되었고, 모든 밭에 물을 댈 수 있게 하고 과일(나무) 뽕나무를 즐비하게 꾸려졌고, 출산기지

가 널리 퍼져 많은 돼지 염소 계사서 닭 토끼를 기르고 있으며, 저수지에는 잉어 붕어 백년어 등 갖가지 고기들 득실거리며 잔치 제사상은 물론 주민들 식생활을 푸짐히 하고 있다.

울창한 산에서 소나무 떡갈나무 잣나무들의 숲이 되었고, 송이버섯을 비롯한 갖가지 산채들이 온 산을 뒤덮어 보배산으로 되었다.

어제의 오막살이는 자취를 감추고 모든 집들이 큼직한 기와집으로 된 지도 이제는 20년이 넘는다.

부락 복판에 고등중학교가 자리 잡고 동리마다 탁아소 유치원이 있어 아이 때부터 대학까지 마음껏 배우며 공부하고 있다.

우리 고장 사람들의 생활에서도 큰 전변이 일어나, 기와집에서 이밥에 고깃국, 이것은 선조 때부터의 숙망이었다. 철구 북청 시절 부잣집 수준이 지금 일반 수준이라면 믿을 수 있겠는가, 그러나 이것은 현실이 되어 지금 먹는 문제, 입는 문제, 집 문제에 관한 근심 걱정을 모르고 모두가 중학교 이상 전국이 인테리화의 구호대로 전환되고 있다. 내 아들 사위 7명, 철구네 형제 3명 모두가 대학을 졸업한 것만 보아도 알 수 있을 것이다.

태양이 빛을 주고 힘을 주듯이 위대한 위인 김일성 주석님과 김정일 장군님의 정치는 태양과 같은 빛과 힘을 주고 있기에 오늘과 같은 무릉도원이 마련되고 행복을 누릴 수 있게 되었다. 그렇기에 위대한 김일성 주석님 서거 ………눈물의 바다를 이루었고 산천초목이 비분에 잠기게 되었다.

우리는 그때 어버이 수령님을 잊지 못해 하는 철구의 장한 모습을 텔레비전을 통해 보게 되었다.

우리가 민족이 당한 최대의 슬픔을 함께 나누지 못하는 불행은 다름 아닌 나라의 분열에 있으며, 우리 형제와 가족 친척들이 서로 만나지 못하고 편지 한 장 전하지 못하는 비극도 역시 나라가 분단된 데 있다. 이것은 우리 가정 우리 형제뿐 아니라 전 민족의 비극이며 불행이다.

그러니 우리 서로 용기와 힘을 더 내어 맡은 일을 더 잘하고, 철구는 범민련 남측본부 중책을 간직하고 통일 위업이 성취되는 그 날에 우리 서로 만나자.

동생의 건강과 제수의 건강을 북청에서 바란다. 제수 조카를 만나는 날이 머지않을 것으로 확신하고 펜을 놓는다. 마지막으로 조카 모두의 결혼을 축하한다. 만복 있기를 바란다.

1995년 11월 5일

전철우

자세히 보기-10

[큰 누님 전수암(전초선)이 동생 철구에게 보내는 편지(1995.11.5.)]

사랑하는 동생 철구에게

어느 한순간도 잊지 못한 사랑하는 동생 철구야,

이 누이도 너의 편지를 받아보았다.

너를 만난 것만 같구나. 50년 동안 하지 못한 이야기를 무엇부터 해야 할지 갈피를 잡을 수 없구나.

너를 그리는 마음 눈물이 앞선 것이 누이의 심정이다.

나라의 통일을 위한 너의 장한 투쟁 모습에서 우리 가족 모두는 커다란 힘을 얻게 되었다.

나라가 통일된 다음 우리 서로 만나 얼싸안는 그 날을 위해 힘을 합쳐 힘껏 싸워나가자.

1995년 11월 5일

전수암

자세히 보기-11

[동생 전철문이 전철구에게 보내는 편지(1995.11.5.)]

보고 싶은 철구 형님에게

10년이면 강산도 변한다는데, 나라가 분열되어 어언 반세기 형님을 꿈속에서도 그리고 그려봤습니다.

나도 이제는 60이 넘은 할아버지가 되었으나, 뜻밖에 재연의 결혼소식도 알게 되니, 기쁜 마음 그지없습니다. 이것이 뗄 수 없는 혈육의 마음인가 봅니다.

이곳의 가족 친척들은 모두 잘 있습니다. 우리 서로 헤어져 50년 가까이하지 못한 이야기를 어찌 한두 장의 편지에 다 담을 수 있겠습니까.

우리 함께, 통일된 조국에서 자자손손, 행복을 누리기 위해 더욱 굳세게 싸워 나아갑시다.

부디 통일될 그 날까지 건강하십시오.

1995년 11월 5일

동생 전철문 재배

고향 북청에서 눈물겨운 편지를 보냈지만, 전창일은 답장을 쓰지 못했다. 다시 영어의 몸이 된 탓이다.[12] 박정희의 죽음으로 형집행정지, 출옥한 후에도 연이어 구속, 출감을 반복하는 아버지의 수난에 큰딸 전경애는 아래와 같은 호소문을 「한겨레」 신문에 기고한 바 있다.[13]

독자 여러분의 투고를 기다립니다.
(전화번호를 꼭 적어주십시오)
121-750 서울 마포구 공덕동 116-25
한겨레신문사 여론매체부
☎ 710-0336 팩시밀리 710-0310
PC통신 수신자번호 : 하이텔 hani4
천리안 ZHNR1, 나무무리 hani2
뉴스서버 PIP00164

국민기자석

칠십평생 통일 염원
부친 간첩누명 억울

삶을 에는 듯한 바람이 불어온다. 감옥에서 추위에 떨고 계실 아버지를 생각하면 가슴이 아픔으로 저며온다. 75세의 고령으로 머리에는 하얀 눈발이 내려앉은 모습으로 수의를 입고 감옥으로 돌아서서 들어가시는 아버지의 뒷모습을 쇠창살 사이로 바라보고 돌아왔다.

아버지는 일평생을 오로지 통일운동에 몸바쳐오신 살아있는 역사이다. 아버지는 70년대 유신헌법을 반대하여 혹독한 옥고를 치렀다. 유신헌법은 독재정권이 만들어낸 악법으로 만천하에 드러났다. 아버지의 민주화를 위한 희생은 결코 헛되지 않았다.

그런데 민주화와 세계화를 부르짖는 문민정부 시대에 이르러 이 나라의 민주화와 통일운동을 위해 한평생 몸바친 대가가 간첩의 누명이라니 있을 수 있는 일인가.

나는 오로지 민주화와 민족통일의 열망으로 고난과 역경의 세월로 칠십평생을 살아오신 아버지를 존경하고 또한 사랑한다. 믿지않아

남과 북이 화해하고 남북회담이 열리고 부모형제가 서로 손잡고 오고가는 그날이 오면 아버지는 남북통일의 큰 일꾼으로, 역사의 선각자로 인정받을 것이다.

나는 아버지의 공소장에 간첩혐의라는 부분을 보고 깜짝 놀라지 않을 수가 없었다. 95년 4월18일 기독교회관 강당에서 김삼근 목사 주최로 '장기수 노인들의 북송송환' 호소를 위한 기자회견장에 뿌려진 유인물을 범민련 일본 공동사무국에 보낸 것과 또 95년 5월1일 서울대학교 민주광장에서 개최한 노동절 행사에서 범민련 플래카드를 사진 찍어온 것을 범민련 일본 공동사무국에 보낸 것이 이유라다.

오로지 민족 통일만을 염원으로 한평생 살아오신 나의 아버지가 간첩이라면 우리나라 역사에 부끄러운 오점을 남기는 일이라고 생각한다. 하루속히 아버지의 억울한 간첩누명이 벗겨지길 바라며 또한 아버지의 건강을 두손모아 빈다.

전경애 / 구속수감 범민련 전창일씨 의 딸

〈 그림12: 전창일의 큰딸이 한겨레신문에 투고한 글 〉

---

12 범민련 간부 등 29명 구속, 「한겨레」, 1995. 11. 30; 구속 범민련 25명 안기부 검찰송치, 「경향신문」, 1995. 12. 20.

13 칠십 평생 통일 염원, 부친 간첩누명 억울, 「한겨레」, 1996. 2. 13.

:: 05 ::

다시 흐른 세월 30년,
결국 보지 못한 혈육의 얼굴

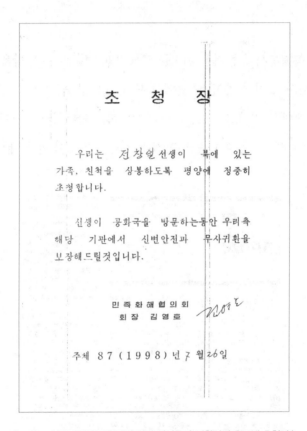

초 청 장

우리는 전창일 선생이 북에 있는
가족, 친척을 상봉하도록 평양에 정중히
초청합니다.

선생이 공화국을 방문하는동안 우리측
해당 기관에서 신변안전과 무사귀환을
보장해드릴것입니다.

민족화해협의회
회장 김영호

주체 87 (1998)년 7월 26일

〈 그림13: 북쪽 민족화해협의회 회장 김영호가 전창일에게 보낸 초청장 〉

정부수립 이후 50년 만에 처음으로 평화적인 여야의 정권교체가 이
루어졌다. 1998년 2월 25일, 김대중은 제15대 대통령에 취임했다. 전
창일은 국가보안법 위반 혐의로 세 차례에 걸쳐 감옥을 들락거리다가

120   호산 전창일과 통일운동 77년사

1998년 9월 14일 마지막 출소를 했다. 감옥을 나서니, 북녘으로부터 날아온 반가운 소식이 기다리고 있었다. 북쪽 민족화해협의회 회장 김영호가 전창일에게 고향 방문을 허락하겠다는 초청장을 보낸 것이다. 하지만 공민권이 회복되지 않은 상태에서의 고향 방문은 언감생심이었다.

대통령은 김대중으로 바뀌었고, 1999년 8월 15일 날짜로 조문단 사건이 사면되었지만, 전창일은 흘러간 역사의 인물이 되어 버렸다. 전창일이란 이름이 언론에 사라지기 시작했다. 1997년 5월 16일 날짜로 대법원이 이적단체로 최종판결을 내림으로써 범민련은 이제 공식적인, 합법적 활동을 하지 못하게 되었다. 10여 년 동안 범민련 행사를 주도했던 전창일은 이제 무대 뒤에서 조언하는 위치로 바뀌었다. 의장 혹은 부의장이란 직책이 서서히 고문이란 호칭으로 변하기 시작했다.

〈그림14: 김대중 대통령과 북한 김정일 국방위원장이 2000년 6월 14일 오후 11시 20분 김대중 대통령의 숙소인 백화원 영빈관에서 6 · 15 공동선언에 서명한 뒤 교환하고 있다. ⓒ연합뉴스〉

2000년 6월 15일, 역사적인 6·15 선언이 발표되었다. 대부분 신문은 주요 뉴스로 다음과 제목으로 보도했다.[1]

▲경향신문(서울), 김정일 서울 답방-8.15 이산상봉 ▲국민일보(서울), 광복절 이산가족 교환 방문 ▲노동일보(서울), 긴장완화-이산가족상봉 합의 ▲대한매일(서울), 8월 離散상봉등 5개 항 합의 ▲동아일보(서울), 자주적 통일-8.15 이산상봉 합의 ▲세계일보(서울), 金正日 연내 서울 답방 ▲조선일보(서울), '8.15 교환방문' 등 5개 항 합의 ▲중앙일보(서울), 南北통일 자주적 해결 ▲한겨레(서울), '연합·연방제 통일'지향 합의 ▲한국일보(서울), 8.15 이산가족방문단 교환 ▲매일경제(서울), 8·15 때 이산가족 상호방문 ▲서울경제(서울), 南北 4개 항 합의문 역사적 서명 ▲한국경제(서울), 이산가족 8.15 전후 상봉 김정일 위원장 서울방문 ▲국제신문(부산), 8.15 이산상봉 등 5개 항 합의 김정일 적절한 시기 서울 답방 ▲대구일보(대구), 統一지향 공동선언 ▲경인연합(인천), 분단 55년 뛰어넘은 "회담 185분" ▲광주매일(광주), 새歷史 연 185분 마라톤회담…'6.15 남북공동선언' 서명 ▲광주타임스(광주), 한반도 냉전종식 불 지폈다 ▲호남신문(광주), 남북공동성명 합의 발표 ▲무등일보(광주),마라톤회담 '통일 물꼬' 트다 ▲대전매일(대전), 분단 상처 씻고 역사적 합의 ▲대전일보(대전), 화해·통일 등 4개 분야 합의 ▲중도일보(대전), 이산 상봉 포함 4개 항 합의 ▲경기일보(수원), 남북 정상 5개 항 합의문 서명 ▲경인일보(수원), 南北공동선언 5개 항 합의 ▲중부일보(수원), 남북 정상 평화·통일 5개 항 합의 ▲강원도민일보(춘천), 남북 정상 5개 항 역사적 선언 ▲강원일보(춘천), 8·15

---

1   전국 주요 신문 톱뉴스(6월 15일 자 조간), 「연합뉴스」, 2000.6.15.

호산 전창일과 통일운동 77년사

때 이산가족 교환방문 ▲동양일보(청주), 남북 4개 부문 합의 ▲충청일보(청주), 화해 통일 등 4개 항 합의 ▲한빛일보(청주), 이산상봉·긴장완화 등 4개 항 합의 ▲전북일보(전주), 통일의 길목 '한핏줄 서명' ▲전북제일(전주), 남북4개 원칙 포괄합의 ▲전북매일(전주), 남북 간 화해 및 통일 등 4개 사항 합의 ▲전북도민일보(전주), 김정일 위원장 서울 온다 ▲신경북일보(포항), 7,000만 겨레 염원 통일물꼬 텄다 ▲경북매일(포항), 한반도 평화 정착 등 4개 부문 합의 ▲경남도민일보(마산), 남북정상 합의문 서명 ▲경남일보(진주), 남북 4개 항 합의 서명 ▲경상일보(울산), '민족숙원' 역사적 서명 ▲제민일보(제주), 남북 정상 4개 부문 합의 ▲제주일보(제주), 이산 상봉 등 4개 항 합의 서명

"7,000만 겨레 염원 통일 물꼬 텄다"고 전국의 주요 신문이 흥분하며 보도경쟁에 나섰지만, 정작 6·15 남북공동선언의 씨앗이 되었던 '범민련' 그리고 통일운동의 '선구자'들을 조명하는 기사는 단 한 곳도 없었다. 모든 영광은 정치인들의 몫이 된 것이다. 2000년 8월 15일부터 18일까지 제1차 이산가족 상봉이 이루어졌다. 그 후 2018년까지 21번의 상봉행사가 있었다. 화상 상봉도 일곱 차례 개최되었다. 다수의 이산가족들이 재회의 감격을 누렸다. 그러나 누구보다 앞장서서 통일운동에 나섰고 그 결과로 투옥되는 등 고난을 겪은 이들에게 예의를 표명하는 이들은 아무도 없었다.

범민련(1997년 5월 이적단체 최종판결), 민자통(1990.8.), 한총련(1997), 범청학련(1997) 등 통일운동단체들은 이적단체로 규정되어 존립조차 불투명하게 되었으며, 관련 인사들은 옥고를 치르는 것으로도 모자라 빨갱이라고 저주의 손가락질까지 당하는 수모를 겪는 중이었다. 물론 전창일도 마찬가지였다. 그렇게 많은 상봉행사가 있었지만, 전창

일은 단 한 번도 그 혜택을 누리지 못했다.

〈 그림15: (좌) 조국통일 3대 헌장기념탑 (우) 민족통일대축전은 6 · 15 공동선언의 승리'라는 북측 안경호 조국평화통일위원회 부위원장 [사진 – 통일뉴스 김치관 기자] 〉

심지어 평양을 방문했을 때도 가족들을 만나지 못했다. 2001년 8월 15일(수)부터 21일(화)까지 민족통일대축전이 성대히 진행되었다.[2] 비록 조건부였지만 정부수립 이후 처음으로 평양에서 열리는 남과 북, 해외동포가 합법적으로 한자리에 모여 민족의 화해와 통일을 열기 위한 행사였다. 행사를 준비한 남측 추진본부는 민화협, 통일연대, 온겨레 손잡기(7대 종단)가 중심이 되어 구성되었는데 단장은 김종수 신부(천주교 주교회의 사무총장)가 맡았다. 전창일은 6 · 15 남북공동선언실현 상임고문과 한반도통일연대 고문, 6 · 15 공동 위원회 남측준비위원회 고문, 범민련 남측본부 고문 자격으로 참가했었다.

---

2   평양서 '2001민족통일대축전' 개최, 「연합뉴스」, 2001. 8. 15.

의의가 컸던 만큼 후유증도 만만치 않았던 행사였다.[3] 전창일은 조용히, 숨은 듯이 있다가 돌아왔다. 언론도 별 관심을 표하지 않았다. 1947년 월남 이후 처음으로 방문한 북녘에서 일주일 동안 머물렀지만, 고향 땅을 밟아보지 못했고 형제들을 만나지 못한 아픔이 그의 가슴을 찢어지게 만들었다. 시도하지 않았던 것은 아니다. 조국평화통일위원회 부위원장 안경호에게 형제들과의 상봉을 부탁했으나, 일정이 촉박하여 다음 기회에 주선하겠다는 약속에 포기할 수밖에 없었다.

세월은 무심하다. 고향의 형제들과 첫 편지를 주고받은 지 10년 넘은 세월이 흘러가버렸다. 어느새 팔십을 바라보는 나이가 되었다. 2005년 4월, 전창일은 쓰라린 기억을 되살려 안경호[4]에게 편지를 썼다. 2001년 민족통일대축전 때 약속을 상기시키며, 북에 사는 혈육과의 만남을 호소했다. 참고로 1995년 범민련 북측본부 의장 백인준이 보낸 편지와 1998년 김영호 민족화해협의회 회장의 초청장을 동봉했다. 아래에 편지 전문을 소개한다.

---

3   통일축전 방북자 16명 연행 확인, 「연합뉴스」, 2001.8.21.
4   2005년 4월 현재, 안경호는 6 · 15 공동선언실천 북측 위원회 위원장이었다. 《통일부, 북한정보포털》

존경하는 안경호 위원장 님에게

　　외세에 의하여 쪼개진 나라와 갈라진 겨레의 하나 되기 위한 성스러운
조국재통일운동에 불철주야 애쓰시는 안 선생에게 충심으로 경의를 표합니
다. 지난 3월 4일 세계의 명산 우리의 자랑인 금강산에서 온 겨레의 열렬한
환호 속에 결성된 '6.15공동선언 실천을 위한 남북(북남)해외 공동행사준비
위원회'의 탄생을 거듭 축하드리며 북측준비위원장이란 중책을 맡으신 안 선
생께선 남달리 감회가 깊었으리라 믿습니다. 감동적인 축하연설문에서 조국
통일에 대한 뜨거운 열정을 읽을 수 있었습니다. 참으로 감사합니다.
공사에 항상 분주하신 선생에게 나 개인에 관한 사연을 이렇게 편지로 알리
는 저의 죄송스런 마음 몹시 무겁고 또 괴롭기도 합니다. 숙고에 숙고를 거
듭하다 무례인줄 알면서도 자제하지 못하고 쓰는 글이니 너그러운 양해를
부탁드립니다.
　　저(전창일)는 함경남도 북청 태생으로 1947년 북청공업학교를 졸업하고
서울에 유학하고 있는 친구와 의지할 수 있는 친척이 있는 관계로 유학을
나왔다가 당시 미국의 분단정책에 따른 단독정부수립과 단독선거를 반대하
는 투쟁에 참여하여 감옥생활을 시작으로 계속되는 조국통일운동 과정에서
인민혁명당사건, 삼차에 걸친 범민련사건 등으로 십 수 년을 감옥생활하다
얻은 고혈압 병으로 지금은 앞을 예측할 수 없는 늙은 신세가 된 노인입니
다. 평생 옥바라지에 고생하고 때로는 감옥에 갇히기도 했던 아내(림인영)도
작년에 유명을 달리했습니다.
　　고향에 계셨던 부모님은 잃어버린 아들 이 불효자식을 부르면서 임종하
셨다는 비통한 소식과 몇 해 전 막내 동생 전철염(평양공대 교수)이 1990년
에 연구실에서 순직했다는 비보도 벌써 여러해 전에 범민련 북측에서 보내
준 동생의 편지에서 알고 있습니다. 지금은 손위 누님 두 분과 사촌형 그리
고 동생 둘이 고향에 살고 있습니다.
세월의 흐름과 늙어가면서 혈육에 대한 그리운 마음 더더욱 간절해집니다.
죽기 전에 내 세 딸(전경애, 전경란, 전재연)에게도 이북에 있는 삼촌들 그리
고 사촌형제들 얼굴이라도 익혀주어야 하겠다는 생각이 절실합니다.
　　2001년 8.15에 삼대헌장기념탑 준공식에 참가하기 위하여 제가 평양에
갔을 때에 안 선생에게 내 형제들과의 상봉을 부탁드렸는데, 일정이 촉박하
니 다음 기회에 꼭 주선해주겠다고 약속하신 것을 기억하시는지 모르겠습니
다. 그 후, 남북 간에 몇 차례의 민간교류 있었으나 매번 나는 범민련 성원
이기 때문에 남쪽 당국으로부터 접촉 불허라 하여 참가할 수 없었습니다.

그러나 지금은 그러한 인위적 장애는 없는 것으로 알고 있습니다. 난생 처음으로 해외 여행할 수 있는 여권도 받고 있습니다. 우리 범민련 성원들이 남북 실무회담에도 참가하게 되었습니다. 1998년 북측 민화협 김영호 회장으로부터 방북 초청장을 받은 적 있었는데, 남측 당국이 매번 불허했던 것입니다. 지금은 제가 당국에서 여권까지 받았다는 것은 남북 간의 많은 변화와 발전을 상징하는 일이라 생각됩니다.

참고로 현재 북에 살고 있는 나의 혈육은:

함남 북청군 보천리 18반에 전철우(사촌형), 같은 보천리 19반에 전철문(동생), 황해남도 송화강산 기술과에 전철명(동생), 함남 신창구 121반에 전초선(누님), 북청군 청해리 농산2반에 전을선(누님), 북청읍 120반에 전상주(조카, 전쟁 전에 서울 유학생), 외 평양에 조카들이 산다는데 확실치 않습니다. 어려움이 있으리라 사료됩니다만 위 혈육들을 만날 수 있게 주선해주시길 간절히 바랍니다. 끝으로 안 선생과 가족들의 건강을 기원합니다. 그리고 우리 범민련과 준비위 성원 모두의 건투를 축원합니다.

2005년 4월   일

범민련 남측본부 고문
6.15 남북공동선언실현과 한반도 평화를 위한 통일연대 상임고문
6.15공동선언실천을 위한 남북(북남)해외공동행사준비위원회 남측준위 고문

전 창 일 드림

첨부: 1. 1998년 김영호 회장이 보낸 초청장 사본
      2. 1995년 백인준 의장이 보낸 편지 사본
      3. 인혁당사건 30주기 추도사(2005년 4월 9일)

〈 그림16: 전창일이 안경호 위원장에게 보낸 편지 전문 〉

야속한 세월은 계속 흐르기만 한다. 물론 기쁜 소식도 가끔은 전해졌다. 인혁당 사건이 재조명되기 시작한 것이다. 인혁당 사건 진상규명 및 명예회복을 위한 대책위원회(공동대표 이돈명 변호사. 문정현 신부)가 조직되었고, 대책위원회는 2001년 12월 7일 날짜로 명예회복 및 보상신청서를 '민주화운동 관련자 명예회복 및 보상심의위원회'에 제출했

다.[5] 사법살인, 1975년 4월의 학살, 인혁당 사건 진실규명이 이제 막 시작된 셈이다. 그리고 '과거사 진상규명 위원회'가 2004년 9월 말 국정원 원장 직속기구로 발족하였다.[6]

드디어 진상이 밝혀졌다. 2005년 12월 7일, 인민혁명당(인혁당) 및 전국민주청년학생연맹(민청학련) 사건이 정권 의도에 따라 중앙정보부에 의해 조작됐다는 내용의 조사 결과가 발표되었다.[7] 인혁당 사건으로 무기징역을 선고받았던 강창덕은 "평생의 한이 풀렸다."고 소회를 밝혔다.[8] 안경호에게 편지를 보낸 그해 연말에 날아온 낭보였다. 2007년 1월 23일에는 사법살인 32년 만에 인혁당 사건이 무죄라는 선고가 내려졌다.[9]

개인적인 한 일부는 풀렸지만, 또 다른 한이 전창일을 괴롭혔다. 사촌형, 누님, 동생들이 무사한지 너무나 궁금했다. 자꾸 불길한 생각이 들었다. 자신의 나이도 어느덧 여든이 되었다. 몇 년 전(2003년 11월 29일)에는 임인영도 저세상으로 떠나보냈다. 결혼 후 고생만 시켰던 처였다.

2007년 10월 4일, 평양 백화원 영빈관에서 노무현 대통령과 김정일 국방위원장이 10개 항의 '남북관계 발전과 평화번영을 위한 선언'이 있었다. 그러나 2000년의 6·15 선언 후처럼 후속조치가 따르지 못했고,

---

5   인혁당 사건 관련자들 명예회복 신청, 「연합뉴스」, 2001.12.6.
6   국정원 '과거사 진상규명 위원회'…이달 말 원장 직속기구로 발족, 「국민일보」, 2004.9.6.
7   "인혁당·민청학련사건 中情이 조작", 「서울신문」, 2005.12.7.
8   인혁당 생존자 강창덕 씨 "평생 한 풀려", 「연합뉴스」, 2005.12.7.
9   인혁당 무죄 '사법 살인' 진실 밝혀, 「경향신문」, 2007.1.23.

〈 그림17: 노무현 대통령과 김정일 국방위원장은 2007년 10월 4일 평양 백화원 영빈관에서 10개 항의 '남북관계 발전과 평화번영을 위한 선언'(10 · 4선언)을 했다. 〉

무엇보다 대중들 특히 젊은이들의 통일 열기가 급속히 식어버렸다. 초조했다.

어느 날 한 통의 편지가 왔다. 3년 동안 소식이 없던 동생 전철문이 2008년 5월 29일 날짜로 소식을 보내온 것이다. 지금까지 "잘살고 있다"고만 했던 동생이 "여기 고향생활은 미국 놈들 때문에 힘이 듭니다."라는 하소연을 했다. 가슴이 찢어지는 듯했다. 사실 이 편지를 받게 된 데는 사연이 있다. 먼저 편지 전문부터 소개한다.

자세히 보가-12

[동생 전철문이 전철구에게 보내는 편지(2008.5.29.)]

형님에게 소식을 전합니다,

동생 철문이 철구 형님에게 무릎 꿇고 절을 올립니다.

60여 년 세월 고향 떠나 잊지 못해 하는 형님의 소식을 받고 부모님 계시는 가시골 묘소를 바라보며 이 글을 올립니다.

조국통일을 위해 헌신 분투하여 온 것이 죄 아닌 죄가 되어 옥살이 15여 년에 형님과 형수님 조카 모두가 얼마나 고생이 많으셨습니까.

형수님도 옥살이에서 만난 병으로 5년 전에 잘못되셨다는 소식도 편지로 받았습니다.

형님이 오시는 길에 이 몸이 가지 못하는 죄스러움과 안타까움을 금할 수 없습니다. 여기에도 형제들이 저밖에 남아 있지 않으니 형님의 생각이 더더욱 그리워집니다.

아들 봉주가 가니 여기 소식과 사진을 보냅니다. 큰아들 평주는 지금 한창 모내기하는 시기이니 부반장으로서 몸을 뺄 수 없사오니 집에 있는 아들이 대신 갑니다.

여기 고향생활은 미국 놈들 때문에 힘이 듭니다.

같이 가는 사람은 뒤새터 전철수 형님의 손자입니다. 우리 일 때문에 고생 많이 하였습니다.

형제들의 사진도 함께 보냅니다. 형님의 가족사진도 보내 주십시오.

그저 형님에게 가지 못하는 이 몸, 눈물만 절로 나옵니다.

형님, 우리 아들이 자기 큰아버지를 만나고 오면 이젠 나도 죽어도 한이 없습니다. 형제들과 혈맥이 이어져 내 몸이 푸근한 감이 느껴집니다.

이 동생이 바라는 것은 형님의 귀하신 몸 잘 돌보시어 여태 하

던 고생이 이제는 복으로 되시길 진심으로 기원합니다. 부디 옥체 건강하시길 바라면서,

고향에서 동생 선바이 올립니다.

2008.5.29.

1992년 2월 10일, 형제들에게 첫 편지를 보낸 이후 그동안 여러 차례에 걸쳐 가족 간의 상봉을 시도했었다. 남과 북의 협조를 얻기 위해 온갖 노력을 다했다. 오직 형제들의 모습을 보기 위한 염원이었다. 하지만 결과는 언제나 좌절이었다.

1998년 7월 민족화해협회 회장 김영호의 초청장도 소용이 없었고, 2001년 8월 평양에 갔을 때도 가족들을 만나지 못했다. 더욱이 2007년 8월에 제출한 남북 이산가족 신청서마저 반려되었다. 분노와 좌절에 밤잠을 제대로 이루지 못하던 무렵, 서울에서 요리사로 일하고 있던 중국 도문시[10] 출신 교포(조선족) 김 씨라는 사람을 우연히 알게 되었다. 2008년 4월 초순 무렵이었다.

교포의 도움으로 남녘 가족들의 안부와 편지의 발송지인 도문으로 와서 서울로 전화하면 만날 수 있다는 간단한 내용이 적힌 전창일의 편지가 북청의 가족들에게 전달되었다. 5월 중순경, 편지를 받은 고향에서

---

10 투먼시(한국어: 도문시)는 중화인민공화국 지린성 연변조선족자치주에 위치한 도시이다. 인구는 13만 6,000명이고, 이 중 58%가 조선족이다. 두만강에 접하고 있어서 합법적으로 북한 땅을 볼 수 있는 도시이다. 《나무위키》

〈 그림18: 도문시(투먼시), 연길(연변조선족자치주), 남양의 위치 〉

는 도문에서 보면 두만강 건너편에 위치한 남양(함경북도 온성군 남양)
에 거주하고 있는 친척 집으로 전연익을 보냈다. 그는 전창일에겐 손자
뻘 되는 친척이었다. 전연익은 도문으로 건너가 서울로 전화했다. 전화
기를 붙잡은 전창일의 손이 떨렸다. 간단한 인사 끝에 6월 중에 만나자
고 약속을 했다. 급히 중국으로 날아갔다.

  동생 철문의 아들 전봉주(47세), 친척 관계인 전연익(45세), 남양 거
주 친척 등 세 사람이 야음을 틈타 국경선인 두만강을 건너왔다. 그리고
남양 거주 친척이 연길에 사는 친척에게 휴대전화로 통화하였다. 그분
의 안내로 연길 시내까지 차량으로 편하게 이동할 수 있었다. 안내하는
분의 집에서 조카와 친척 관계인 젊은이 등 두 사람과 감격스러운 만남
을 가졌다.

호산 전창일과 통일운동 77년사

전봉주가 아버지의 편지를 전해주었는데,[11] 가슴 아픈 소식이 먼저 눈에 띄었다. 그동안의 편지왕래로 부모님과 두 남동생의 죽음은 이미 알고 있었으나, 누님 두 분과 동생 철명마저 유명을 달리했다는 비운의 소식을 접한 것이다. 이제 남은 형제는 철문이 뿐이었다. 하지만 그마저 병석에서 투병 중이라고 한다. 이번 만남에 자신이 오지 못하고 아들을 보낸 이유였다. 짧은 밤이 지나고 이튿날 밤에 그들과 아쉬운 작별을 고했다.

북한주민접촉결과보고서

〈별지 제8호서식〉

1. 보고인 인적 사항:
   성명: 전창일(한자: 全昌一)
   주민등록번호: 211108-1025711(여권번호: TMO676910)
   주소 및 연락처: 서울시 동대문구 이문동 341-60
   　　　　　　　　　(전화: 011-205-8672, 02-962-8672)
   직업: 없음

2. 피접촉인 인적 사항:
   성명: 전봉주 나이: 47세, 신청인과의 관계: 조카, 소속 및 직위: 농민
   　　　 전연익 나이: 45세, 신청인과의 관계: 친척(손자), 소속: 농민
   거주지: 함경남도 북청군 신북청면 보천리 창동(두 사람 같은 마을)

3. 접촉목적: 이산가족 상봉

4. 접촉일시 및 장소: 2008년 6월 13일, 중국 연변 연길시내

5. 접촉 경위: 본 신청인은 1992년 11월 2일자로 통일원장관으로부터 북한주민 접촉승인 통지(문서번호 교일 02201-1594)를 받은바, 여러 가지 여권이 원만치 못해 실현할 길이 없었는데, 2008년 4월 초순에 서울에 와서 식당 요리사로 취업하고 있는 중국 도문시 출신 교포(조선족) 김 씨를 알게 되어 본인의 편지를 중국에서 북한으로 국제우편으로 부쳐달라고 부탁한바, 그분도 꼭 송달 된다고 확신은 못하지만 시도해 보겠다고 하여 도문에 계시는

11　〈자세히 보기-12〉 참조

그의 부친의 이름과 주소로 본 보고인의 고향인 위 주소 함경남도 북청군 신북청면 보천리 창동으로 중국 도문에서 국제우편으로 부쳤는데 전달되어 접촉하게 되었음. 신청인이 보낸 편지 내용은 가족들의 안부와 편지의 발송지 도문으로 와서 서울로 전화하면 상봉할 수 있다는 간단한 내용을 적어 보냈음. 편지를 받은 고향에서는 도문에서 두만강 건너 남양이란 곳에 있는 친척집으로 지난 5월 중순에 위에 적은 손자 되는 전연익을 보내 서울에 전화하여 직접 통화하여 6월 중에 만나자고 약속되어 상봉하였음.

6. 접촉방법: 고향 가족들의 친족관계 되는 남양에 거주하는 분이 또 친족관계 되는 강 건너 중국 연길에 사는 분하고 휴대전화로 통화하여 야밤 어두움을 틈타 국경선인 두만강을 건너와 그 분의 안내로 연길 시내까지 차량으로 이동하여 안내하는 분의 집에서 상봉하고 이튼 날 밤에 헤어졌음.

7. 접촉결과개요: 본보고인은 1947년 7월 당시에는 남북 간에는 상품거래 등, 왕래가 가능한 시기에 향학의 뜻을 갖고 미.소 양군의 군사 분계선인 38도선을 넘어 서울로 온 후, 남북의 분단 장벽은 높아만 가다 1950년에는 동족상잔인 6.25 전쟁까지 치르게 되어 남북 간은 단절이란 냉혹한 어두운 역사 속에서 이산가족은 생사의 확인마저 어려운 상황이 지속 되었다. 1960년대 미국으로 이민 간 외사촌 동생(의사)의 주선으로 1990년대 고향으로부터 받은 편지에서 부모님의 사망소식은 익히 알았으나, 4남 2녀 우리 형제들이 다 사망하고 현재는 바로 밑의 동생 하나만 남아 있다는 비운의 소식을 접한 본인은 그야말로 필설로 표현키 어려운 암담하고 슬픈 심정일 뿐이다. 남아 있는 동생도 병석에 누워있어 이번에 상봉할 수 없게 된 점, 더더욱 애타게 한다. 설명할 수 없을 정도라는 생활고, 식량난 그리고 전력부족, 우리 고장은 일제 식민통치 시기인 1940년대 초에 전기가설이 된 농촌인데, 지금은 전력난으로 완전 단전으로 일체의 가전제품 사용이 불가능하고 전등마저 등유초롱을 사용하고 있다는 이야기다. 고난의 실상을 이야기하는 사람도 피로워하며 듣는 사람도 피롭기만 하는 안타까운 만남이었다. 그러나 생명을 걸고 도강하여 이룬 만남이 헤어져야 하는 혈육의 이별은 서로가 뜨거운 눈물을 삼키는 슬픔이 가슴을 아프게 한다. 하루 빨리 남북이 자유왕래되어 이산가족의 설움이 가시게 되는 날을 더욱 간절히 소망할 뿐이다.

8. 남북교류협력에 관한 법률 제 9조 제3한 및 도법 시행령 제 19조 제 4항의 규정에 의하여 북한주민접촉보고서를 제출합니다.

2008년 6월 20일

제출자: 전 창 일

첨부: 사진 5장 및 동생 전철문이 쓴 편지 사본

통 일 원 장 관 귀하

〈 그림19: 북한주민접촉결과보고서 〉

호산 전창일과 통일운동 77년사

2008년 6월 20일 날짜로 통일부에 '북한주민접촉결과보고서'를 제출했다. 국경을 몰래 넘나드는 등 군의 첩보작전 같은 위험천만한 행동을 강행해야만 혈육을 만날 수 있다는 현실이 서글펐다. 전해온 소식도 안타까운 사연뿐이었다. 설명할 수 없는 정도라는 생활고, 식량난 그리고 전력부족… 전창일의 고향 북청은 일제 식민통치 기간인 1940년대 초에 전기가설이 되었던 곳이다. 그런데 지금은 전력난으로 완전히 단전되어 일체의 가전제품 사용이 불가능하고, 전등마저 등유 초롱을 사용하고 있다고 한다. 암담하다는 생각만 들 뿐이었다. 고난의 실상을 이야기하는 사람도 괴로워하였고, 듣는 사람도 괴롭기만 하는 안타까운 만남이었다. 그들을 도와줄 수 없는 처지가 무엇보다 전창일의 가슴을 후벼 팠다. 가슴에 구멍이 난 것같이 찬바람이 불었다. 이러한 사연을 보고받은 정부관계자는 어떤 생각을 하고 있을까?

중국에서 조카를 만나기 몇 달 전인 2008년 2월 25일, 제17 대통령으로 이명박이 취임했다. 그는 2010년 5월 24일, 5 · 24조치라는 만행을 저질러 대북 제재를 취함으로써 전임 두 정권이 조성한 남북 간의 화해 분위기를 원천적으로 봉쇄해 버렸다. 박근혜 정부의 대북관계 역시 이명박 정권과 마찬가지였다. "김대중 · 노무현 정권에서 남북문제도 풀리기 시작하여 6 · 15 남북공동선언과 10 · 4 평화번영 공동선언이 성사돼 온 겨레에게 큰 희망을 안겼으나 남쪽에 이명박 · 박근혜 정권이 들어서면서 모든 것이 수포로 끝나고 말았다."는 것이 전창일이 판단하고 있는 시국인식이었다.

동생 철문의 편지를 받은 지 다시 10년 세월이 흘렀다. 이제 어떻게 해야만 하나, 전창일은 고민이 많았다. 이제 나이도 구순으로 접어들게 되었다. 통일운동에 몸 바친 지 벌써 70년이라는 세월이 지난 것이다. 많은 기회가 있었지만, 고향에는 결국 발을 딛지 못했고, 형제들 간의 재회도 물거품이 되고 말았다. 그러나 통일에 대한 열망은 아직도 식지 않았다. 70년 통일운동은 70년 동안 핍박을 받았다는 얘기다. 그동안 당했던 고통이 70년 이상 끈질기게 통일운동을 한 에너지가 된 셈이다. 어쩌면 마지막이 될지 모르는 편지를 조카들에게 부쳤다. 편지전문을 함께 읽어보자.

자세히 보기-13

[전창일이 조카들에게 보내는 편지(2019.1.18.)]

보고 싶은 조카들에게

그리운 고향을 향하여 너무도 오랜만에 편지를 쓰려 하니 기나긴 세월 착잡한 심정에 말문이 막혀 무엇부터 써야 할지 모르겠구나. 아직은 한 번도 만나본 적 없는 조카들, 큰 누님(초선)의 딸은 네댓 살 그리고 아들은 두 살 젖먹이일 때, 작은누나(순선)의 아들 역시 젖먹이일 때에 헤어진 무심한 세월! 이 잔인한 역사 속에서 사랑하는 부모 형제들은 다 가셨다니!

막냇동생 철염을 꾸짖어 울렸던 일이 내 평생 가슴을 찢어지게 아프게 하는구나.

1947년 7월 북청공업학교를 졸업하고 더 이상 부모에게 폐를 끼치지 않고 대학 공부하려고 고향산천을 등지고 서울로 떠난 지 어언 반세기 넘어 칠십한 해가 되었구나, 무정한 세월!

눈물로 이 불효 자식을 마을 앞 개천 둑까지 나와 배웅하시던 우리 어머님 모습이 지금도 선하다. 보름달을 쳐다볼 때면 그리운 부모 형제들 얼굴이 가려 한없이 흐르는 눈물을 참을 길 없구나. 어머님 신병 치료 약을 구하면 돌아오겠다고 마음먹었건만 분단의 잔인한 역사 속에 갇혀 고난의 일생으로 불효한 인생이 90을 넘겼으니 모두가 덧없는 허송세월만 같구나. 뒷동산의 대추나무, 앞 개천의 수양버들 지금도 살아있겠지, 왜 그리운 내 부모 형제들은 내 찾아뵙기 전에 떠나셨단 말인고!

歲暮寒窓 飛雪花 歸鄕宿志 恨無窮
(세모한창 비설화 귀향숙지 한무궁)

千萬泣訴 天無心 愁嘆今夜 伴孤燈
(천만읍소 천무심 수탄금야 반고등)

*獨守空房 如流水 過十餘年 殘歎息
(독수공방 려유수 과십여년 잔탄식)

세밑에 창밖에는 눈꽃이 날리는데
고향의 그리움 한 맺혀 끝이 없도다
천만 이산가족들의 눈물의 호소에도 하늘은 무심하도다
근심 걱정에 찬 이 저녁 외로운 등불만 벗 하노라
*외로운 빈방 지킨 지 세월은 유수같이 흘러
십 년이 지나 남은 것은 탄식뿐이로다

이것은 김진구라는 북청 사람이 지은 한시(漢詩)인데, 내가 감동되어 한(*표시) 구절을 첨작하였다. 아내(림인영)는 내 친구 림태길(대학교수)의 여동생으로 오빠의 소개로 나와 결혼하여 딸 셋의 어머니로서 박정희 군사독재 정권하에서 조국의 자주적 평화통일과 반독재 민주화운동 과정에 억울하게 갇혀 있는 남편의 석방을 위하여 유엔을 포함한 국내외에 호소하며 투쟁하다 투옥되어 고문 후유증으로 수년간 투병 생활하다 2003년 11월 29일 요절하였다. 김대중 노무현 정권하에서 반독재 민주화운동 과정에서 희생된 사람들을 위하여 경기도 이천에 마련된 국립민주화운동기념 공원묘지에 안장되어 있다. 그렇게도 사랑스럽고 똑똑했던 아내를 잃고 허전한 마음으로 첨작하였다. 나도 죽으면 그곳에 합장될 예정이다.

1974년 자주적 평화통일운동과 박정희 군사독재통치를 반대한 탓에 국가보안법, 정부전복 내란음모, 반공법 등 위반으로 무기징역을 선고받고 대구감옥에 갇혀 있을 때 푸른 창공 가을 하늘에 흰 구름이 내 고향 북쪽으로 그리고 기러기 떼 지어 남쪽으로 날아가는 정경에 시상이 떠올라 쓴 한시(漢詩)를 보낸다. 출옥 후 이 시는 일본 잡지와 서울에서 발간되는 「말」지(誌)에 게재되었다.

北游白雲 悠然望 愁雲千里 思鄕路
(북유백운 유연망 수운천리 사향로)

艱難愁恨 繁雪鬢 怨嗟獄事 參去便
(간난수한 번설빈 원차옥사 삼거편)

秋空鴈聲 更凄然 故鄕消息 願傳聞

(추공안성 경처연 고향소식 원전문)

有慕血치 皆離散 死生一書 無家間
(유모혈육 개이산 사생일서 무가문)

失鄕一去 四十年 千里悲秋 常囚客
(실향일거 사십년 천리비추 상수객)

去秋鐵窓 來寒霜 切國哀史 何時罷
(거추철창 래한상 절국애사 하시파)

一九八二. 晚秋 於 大邱監獄

북쪽으로 떠가는 흰 구름 멍히 쳐다보니

걱정스러운 천 리 길 고향 생각

한에 서린 내 삶에 흰 귀밑머리만 무성하네,

억울한 내 옥살이 내 고향에 전해 주려나

가을 하늘 창공에서 우는 기러기 소리 더욱 처량해

내 고향 소식이나 전해주려나

다 헤어져 잊지 못할 일가 친족

생사 물어볼 곳 없네

고향을 떠난 지 40년

천 리 길 기약 없는 무기수에겐 가을이 슬프기만 하고나

가을이 가는 철창에는 또다시 찬 서리가 덮치겠지

두 동강 난 조국의 슬픈 역사 언제나 끝장 날고!

자나 깨나 고향 생각에 긴 한숨만 간직하고 살아온 내 삶은 정

말 고달픈 인생이라 하겠다.

서울에 와서 신문 배달하며 고학하던 시절, 미국과 이승만이 실행하려던 아니 실행했던 남조선 단독정부 단독선거를 반대하다 서대문 감옥에 갇히면서 석방 후 계속된 통일운동으로 다섯 번 감옥살이에 합계 15년 동안의 옥중생활에 세인의 존경과 위로에 마음을 풀고 떳떳하게 살아온 내 나름으로는 부끄럽지 않은 인생이다.

조국통일범민족연합(범민련) 활동으로 세 번이나 기소되어 옥고를 치렀는데 남측본부 상임부의장으로 있을 때 재판에서 검사는 나의 범법사례 논고에서 "전창일 피고는 노회한 친북인사"로서 하면서 징역 13년을 구형하였다. 상임의장 강희남 목사에게는 7년을 구형하였는데 말이다. 나는 법정 최후진술에서 검사의 논고를 반박하면서 "친북인사"란 규정에는 시인 동의한다고 하였다. 반북하면서 자주적 평화통일운동은 할 수 없다. 내 부모 형제가 북에 살고 있으며 조선민주주의인민공화국의 공민이다. 분단으로 서로 헤어져 만나지 못한 지 어언 40여 년이 흘렀다. 생사도 알 수 없다. 이 어찌 잔인한 비인도적 현실이라 하지 않을 수 있느냐? 내 어찌 "친북인사" 되지 않을 수 있겠는가? 하며 분단 현실을 성토하면서 이산가족의 슬픈 비운을 호소하였다. 법정은 숙연해지고 방청석에서는 눈물 흘리며 흐느끼는 사람이 많았다. 검사의 13년 구형에 재판부는 징역 1년 6개월을 선고하였다.

김대중·노무현 정권에서 남북문제도 풀리기 시작하여 6·15

남북공동선언과 10·4 평화번영 공동선언이 성사되어 온 겨레에게 큰 희망을 안겼으나 남쪽에 이명박·박근혜 정권이 들어서면서 모든 것이 수포로 끝나고 말았다.

김대중·노무현 양 정권에서 박정희 군사독재 폭압 압정에 반대한 반독재 민주화운동이 제대로 평가되어 군사정권하에서 징역살이한 사건을 재심하는 특별법이 만들어져 내가 연루되었던 사건 하나인 소위 인민혁명당 사건이 재심 되어 무죄를 받아 상당한 보상금을 받게 되었는데, 최종 재판이 끝나기 전에 이명박 정권이 들어서게 되어 어려움이 조성되었다.

이명박 정권에서 대법원은 1, 2심 하급재판에서 결정한 보상금 계산이 잘못되었다며 대폭 삭감했다. 다음 박근혜 정권에서는 이미 받은 일부 임시 지급된 보상금마저 강제로 빼앗아갔다.

이런 비인도적 상황 와중에 내 작은누이 아들이 중국을 통하여 전화로 편지로 생활이 어렵다며 도와 달라고 해 무척 난처했다. 지금도 생각하면 도와주지 못한 것이 너무나 가슴 아프구나.

재산이 강제 차압되고 해서 평생 검약 절약하며 아내와 함께 노력하여 마련한 집도 팔고 친구 집에 전전하다 지금은 70년 살던 서울을 떠나 경기도 남양주시 덕소란 곳에 딸들이 마련해준 아파트에 살고 있다. 한강 변에 위치해 공기 좋고 교통도 편리해 불편 없이 살고 있다. 전철로 서울 청량리까지 30분의 거리다.

고향에 있는 너희가 어찌 지내는지 궁금할 뿐이다. 전하는 소식에 의하면 가혹한 제재에도 북쪽 주민의 생활이 점점 나아지고 있다 하니 내 마음을 달래고 있다. 촛불 혁명으로 이명박과 박근혜는 감옥에 갇히고 민주적 선거로 문재인이 대통령으로 당선되어 김대중, 노무현 대통령이 이루지 못했던 남북문제도 판문점 평양 양 선언을 통하여 잘 풀려, 온 겨레가 염원하는 평화 번영 자주통일이 내 살아생전에 이루어지길 간곡히 기원한다. 지난해 가기 전에 금강산 이산가족 면회소에서 만날 수 있기를 기대했건만 이뤄지지 않아 아쉽기만 하다. 남과 북, 북과 남 적십자사 간에 주선되는 이산가족 상봉행사를 통해 금년에는 꼭 만날 수 있기를 바란다. 평주, 봉주, 봉순, 덕순, 덕주, 남주, 영주, 그리고 두 누님의 아들, 딸 다들 보고 싶다. 이름도 알고 싶다. 상주(尙柱)도 보고 싶고 건강은 어떠한지 궁금하다.

지금은 타계하신 범민련 북측본부 의장 백인준 선생님이 고향에 있는 가족과 제3국에서 상봉할 수 있게 주선하시겠다고 간접적으로 알린 적도 있었는데 그때는 내가 여권 발급을 받을 수 없었던 상태여서 추진하지 못하고, 북측 민족화해협의회 김영호 회장으로부터 남측 정부 통일원을 통해 초청받고 평양에 갔을 때, 조정호 문학박사께서 똑같은 제3국 상봉을 주선할 수 있다고 하셨다. 지금은 내가 여권발급이 돼 있으니 언제든지 해외에 나갈 수 있다. 중국 연변 혹은 길림 등지에서 합법적으로 만나기를 바란다. 범민련 북측본부 조정호 박사에게 탐문해 부탁해보라. 평양에서 만날 수도 있었으나 일행과 함께한 공식행사 등으로 여의치 못했다.

문재인 정부에서도 지금의 나의 처지를 무척 안타까워하며 문

대통령이 직접 위로 선물도 보내주셔 고마운 마음 크게 위로받고 있으나, 대통령도 법적 절차가 있는 일이라 마음대로 할 수 없는 것이 현실이다. 이명박 박근혜에게 빼앗긴 돈이라도 돼 찾으려면 국회에서 특별법이 제정되어야 하는데 사정이 그리 순탄치 않고 시일이 걸리는 일이다. 하지만 언론과 요로 백방으로 추진하고 있다. 모두가 동정적인 사안으로 되어 있다.

온 민족이 원하고 너무나 당연한 일인 4·27 판문점 공동선언, 9·19 평양 공동선언 등이 대통령이 수차례 요청하고 있는데도 국회비준이 이뤄지지 못하고 있는 현실, 국회에는 아직도 이명박, 박근혜를 따르던 세력이 근 과반을 차지하고 있다. 이들이 보수란 이름으로 수구정치(守舊政治)를 하며 온갖 개혁적 법안처리를 방해하고 있는 현실이다.

동봉된 명함 뒷면에 적혀 있는 단체 외에도 내가 관계하고 있는 단체는 얼마 전에 창립된 〈민중당〉과 사회단체인 〈자주통일평화번영운동연합(자통련)〉에 역시 고문으로 참가하고 있다. 민중당은 이명박·박근혜 정권하에서 불법적으로 해산된 〈통합진보당〉의 후신이라 할 수 있다.

그리고 내가 겪은 고난사를 강연한 기록물이 있어 함께 동봉하니 돌아가며 읽어 봐라. 남북이 앞으로 자유왕래 될 때까지는 이 편지를 중계해주시는 중국에 사시는 우리 동포를 통해 편지 왕래하기를 바란다. 고마우신 분들이다.

유의할 것은 이곳 법체계는 이북 주민과의 접촉 왕래된 서신은

15일 이내에 당국에 신고하지 않으면 법적 처벌을 받게 되어 있다. 참고하여라. 모두의 건강과 행복을 기원하면서 이만 쓰겠다. 안녕!

2019년 1월 18일

경기도 남양주시 덕소에서

전창일

제2장

일제 통치하에서
살아가기

:: 01 ::

농민의 아들로 태어나다

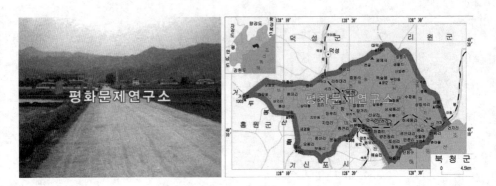

〈 그림20: 보천리 명주골, 함경남도 북청군 위치도 〉

전창일(전철구)은 1928년 11월 18일, 함경남도 북청군 신북청면 보천리 665번지에서 아버지 전홍종, 어머니 조갑진손의 2녀 5남 중 장남으로 태어났다. 위로 누님 두 분(초선, 을선), 남동생 세 명(철문, 철명, 철렴) 등 8명의 적지 않은 가족이 일가를 이루었다. 정선 전씨 집성촌을 이루고 있는 보천리에는 지금도 추석날에는 40여 명의 · 친척 · 친족들이 모여 함께 제사를 지내며 선친들을 추모하고 있다고 한다.[1] 《국가지식포털 북한지역정보넷》이 제공하는 신북청면과 보천리에 관한 대략적인 개요는 아래와 같다.

---

1   〈자세히 보기-4〉 [사촌 형 전철우가 전창일에게 보낸 편지(1992.9.12.)] 참조

[신북청면 新北靑面]

군의 동남부 중앙에 위치한 면. 면적 77㎢, 인구 1만 5,512명 (1944년 현재). 면 소재지는 신북청리이다. 조선 시대 양천사(楊川社)·양가사(良家社)·중산사(中山社)가 있던 지역으로, 그 뒤 면제로 개편되었다가 다시 양천면 · 양가면·평산면의 일부를 편입하여 일제 강점기 때의 면으로 되었다. 동북쪽에 대덕산이 있으며, 지형상 동북이 높고 서남이 낮은 경사면을 이루며, 특히 남대천 유역의 평야는 비옥한 농경지를 이루며 관개시설이 잘되어 군내에서 쌀 생산이 가장 많고, 보리·콩·팥 등의 잡곡도 자급자족할 정도로 생산된다. 양천리·동중리·동상리 등지에서는 야채류가 많이 생산되어 다른 지역으로 반출된다. 이 밖에도 배·사과·복숭아 등의 과수 재배가 활발하여 군내 각 시장에서 판매된다. 농가의 부업으로 양돈 · 양계가 성행한다.

교통은 함경선이 남북으로 통과하며 신북청역이 설치되어 있고, 남대천을 횡단하는 함경도에서 가장 긴 신북청 철교가 놓여 있다. 신북청역에서는 다시 삼기철산까지의 북청선 지선철도가 갈라져 나간다. 이 밖에 서울에서 함경북도로 가는 일등 국도가 면의 중심부를 통과하는 등 교통이 편리하다. 신북청(新北靑)·초(初)·신상(新上)·보천(寶泉)·양천(楊川)·하(下)·동중(東中)·동상(東上)·무우대(無憂擡) 등 9개 리가 있다.

보천리(寶泉里) 지역은 주위에 해발 500m 안팎의 산들이 솟아있고, 북부에서 발원된 보천천이 중부를 지나 남쪽으로 흐르고 있다. 리 전체

면적에서 산림이 70%를 차지하는데 주로 소나무로 되어있고 참나무, 잎갈나무, 잣나무도 많이 분포되어 있다. 농경지에서 논이 38%, 밭이 42%, 과수 밭이 17%를 차지하며 주요 곡물은 벼, 옥수수 등이 있다. 공예작물로는 주로 담배, 들깨를 재배하고 있으며 북청군에서 유명한 송이버섯 산지로도 알려져 있다. 주요 업체로는 보천협동농장, 북청과수농장 등이 있다. 교통은 평라선과 이와 병행하여 원산·우암 간 1급 도로가 통과하고 있으며 군 소재지인 북청읍까지는 13km이다.

　　사촌 형 전철우는 보천리 인근의 산이 이제는 '보배산'으로 변했다고 묘사하면서 예전과 달라진 고향의 모습을 설명했다.[2] 《국가지식포털》의 내용과 대부분 일치한다. 그가 특히 강조한 것은 보천저수지(寶泉貯水池)의 축조였다. 전철우는 첫 번째 편지에서 "창동은 해방 후 100호가 오늘은 230호나 되고, 차수갠을 막아서 큰 저수지를 만들어 가뭄 모르는 풍요한 보천리로 변했음"을 알렸고, 두 번째 편지에서도 "가재잡이 하던 채수갠은 동서 산을 막아 큰 저수지를 만들어 밭이 논으로 되었고, 모든 밭에 물을 댈 수 있게 하고…"[3]라고 재차 보천저수지에 대해 고마움을 전했다. 보천저수지에 대해 좀 더 알아보기로 하자.

　　이 저수지는 창동저수지라고도 하는데 1962년 보천천 상류를 막아서 건설하였다. 면적 0.32㎢, 둘레 3.0km, 길이 1.0km, 너비

2　〈자세히 보기-4〉 [사촌 형 전철우가 전창일에게 보낸 편지(1992.9.12.)] 참조
3　〈자세히 보기-9〉 [사촌 형 전철우가 전철구에게 보낸 편지(1995.11.5.)] 참조

호산 전창일과 통일운동 77년사

0.3km이며 남북 방향으로 길게 놓여 있으며 호안은 비교적 단조
롭다. 취수구역은 대부분 산지로 화삼봉(470m)을 비롯한 높이
400m 이상의 산이 솟아 있다. 일대에는 소나무숲을 비롯하여 갖
가지 식물이 무성하게 자란다. 기본 수원은 보천천이며 모자라는
물은 저수지 아래쪽 강에서 양수기로 퍼 올려 보충한다. 저수지
물은 인근 보천리·하호리(荷湖里)·경안대리(景安垈里) 등의
경작지 약 200정보에 관개용수로 공급된다. 잉어·붕어·초어 등
이 서식한다.[4]

전창일의 기억에 없는 정보가 대부분이다. 고향을 떠난 지 15년쯤 후
에 축조되었고, 저수지가 생긴 사실을 30년 세월이 흐른 후 알게 되었
으니 전창일의 마음이 어떠했을지 짐작이 간다. 변해버린 고향의 모습
은 그저 상상만 할 수 있을 뿐이다. 반면, 지금도 뚜렷하게 떠오르는 것
은 소와 관련된 추억이다.

소는 본래 풀을 먹는 동물이다. 그리고 농부의 힘든 일을 도와주는 가
족 같은 존재였다. 그러나 모든 것이 변했다. 소 쟁기와 달구지는 경운
기로, 다시 트랙터로 대체되었다. 소는 더 이상 일할 필요가 없어진 것
이다. 먹는 것도 변했다. 목초와 볏짚 대신 수입품인 곡물과 배합사료
가 소들의 주식이 되었다. 기계로 소 앞에 사료를 풀어놓고 때 되면 다
시 기계를 작동하면 된다. '소몰이'라는 단어가 사라진 까닭이다.

---

4 寶泉貯水池, 함경남도 북청군 보천리(寶泉里)에 있는 저수지.《두산세계백과사전
(doopedia)》

〈 그림21: 운보 김기창 작, '목동'의 일부 〉

　전창일은 다섯 살 무렵부터 소몰이를 했다. 아버지가 소 잔등에 아들을 올려주면, 소 스스로 목초를 찾아 뜯어먹고 배가 부르면 어린 목동에게로 돌아왔다. 소몰이할 동안 소에 올라타고 내려오는 것은 소년 전창일의 몫이었다. 아버지가 어린 아들을 위해 만들어준 등자(발 받침대)를 이용해 오르내렸다. 소의 등이 익숙해지자 소 등에서 졸기도 했던 모양이다. 실수담도 있다.

　어느 날 집에 도착한 것도 모르고 졸다가 외양간 문턱에 걸려 떨어진 적도 있었고, 소가 갑자기 놀라 튀어 오르는 바람에 땅바닥에 곤두박질친 경험도 있었다고 한다. 그때의 상처가 지금까지 남아있다고 하며 배에 있는 날카로운 흔적을 보여준다. 소몰이할 때의 추억 중 어린 목동이 가장 충격을 받았던 것은 '출산 장면'을 목격한 일이었다. 전창일의 회고담을 들어보자.

　　　　　　　　　　　　　　　　호산 전창일과 통일운동 77년사

"아! 소 뒤에서 뭐가 나와요. 깜짝 놀라 울면서 집으로 뛰어가는데, 어른들이 너 왜 그러냐고 그래. 아이 큰일 났어요. 큰일 났어. 집에 들어서자마자 "소에게 큰일 났어요. 소 뒤에서 뭐가 나와요." 라고 야단법석을 떨자, 아버지는 "임마, 울지 마, 새끼가 나오는 거야." 그리고 아버지가 어디 어디야 묻기에 소 있는 곳으로 아버지를 모시고 가니, 새끼는 벌써 나와 콩잎을 뜯어 먹고 있었어요.…"5

소가 한 마리 있었고 일을 도와주는 장정이 있었다. 전창일은 집안의 형편을 상층 빈농 혹은 소농 중에서는 조금 괜찮은 정도라고 표현했다. 그가 태어난 집은 겨우 자작농을 하는 수준이었다. 부족한 땅은 큰집(마을의 종손, 훗날 서울에서 함께 하숙하게 되는 전상주가 이 집의 아들이다.)의 배려로 토양이 좋은 곳을 소작하였다. 경작물은 큰집과 반반씩 나누었는데, 당시 그러한 제도를 '반작'이라고 했다고 한다. 우리가 익히 알고 있는 소작제도와는 많이 다른 풍습이다.

전창일에 따르면, 고향 마을에는 지주와 머슴이라는 단어가 없었다. 천석꾼, 만석꾼이 존재했던 남쪽과는 많이 달랐다. 부자라고 해봐야 보통의 농가와 그리 큰 차이가 없었다고 하니, 지주라고 행세할 만한 자가 거의 없었던 모양이다. 일하는 사람의 경우, 보통 1년 계약을 했다. 추수 후 자기 몫의 쌀 몇 가마를 받아 갔고, 고용인의 집에서 함께 식사했

5 임미리 기록, 『1960년대 이후 통일운동가들의 통일운동 및 사회운동 경험, 전창일 구술』, 국사편찬위원회, 2014, 녹취록 1차-5. 북청에서의 유년기, pp. 26~27.

다. 애들은 그를 '아저씨'라고 불렀으며, 어른들은 'ㅇㅇㅇ씨' 혹은 'ㅇㅇ
ㅇ군' 이라고 불러 머슴이라는 말 자체를 사용하지 않았다고 한다. 낯선
풍경이요, 신선한 문화였다.

이제 전창일은 '소몰이'를 하던 어린 소년이 아니다. 옛 추억을 더듬던
전창일에게 다른 기억이 떠올랐다. 원래 보천리는 땅이 척박한 곳이었
다. 저수지 축조로 인해 풍요한 고장이 되었다는 사실을 알게 되어 기쁜
마음을 감출 수 없었지만, 더 잘사는 고향이 되기를 원했다. 사촌 형에
게 몇 가지 제안을 했다.

보천리(寶泉里)는 보배 같은 샘이 있는 마을이라는 뜻이다. 전창일과
고향이 같고 나이도 비슷한 이복 동녀(1927년생, 보천리 미산촌)는 "따
뜻한 물이 나오는 샘이 있어서 빨래하기가 쉬웠던 동네"로 기억한다.[6]
겨울철 빨래는 당시 여성들에게 주어진 가혹한 형벌의 하나였다. 빨래
고문으로부터 해방시켜 주는 샘이야말로 보천리 여인들에겐 무엇보다
소중한, 보배 같은 존재였을 것이다.

전창일 역시 따뜻한 물이 나오는 샘에 대한 기억을 보존하고 있었다.
하지만 추억에 머물지 않고 현실적인 경제문제에 초점을 맞추었다. 엄
동에도 따뜻한 샘물이 솟아올랐던 현상을 기억하면서 온천수 개발의 가
능성을 제기했다. 건설회사에서 근무했던 경험 때문일 것이다. 전창일
의 이력과 경험은 보천리를 관통한 개천의 깨끗한 모래의 활용으로 옮
아갔다. 이 모래를 건축용 벽돌과 블록(Concrete Block)의 원료로 사용
하자는 제안이다. 하천 인근에 블록 제조공장을 건설하면 유휴노동력을

---

6   문화 [인터뷰] 어머니가 가만가만 부르는 노래, 「한겨레21」, 2007.4.26.

흡수할 수 있을 뿐 아니라 높아진 하상(河床, 하천의 바닥)을 낮추는 일 거양득의 효과를 얻을 수 있다는 주장을 했다. 한편, 보천리 샘물이 맑은 샘이라는 데 착안하여 도시민을 위한 생수 사업의 가능성도 제기했다. 이러한 제안을 하며, 고향을 사랑하는 마음에서 그리고 모두가 잘 사는 고향이 되길 기원하는 마음에서 장님이 담벼락 만지는 것 같은 의견을 피력했다고 사촌 형에게 이해를 구했다.7

7 〈자세히 보기-5〉 [전창일이 사촌 형 전철우에게 보낸 편지(1992.12)], 참조

:: 02 ::

북청의 지리와 문화

〈 그림22: 대덕산 인근 마을과 북청 남대천 강변 〉

  백두대간은 백두산에서 시작되어 지리산에 이르는 한반도의 중심 산
줄기다. 북조선지역을 중심으로 출발하면, 백두산(양강도: 2,750m) →
북포태산(무산: 2,289m) →황봉(해산군: 2,047m) → 백사봉(해산군:
2,099m) → 두류산(단천시: 2,300m) → 동점령산(허천군: 2,113m) →
황토령(풍산군: 1,589m) → 희사봉(북청군: 2,117m) → 두운봉(부전군:
2,485m) → 사수산(정평군: 1,747m) → 강계산(고원군: 1,238m) → 두
류산(양덕군: 1,323m) → 금강산(금강군 · 고성군 · 통천군: 1,638m)으로
이어져 내려온다.

  뼈대가 되는 산 중의 하나인 희사봉(希沙峰)[1]은 북청군에서 가장 높은

---

1   희사봉[希沙峯], 함경남도 북청군 상거서면 · 이곡면(지금의 덕성군 신태리)과 풍산군 안

산이다. 그리고 북청읍에서 약 12km 거리에 대덕산(大德山: 1,461m)[2] 이 있다. 읍 인근 지역에선 제일 고봉이다. 대덕산 남쪽 계곡에서 발원하여 리명지봉(810m)을 거쳐 서남간을 흘러 덕동을 지나 창동을 가로질러 흐르는 강이 보천천이다. 전창일이 태어난 보천리 창동은 백두대간의 큰 줄기에서 뻗어 나온 마을인 셈이다.

전창일은 "북청 인근의 산들은 크고도 아름다워 이 지방 주민들에게 크고 넓은 마음을 함양시켜 준 것"이며 "갠마을 가는 길목 둑에 수백 년 수명을 가진 수양버들이 있었는데, 시원한 바람과 함께 춤추는 그 광경이 더욱 그립다"고 추억에 젖어들곤 한다. 전창일의 사촌 형 전철우가 언급한 바 있는 보천천의 발원지는 리명지봉(李明知峯)이다. 대덕산의 주산맥이 동해로 뻗어 가다가 다시 웅립(雄立)한 둔덕산이 기암괴석으로 백운에 치솟고 이로부터 동남으로 뻗어 일대에 명승지(名勝地)가 조성된 곳이다. 리명지봉은 전창일이 태어난 보천리에 위치하는데, 마치 독수리가 날개를 펴고 있는 산세라고 한다.

전창일의 모교 북청공업학교의 교가는 "대덕산의 봉이 높이 솟고 남대천의 물이 맑고"로 시작된다.[3] 대덕산과 남대천이 북청의 상징이라

수면(지금의 양강도 김형권군 수동리)의 경계에 걸쳐 있는 산. 높이 2,117m. 북청읍에서 북서쪽으로 약 35㎞ 떨어져 있다. 희사봉은 북청군의 주봉이다. 《한국민족문화대백과사전》

2 대덕산(大德山), 높이 1,461m. 북청읍에서 약 12km 거리에 있다. 함경산맥에 솟아 있으며 주위에 영덕산·이명지봉·동덕산 등이 있다. 산정을 중심으로 첨예한 능선들이 사방으로 뻗어 있으며 많은 협곡이 발달했다. 산의 남쪽은 급경사이고 북쪽은 완경사이다. 남동·서 사면에서는 거산천과 남대천이 각각 발원한다. 주요 기반암은 화강편마암이다. 광제사·벽해암·백운암 등의 유명한 절이 많고 북방 오랑캐를 막아온 성곽의 유적들이 곳곳에 남아 있다. 소나무·신갈나무·참나무 등이 자란다. 《다음백과》

3 작사가는 일본의 저명한 문인인 나쓰메 소세키(夏目漱石, 1867~1916)다.

는 얘기다. 남대천⁴은 후치령⁵을 분수령으로 하여 큰 하천으로 변신하는데, 함경남도 내 7대 강의 하나로 손꼽히고 있다. 길이는 66.5(혹은 88) km 정도다. 남대천은 다른 군의 물을 한 방울도 받지 않는 특이한 하천이다. 북청군 지역만을 유역으로 하여 역사와 문화, 생활을 길러준 대혈맥이요 어머니 역할을 하는 30만(1944년 기준) 북청군민의 젖줄이다. 대덕산에서 발원한 죽평천을 비롯해 여러 큰 강과 수많은 중소 강이 합류하여 남대천을 이루고 있다.

전창일이 출생한 신북청은 이 하천의 하류에 위치한다. 맞은편은 이준 열사의 출신지 속후면 용전리이다. 이곳은 과수의 명산지이기도 하다. 전창일이 평양을 방문했을 때, 식사 후식으로 나온 사과를 향수에 젖어 고향 생각하면서 먹었다고 한다. 안내원이 "그 유명한 북청 사과"라고 소개한 탓이다.

북청의 교육기관을 살펴볼 차례다. 고려 공양왕 때 예문제학을 지냈으며 조선조 초기에 이조판서, 우의정, 영의정 등을 역임한 문신 이직(李稷, 1362~1431)이 북청을 두고 지은 시에 다음과 같은 구절이 있다.

---

4   남대천[南大川], 북청 남대천이라고도 한다. 길이 88km, 유역넓이 1,902㎢. 덕성군 대덕산 남쪽 계곡에서 발원하여 덕성군 중앙을 관류하여 북청군 예승리 부근에서 동해로 흘러든다. 인동천·통팔령천 등의 지류가 흘러들며, 하류 지역에서는 본류와는 별개로 문성천·구남대천이 각각 분류하여 바다로 흘러든다. 물의 근원이 다섯이기 때문에 일명 오천이라고도 부른다. 《다음백과》

5   후치령[厚峙嶺], 함경남도 북청군 이곡면과 풍산군 안산면 사이에 있는 고개. 높이 1,335m. 함경산맥의 중앙부, 검덕산(劍德山, 1,684m)과 남산봉(南山峰, 1,684m)의 안부(鞍部)에 해당한다. 후치령의 남쪽은 동해로 흐르는 남대천(南大川)이고 북쪽은 개마고원을 북류하는 허천강(虛川江)이다. 예로부터 이 고개는 북청과 풍산·중평장(仲坪場) 혜산을 연결하여 관북의 중부해안지방과 개마고원의 내륙지방을 잇는 교통의 요지였다. 《한국민족문화대백과사전》 전창일에 따르면, 연중 운무(雲霧)를 내뿜어 그 기상이 웅대하다고 한다.

"이 고장 풍속은 용감한 무사를 높여 왔는데, 향학에는 유생들이 번성하는구나. 먼 변두리 지방의 풍속을 보지 않고서야 교화의 행하여짐을 어찌 알리오."[6] 고려 말에 이미 유생들이 향교 학당에서 흥성했다는 얘기다.

자녀교육에 대한 열성이 전국에서 가장 높다는 말처럼 개화기에 신학문을 배우려는 열의가 드높아 학교가 많이 설립되었는데, 중학교와 보통학교가 무려 80여 개소를 헤아렸다. 대표적인 학교 중의 하나가 사립대성중학교(大成中學校)다. 교사 대부분이 북청 출신 진보적 학자들이었다. 일제는 이 학교가 조선독립과 사회주의를 교육한다고 하여 1926년에 폐교했다.[7] 전창일은 모교 북청공업에 못지않게 대성중학교에 대해 애틋한 감정을 감추지 않는다. 이 학교가 없어지지 않았더라면, 대성중학이 전창일의 모교가 되었을지도 모른다.

전창일이 중학교에 진학할 무렵, 고향인 신북청면에는 중학교가 없었다.[8] 북청읍에는 농업학교, 공업학교, 중학교, 여자중학교 등 4개 중등학교가 일제 통치하에 있었다. 해방 후 농업학교, 공업학교는 전문학교로 승격되었다.

전창일은 "북청의 문화는 선인들의 웅대한 창조정신의 금자탑이요, 학예에 깃들어 온 정신과 근면의 결정"이라고 한다. 이러한 평가는 이직처럼 외부인사들의 공통된 견해다. 조선 시대의 명재상 백사(白沙) 이

---

6 북천군, 교육 · 문화《한국민족문화대백과사전》

7 咸南 北靑 大成學校가 經費困難으로, 「동아일보」, 1926. 12. 25.

8 신북청면에는 해방 후인 1947년에 신북청중학교와 신북청여자중학교가 설립되었다.

항복(李恒福, 1556~1618)은 광해군이 즉위한 뒤 대북파의 득세로 정치적 입지가 좁아졌고, 인목대비의 폐모론에 반대하여 북청에 유배되었다가 그곳에서 죽었다. 북청에서의 적거생활(謫居生活)이 단지 수개월 정도였음에도 유림의 높은 수준에 경탄하였다고 한다.

추사(秋史) 김정희(金正喜, 1786~1856)는 별도의 방법으로 북청인들에게 공헌한 경우다. 1848년 제주도 유배에서 해배되어 친구인 영의정 권돈인(權敦仁)의 도움으로 생활했다. 효장세자 신위를 모시는 문제로 발생한 예송논쟁에 연루되자, 1851년 김정희는 권돈인의 배후로 지목되어 67세의 나이에 다시 함경도 북청으로 유배되었다. 한 해를 넘기며 북청에서 생활하는 동안 향인 제자의 재질을 극찬하여 많은 제자 · 문하생을 지도하였다.[9] 귀양살이하는 동안 후학들을 양성했던 것이다.

북청은 고려 말, 조선 초기에 국가의 중신이었던 죽립현사(竹笠賢士)들이 정치적 풍운과 난세(亂世)에 변란(變亂)을 만나 대거 입북 · 정주한 곳이다. 이들 개조(開祖) 및 후손들의 고결한 혈통과 그들을 양육한 전통은 오늘에 이르러 수많은 인걸재사들을 배출하고 있는 원천이 되었다.

북청은 민요의 고장이다. 돈돌날이, 봄철나비, 해가 떨어진다, 거스러미 노래, 미나리꽃, 전갑섬타령, 삼천리 노래, 양유나 청산, 라리라 돈돌 리띠리 등 많은 노래 중에서 가장 유명한 것은 〈양천전촌 전갑섬(전갑섬 타령)〉과 〈돈돌날이〉이다. 두 노래 모두 신북청에서 발생한 민요이다.

신북청면 양천리에는 전씨가 420여 호 집단거주하고 있다. 전갑섬은

---

9 「신북청면지」 서론에서, 그 외 김정희는 유배지 북청에서 고대의 석기를 모아 연구하여 돌도끼와 돌화살촉이 생활 도구이자 전쟁 무기임을 밝혀냈다.

양천마을의 처녀이다. 전갑섬의 혼삿말이 이곳저곳에 났는데, 그의 반응은 이러하다. "속후면의 오매 한촌은 피 농사를 많이 지어서 피 방아를 많이 찧어야 해서 싫고, 신북청에 있는 별안대 이촌은 밭농사가 많아서 밥을 이어 날라야 하므로 싫다. 이에 반해 청해면의 해안 전촌에는 퉁소를 잘 부는 총각이 있기에 그곳으로 시집가고 싶다." 출가를 앞둔 처녀들의 심리와 정서가 잘 드러나 있는 노래이다.[10] 가락이 부드럽고 서민적인 정서를 담고 있어, 익살스러운 풍치가 감돌아 듣는 이의 감정을 흐뭇하게 한다. 가사는 아래와 같다.

① 양천 전촌에 전갑섬이 오매 한촌에 말이 났소 나는 싫소 나는 싫소
　 갱피 방아 찍기가 나는 싫소 에헤야 에헤야 에헤야 에헤야

② 양천 전촌에 전갑섬이 별안대 이촌에 말이 났소 나는 싫소 나는 싫소
　 밥임 이기가 나는 싫소 에헤야 에헤야 에헤야 에헤야

③ 양천 전촌에 전갑섬이 나하대 조촌에 말이 났소 나는 싫소 나는 싫소
　 남대천 부역이 나는 싫소 에헤야 에헤야 에헤야 에헤야

④ 양천 전촌에 전갑섬이 인후 살섬에 말이 났소 나는 싫소 나는 싫소
　 물난리 겪기가 나는 싫소 에헤야 에헤야 에헤야 에헤야

⑤ 양천 전촌에 전갑선이 시집 안 가고 무어하리 나는 좋아요 나는 좋아
　 혼자 살기가 나는 좋아 에헤야 에헤야 에헤야 에헤야 에헤야

⑥ 양천 전촌에 전갑섬이 해안 전촌에 말이 났소 나는 좋아요 나는 좋아
　 해안 퉁소가 나는 좋아 에헤야 에헤야 에헤야 에헤야

10　돈돌날이, 《한국세시풍속사전》 한국민속대백과사전》

이 민요에는 일찍이 개화사상에 눈을 떠 봉건적인 색채를 벗어난 북청 여성들이 시대의 조류에 발맞춰나가는 모습이 표현되어 있다. 이 민요의 성격은 해안의 퉁소라는 풍류의 상징을 통해 혼기에 제기되는 한 인생의 설계를 제시한 것에 중요성이 있다. 남녀노소로부터 동심의 세계까지 널리 침투된 이 노래의 정신은 북청인의 개화사상을 실증해주고 있으며, 아름다운 향토문화예술의 전통을 말해주는 것으로 보아야 할 것이다.[11]

일제의 모진 탄압에도 불구하고 여성들의 자유와 민족해방을 위한 운동은 드높았다. 집회의 자유가 불허되던 이때, 한식 다음날이면 여성들은 달래를 캐러 간다고 바가지와 칼 그리고 도시락을 지닌 채 삼삼오오 남대천 철교 아래 백사장으로 모였다. 정오에 이르면 수만의 여성군중이 모여 그동안의 사연을 서로 나누면서, 항일의 노래 〈돈돌날이〉를 구슬프게 목이 터지도록 불렀다. 그리고 북청 고유의 여러 가지 민요를 북소리와 바가지장단에 맞춰 춤을 추면서 하루를 즐겼다.

북청군 내 여성들만의 행사가 점차 확대되어 나중에는 남으로는 홍원, 함흥에서, 북으로는 이원, 단천, 성진에서도 모여왔다. 때로는 큰마을마다 관혁악단을 준비했고, 대고·소고를 포함한 7인조 혹은 9인조 악단이 연주하여 도움을 주었다. 일제 말 무렵에는 이러한 〈돈돌날이〉모임을 민족운동의 집회라고 하여 탄압하기 시작했다.

---

11 「신북청면지」

호산 전창일과 통일운동 77년사

① 돈돌날이 돈돌날이 돈돌날이요

　모래 청산에 돈돌날이요 모래 청산에 동돌날이요

　－후렴 －

　돈돌날이 돈돌날이 돈돌날이요

　리라 라리라 돈돌날이요 리라 리라리 돈돌날이요

② 돈돌날이요 돈돌날이 돈돌날이요

　시내 강변에 돈돌날이요 시내 강변에 돈돌날이요

　－ 후렴 －

③ 돈돌날이 돈돌날이 돈돌날이요

　모래 산천에 돈돌날이요 모래 산천에 돈돌날이요

　－후렴 _

④ 돈돌날이 돈돌날이 돈돌날이요

　보배 청산에 돈돌날이요 보배 청산에 돈돌날이요

　－ 후렴 －

⑤ 오막살이 초가집에 모래 강산에 리라 리라리 돈돌날이요 리라 리

　라리 돈돌날이요

　－후렴 －

'돈돌'이란 뜻은 "회전의 뜻이기는 하나 제–섰던 자리로 다시 돌아온
다."라는 해석과 "동이 틀 날이 오리라"는 말이 줄어지면서 〈돈돌날이〉
란 제목으로 불리게 되었다는 주장이 있다. 일제 침략자들을 구축하고
우리 땅이 우리 백성의 손에 되돌아온다는 뜻을 함축한 노래였다는 뜻
이다. 아무튼, 이 소박한 가사 속에는 일제에 대한 저항의식이 자리 잡
고 있다는 것을 알 수 있을 것이다. 이 노래를 작곡한 사람은 북청군 신

북청면 안곡리 태생으로 북청 대성중학교에서 음악교사를 하던 이춘균이다.[12]

〈 그림23: 북청 사자놀음 ⓒ국립민속박물관 〉

12 이춘균(李春均, 1895~?), (북청 청년동맹 신포지부 집행위원) 함남 북청 출신으로, 1918년 도쿄(東京) 메이지대학(明治大學)에 입학했다. 5월 조선인 유학생 학우회에서 한 연설 때문에 요시찰인물 을호(乙號)로 분류되었다. 1919년 4월 귀국해 서울에서 '국민대회 취지서'와 '임시정부 선포문' 등을 배포하고 만세시위운동을 전개했다. 일본 경찰에 검거되어 1920년 3월 경성복심법원에서 징역 1년을 선고받았다. 출옥 후 서울청년회에 가입했다. 1925년 2월 함남 청년대회 준비위원으로 활동했고 4월 전조선민중운동자대회 반대단체 전국연합위원회의 실행위원이 되었다. 같은 달 북청의 사상단체인 일칠회(一七會)가 주최한 강연회에서 '20세기 대사상에 접촉하라'는 제목으로 강연했다. 12월 북청노동조합이 개설한 노동야학강습소의 강사가 되었다. 1926년 1월 북청노동연합회 창립에 참여했고 6월 북청청년연합회 상무가 되었다. 8월 북청청년연합회 창립기념 강연의 연제가 불온하다고 하여 한때 검속되었다. 1928년 1월 북청농민조합연합회 창립에 참여하고 집행위원이 된 후 소작농이 부담하던 지세 및 비료대를 지주가 부담하도록 하는 활동을 전개했다. 같은 해 북청청년동맹 신포지부의 집행위원이 되었다. 1929년 1월 북청농민조합연합회가 연 농민강좌의 강사로 활동했고, 3월 신간회 북청지회장이 되었다. 8월 고려공산청년회 함남도기관 산하 북청군라이꼼의 회원이 되었다. 1930년대 이후 북청 안북학교(安北學校) 교장으로 교육활동에 전념했다. 〈 강만길 · 성대경 엮음, 『한국사회주의운동 인명사전』 창작과 비평사, 1996, p.382. 〉

북청사자놀음의 기원은 신라의 불교문화와 맥을 같이 하여 이미 1,500여 년의 역사를 지니고 있다. 사자가 서로 엎드리고 기고 걷고 하며 자유자재로 움직이는 연기는 그야말로 웅장한 성격에다 아름다운 율동미까지 조화시키고 있다.

숙신(肅愼), 발해(渤海)와 연관된 북청은 역사적으로 유서 깊은 고장이며, 끊임없는 유린과 침략을 당해온 군사요새였다. 삼살(三撒·삼산·원의 쌍성총관부관하 고을), 안북(安北 1356년 공민왕 5년), 북청주(北靑州 1372년 공민왕 21년), 청주(靑州 1398년 태조 7년), 북청(北靑 1417년 태종 17년) 등 지명의 변천 과정은 이 마을이 얼마나 모진 풍파를 겪었던 가를 얘기해 주고 있다. 전창일에 따르면, "침략자와 지배계층에 대한 해학과 풍자가 북청사자놀음 대화 속에 역력히 흘러내려 오고 있다"고 말한다. 북청사자놀음(北靑獅子놀음)은 월남한 실향민을 중심으로 전승되어오다가, 1967년 국가무형문화재 제15호로 지정되어 현재 강남구 삼성동 서울중요무형문화재전수회관에 보존회사무실을 두고 전승, 보존되고 있다.[13]

---

13   《(사)북청사자놀음보존회》

김춘배와 김일성 신화

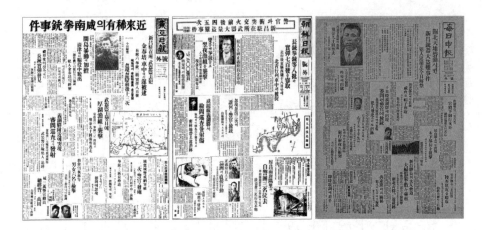

〈 그림24: 동아일보 · 매일신보 · 조선일보의 1934년 10월 22일 자 호외 〉

　소년 전창일이 소몰이하던 무렵인 1934년 10월 22일, 「매일신보」 「동아일보」 「조선일보」 「조선중앙일보(23일 자)」 등 주요일간지들은 약속이나 한 듯 일제히 호외를 발행했다. 그 후 후속 기사를 통해 김춘배는 조선반도를 들끓게 한 화제의 인물이 되었다. 특히 북청 지역은 그 여파가 오랫동안 지속되었다. 사건의 현장이 북청 군내였기 때문이다. 기사 내용을 살펴보자. 아래는 각 신문의 헤드라인(표제)이다.[1]

1　「동아일보」 「매일신보」 「조선일보」 호외, 1934.10.22.

동아일보: 근래 희유의 함남 권총 사건, 신창주재소 무기 도거범 김춘배 차중에서 수피체

매일신보: 관북 천지 용동(聳動)시킨 신창 총기 대도 난(難)사건, 범인체포로 금일 해금

조선일보: 경관과 충돌 교화 전후 4, 5차, 신창주재소 무기 대량 도난사건(금일 해금)

게재된 큰 제목만 보면 사건의 성격은 무장 강도 혹은 대담한 도둑이 무기를 훔친 사건으로 오인하기 쉽다. 그러나 본문을 차츰 읽어보면 단순한 절도사건이 아님을 알 수 있다. 이 사건이 대중들에게 깊은 관심을 끈 것은 19일간에 걸친 도주 이야기였다. 김춘배의 도주 경로를 살펴보면 다음과 같다.[2]

① 2일 야 12시: 신창주재소 무기도난(총기 8정 실탄 770발), 3일 오전 6시경 도난 사실 확인(청소부 발견), 북청서(署)에서 활동개시

② 4일 오후 10시 30분: 양화면 후호리 어업조합출장소 습격, 숙직원 현종관을 권총으로 위협(현금 90원 강탈), 호만포리 방면 도주, 6일 오후 면장의 딸이 김춘배 목격, 경찰에 신고

③ 7일 오전 4시 20분: 신포면 부창리 불심검문, 경계원에게 발포(권총 2발), 후창면 오평리 방면으로 도주

④ 동 오후 5시 20분: 오평리 곡간에서 경계원을 협박, 신창리 299번지 최원순

<hr>

2　「동아일보」기사를 중심으로, 「매일신보」「조선일보」를 참조하여 작성하였음

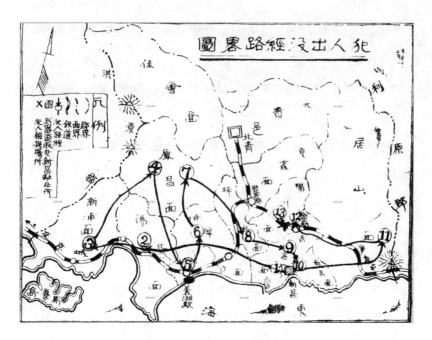

〈 그림25: 김춘배의 도주 경로 ©동아일보 〉

방(方)에서 38식 탄약 260발 발견, 8일 밤 12시 경관과 교화 후 도주, 9일 오전

2시경 양화 면사무소 후부(後部) 철도선을 지나 양화면 후호리 방면으로 도주

⑤ 10일 오전 5시 30분: 의호역에서 김윤현 순사 저격(우측 대퇴부에 중상)

⑥ 동 오전 8시: 속후면 오매리에서 조식

⑦ 동 오후 4시: 의호역에서 약 3리 되는 후창면 당우리에 출현, 자경단원 3명 납

치, 식사 해결 후 도주

⑧ 동 오후 5시: 평산면 용전리 봉수대에 출현

⑨ 11일 오후 8시: 청해면 덕음리에서 석식

⑩ 동 오후 12시~12일 오전 2시: 청해면 승평리 96번지 이원극 가(家)에서 취침,

조반 후 예0리로 향함, 신창에서 4차례 출현, 동면 만춘리에 잠복

호산 전창일과 통일운동 77년사

⑪ 13일 오전: 거산면 하세동 산중에서 강구(岡口) 경부보 및 5명의 수사경관에게 권총 발사, 목하(木下)부장의 좌견(左肩, 왼쪽 어깨) 중상. 14일부터 19일까지 잠적

⑫ 20일 오전 7시: 신창역 역장 김형로 사택 습격(현금 240원 강탈), 부인을 인질로 삼음

⑬ 동 오전 8시 50분: 신창역에서 승차, 경성 방면으로 향하다가 오전 8시 45분 신북청역 간(間) 열차에서 피체

　　1934년 10월 2일 오후 11시부터 3일 오전 2시 사이에, 어떤 대담 무쌍한 자가 함남 북청군 신창주재소의 담을 뛰어넘어 사무실의 유리창을 부순 뒤 사무소 안의 병기 창고의 문을 열고 (1) 38식 기병총 5정 (2) 단식 보병총 1정 (3) 26식 권총 2정 (4) 기병총 실탄 600발 (5) 권총 실탄 100발 (6) 권총 케이스 1개 등을 훔쳤다. 이 사실이 알려짐으로써 사건은 시작되었다. 발견된 시각은 3일 오전 6시 20분경이었고 장소는 예배당이다. 북청서 경찰서장이 급히 출동하였으며, 8명의 경관을 대동한 함경남도 경찰부 보안과장이 총지휘하였다. 현장에 남아있던 복면 마스크가 증거가 되어,[3] 결국 정체가 밝혀졌다.

　　범인은 사기강도 미수범의 전과를 가진 자로서 신창에서 재봉공으로 일하고 있는 김춘배(29세, 일명 김상배)였다. 김창언의 장남으로서 원적은 전주군 삼례면 삼례리이고, 전 주소는 만주국 명월구시가이며 현재

3　　マスクから指名手配の段取,「조선신문」 1934.11.23.

북청군 신창면 신창리에 거주하고 있었다.[4] 이러한 사실은 이미 파악되었으나 10월 20일, 김춘배의 검거로 인해 보도통제가 해금되자마자 '호외'로 긴급 보도된 것이다.

〈 그림26: 1934년 11월 13일 자 경성일보, 11월 14일 자 부산일보 〉

정의부에서의 활동과 공산당과의 관계 등 김춘배의 전력도 대부분 파악되었다. 그에 대한 이력은 「경성일보」 「부산일보」 등 일본어로 발간되는 신문들이 더욱 자세히 보도하였다. 「경성일보」에 따르면, "16세 무렵 김춘배가 천보산 신흥학교(新興學校)에서 수학 중 같은 지역에 거주하는 '조선국민회'의 간부로부터 민족사상의 세례를 받았고, '독립단정의부원' 김태열(金泰烈)의 소개로 입대하여 안동을 중심으로 군자금 모집에

<hr />

4 「매일신보」호외 제1면, 1934.10.22.

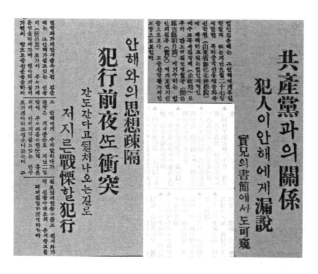

〈 그림27: 1934년 10월 22일 자 매일신보 호외 〉

종사하였다."고 한다.[5] 「부산일보」도 같은 내용의 기사를 보도했다.[6]

「매일신보」는 다소 다르게 보도하였다. 이 신문을 따르면, 김춘배는 12세 때 숙부 김계성(金桂成)과 함께 간도 상의향 광암동에 간 후 광명학교(光明學校) 4학년 때에 중도퇴학하고 아버지 김창언(金昌彦)을 따라 포목상을 하다가 소화 2년(1927년) 2월 정의부에 가입하였다. 그 후 권총 2정과 실탄 17발을 받아 군자금 모집을 하다가 천보산분서(天寶山分

---

5 駐在所武器庫を襲ひ 銃機彈藥を強奪, 惡魔もいやがろ世界の建設を夢想 赤魔金春培公判廷へ, 「경성일보」, 1934.11.13.

6 稀代の銃器奪取犯人金春培, 「부산일보」, 1934.11.14. 〈이 신문은 전태열(全泰烈)로 보도했는데 金泰烈의 오타로 보인다.〉

署)에 체포되었다.[7] 한편, 「경무휘보(警務彙報)」[8]는 김춘배에게 권총을 준 자는 오희영(吳熙永)으로 보도했다.[9]

많은 언론들이 정의부를 거론했지만, 사실 1934년 무렵 정의부는 이미 존재하지 않는 단체였다.[10] 김춘배와 공산당과의 관련성에 대해 집중적으로 거론한 곳은 「매일신보」와 「경무휘보」다. 「매일신보」의 보도에 따르면, 출옥 후 재봉업에 종사하면서 단란하게 가정을 꾸리던 김춘배는 향후 공산 운동을 함께하자고 아내를 설득했다. 하지만 의견충돌로 인해 부부싸움을 했고, 흥분한 끝에 아버지가 있는 만주로 가겠다고 한 후 가출했다고 한다.[11] 그리고 김춘배의 형 김성배 목사가 아버지에게 보낸 서찰도 모 공산당관계자라는 것을 입증해주고 있다고 보도했다.[12]

「경무휘보」는 다른 각도로 보도했다. 이 잡지에 따르면, 김춘배는 공산주의 사상을 적극적으로 전파했다. 그는 아내와 형에게 공산주의 사

7 오랫동안 服役, 昨年에 출옥, 간도에 있으며 불온한 운동, 犯人 金의 小經歷, 「매일신보」 호외 제1면, 1934.10.22.

8 경무월보(警務月報)는 1910년 7월 25일 일제의 조선통감부 경무총감부에서 발행한 국한문 월간 회보이다. 같은 해 8월 말 '한일강제병합'에 따라 발행의 주체가 조선총독부 경무총감부로 바뀌었으며, 1912년 4월 15일 경무휘보(警務彙報)로 변경되었다. 《한국민족문화대백과》

9 加藤伯嶺[京城], 怪盜金春培, 「警務彙報」, 1934년 11월호, p.103.

10 정의부(正義府), 1924년 만주에서 조직되었던 독립운동단체다. 1927년 12월 오동진, 정이형 등이 일본 경찰에 체포되자 참의부(參議府), 신민부(新民府) 등과 통합운동에 나서 1929년 국민부(國民府)를 조직하고 해체됐다. 《한국민족문화대백과》

11 안해와의 思想疎隔 犯行前夜 ☒ 衝突 간도 간다고 ☒처나오는 길로 저지른 戰慄할 犯行, 「매일신보」 호외, 1934.10.22.

12 共産黨과의 關係 犯人이 안해에게 漏說 實兄의 書簡에서도 可窺, 「매일신보」 호외, 1934.10.22.

상을 이야기했으며 아내에겐 입당을 권유하기도 했다.[13] 뿐만 아니라 일하고 있는 양복점 주인 김윤식에게 당원이 되기를 재촉하다가 불화를 일으킨 적도 있다.[14]

그는 사회주의 혹은 공산주의 사상에 깊게 공감을 했던 것으로 보인다. 그가 알고 있는 공산주의 이론은, 자본과 토지를 나라가 소유하고 빈부의 격차를 없애 평등하게 사는 세상을 이룩하는 것이었다. 무학인 아내에게는 좀 더 알기 쉽게 설명했다. "부자들의 돈과 토지를 빼앗아 가난한 자에게 나누어 주어 이로 인해 가난한 사람이 없어지는 세상이 공산사회"라고 했다.[15] 김춘배가 공산주의 사상을 수용하게 된 것은 복역 중 한 공산주의자와의 만남 때문이었다. 재판장이 심문하는 과정에서 그는 다음과 같은 발언을 했다.

"당시 광주 공산당원으로 15년 복역을 하는 김규(金圭)와 같은 감방에 있었는데 그의 감화로 전향했소.[16]

전과로 경성형무소에서 복역하던 중 한 감방 안에서 복역하고 있던 간도 공산당 관계자 김귀(金貴) 등에게서 선전을 받은 것이요.[17]"

---

13 加藤伯嶺[京城], 怪盜金春培, 「警務彙報」, 1934년 11월호, pp.104~105.

14 山寺에 潛伏 傷處를 治療, 「동아일보」, 1934.10.23.

15 加藤伯嶺[京城], 怪盜金春培, 「警務彙報」, 1934년 11월호, p.105.

16 3만 원 돈 얻어서 공산촌 건설계획, 살의는 전무, 검사 무기 구형, 권총 사건 김춘배 공판, 「조선일보」, 1934.11.20.

17 事實全部를 是認 全春培의 公判詳報, 「조선중앙일보」, 1934.11.21.

김규(金圭)와 김귀(金貴)는 오기이며, 김춘배에게 공산주의 사상
을 설명한 사람은 김근(金槿)임이 틀림없다. 왜냐하면, 김춘배와 같
은 시기에 투옥되어 있던 공산주의자로서 간도 공산당 관계자 즉 '간도
5·30 봉기'[18]에 참여한 사람은 김근(金槿)[19]이 유일하기 때문이다. 민
족주의로부터 공산주의로 전향한 것은 경성감옥에 있을 때 김근으로부
터 감화를 받았다는 얘기다. 공판과정을 통해 김춘배는 자신이 공산주
의자임을 시인했다. 그리고 모금자금의 사용처에 대해선 다음과 같은
발언을 남겼다.

재: 조선 안에서 군자금을 조달하여 만주에 건너가서 그곳에 가
있는 빈민들을 규합해 공산주의 부락을 만들어 장차 공산국을 일
으키려는 것이 금번 행동을 하게 된 것이라지?

---

18 간도 5·30 폭동, 1930년 5월 30일 간도 지방에서 공산주의자들의 지도하에 일어난 반
일무력투쟁. 1925년 5월 30일 상하이에서 일어났던 노동자들의 총장업 5주년을 기념하
여 류사오치[劉少奇]를 책임자로 한 중국공산당 만주성위원회는 대대적인 무장폭동을
계획했다. 폭동계획은 일국일당의 원칙하에 조선공산당 만주총국을 해체하고 중국공산
당에 가입하여 연변 특별 당부를 조직했던 간도의 박윤서(朴允瑞)·김근(金槿) 등 조선
인 공산주의자들의 주도하에 실행됐다. 폭동은 5월 29일 밤 싼다오거우[三道溝]에서 안
학선(安學善)의 총지휘 아래 먼저 일어났고, 이어 30일에는 용정에서도 황진연의 지휘
아래 일어났다. 일제의 영사관과 동양척식회사 출장소 등에 폭탄을 투척했으며, 조선인
지주의 가옥을 방화하고 철도·교량 등을 파괴했다. 이에 일제는 함경도 회령에 있는 75
연대를 급거 출동시켜 7월까지 만주군 벌군과 합동으로 대대적인 탄압을 가하여, 김근
등 85명을 검거했다. 폭동은 당시 열악한 조건에 놓여있던 만주지방의 광범한 농민대중
의 이해를 제대로 반영하지 못했을 뿐만 아니라, 준비도 미흡해 300~500여 명의 소규모
인원만이 참가하는 데 그쳤다. 《다음백과》
19 '간도 5·30 봉기'에 참여했으며, 6월 일본영사관 경찰에 검거되어 1932년 5월 경성지법
에서 사형을 선고받았다. 그 후 징역 15년으로 감형되었으나 옥중에서 조공 재건계획을
세우다가 발각되어 징역 5년이 추가되었다. 〈강만길·성대경 엮음, 『한국사회주의운동
인명사전』 창작과 비평사, 1996, p.49.〉

피: 네.[20]

김춘배는 만주로 건너가 빈민을 규합해 공산주의 이상촌을 건설하려
고 했다. 이러한 목적을 달성하기 위해선 무엇보다 자금이 필요했다.
목표 금액은 3만 원 정도다. 불현듯 생각난 것이 김선학이었다. 두 사람
은 경성형무소에서 같은 방에서 복역한 인연이 있었다. 김선학은 자신
의 주재소 총기탈취 경험담을 얘기했고, 김춘배는 대단히 흥미롭게 들
었다고 한다.[21]

한편, 공판과정에서 김춘배는 외상값을 받지 못해 홧김에 독립운동에
투신했다고 했으며, 전과자라고 학대받는 것이 분했고, 위협하기 위해
장총 6정과 권총 2정 그리고 실탄 700발을 훔쳤다고 답변했다. 이렇게
어처구니없는 답변을 해도 재판장은 의문을 제기하지 않았다. 무엇보
다 김춘배는 단독범행이라고 자백했고, 검찰과 재판부는 배후를 더 이
상 밝히지 못했다.[22] 김춘배는 살인미수, 강도, 절도 등의 혐의로 무기
징역형이 구형되었고, 재판장은 구형과 마찬가지로 무기징역을 언도했
다.[23]

당시 조선의 언론은 무기도거범(동아일보), 권총범(조선중앙일보), 신
창 총기범인(매일신보), 악마 · 적마(경성일보), 범죄의 아들 · 조선의 귀
태(부산일보) 등으로 김춘배를 표현했다. 일제 강점기하 항일투쟁가를

20 事實全部를 是認 全春培의 公判詳報, 「조선중앙일보」, 1934.11.21.
21 加藤伯嶺[京城], 怪盜金春培, 「警務彙報」, 1934년 11월호, p.104.
22 金春培昨日送局 食事준 三名은 書類만 送致 單獨行爲라고 自白, 「동아일보」, 1934.11.2.
23 김춘배에게 무기 언도, 「동아일보」, 1934.11.27.

바라보는 언론의 보편적 시각이다. 특히 「경무휘보」는 김춘배의 신창주재소 습격 총기탈취 사건을 경찰의 시각으로 정리한 글을 3회에 걸쳐 연재했는데, 제목을 '괴도 김춘배(怪盜 金春培)'라고 정했다. 아래에 글의 도입부를 소개한다.

시국을 표방하는 강도로서 파옥의 전과자, 강도용 권총을 경찰주재소에서 훔친 행위는 장호원 사건의 주범 김선학의 고지(故智, 옛사람의 지혜)를 학습한 결과이다.

그러나 김선학은 배회하다가 며칠 후 간단히 포위망에 걸린 데 반해, 김춘배는 이중삼중으로 펼쳐진 포위망을 간단하게 뚫고 잠복 중이던 자위대에 스스로 뛰어들어 돌파했을 뿐 아니라 자위대원을 납치하여 협박하고 길 안내를 하도록 하는 대담함을 보였다.

그뿐 아니라, 행방을 감추는 수단으로써, 동쪽으로 간 것처럼 위장하고는 서쪽으로 도망쳤다. 그리고 대단히 빨리 달릴 수 있는 건각을 지녀 매복하던 추적대의 탄알을 모두 피했으며, 어둠에 빨리 익숙해지는 묘안(貓眼, 고양이 눈)을 가진 탓으로 순식간에 쏘아지는 총에도 끄떡없었다. 20일 동안 산에서 산으로, 또는 마을로, 포위군을 따돌리며 농락하는 태도는, 적마 서원봉이나 마석 언덕의 최양옥 등은 비교도 되지 않을 정도이다.

그렇지만 경찰의 포위망을 얕보고 날뛰던 결과, 어리석게도 강도 짓을 했던 역에서 유유히 승차하여 그대로 체포되는 얼빠진 모습은, 또한 다른 범죄자들에게선 볼 수 없는 어리석음이었다. 그의 범행과 도주 수

단을 통해 우리는 적지 않은 것을 배울 수 있다.[24]

사건 초기의 언론보도를 살펴보면, 조선 경찰사에 전례가 없다[25]고 실토할 수밖에 없을 정도로 김춘배는 신출귀몰한 도적이었다. 보도의 초점은 함남 일대에 동출서몰(東出西沒)하던 그의 행적이었다. 행선지도 고향인 전주였다.[26] 그러나 공산사회 건설이 자금모집의 목적이었고, 행선지는 만주였다는 사실이 드러났다.[27] 특히 공판과정에서 자신이 공산주의자임을 인정했다.

이 무렵부터 김춘배에 대한 기사가 줄어든다. 그리고 기사의 방향이 바뀌기 시작했다. 기독교 신자가 공산주의를 수용함으로써 '범죄의 아들'로 전락했으며,[28] '악마도 혐오하는 세계를 건설하는 몽상가'[29] 등의 기사가 보도된 것이다. 김춘배, 그는 '태어나선 안 될 존재'였다는 기사도 보인다.[30] 공산주의를 신봉하면 김춘배 같은 악마가 된다고 선전하기 시작한 것이다.

무기징역형이 언도되고, 경성형무소로 이감되었다는 기사를 끝으로

24 加藤伯嶺[京城], 怪盗金春培, 「警務彙報」, 1934년 11월호, p.101.

25 稀代の銃器奪取犯人金春培, 「부산일보」, 1934.11.14.

26 拳銃犯 金春培 北青署에서 取調中 犯行事實은 自白目的은 資金, 빼앗아 越境코저, 乘車한 것은 全州로 가려고, 「동아일보」, 1934.10.23; 전주에 가려고 승차, 자금모집이 목적, 북청서에서 취조 중인 김상배, 사실 전부를 자백, 「조선중앙일보」, 1934.10.23.

27 북청권총사건의 진상(6) 만주로 갈 결심 후에 마취제 제조실험, 그러나 그 실험에 실패하고 무기의 절취로 번의, 「조선중앙일보」, 1934.10.26.

28 그가 범죄의 아들로 전락한 경로, 아버지는 기독교의 독신가, 「부산일보」, 1934.11.14.

29 惡魔もいやがろ世界の建設を夢想 赤魔金春培公判廷へ, 「경성일보」, 1934.11.13.

30 조선의 귀태[鬼態] 무기징역, 「부산일보」, 1934.11.29.

김춘배에 관한 기사가 거의 소멸된다.[31] 주목할 것은 살인미수, 강도, 절도 등 적용된 혐의다. 독립운동가, 사상범 등에게 늘 적용되던 치안유지법이 제외된 것이다. 김춘배에게 치안유지법을 적용하는 순간, 그는 조선 민족의 영웅이 된다는 것을 예견했다는 얘기다. 김춘배의 배후를 추적하는 기사를 배제하고, 단독범으로 사건을 마무리한 이유일 것이다.

그러나 일제의 의도와 무관하게 김춘배는 조선의 영웅이 되었다. 특히 사건 발생 지역인 북청에서의 김춘배는 이미 신화적인 존재가 되어 알게 모르게 그의 투쟁담이 퍼져나가기 시작했다. 더욱이 3년 후인 1937년 6월 4일에는 북청군과 인근 지역인 함남 갑산군 보천면 보천보(현재 북한의 행정구역상 양강도 보천군 보천읍)를 습격한 항일 유격대의 소식, 즉 보천보 습격사건이 일어났다. 김춘배에 이어 전설 같은 영웅이 다시 출현한 것이다. 전창일은 이러한 영웅담을 들으면서 성장했다. 그의 육성을 들어보자.

- 면담자: 그러면 해방 전후로 해서 급격하게 어떤 사회이념이나 이런 게 급격하게 바뀔 땐데, 선생님 경우는 거기서 어떤 혼란이.
- 구술자: 그런데 북청이라 하게 되면요. 우리 어릴 때부터 '김일성 장군이 독립운동하는 영웅이다.' 하는 이런 말을 듣고 자랐어요. 그리고 북청·함경도지대는 김일성부대가 실제 나와서 무장투쟁이

---

31 銃器 군자금 모집事件 金春培 控訴를 取下 서대문에서 경성형무소로, 無期懲役으로 服役[肖], 「동아일보」, 1935. 1. 19.

있었고, 갑산전투 그다음에 해산전투 등등. 기록에 나오지 않습니까? 기가 막힌 얘기는 여기서, 우리 진영에서 김일성이 가짜다 해서 그 사람이 참 생명을 바친 해방 투쟁한 것을 전부 거짓말이라고 해, 그런 날조된 역사를 만들라고 했던, 참 한심하지요. 그래서 북청이란 지대는 그런 그, 혹시 김충생(김춘배의 오기) 사건이라고 있습니다.

김충생이라는 사람이 북청에 돌아다니면서 무장투쟁한 사람이에요. 그래서 상당한 기간을 몇 개월 동안 완전히 계엄령하처럼, 우리 그런 속에서 자랐거든. 그 지방에서 돌아다니면서, 김일성은 초인적인 인물이다. 축지법을 하니까 일본 놈들 절대 붙잡지 못한다고. 그렇게 김충생 사건이 벌어졌는데 김충생이 경찰서 들어가서, 습격해서 무장, 뺏어 가지고 나오고. 권총 장총 탄약하고 무장하고 돌아다니면서 일본 경찰 죽이고 다녔거든요.

- **면담자**: 그러니까 따로 학습하지 않아도 그 지역 분위기 자체가 민족적인.

- **구술자**: 예, 그렇습니다. 그렇기 때문에 아, 우리 민족이 이렇게 독립해야 하는구나. 누가 가르치지 않아도 지역 문화가 자연히 형성되어 있어요. 그렇기 때문에 일제 강점기에 우리가. 내가 중학교, 공업학교에 들어가니까 일본의 사상 교육하는 사람이, 선생이, 요즘 여기 얘기로 하면 반공 교육하는 연사들이 돌아다니잖아요. 각 대학 중학교 강당에 학생들 모아놓고 얘기하잖아요. 일제 시대 일본놈들 하던 짓이에요.

그러면 일본놈들이 고도의 교육받고 세련된 놈들. 중학교에 들어가니까 우리를 강당에 모아놓고 강연하는데, 그 사람이 김일성에 관해 얘기하는 거예요. 공식적으로 일본사람으로부터 김일성에 대한 얘길 듣는 거야. '김일성이 지금 백두산에서 조선, 일본말로 조선독립 위해서 투쟁하고 그러는데 얼마 안 가서 붙잡히고 멸망할 것이다. 너희가 혹시 그러한 유언비어, 환상에 사로잡혀서 엉뚱한 생각하지 마라.' 그런 요지로 강연한다고.

그러니까 김일성에 대해서 축지법을 하는 초인적 인물이라고 들었는데, 그 사람한테 들을 때는 그런 초인적인 인물이 아니고 그야말로 조직적인 무장투쟁, 부대를 인솔해서 일제와 싸우는 게릴라부대 대장이라는 걸.

- 면담자: 알려주는

- 구술자: 오히려 알려주는 거야. 그래서 허허. '김일성이 그렇게 초인적인 축지법을 하는 사람은 아니구나.' 하는 걸 일본사람을 통해서 알았어. 사실 축지법이란 건 없죠. 우리 어릴 때는 어른들에게, "아니 그 축지법이란 게 뭐예요, 어떻게 배우는 것이죠." 하고 물으면 어른들이 제대로 대답을 못 해. 그러면서도 설명하기를, 주역을 공부 많이 하면, "너도 공부 많이 하게 되면 축지법이 왜 안 돼." 라고 우리를 설득했거든요. "아, 그러면 축지법이 있긴 있나 보다, 공부 많이 하면." 허허허. 그렇게 지냈던 거지요.[32]

신출귀몰한 항일투쟁의 영웅담에서 늘 화제가 되는 것이 축지법 얘기

32 임미리 기록, 『1960년대 이후 통일운동가들의 통일운동 및 사회운동 경험, 전창일 구술』, 국사편찬위원회, 2014, 녹취록 1차 -5. 김일성 장군의 독립투쟁과 해방 전 북청 지역의 민족의식

였다. 김일성 장군이 왜놈들의 추적을 따돌릴 수 있었던 것은 그가 축지법을 사용할 줄 아는 초인이기 때문이다… 어른들로부터 전해 들은 전설 같은 이야기에 소년들은 나름 의문을 품었던 모양이다. 아이러니하게도 이러한 의문에 대한 해답을 일본 강사에게 들었다. '김일성이 지금 백두산 인근에서 소위 조선독립을 위해 투쟁한다고 하지만 조만간 붙잡히고 멸망할 것이다. 김일성은 너희가 생각하는 초인이 아니다. 축지법을 사용한다든가 하는 소문은 모두 유언비어다. 그러한 환상에 사로잡혀서 엉뚱한 생각을 하지 마라.'

이러한 강연을 통해, 김일성은 초인적인 축지법을 하는 전설 같은 인물이 아니고 실제로 일제와 싸우는 게릴라(빨치산) 대장이었음을 알게 되었다고 한다. 조선의 독립을 위해 조직적인 무장투쟁을 하는 부대가 있음을 일본이 스스로 고백한 셈이다. 아래에 김일성 및 그의 부대를 유명하게 만든 보천보 전투에 대한 「동아일보」의 호외를 소개한다.

〈 그림28: 1937년 6월 4일 자 동아일보 호외 1, 2호 〉

:: 04 ::

'덤베북청'과 '북청물장수' 그리고 북청의 인물들

김춘배의 의열 투쟁이 오랫동안 지속될 수 있었고, 김일성 장군의 항일무장세력에 뜨거운 민족애로 성원했던 것은 북청인들의 기질 및 교육열과 무관하지 않다. '청춘예찬'의 작가 민태원(閔泰瑗, 1894~1935)은 '백두산행'이란 칼럼을 「동아일보」에 연재한 적이 있다. 글 중에 '덤베북청'이란 소제목을 통해 북청을 소개했는데, 짧은 글이지만 북청인의 기질을 함축적으로 묘사했다. 아래에 소개한다.

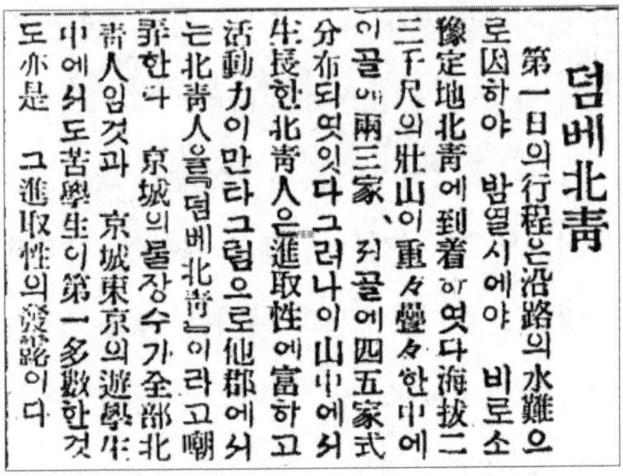

덤베北青

第一日의行程은沿路의水難으
로因하야 밤열시에야 비로소
豫定地北青에到着하엿다海拔二
三千尺의壯山이重々疊々한中에
이골에兩三家、저골에四五家式
分布되엿잇다그러나이山中에서
生長한北青人은進取性에富하고
活動力이만타그럼으로他郡에서
는北青人을「덤베北青」이라고嘲
弄한다 京城의물장수가全部北
青人입것과 京城東京의遊學生
中에서도苦學生이第一多數한것
도亦是 그進取性의發露이다

〈 그림29: 1921년 8월 23일 자 동아일보 〉

…이 산 중에서 생장한 북청인은 진취성에 부(富)하고 활동력이 많다. 그러므로 타 군에서는 북청인을 '덤베 북청'이라고 조롱한다. 경성의 물장수가 전부 북청인인 것과 경성 · 동경의 유학생 중에서도 고학생이 제

일 다수(多數)한 것도 역시 그 진취성의 발로이다.[33]

　민태원은 '덤베북청'과 '북청물장수'를 북청인의 상징으로 보았다. '덤베'라는 말은 '덤비'라고도 하는데 '덤벼들다'라는 말에서 파생된 단어다. 다른 지역 사람들이 '덤베 북청'이라고 조롱했던 것은 북청인들을 성급하다고 보았기 때문이다. 하지만 민태원은 긍정적인 의미로 해석했다. 민태원에 따르면 '덤베'라는 말은 진취성과 활동력을 뜻한다. 맞는 말이다.

　북청 사람들의 '덤베 기질'은 어떠한 어려운 일이든, 버거운 상대든 일단 '덤베!'라며 맞서고 본다는 기질이다. 옳다고 생각하면 과감하게 덤벼들어서 실천하는 용맹성을 상징한 말이다. 불의에 대한 저항이라는 뜻으로 해석해도 된다. 북청인의 저항정신은 역사가 증명한다.

　1808년(순조8) 3월, 북청부(北靑府)의 향리 전치정(全致貞) 등은 관장(官長)의 학정에 항거하여, 향민을 동원, 향청을 습격하여 좌수를 불태워 죽였다. 이에 조정에서는 폭동을 막지 못한 죄로 부사 심후진(沈厚鎭)을 파직하고, 후임에 이덕현(李德鉉)을 임명하여 민심을 수습하게 하는 한편, 관찰사로 하여금 수창자(首倡者) 전치정을 효수하도록 하고 그 밖의 폭도는 먼 곳으로 귀양 보냈다.[34] 북청에서 일어난 이 민란은 홍경래의 난보다도 3년 먼저 일어난 농민들의 항쟁이었다.

　1888년(고종25)에는 농민들이 병마절도사를 내쫓았다. 이용익(李容

33　백두산행, 북청에서, 「동아일보」, 1921.8.23.

34　북청 민란, 《한국민족문화대백과사전》

翊)의 불법 탐학에 견디다 못한 부민(府民)들이 민란을 일으켰으며, 남병사의 죄상 13개 조목을 들어 연명으로 장소(狀訴)하였다. 조정에서는 이용익을 파직하고 의금부로 하여금 문초하게 하고, 전라도 지도(智島)에 귀양 보냈으며, 도망친 향리 조봉원(趙鳳遠) · 조기석(趙基錫)을 처벌하게 하였다.[35]

'덤베 기질'을 유감없이 발휘했던 대표적인 북청인으로 이준(李儁, 1859~1907)을 들 수 있다. 헤이그 특사로 알려진 바로 그 이준이다. 그는 1859년 12월 18일 함경남도 북청군 속후면 용전리(구 중산리) 발영동에서 부친 병관(秉瓘)과 모친 청주 이씨 사이에서 장남으로 태어났다.

이준은 조선 최초의 법관양성소 출신이다. 6개월 동안의 교육과정을 수료한 후 1896년 한성재판소 검사보에 취임하였다. 그의 나이 38세였다. 그런데 이 초임 검사는 임명되자마자 사고를 저지른다. 부패한 조정 대신들을 탄핵하기 시작한 것이다. 검사보 생활 1, 2개월 만에 결국 옷을 벗게 된다.[36] 기득권에 대한 저항과 이에 따른 수난은 그 후로도 계속된다.

1906년 6월 18일, 고종은 이준을 평리원 검사로 임명하였다. 그리고 1개월 후 특별법원 검사직도 겸하게 하였다. 그에게 맡겨진 첫 임무는 남양 홍씨와 그 무렵의 세도가인 풍양 조씨 사이에 불거진 산으로 인한 소송이었다. 검토결과 홍씨 측의 주장이 옳았다. 하지만 수반(부장) 검사인 이건호까지도 조씨의 세력을 두려워하여 이 사건의 처리를 주저하

35 북청 민란, 《한국민족문화대백과사전》
36 이선준, 『일성 이준 열사』 을지서적, 1994, p.45.

였는데, 이준 검사는 조씨의 처벌로 결론지었다.[37] 이듬해인 1907년 2월, 「대한매일신보」에 황당한 기사가 실렸다. 평리원 검사 이준에게 태형 100대에 처한다는 판결이 내렸다는 내용이다.[38]

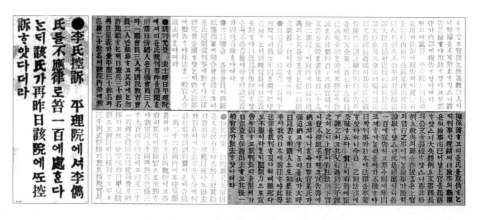

〈 그림30: 1907년 2월 23일, 3월 5일 자 대한매일신보 〉

이 사건에는 사연이 있다. 박제순·이완용 등 을사5적을 암살하려다가 미수에 그친 사건이 있었다. 사건과 관계없는 사람들이 다수 검거되자 나인영·김인식 등 주모자들은 자수하였고, 그들은 귀양을 갔다. 이 무렵 황태자의 혼례를 앞두고 특별사면을 하게 되었다. 이준은 위 나인영·김인식 등을 포함하여 은사안 성록을 제출했다. 평리원 겸 특별법원 검사로서의 직권을 발휘한 것이다.

그런데 법부대신 이하영, 형사국장 김낙헌, 문서과장 이종협 등이 모

---

37 이선준, 『일성 이준 열사』, 을지서적, 1994, p.132.

38 李氏控訴, 「대한매일신보」, 1907.2.23.

의하여 김인식 · 나인영 · 오기호 · 김석황 · 기산도 등을 은사안에서 삭제하고 법부에서 새로운 은사안을 만들어 이준에게 보내왔다. 이준의 항의를 무시하고 법부는 고종에게 보고했다. 법부와의 치열한 논쟁 끝에 이준은 법부 형사국장 김낙헌을 고소하고 말았다. 일개 검사가 법부대신이 하는 일을 기소했으니, 섶을 지고 불 속으로 뛰어든 셈이다. 결국 법부는 이준을 고소하였고, 재판결과를 보도한 것이 인용한 「대한매일신보」의 기사다. 재판과정에서 이준은 다음과 같은 발언을 남겼다. '덤베북청' 기질을 유감없이 발휘한 것이다.

> 판사가 일본에서 법률공부를 했다고 하나, 오늘 보니 법률에 대해서 아주 우매하도다. 임금이 잘못하면 신하가 간하고, 아버지가 허물이 있으면 자식이 간하는 것이거늘, 상관이 법을 공정하게 집행하지 못할진대 하관이 어찌 이를 논란하여 책망하지 못하겠는가.[39]

북청인의 저항정신을 상징하는 '덤베북청'은 그리 많이 알려지지 않았지만, 북청 사람들의 부지런함과 자립 · 개척정신을 상징하는 '북청 물장수'라는 용어는 지금도 각종 언론을 통하여 꾸준하게 소개되고 있다. 전창일도 '북청 물장수'에 관한 많은 에피소드를 소개한 바 있다. 그가 특별히 소개하는 사람이 있다. 전창일보다 열 살쯤 선배가 되는 이재옥이라는 사람이다.

---

39 裁判光景, 「대한매일신보」 1907.3.5.

〈 그림31: (좌) 1934년 3월 29일 자 동아일보, (우) 북청 물장수의 실제 모습ⓒ대한제국멸망사(1999, 집문당) 〉

　　김춘배 총기사건으로 북청이란 지명이 조선에 널리 알려지기 7개월쯤
전인 1934년 3월경, 다소 색다른 기사로 인해 많은 사람이 북청이란 곳
을 다시 생각하게 되었다. 아래는 보도된 내용 중 일부다.

　　…27일 오후 4시가 지나서다. 본사 학사 계에 나이 4, 5십 된 협
수룩하게 차린 맨 저고리 바람의 남자 한 명이 돌연 나타나 대학
예과 합격자 발표의 여부를 묻다가 이재옥(李梓玉)이라는 이름
이 있느냐고 물으면서 명부를 더듬었다.
　　이러다가 그 이름을 발견하자 "이것이 내 자식입니다. 나는 물
장사입니다. 이것이 대학예과에 합격되었구먼요."
　　하면서 너무 좋아서 감격에 넘치는 흥분한 얼굴로 박수와 사례
를 섞어가며 어찌할 줄 모르면서 "함경도 북청에서 자식 공부시
키려 서울에 와서 물장사를 하며 제1 고보를 공부시킨 외아들입
니다. 새벽에 물 긷는 관계로 낮잠 자는 버릇이 있어서 그만 라디

오를 못 들어 뛰어왔습니다. 이것이 꿈인지 생시인지 모르겠습니다. 정말입니까. 한 번 더 보겠습니다." 하면서 흥분을 가라앉혀 다시 한 번 보더니 또다시 손뼉을 치며 절을 몇 번 거듭한다. 편집실 일동도 이에 감격한 박수성이 일어났다. 이 어찌 거울삼을 미담이 아니랴.

이 이는 홀로 서울에 와서 고향 몇 사람과 자취하면서 물장사하는 이귀영(李龜永, 45) 씨요, 영윤 이재옥 군은 적선동 70번지 이종갑(李種甲) 씨 댁의 가정교사로 있으면서 공부를 하는 독실한 학도다.[40]

이재옥에 관한 이야기는 후일담이 있다. 전창일의 기억을 빌리자.

– 전창일: 근데 이 사람이 경성제대 안에 마르크스, 엥겔스, 레닌 등을 연구하는 비밀연구에 가입한 거야.
– 이영재: 예.
– 전창일: 그런데 이게 탄로가 되어 이재옥이 3학년 땐가 감옥에 들어간 거야. 이재옥이 감옥에 들어가니까, 경성제대 안에 있는 마르크스주의자들 있잖아. 그 교수들이 탄원서 내고 뭐 그래 가지고 한 1년인가 살고 나왔어요. 그래 가지고 복학을 했다고. 그리고 졸업을 했어요. 졸업하니까 아버지는 자기가 마음만 먹으면, 생각만 하면 군수는 할 수 있다고 생각했거든. 그 정도 지위는 가지. 확보할 수

---

40 시험지옥의 문전에 난만히 핀 성공의 꽃, 「동아일보」 1934.3.29.

호산 전창일과 통일운동 77년사

있다고. 근데 이 사람이 어디다 취직했는가 하면 '마루보시'라고 대한통운 전신.

- 이영재: 예

- 전창일: 그때는 운송수단이 전부 마차예요. 그래 거기에 노조가 있었던 거예요.

- 정호기: 음. 우마차 노조

- 전창일: 어, 우마차 노조라고 해요. 그 우마차 노조 사무장으로 들어갔어.

- 이영재: 예. 그 이재옥

- 전창일: 이재옥이가

- 정호기: 노동운동하러 들어갔어요. (웃음)

- 전창일: 노동운동하러. 요즘 학생들은 별로 그렇지 않지만, 요 몇 해 전까지만 해도 대학생들이 노동판으로 다 들어갔잖아요.

- 이영재: 예.

- 전창일: 그때 학생들도 그랬던가 봐.

- 이영재: 예.

- 전창일: 그래서 그분이 거기 들어가니까 아버지가, 에이 이놈 자식아! 아비가 물장사해 너를 경성제대까지 공부시켜 놓으니 감옥을 안 가나, 또 복학해 졸업장을 타니까 뭐? 우마차꾼들하고 막걸리나 마시고 있고. 이게 도대체… 아버지가 한탄했다는 거죠. 그런데 해방 후에, 해방돼서는 이 사람이 북청에 내려와 북청군 신북청면 인민위원장 했어. 후에 북청군 인민위원장으로 승진했지. 그게 해방 후에 초대인민원장이 이재옥이야.

- 이영재: 예.

- 전창일: 어! 그 이후에 이북에서 승승장구했는데, 물장사 얘기로는 이재옥이 모델이 될 거야. 물장사 자식들 대부분이 그렇게 된 거예요. 그런 식으로 물장사 아들이 유명한 사람이 많죠.
- 이영재: 아! 북청 물장사.[41]

"경성의 물장수가 전부 북청인인 것과 경성·동경의 유학생 중에서도 고학생이 제일 많다"고 민태원이 말한 바와 같이 실제 많은 수의 북청인들이 고학을 하며 유학을 했던 것은 사실로 보인다. 전창일에 따르면, 일제 강점기 시절 200호 정도 되는 북청의 농촌마을에서 열여덟 사람 정도가 학도병으로 끌려갔다고 한다. 그리고 만주, 북경, 서울, 일본 등에 유학하고 있는 북청군 출신 대학생 수가 강원도하고 거의 맞먹었다고 한다.[42] 그만큼 향학열이 높은 곳이었다는 뜻이다.

〈 그림32: 1925년 5월 20일 자 동아일보 〉

41 면담자(이영재·정호기·이창훈), 『인민혁명당과 혁신계의 활동, 주요인사(전창일 님) 구술사료 수집』 4·9통일평화재단, 2014.2.3, pp.23~26.

42 임미리 기록, 『1960년대 이후 통일운동가들의 통일운동 및 사회운동 경험, 전창일 구술』 국사편찬위원회, 2014, 녹취록 1차 -1. 북청 물장사와 높은 교육열

호산 전창일과 통일운동 77년사

전창일은 다음과 같이 말하며 북청 물장수에 대한 개인적 소회(所懷)에 젖었다. "북청 물장수는 교육열의 대명사요, 북청인의 명예스러운 대명사로 온 나라 사람들의 칭송 대상이었다. 북청 물장수는 지성의 샘터였으며 문화의 물줄기요, 역사의 조순인 것이다. 일제 강점기에 중등학교 조선어 교과서에 '북청 물장수'란 시가 실려 있었다. 서울에 있는 대동상업학교[43]는 북청물장수들이 거출해 모은 돈으로 세운 학교였다." 북청 물장수는 김동환(1901~?)의 시 '북청 물장수'(1924년 발표)가 「동아일보」을 통해 소개되면서 크게 알려졌음을 사족으로 붙인다.[44] 아래는 시 전문이다.

새벽마다 고요히 꿈길을 밟고 와서
머리맡에 찬물을 쫘 퍼붓고는
그만 가슴을 디디면서 멀리 사라지는
북청 물장수.

물에 젖은 꿈이
북청 물장수를 부르면
그는 삐걱삐걱 소리를 치며
온 자취도 없이 다시 사라져 버린다.
날마다 아침마다 기다려지는

---

43   人力車夫와 汲水夫 손으로 建設되는 「無産學院」 雄姿-서울 가회동에 운소에 소슨건물-, 勞働者의 熱誠으로 되는 大東學院!, 「삼천리」 제4권 제3호, 1932.3.1.

44   파인 시집 국경의 밤에 대하야, 「동아일보」, 1925.5.20.

북청 물장수.

북청의 저항정신과 향학열을 보여주는 다른 지표가 있다. 항일독립운
동에 참여한 숫자와 그 면면들이다. 많은 언론매체들이 항일운동의 3대
성지로 함남 북청, 부산 동래, 전남 완도(소안도)를 손꼽는다.[45] 북한지
역 독립운동사에 대한 연구가 미진해 상세한 것을 알 수 없으나 지금까
지 북청을 항일운동의 3대 성지로 꼽는 것을 보면 이 지역 항일운동이
격렬했다는 방증이다. 2021년 현재 국가보훈처로부터 포상을 받은 북
청 지역 독립유공자는 93명이다.[46] 아래에 명단을 먼저 소개한다.

[표2: 북청 지역의 독립유공자 명단]

성명	한자명	생몰년	운동계열	포상연도	포상 훈격
고도흘	高道屹	1872 ~ 미상	3 · 1 운동	2012	건국 포장
고두환	高斗煥	1894 ~ 미상	만주 방면	1962	독립장
고용환	高龍煥	1887 ~ 미상	중국 방면	1995	애국장
고재완	高在琓	1893 ~ 미상	3 · 1 운동	2014	애족장
고재을	高在乙	1871 ~ 미상	만주 방면	2011	건국 포장
고진구	高鎭句	1882 ~ 미상	3 · 1 운동	2011	건국 포장

---

45 '불량한 조선인' 800명 낙인… 태극기 지지 않는 섬마을, 「중앙일보」, 2019.2.13.; [
   주말 가볼 만한 곳] 3 · 1 운동 100주년 역사여행, 애국지사들의 삶 엿보기, 「중부일
   보」, 2019.2.28.; "항일운동 성지 '태극기 마을' 소안도를 아시나요?", 「환경경제신문」,
   2019.4.10.; 265개 섬 반짝이는 '완도 섬 여행'…보길 · 소안도, 「조선일보」, 2018.1.23.

46 김경천의 경우 서울로 분류되어 있으나, 1888년 6월 5일 함경남도 북청에서 무관 가문
   의 막내아들로 태어났다. 초명은 김현충(金顯忠)이고, 일본군에 근무할 때 김광서(金光
   瑞)로 개명하여 호적에 올라 있다. 《위키백과》

김계식	金界植	1893 ～ 1943	3 · 1운동	1999	대통령표창
김병해	金炳海	1881 ～ 미상	3 · 1운동	2014	애족장
김서룡	金瑞龍	1879 ～ 미상	3 · 1운동	2008	대통령표창
김석렬	金錫烈	1902 ～ 1945	국내 항일	1992	건국 포장
김연준	金鍊俊	1896 ～ 1923	노령 방면	2002	애족장
김용식	金龍植	1896 ～ 1922	국내 항일	1991	애국장
김용원	金溶沅	1875 ～ 미상	3 · 1운동	2007	애족장
김유인	金裕寅	1893 ～ 1950	국내 항일	2005	애족장
김종훈	金鍾勳	1885 ～ 미상	3 · 1운동	2011	애족장
김찬	金燦	1884 ～ 미상	만주 방면	1977	건국 포장
김춘진	金春辰	1863 ～ 1907	의병	2012	애국장
김충국	金忠國	1900 ～ 미상	만주 방면	1995	애국장
동석기	董錫琪	1881 ～ 1971	3 · 1운동	1996	대통령표창
맹정희	孟貞熹	1880 ～ 미상	미주 방면	2016	건국 포장
박계학	朴界學	1874 ～ 미상	3 · 1운동	2007	대통령표창
박동규	朴東奎	1875 ～ 미상	만주 방면	2011	건국 포장
박중실	朴仲實	미상 ～ 1908	의병	2010	애국장
박찬희	朴燦熙	1902 ～ 1944	만주 방면	1990	애족장
박창희	朴昌喜	1873 ～ 미상	3 · 1운동	2009	대통령표창
배승종	裵承宗	1897 ～ 미상	만주 방면	1990	애족장
변해룡	邊海龍	1883 ～ 1908	의병	2003	애국장
손공린	孫公璘	1899 ～ 1966	국내 항일	2018	애족장
손규용	孫奎鏞	1885 ～ 1950	3 · 1운동	2018	애족장
송계월	宋桂月	1912 ～ 1933	학생운동	2019	건국 포장
신홍균	申洪均	1881 ～ 1940	만주 방면	2020	애족장
안세진	安世鎭	1903 ～ 1971	만주 방면	1990	애국장

안용운	安用云	1877 ~ 미상	3·1운동	2007	애족장
양학녀	梁鶴女	1912 ~ 미상	학생운동	2019	대통령표창
엄홍기	嚴弘基	1881 ~ 미상	만주 방면	2013	건국 포장
연두익	延斗翼	1878 ~ 미상	만주 방면	2013	건국 포장
염승길	廉承吉	1882 ~ 미상	3·1운동	2012	대통령표창
원일상	元逸常	1849 ~ 1909	의병	2018	애국장
이극	李剋	1888 ~ 1919	만주 방면	1990	애국장
이근석	李根錫	1885 ~ 미상	만주 방면	2012	대통령표창
이기을	李氣乙	1923 ~ 2020	학생운동	2020	대통령표창
이기주	李基柱	1865 ~ 미상	3·1운동	2006	건국 포장
이낙영	李樂永	1897 ~ 1931	국내 항일	2007	애국장
이대희	李垈熙	1883 ~ 미상	3·1운동	2011	건국 포장
이봉호	李鳳鎬	1897 ~ 1953	만주 방면	2008	애족장
이승국	李承國	1878 ~ 미상	3·1운동	2007	애족장
이시거	李時擧	1902 ~ 1944	만주 방면	2008	건국 포장
이열성	李烈性	1879 ~ 미상	3·1운동	2007	대통령표창
이영숙	李英淑	1893 ~ 미상	만주 방면	2014	애족장
이욱성	李郁性	1859 ~ 미상	3·1운동	2002	대통령표창
이운수	李雲洙	1899 ~ 1938	일본 방면	2006	애국장
이원수	李元洙	1902 ~ 1938	만주 방면	2008	대통령표창
이재백	李在白	1898 ~ 미상	3·1운동	2019	대통령표창
이정숙	李貞淑	1896 ~ 1950	국내 항일	1990	애족장
이정환	李廷煥	1865 ~ 미상	3·1운동	2006	건국 포장
이준	李儁	1859 ~ 1907	계몽운동	1962	대한민국장
이창덕	李昌德	1883 ~ 1921	만주 방면	1968	독립장
이창운	李昌云	1875 ~ 미상	만주 방면	2013	애족장

이천진	李天鎭	미상	국내 항일	1990	애족장
이철영	李哲永	1919 ～ 2009	국내 항일	1990	애족장
이현근	李炫瑾	1912 ～ 1940	중국 방면	1990	애국장
이형원	李亨垣	1899 ～ 1969	3·1운동	1993	대통령표창
임창근	林昌根	1837 ～ 1907	의병	1996	애국장
임표	林彪	1884 ～ 1938	노령 방면	1996	애국장
장남익	張南益	1879 ～ 미상	의병	1995	대통령표창
전봉건	全鳳乾	1900 ～ 1975	3·1운동	1992	대통령표창
전지석	全智鉐	1888 ～ 1945	3·1운동	1990	애족장
정근형	鄭根亨	1895 ～ 미상	3·1운동	2020	애족장
정기수	鄭基洙	1863 ～ 미상	3·1운동	2006	애족장
조극	趙極	1892 ～ 1954	미주 방면	2017	애족장
조병걸	趙炳傑	1898 ～ 1946	광복군	1990	애국장
조병팔	趙炳八	1917 ～ 1968	광복군	1990	애족장
조석권	趙錫權	1865 ～ 미상	3·1운동	2006	대통령표창
조석하	趙錫河	1855 ～ 미상	3·1운동	2002	대통령표창
조성국	趙誠國	1924 ～ 2018	국내 항일	1990	애족장
조윤하	趙潤河	1897 ～ 1924	만주 방면	1983	독립장
조재건		1874 ～ 미상	노령 방면	2011	건국 포장
조재옥	趙載鈺	1916 ～ 1944	국내 항일	2009	대통령표창
조택승	曹宅承	1878 ～ 미상	3·1운동	2007	건국 포장
주동률	朱東律	1872 ～ 미상	3·1운동	2007	대통령표창
주익	朱翼	1891 ～ 1943	국내 항일	2019	애국장
주흥서	朱興瑞	1925 ～ 1978	국내 항일	1990	애족장
지건	池健	1875 ～ 미상	노령 방면	2011	건국 포장
차도순	車道淳	1879 ～ 1908	의병	2003	애국장

최동률	崔東律	미상 ~ 1908	의병	2003	애국장
최승균	崔承均	1892 ~ 1926	3·1운동	1999	애족장
최용무	崔溶武	1900 ~ 1972	3·1운동	1997	대통령표창
한도련	韓道鍊	1912 ~ 1973	국내 항일	1990	애족장
한병택	韓秉澤	1869 ~ 미상	3·1운동	2006	대통령표창
한진술	韓鎭述	1900 ~ 미상	만주 방면	2009	애국장
홍성환	洪性煥	1905 ~ 1973	국내 항일	2008	애족장
황하운	黃河雲	1892 ~ 1962	3·1운동	1990	애족장
※김경천	金擎天	1888 ~ 1942	만주 방면	1998	대통령장

함경도 30개(함남 28개) 시·군 중 가장 많은 수의 독립유공자를 배출한 곳이 북청이다. 숫자만 많은 것이 아니다. 이미 거론한 바 있지만, 이준 열사는 함경도가 배출한 유일한 대한민국장(서훈 1급) 수훈자이다. 신출귀몰한 '백마 탄 김 장군'으로 널리 알려진 김경천도 북청 출신이다. 그에겐 2등급인 대통령장이 서훈되었다.

국가보훈처가 제공하는 위 명단은 사회주의자가 대부분 제외되었다. 수록된 93명 중 사회주의자는 김유인, 이낙영, 이운수, 조재옥 등 4명뿐이다. 분단이 남긴 아픔 탓이다. 아래에 사회주의자로서 항일투쟁에 몸을 바친 이들의 명단을 소개한다.[47]

---

47 〈강만길·성대경 엮음, 『한국사회주의 인명사전』, 창작과 비평사, 1996〉을 기본으로 작성했음

호산 전창일과 통일운동 77년사

성명 생몰년	학력	주요이력	투옥 관련	포상 훈격 〈북조선〉
고문빈 1903~?	–	고려 공청, 농민조합 집행위원장, 평산야체이카 책임자	징역 1년 6월	
고유철 1903~?	–	고려공청	1930.2. 검거	
고준철 1901~?	–	고려공청, 평산면야체이카 배속	1930.2. 검거	
김경식 1901~?	–	조공 함남도책, 조선노동총동맹 중앙집행위원	1928.8. 검거 9월 석방	
김교영 ?~?	–	청총 중앙집행위원, 북청청년회 대표, 건국준비위원회 식량부	–	
김동명 1895~?	동방노력자공산대	고려공청 중앙위원, 화요회, 조공 만주총국 결성참여	징역 5년	
김득영 1904~?	–	노총 중앙집행위원, 신간회 신포지회 간사, 신포노조 집행위원장	일제 말 전향	
김병건 1906~?	–	고려공청 북청군간부기관 선전부 책임, 신간회, 신창야체이카 조직	징역 1년	
김용교 1905~?	–	고려공청, 신포야체이카	징역 1년	
김유인 1894~?	메이지대학	고려공산동맹 교양부 책임, 신간회북청지회 임시의장	1930. 검거	애족장(2005)
김철국 1897~?	–	고려공산당원, 빨치산 활동, 전투에서 부상(1921.1)	–	
박남준 1906~?	–	고려공청, 북청야체이카	1930.2. 검거	
서상완 1908~?	–	고려공청 함남도간부회 책임비서, 북청노동조합 집행위원	징역 4년, 추가 4월	
송도호 1903~?	북청농업, 주오대학(전)경제과	조공재건운동참여, 웅기노동연합회	징역 3년	
오진우 1917~95	–	조선민주주의인민공화국인민무력부장, 동북인민혁명군, 동북항일연군,	–	

이름	학력	활동	형량	비고
오치직 1909~?	—	고려공청북청군라이꼼선전부책임, 신간회, 북청노동조합상무집행위원,	—	
이낙영 1896~31	북청태양학교, 서울오성학교중퇴	노총중앙집행위원장, 조공중앙위원	징역 5년 6월, 옥중 사망	애국장(2007)
이영 1889~?	오성학교, 중국 남경강녕제일실업	고려공산동맹 책임비서, 조공 책임비서	징역 4년	〈혁명열사릉〉
이영춘 1913~	—	적색노동운동	1931.6. 검거	
이용 1897~54	절강군관학교 소련 사관학교	고려공산당군사부위원, 대한의용군사령관, 중공동만특위통신연락부장	—	〈혁명열사릉〉
이운수 1899~38	중동학교 니혼대 사회과	고려공청 일본총국, 조선신문발행인, 동경조선노조 집행위원장	징역 3년, 고문 후유증 사망	애국장(2006)
이의종 1907~?	—	고려공청 함남간부, 신간회	징역 3년, 2년 추가	
이주하 1905~50	원산광성, 휘문, 니혼대(전) 사회과	조공재건운동 참여, 원산 적색운동, 남로당 중앙위원	징역 5년	
이춘균 1895~?	메이지대학	북청청년동맹 신포지구 집행위원, 북청농민조합연합회 창립	—	
이현학 1906~?	—	고려공청	—	
장병광 1909~?	—	고려공청	1930.2. 검거	
장학봉 1906~?	—	조선공청, 신간회	징역 1년 6월	
전만성 1908~?	—	고려공청	징역 1년	
전정관 1897~?	동방노력자공산대	조공 중앙집행위원	징역 3년 6월, 징역 5년	
정성기 1902~?	—	조공 만주총국	징역 1년 6월	
조권모 1906~?	—	북청군라이꼼 조직부 책임자	1930.2. 검거	

조두희 1899~?	–	북청노동연합회 집행위원, 전평 상임원회 문화부장	징역 2년	
조병삼 1903~?	동흥중학	고려공청 만주총국 남만제1도 간부	1927.9. 검거	
조봉주 1905~?	–	고려공청 북청군라이꿈 면 책임자	징역 1년 6월 징역 4월 추가	
조성모 1905~?	배재고보, 도쿄세이소꾸영어학교중퇴	북청농조 재건운동,	징역 2년	
조재옥 1914~?	–	경성콤그룹 학생부원	–	대통령표창'09
조흥희 1910~?	북청농업	조국통일민주주의전선 중앙위원	징역 3년	
조훈 1908~–?	–	북청적색농조, 적색노조 재건운동	징역 1년 6월	
주건 1889~?	흥동학교, 영신중학 교사	조공 만주총국 간부, 중공 동만특위 선전부장, 간도 5·30 봉기 지도	–	
주채희 1900~?	북청농업	조공 재건운동 참여, 신간회	–	
한갑석 1903~?	북청농업, 중앙고보	조선공청함북도부회령군 조직책임	1929. 검거	
한붕륵 1914~?	나하태 보통학교	흥남적색노조준비그룹	징역 5년	
한상두 1910~?	덕신 보통학교	북청적색농조 재건운동, 노동당중앙위원	징역 3년, 징역 3년	
한종설 ?~1938	–	북청적색농조	–	
한진규 1916~?	–	북청농조운동	징역 5년	
한해 1900~29	황포군관학교	조공 중앙위원, 코민테른제6차대회 조선대표	징역 10월	

* 고려공청: 고려공산청년회(ML파)

* 조선공청: 조선공산청년회

대부분 낯선 인물들이다. 그러나 우리에게 익숙한 사람도 몇몇 있다. 이들 중 이용은 특히 흥미로운 인물이다. 그는 이준 열사의 외동아들이다. 총을 잡고 아버지의 뜻을 이어 독립투쟁에 헌신하다 옥고를 치르기도 했다. 그의 이력을 살펴보자. 1931년 11월경 일본영사관 경찰에게 이용이 체포되었을 때 「동아일보」는 그의 약력을 다음과 같이 보도했다.

북평강무관을 졸업하고 간도국민회에 초빙되어 군사교관으로 있다가 대정 8, 9년도 간(間) 간도 토벌이 시작되자 곧 해삼위 방면에 피신하였다. 기시(其時) 상해파와 이르쿠츠크파와의 충돌로 인하여 다시 당지를 떠나 광동으로 갔다. 광동군관학교를 졸업하고 민국 14년 장발규(張發奎)군 쿠데타로 조선인 학생학살 사건이 일어난 후에 현재 하응흠(何應欽)의 군에 편입되어 현재 소좌 참모로 있다.[48]

〈 그림33: 1931년 11월 29일, 12월 4일 자 동아일보 〉

48 何應欽麾下의 少佐로 活動, 人間은 土地放賣次로, 逮捕된 共産黨 李鍾乘來歷,「동아일보」, 1931. 12. 4.

　　　　　　　　　　　　　　호산 전창일과 통일운동 77년사

다소 부족한 정보다. 『한국사회주의 인명사전』에 수록된 정보를 기본으로 정리하면 이용의 이력은 아래와 같다.

출생(1888.4.7., 북청)[49] → 한일 병합 후 중국으로 망명, 절강 군관학교 졸업, 중국군 소위 임관 → 블라디보스토크, 한인사회당 군사부담당 중앙위원(1919.4.) → 상해 임시정부, 동로사령관 임명(1920) → 일본군의 간도 출병으로 인해 소련으로 퇴각 → 러시아공산당 극동국 한인부, 전한임시군사위원장 지명(1921.1.) → 대한의용군 군사위원(1921.3.) → 상해 고려공산당 군사부 위원(1921.5.) → 자유시 참변으로 연해주 이만으로 도피(1921.6.) → 대한의용군 사령관(1921.10.)→ 극동공화국의 인민혁명군과 협혁하여 백위군과 전투(1921.11.) → 이만철교 전투 · 노치거우 전투 · 울라지미로프스카 전투 · 인 전투 · 올리고크트 전투 · 볼로차에프스크 전투 등에 참전(1921.11.~1922.2.) → 고려혁명군 연해주 총지부 북부사령관(1922.9.) → 베르흐네우진스크에서 열린 고려공산당 연합대회에 출석(1922.10.) → 소련 사관학교 수학 → 소련 군사고문단과 함께 중국 광동 혁명근거지로 가서 국민혁명군 산두(汕頭) 주둔 포병연대에서 근무(1925) → 장제스((蔣介石)의 반공쿠데타에 반대해 싸움(1927.4.)→ 광주봉기(꼬문) 당시 봉기군 교도단 제1영 군사고문으로, 봉기 실패 후 해륙풍(海陸豊) 근거지 건설 참여(1927.12.) → 만주에서 조선공

---

49 사전에는 1897년생으로 되어있으나, 위 인용신문에 따르면 1888년생이 된다.

산당 재건 준비위에 가입, 1국 1당 원칙에 따라 중국공산당 가입 (1930) → 중공 연변특별지구 위원, '간도 5 · 30 봉기'와 그 후의 반일농민운동에 참가(1930.5.) → 중공 동만 특위 통신연락부장 (1930.9~1931.9.) → 조양천(朝陽川)에서 일본 경찰에 체포, 서대문형무소 복역, 고향 북청에서 거주제한 조치(1931.11.) → 장춘에서 비밀리에 동북인민해방정치위원회를 결성, 일본군 군사시설 정찰활동에 참가(1944.11.)[50]

이상이 해방 이전 이용의 전반적인 이력이다. 사전에 누락된 이력이 있다. 김일성의 처 김정숙과의 인연이다. 서대문형무소 출옥 후 이용은 북청으로 귀향했고, 그곳에서 거주제한을 당하고 있다가 1936년 말경 김정숙 등 항일유격대공작원과 연결되었다고 한다.[51] 그러나 그 인연이 오래가지는 않았던 것으로 보인다. 해방 후 이용은 1946년까지 북청군 초대인민위원장을 지내다가 그해 3월에 월남해 만 2년여 서울에서 활동했다. 북청군 초대인민위원장 시기 이용의 활동에 대해 전창일은 다음과 같은 증언을 남겼다.

해방 후 몇 개월 후인 1945년 10월경으로 기억하는데, 이용은 고향 북청에서 장차 조국수호를 위한 인민군 지망생을 모집하였

---

50 강만길 · 성대경 엮음, 『한국사회주의운동 인명사전』, 창작과 비평사, 1996, pp.353~354.

51 김광운, 『북한 정치사 연구 Ⅰ』 선인, 2003, pp.352~354. 〈임영태의 '다시 보는 해방 전후사 이야기'(60), 「통일뉴스」 2021.7.5〉 재인용

다. 내가 다니던 북청공업학교 시설과 학생군사훈련용 무기 등을
이용하여 군사훈련을 시켰다. 나는 100여 명의 훈련생들이 밤낮
을 잊고 훈련하는 과정을 지켜보았다.

그러나 그 훈련은 오래가지 못했다. 한 달여 만에 해산하고 만
것이다. 훈련생 중에는 나의 소학교 선배도 있었다. 선배에게 왜
해산하였느냐고 물었더니, 소련군사령부의 지시로 해산하였다고
한다. 훈련생들은 각자의 연고지로 돌아갔고, 그들은 고향의 치안
활동에 종사했거나 혹은 후일 조직되는 군무에 종사한 것으로 기
억한다.[52]

월남한 이용은 1946년 6월 이극로와 함께 남조선 단독정부 수립에 반
대했고, 1947년 신진당(新進黨) 부당수로 일하게 된다. 전창일의 기억
을 따르면, 1947년 후반기 무렵 종로2가 YMCA 맞은편 건물에 신진당
간판이 걸려 있는 것을 보았다고 한다. 1948년 4월 남북 제 정당 사회
단체 연석회의에 참가하기 위해 이용 등이 북으로 올라간 후, 남북협상
에 가담한 정당·단체에 대한 탄압이 강화되었고, 신진당 간판이 대한
청년단 간판으로 바뀐 것을 보고 세상이 바뀐 것을 실감하게 되었다고
전창일은 회억(回憶) 한다.

북으로 다시 돌아간 이용은 그 후 1948년 9월 9일 조선민주주의인민
공화국의 첫 내각 도시경영상, 1951년 12월 사법상, 1953년 무임소상
등을 차례로 맡아 일하다가 1954년 8월 18일 사망했다. 1990년 조국통

52 〈전창일의 자필 기록, 2021.7.13.〉

일상을 받았고, 현재 남한의 국립묘지 격인 애국열사릉에 안장돼 있다. 남쪽 보훈처에서는 북쪽 정부에 참여한 이유로 서훈하지 않고 있다.[53]

위 표를 통해 소개한 인물 중 이용과 함께 애국열사릉에 안장된 인물이 또 한 명 있다. 북청군 나하대리에서 출생한 이영(李英, 1889.4.1.~1960.8.13)이다. 중국에서 활동하다가 귀국한 뒤 고향인 북청에서 3·1 운동에 참가한 흥미로운 경력을 가졌다. 이로 인해 체포되었고, 정확한 형량은 밝혀지지 않았지만, 1920년에 만기 출감하였다는 기록이 있다.[54] 고려공산당 책임비서, 조선공산당 책임비서, 조국통일민주주의전선 의장 등을 역임하는 등 사회주의 운동사에서 핵심적인 인물 중의 한 명이었다.

〈 그림34: 1946년 4월 17일 자 조선인민보, 1950년 6월 17일 자 동아일보, 1950년 8월 5일 자 해방일보 〉

---

53 정성희, 이용, 이준 열사의 뜻을 이어 총을 잡다, 「매일노동뉴스」, 2019.5.20.
54 이영, 《위키백과》

호산 전창일과 통일운동 77년사

다음 차례로 이주하(李舟河)를 소개한다. 1950년 3월 27일, 서울 예지동에서 이주하가 체포되었다. 이튿날 아현동에서 김삼룡도 체포되었다.[55] 두 사람은 38선에서 무장충돌이 빈번한 시기인 1950년대 초반 무렵, 북에서 평양방송을 통해 평화사절로 남파한다고 예보한 후 남파되었다가 체포·감금된 것이다. 6월 10일경, 북쪽의 조만식과 남쪽의 이주하·김삼룡을 교환하자고 북측이 제의했다. 이승만도 이 제안을 수락하였다. 하지만 북측에서 금후 1주일 내로 조만식을 남쪽으로 보내면 김·이 양인을 석방하겠다고 했다. 조건을 달았던 것이다.[56] 맞교환하자는 북측과 먼저 조만식을 석방하라는 남측의 주장이 팽팽히 맞서던 중 전쟁이 일어났다.

전쟁 발발 다음날인 6월 26일 오후 6시경, 두 사람은 총살당했다. 우리가 익히 알고 있는 김삼룡·이주하 교환사건이다. 미궁에 빠질 뻔했던 두 사람의 처형과정은 서울을 점령했던 인민군 치하에서 밝혀졌다. 1950년 8월 5일 자 「해방일보」에 따르면 피살경위는 다음과 같다.

> 6월 26일 조선 인민의 철천의 원수인 리승만과 그의 졸개 소위 국방장관 신성모는 소위 헌병 사령관 ○○○에 대하여 공동명령서를 내리어 김삼룡 리주하 두 선생에 대한 사형을 명령하였다. 이리하여 놈들은 이날 오후 6시경 소위 육군 법무관 모 소령 입회하

---

55 南勞黨 드디어 崩壞, 總責 金三龍逮捕 武裝責任者 李舟河도 就縛 지난 二十七日曉 市內에서, 「동아일보」 1950.4.1.

56 曺晩植氏를 金三龍李舟河 兩人과 交換 大統領以北提案受諾, 一週內 越南期待 江界人民兵舍에 幽閉中, 「동아일보」 1950.6.17.

에 소위 헌병사령부 제3과장 송호순과 동 경비대장 차약도는 헌병놈 5명을 데리고 헌병사령부 뒷문에서 500미터 떨어진 지점에 솟아있는 두 소나무에 김삼룡 리주하 두 선생을 손에 쇠사슬을 채운 채 꽉꽉 묶어 총살하였던 것이다. 한 소나무에는 7발의 또 한 소나무에는 5발의 당시의 사정을 말하여주는 탄흔이 있었으며 나무껍질은 빗발치는 총탄에 산산이 벗겨졌었다.

놈들은 두 선생을 총살한 후 전기 소나무 뒤 1미터 지점에 길이 2미터, 넓이 1미터 깊이 1미터 반의 구덩이를 파서 두 선생의 시체를 묻었던 것이다. 김삼룡 리주하 두 선생은 원수들 손에 남산 기슭 한 모퉁이에서 이와 같이 학살당했던 것이다.

두 선생의 시체가 발견된 이튿날인 4일, 두 선생의 시체는 철도공장 열성노동자들을 위시한 노동자 당원들에 의해 눈물과 원수들에 대한 끓어오르는 적개심 속에서 발굴되었다. 이어 두 선생의 시체는 공화국 정부요인과 조선로동당 지도 밑에 각 정당 사회단체 대표들이 참집한 가운데 엄숙히 장의식이 거행되었으며 두 선생의 영구는 남산 기슭 남역에 안장되었다.[57]

김삼룡·이주하 두 사람은 이처럼 허무하게 생을 마감해서는 아니 될 사람들이었다. 해방공간 대표적 신문의 하나였던 「조선인민보」는 화려

---

[57] 조선 민족의 진정한 애국자, 고 김삼룡 리주하 두 선생, 남산에서 매국도당에게 학살된 유해 발굴, 4일 장의식 엄숙히 거행, 「해방일보」 1950.8.5.

한 필진을 동원하여 '지도자군상'이라는 칼럼을 연재한바 있다. 여운형(필자 이강국), 박헌영(김오성), 김일성(서중석), 허헌(김계림), 김약산(이여성), 김두봉(이청원) 등을 비롯하여 이주하의 경우 김태준[58]이 집필을 하였다. 이 글에서 김태준은 대주하(大舟河)라고 호칭할 정도로 이주하를 높이 평가했다. 남조선의 박헌영·이관술 그리고 북조선의 이주하 등 세 사람을 금기를 깨뜨린 조선지하운동의 상징으로 보았다.[59]

위 신문에서 김약산론을 쓴 바 있는 김오성은 1946년 7월, 『지도자군상』이란 책을 집필·발간하였다. 저자는 서문에서 "이 책은 일제의 잔학한 탄압 밑에서 온갖 박해와 투옥 악형 학살 등으로서의 위협(威脅)에도 불구하고, 조선 민족의 해방을 위해서 영웅적인 투쟁을 감행해온 혁명가들의 영자(英姿)를 독자들에게 소개하는 동시에, 그들의 혁명적 생애와 그 인물의 분석을 통해서 지도자의 가질 수 있는 온갖 조건을 부각하여 앞으로 나타날 새로운 지도자들에게 참고의 재(材)가 될까 하고 희망을 가지고 썼다."라고 했는데 이주하는 이 책에서도 조선의 지도자 중의 한 사람으로 꼽혔다.[60]

그는 함남 북청에서 화전민의 아들로 태어났다. 이주하가 최초로 반항한 것은 완고한 아버지에 대한 저항이었다. 신식학교에 다니면서 머리를 깎았다. 아홉 살 되던 해에 어려운 살림 속에서도 아버지 몰래 중

58 김태준(金台俊, 1905~1949) 평북 운산 출생, 우리나라 최초로 비교문학적 관점에서 〈조선소설사〉와 〈조선한문학사〉를 썼다. 오랫동안 그의 연구업적은 사장되었다가 1988년에 와서 해금되었다. 《다음백과》

59 지도자군상, 이주하론, 「조선인민보」 1946.4.17.

60 김오성, 『지도자군상』 대성출판사, 1946.7.15.

학과정의 원산의 광성학교에 입학해서, 3년 만에 졸업하고 보광학교에 진학했다. 보광학교 3학년 때 3·1 운동이 일어나자 전단의 사본을 뿌리는 등 시위에 참가했고, 일본 경찰을 피해 도피했다. 일제에 항거한 최초의 행동이었다. 그 후 고학을 하면서 서울의 휘문고보에 입학했으나, 동맹휴학을 주도했다고 퇴학을 당해 3학년을 마치지 못했다.

이번에는 일본으로 갔다. 니혼대학(日本大學) 전문부 사회과에서 수학했으나 졸업은 하지 못했다. 고학은 그의 생활 중 일부분이었으나 공산 청년동맹에 가담하는 등 사회주의 사상을 수용했던 것이 더 큰 이유로 짐작된다. 귀국 후에는 조선공산당 재건운동에 참여하는 동시에 원산 적색노조운동의 지도자로서 활약하는 등 조선노동운동의 상징이 된다. 이제 피신과 투옥이 그의 삶 일부분이 되었다.

해방 후에는 미 군정과 이승만 정권에 대한 저항이 생활이 되었다. 아버지, 학교, 일제, 미 군정, 이승만 정권으로 이어지는 저항의 삶은 한국전쟁 발발로 이승만 정권에 의해 사살됨으로써 마감되었다. 어쩌면 이주하야말로 '덤베북청'의 상징적인 인물이 아닌가 싶다.

북청은 지역 단위로는 가장 많은 지식인을 배출한 고장이다. 북청 물장수가 상징하듯 전통적으로 향학열이 높은 고장이다. 이곳은 함경도 지역 항일지하운동의 중심역할을 한 곳이기도 하다. 특히 사회주의자들의 혁명운동은 북청을 중심으로 남으로 홍원·정평·함흥, 북으로는 이원·단천·성진·삼수·갑산 등 광범위하게 조직적으로 연대했다고 한다. 대표적 인물로 조훈, 조성모, 고화산, 이영 등을 들 수 있다. 그들은 북청 지역을 벗어나 전국적 규모의 항일 사회주의 혁명운동을 했다.

이들 중 비교적 덜 알려진 조훈, 고화산에 대해 숨겨진 비화를 전창일

호산 전창일과 통일운동 77년사

의 기억을 빌려 소개한다. 조훈[61]은 해방 후 최초의 조선공산당 북청군 당 위원장으로 선임된 혁명가였다. 그에 대한 유명한 일화가 전해지고 있다. 다음은 전창일의 육성이다.

여기 나와서 심원중학교인가 다녔어. 그러다 학생 사회주의 서 클로 인해 감옥에 들어가. 퇴학돼서 집에 와 있었어. 집에 와서 사 회주의 지하 활동하는데 이 사람이 어떤 일화가 있어. 그 사람이. 가을 9월인가 10월인가 추수하잖아. 벼. 벼 추수하는데 8월 중순 이면 나락이 싹이 나잖아요. 그걸 잔뜩 베어 가서 지게에다 지고 집에 왔었는데, 마당에다 탁 이렇게 내려서, 여물지도 않은 시퍼 런 벼를 베어 왔던 거야.

대청마루에서 담배를 피우고 있던 아버지가, 그때는 농한기거 든. 농민들이 김도 다 매고, 나락이 익는 거 기다릴 때지. 아들이 여물지도 않은 벼를 한 지게 지고 들어와 턱 놓거든. 담뱃대 놓고, 아버지가 "너 이놈 여물지도 않은 벼를, 어찌 된 일이냐?"하고 호

---

61 조훈(趙勳, 1908~?) (북청적색농조, 적색노조 재건운동참가자) 함남 북청 출신으로, 1932년 12월 북청적색농민조합 덕성지부재건협의회 산하 나하태(羅荷台)집행부를 결 성하고 서무부원이 되었다. 1933년 1월 레닌, 리프크네히트, 룩셈부르크를 기리는 3L데 이 기념식을 개최했다. 1935년 1월 함흥지법에서 징역 1년 6월을 선고받았다. 1936년 2월 북청노조 재건운동의 최고지도기관으로 '나하태 혁명적 운동자 대표위원회'를 조직 하고 책임을 맡았다. 11월 검거를 피해 함북 각지를 전전했다. 1937년 2월 조선질소비 료주식회사 흥남공장에 잡역인부로 취직했다. 1938년 7월 흥남적색노동조합 준비그룹 을 조직하고 책임을 맡았고, 11월 성진적색노조위원회 결성에 참여했다. 1939년 1월까 지 적색노조를 중심으로 인민전선운동을 전개하다가 검거되어 청진지법에서 징역 1년 6 월을 선고받았다. 〈강만길 · 성대경 엮음, 『한국사회주의운동 인명사전』 창작과 비평사, 1996, p.464.〉

통치니까, 아들 왈 "부전자전입니다." 아버지한테 그렇게 대답했다는 거야. 허허. 무슨 말인지 모르겠지? 아버지한테서 전해 온 거 아들한테 꼭 같이 전해온다는 거지.

아들이 서울에 와서 공부하다가 퇴학 맞으면 딴 사람들은 다른 학교에 또 다니게, 다른 학교에 편입시키거든. 아버지가, 이놈의 자식 너 공부해서, 네가 공산당 지하 활동하다 퇴학 맞아서 공부 안 시킨 거야. 돈 달래도 안 주는 거야. 농사나 지으라고. 아버지가 그렇게 말하니, 자기가 한창 공부해야 하는 땐데 아버지가 공부 안 시키니까 나락이 말 나오는 걸 베는 거와 같다 이거지. 그렇잖아요. 그런 일화를 가진 사람이야. 그래 가지고 그 이후에 계속 지하활동하고, 그 사람이 북청 초대 공산당 위원장이야…[62]

아들의 성공만을 바라는 평범한 아버지와 혁명가 아들 사이에 얽힌 일화다. 앞에서 언급한 이재옥의 경우와 유사한 경우다. 해방 후 신북청면 초대 인민위원장 이재옥 그리고 최초의 조선공산당 북청군당 위원장 조훈, 이들은 모두 이러한 역경을 딛고 위대한 혁명가가 되었다는 얘기다. 전창일이 소개하는 또 다른 인물, 고화산(高火山, 1909년생?)은 별도의 의미로 흥미로운 인물이다. 아래에 전창일의 육필을 소개한다.

고화산은 일본대학교 부속 제2중학교 재학 중 수신시간에 교장

---

62 임미리 기록, 『1960년대 이후 통일운동가들의 통일운동 및 사회운동 경험, 전창일 구술』, 국사편찬위원회, 2014, 녹취록 1차 2번 -3. 소련군의 흥남 NZ공장 기계반출에 항의해 데모

에게 조선의 자주독립을 외치며 항의하다가 퇴학을 당하는 동시에 투옥되었다. 그 후 일본대학 사회학과에 입학하였으나, 배일사상이 농후하다는 이유로 다시 퇴학당했다.

당시 일본 제국의 국가주의 사상가로 유명했던 頭山 滿 (1855~1944, 도야마 미쓰루 혹은 가시라야마 미쯔)을 찾아가 조선의 독립을 역설하였다. 頭山 滿는 젊은 청년을 설득하는 뜻에서 이완용의 친필 서예 한 폭을 보여주었다 한다. 화가 난 고화산은 매국노 이완용이라고 외치면서 보여주는 서폭에 먹칠을 해버렸다. 하지만 頭山는 그 용기를 찬양하고, 먹칠한 서폭을 그 후로도 애지중지했다는 일화가 전해지고 있다.

고국으로 귀국한 후 지하활동을 하다가 체포되었다. 일경은 피신한 동지들과 아버지의 행방을 추궁하며 고문을 했으나, 고화산은 결코 불지 않았다. 이제, 고화산의 딸이 소환되었다. 딸에게 아버지가 고문당하는 모습을 보여 주었다. 손가락에 참대 못을 찔러 피가 낭자한 장면을 보여준 것이다. 할아버지의 행방을 실토하라는 이러한 압박에도 딸은 끄덕하지 않았다고 한다. 아버지와 딸은 똑같이 불의에 굴복하지 않았다는 일화다. 해방 후 그의 아버지(고재욱?)는 북청 보안서장(경찰서장)으로 취임하고 딸(이화여전 졸)은 조선여성동맹 위원장을 하였다. 고화산은 6 · 25 전쟁 와중에 월남한 후 한국사회당에서 활동한 바 있다.[63]

---

63 전창일이 「신북청면지」를 참조하여 쓴 글을 다소 윤문하였음

〈 그림35: 북청 이지란 유허비Ⓒ한국학중앙연구원 〉

북청 출신의 항일독립운동가·사회주의 혁명가들은 수없이 많으나 이용, 이주하, 조훈, 고화산 등 몇 명의 인물을 대표로 소개했다. 이들 독립운동가, 혁명가들이 청년 시절 즐겨 불렀던 노래가 있다. 앞글에서 〈돈돌날이〉의 작곡자로 소개한 북청 대성중학교 교사 이춘균이 작사·작곡한 '북청 청년가'란 노래다. 가사는 아래와 같다.

① 울뚝 불뚝 솟아나는 차일봉은
   백두산에서 내려 보는 제일봉이다.
   억 천만 년 지나가도 태연자약
   우리 북청 - 청년의 고유한 기개

어화 어하 우리 청년 모여서 전 산처럼

② 콸콸 콸콸 흘러가는 남대천 가람은
　　한 줄기 두 줄기 모인 물일세
　　밤낮없이 굽이굽이 찾아감도
　　우리 북청- 청년의 활동의 정신
　　어화 어하 우리 청년 나아가 저 물처럼

　지금까지 북청을 대표하는 인물들을 다수 소개했지만 정작 빠뜨린 사람이 있다. 북청이란 지명으로 확정되기 전후 무렵 활동했던 이지란과 이명지, 두 명의 장군에 관한 이야기다. 조선조에 충성했으나 중앙정치권에 반발해 고향인 북청으로 돌아갔다는 점에서 닮았다. 하지만 그 저항의 방법은 달랐다. 먼저 이지란에 대해 알아보자.

　청해백 이지란(靑海伯[64] 李之蘭,[65] 1331~1402)은 고려 충혜왕 원년(1331년), 북청 남대천변 서도리(포청사)에서 원(元), 몽고 제국의 금패천호인 아라부카(阿羅不花)[66]의 맏아들로 태어났다. 아버지는 원나라의

---

64 伯은 백작을 뜻하는 관직명이다. 1392년 명나라를 도와 건주위(建州衛) 여진 추장 월로티무르[月魯帖木兒]의 반란을 정벌한 공으로 명나라에 의해 청해백(靑海伯)에 봉해졌다는 설《한국민족문화대백과사전》과 조선이 건국된 이후 1등 개국공신에 책록되고, 청해백에 봉해졌다는 설《나무위키》이 있다.

65 여진족 이름은 퉁두란(佟豆蘭)으로서, 성씨(姓氏)는 퉁(佟, 동)이고, 이름은 두란(쿠란투란티무르, 古倫豆蘭帖木兒, 고륜두란첩목아)이다. 자는 식형(式馨)이고 불교 법명도 식형(式馨)이다. 그는 청해 이씨의 시조이다.《위키백과》

66 이지란 사후 3백 년 뒤인 영조 50년(1774년)에 세워진 '이지란신도비'에는 아원(雅遠)으로 되어 있다.

정서대장군(금패천호)이었고, 남송의 충신이자 명나라 이후 한족의 영웅으로 추앙받고 있는 무목왕(武穆王) 악비(岳飛)의 6대손이었다.

충정왕 2년(1350년) 이성계가 개강정장(价江[67]亭長)으로 있을 때 이지란과 상봉하고 의기투합하여 활쏘기 등 여러 무예를 함께 수련하였는데, 우열을 가르기에 힘들 정도였다고 한다. 이지란은 이성계와 결의형제를 맺고 이자춘(이성계의 부친) 휘하에서 군무와 크고 작은 전쟁에 참여하여 패하는 일이 없었다. 이지란과 이성계는 수십 년 동고동락 끝에 이씨 왕조를 개국하게 된다. 그 후에도 고려왕조 때 원나라에 빼앗긴 청령 이북 현 함경남북도의 실지를 회복하는 공훈을 세웠으니, 조선조 창업에 기둥과 주춧돌 같은 개국 원훈 공신이었다.

개국한 지 불과 10년에 왕자들의 난은 거듭되고 부자·형제간의 골육상쟁은 끝이 보이지 않았다. 결국, 태조는 왕위를 방과(芳果)에게 선위하고 고향인 함흥으로 돌아가 은거하였다. 조정이 이처럼 혼란스럽게 되자 이지란은 모든 관직을 버리고 북청으로 낙향하였다. 고향에서 불도에 전념하며, 한운야월(閑雲夜月)에 기러기를 벗 삼아 만년을 한가하게 지내다가 태종 2년(1402년) 4월 11일 향년 72세로 영면하였다.

이명지 장군은 보다 극적인 삶을 살았다. 대부분 사람에게는 금시초문의 인물이겠지만, 북청인들에겐 전설 속의 초인으로 회자되고 있다. 장군은 전창일과 같은 마을인 북청군 신북청면 보천리 태생이다. 전주이씨 북청입복시조 개국 원종 공신 이가종(태조와 6촌)의 장손자로 휘는 승순, 호는 명지당이다. 유년 시절부터 총명한 수재로 독서를 즐겼으

---

67 개강(价江:경원)

며, 기량이 넓고 대의를 위해선 몸을 사리지 않았다. 더욱이 기략이 출중하고 이술에 밝아 천지 풍운, 축지법까지 겸비했던 인물로 전해지고 있다.

관직으로는 선략장군, 무산절제사 참판을 역임했으며 수도 경성에 특설한 경재소좌수에 재임한 바 있다. 그 무렵 이명지 장군의 운명이 바뀌게 되는 사건이 일어난다. 소위 계유정난(癸酉靖亂, 1453년)을 통해 세조가 조카 단종에게서 왕위를 찬탈한 것이다. 이명지 장군은 세조의 불의에 통분하며 모든 관직을 사임하고 고향 북청으로 환향하였다. 세월이 다소 흐른 1467년(세조 13년), 성격은 다르지만 조선조 입장에선 보다 엄청난 사건이 발생했다.

함길도를 근거로 한 호족 토반인 길주 출신 이시애가 반란을 일으킨 것이다. 이시애, 이시합 형제가 거사를 모의하고 거병하였으나 패멸하고 말았다. 이 모반사건에 연루되었던 장군은 북청읍 동방 대덕산 분봉 아래에 몸을 감추고 병과 용법을 수련하며 차후를 준비했다. 이를 탐지한 조정은 대장 어유소, 강순 등을 파견하여 장군의 거처를 탐색하였다. 그러나 장군이 지략으로 이변 천지 풍운과 축지법으로 신출귀몰하자 관군들은 혼비백산하였다.

어유소 등은 토벌이 불가능해지자 그 보복으로 장군의 가족을 몰살하고 9족을 멸한다는 방을 각 처에 붙였다. 그뿐만 아니라 선묘를 파헤치는 등 그 행패가 이루 말할 수 없는 지경이었다. 친인척들이 성을 바꾸고 호적까지 변경하는 등 산지사방으로 분산한 연유다. 장군은 이제 명이 다하였음을 깨달았다. 개탄 천추의 한을 남기고 자결하여 일생을 마감했다. 세인들은 영웅의 말로는 개여시야(皆如是也, 모두 이러하였다.)라 하며 한탄하였다고 한다.

세월이 흘러 중종 25년(1525년), 장군의 입계증손이 무과 선략장군병마만호에 등제함으로써 장군의 피화수난으로 지리 분산되었던 친인척 후손들의 일부가 하나둘 본종 보천리로 돌아오기 시작했다. 그들로부터 장군의 전설이 맥을 이어간 것이다. 이명지봉이라 함은 대덕 산맥 분봉으로 해발 810m의 험준한 삼각 암석봉인데, 산세가 서울 동쪽에 있는 삼각산과 비슷할 뿐 아니라 남단에 있는 봉은 삼각산의 인수봉과 대단히 흡사하다. 이 봉 밑에서 이명지 장군이 몸을 감추고 병마 용법을 수련하였다.

그 후부터 오늘에 이르기까지 이명지봉으로 호칭되어 왔으며, 세상에 없는 영산으로 알려졌다. 봄, 여름, 가을철이면 치성드리는 선남선녀들이 구름처럼 모이며, 북청 인근에서는 어디서나 그 웅장한 모습을 바라볼 수 있다. 전창일이 일곱, 여덟 살 때 어른들을 따라 이명지봉 정상까지 등반한 적이 있는데, 지금까지 아름다운 추억으로 남아있다고 한다.[68]

이명지 장군에 대한 글이 다소 긴 이유가 있다. 1992년 2월 10일, 전창일이 형제들에게 보내는 첫 편지에서 "난리 통에 귀향길에 올랐던 이근억"의 소식이 궁금하다고 했듯, 수십 년이 지나도 잊지 못하고 있는 친구이자 동지인 이근억이 이명지 장군의 후손인 까닭이다. 아래는 이근억과의 인연에 대해 쓴 전창일의 자필 기록이다.

내가 출생한 신북청면 보천리 창동에서 바로 300m 떨어진 작은

---

[68] 전창일이 「신북청면지」를 참조하여 쓴 글을 윤문하였음

마을(약 30호)이 이명지 장군의 출생지이며 그 후손들이 사는 유서 깊은 마을이다. 우리 마을에서는 아랫마을 혹은 이씨 촌이라고 부르지만, 정식 명칭은 미삼촌이라고 한다. 나와 다정한 친구이며 동지인 이근억이 바로 이 마을 출신이며 이명지 장군의 후손이다.

이근억은 양천 소학교 동기동창이며 내가 북청공업학교에 진학했을 때 근억은 함흥 사범학교에 진학했다. 해방되어 북청 중학교로 전학하여 나와 함께 기차통학을 했다. 서울 와서 그는 단국대학으로 진학하여 나와 같이 고학하였다. 또 단선 단정 반대운동에 참여하여 복역하다가 6·25 전쟁으로 나와 함께 출옥하였다. 인민군이 퇴각할 때 북행하여 평양에서 대학수업을 마친 후 대학교수로 생활하다가 몇 해 전에 운명했다는 소식을 들었다.

일제 강점기 말기,
가족 이야기

전창일 역시 '북청 물장수'의 아들이었다. 전창일의 아버지 전흥종은 아들이 소학교 4학년이 되던 무렵 논 다섯 마지기를 팔았다. 그리고 서울로 향했다. 논 판 돈으로 물자리를 샀다. 장소는 지금의 서대문구 아현동이었다. 농부 전흥종은 이제 물장수가 된 것이다. 그의 목적은 하나였다. '아들을 서울에서 공부를 시키자.' 아들에게 다른 생각 말고 오로지 공부만 열심히 하라고 편지를 보냈다. 전창일이 5학년 때의 일이다. 그러나 날벼락이 떨어졌다.

좀 더 돈을 벌 욕심으로 배달을 겸했던 것이 탈이었다. 부잣집에 물지게를 지고 배달을 하다가 허리를 다친 것이다. 결국, 물자리를 팔 수밖에 없었다. 함흥도립병원에 몇 달 동안 입원하는 동안 물자리를 판 돈 즉 논 다섯 마지기를 병원비로 다 날려버렸다. '물장수'로 돈을 벌어 아들을 서울 유학시키겠다는 소망이 허망하게 무산되고 말았다. 서울에서 중학생이 될 것이라는 전창일의 꿈도 산산조각이 나버렸다. 그가 북청공업학교를 선택할 수밖에 없었던 연유다.[1] 그러나 북청공업학교의 학비 또한 만만치 않았다. 그 무렵의 난관을 어떻게 헤쳐갈 수 있었는지

---

1   면담자(이영재 · 정호기 · 이창훈), 『인민혁명당과 혁신계의 활동, 주요인사(전창일 님) 구술사료 수집』 4 · 9 통일평화재단, 2014.2.3, pp.22~23.

전창일의 회고를 들어보자.

- 전창일: …함흥농업은 5년제인데 북청농업은 3년제예요. 그래 우리 형이 북청농업 다니다가 함흥농업으로 편입학을 했어. 그 후 함흥 농업을 졸업한 뒤 함경북도에 가서 군농회를 다녔어요. 여기로 얘 기하면 군청직원이지. 공무원이지요.

  그런데 내가 북청공업학교 기계과에 들어갔는데, 아까 얘기했듯 이 우리 아버지가 물장사하다가 병이 나서 재산 탕진하고 퇴원 후 집에서 치료받고 있었어요. 집안의 우환에 입학금 얘기는 말도 꺼 내지 못하고 걱정만 하고 있을 때, 우리 사촌 형이 입학금을 보내줬 어요.

  사실 우리 형이 농업학교 다닐 때도 담배 피웠거든요. 내가 담배 심부름 했던 기억이 나요. 그런데 내가 중학교(북청공업학교) 입학 했다니까, 우리 집이 이제 어려운 사정이고, 아버지는 병이 났고, 그래서 형이 담배를 딱 끊었데요. 그리고 공무원들한테 가는 담배 배급이 있잖아요. 그때는 마꼬라 했는데 지금 얘기하자면 만담배, 권련, 그것은 공무원들한테 특별히 나오는 것인데, 그것을 암시장 에 갖다 팔면 곱쟁이 받는데요.

  담배를 끊고, 배급 탄 담배를 우리 형수님이 암시장에 내다 팔아 서 나한테 돈을 보냈다는 얘기를 나중에 내가 졸업하고 알았어요.
- 이영재: 네.
- 전창일: 그때 내가 담배를 피웠는데, 형수님에게 형이 피우는 담배 없는가, 담배 좀 달라 그랬어요. 아! 담배 피우는가 보네? 예 담배 펴요. 그러니까 어~도련님, 아 거기서는 도련님이라고 안 해요.

여기서는 애기 도련님이라고 그러는데, 남편의 시동생을 생원이라고 해, 생원.

- 정호기: 생원.

- 전창일: 아, 생원이 몰라요? 그래. 그 뭐 무슨 말씀입니까? 하니, 생원이 중학교 공업학교 입학했다는 통지를 받고 그 날부터 형이 담배를 딱 끊었다는 거야. 그래 가지고 그 돈 보낸 것이 자기가 암시장에 가서 팔아서 보냈다는 거야. 아! 그 얘기 들으니까 눈물이 막 쏟아지는 거예요. 형수님 앞에서. 어디 생각이나 하겠습니까? 사촌 형인데. 사촌 동생이 중학교 들어갔는데 안 보내면 될 것을.

- 정호기: 그렇죠.

- 전창일: 담배를 중도에 끊고, 암시장에 그거 팔아 내 학자금을 댔어. 사촌 형이. 그만큼 우리 마을의 문화가… 아까 얘기했듯이 돈 거래 해도 이자라는 거 모르고, 뭐 다른 고장 하고 비교하면 특이한 현상이지. 우리 사촌 형은 내가 당연히 할 일을 한 것이다, 이렇게 생각하거든요.

- 정호기: 선생님! 말씀하시면서 그, 선생님 친형제분에 관한 이야기는 안 하시고, 다른 옆에 계신 분들 얘기만 하시는데요. (웃음)

- 전창일: 아니, 근데, 친형제도 이제는 그런 형이 어디 있어요? 드물죠.[2]

---

2   면담자(이영재 · 정호기 · 이창훈), 『인민혁명당과 혁신계의 활동, 주요인사(전창일 님) 구술사료 수집』 4 · 9통일평화재단, 2014.2.3, pp.27~29.

사촌 형 전철우에 대해 고마움과 그리운 정은 1992년 2월 10일, 전창일이 40여 년 만에 형제들에게 보내는 첫 편지에서도 역력히 표명되었다. 그는 이 편지에서 "형님은 나의 자랑스러운 형입니다. 온성군청에 계실 때 그 좋아하시던 담배를 끊고 배급담배를 팔아 제 학자금 보내주신 일 저는 평생 잊지 않고 있습니다. 그것도 형수님을 통해서 비로소 알고 그 후 저는 시간을 아껴 가면서 공부에 열중하는 습성이 생활화되었습니다. 형님 부디 재회의 그 날까지 모두 몸 건강하시길 기원합니다."[3]라고 애틋한 마음을 전했다. 아무튼, 전창일은 이제 북청공업학교 학생이 되었다. 하지만 무늬만 학생일 뿐이었다. 전시하의 일제는 학생들의 노동력마저 갈취해야 할 형편이었다.

〈 그림36: 1944년 8월 23일 자 매일신보 〉

3　　〈자세히 보기-1〉 [전창일이 형제들에게 보내는 편지(1992.2.10.)] 참조

1944년 8월, 《학도근로령》이 공포되었다.[4] 이제 어린 학생마저 각기 전공 부분의 공장에서 근로동원이라는 이름 아래 육체노동을 해야만 했다. 물론 전창일도 예외가 될 수 없었다. 아래는 그의 경험담이다.

- 정호기: 선생님! 학교 한창 다니실 때면, 그, 일제 전쟁 말기와 겹쳐 있네요? 말씀 들어보니까요? 북청에서 학교 다니실 때하고 일제 전쟁 말기에. 한참.
- 전창일: 그렇지. 일제 때 내가 중학교 들어가 가지고. 해방은 중학교 3학년일 때인데, 그 공업학교 3학년일 때지. 그때 일본 놈들이 여자들을 정신대 보내고 학생들은 조선총독부에서 학도근로동원령이라는 총독부령이 나왔어. 그래서 학생들을 공장에 끌어다 일 시켰어. 서울 뭐 다 그랬어. 그래서 우리가 흥남공장에 나와서 경성고공(경성고등공업학교) 학생들과 같이 공장에서 일했어요.
- 이영재: 네.
- 정호기: 아! 공부 안 하시고 흥남공장에서 일하셨어요?
- 전창일: 흥남공장에 가서 일했다니까, 학생들이 다.
- 정호기: 아! 선생님도 그리 가서 일하셨어요?
- 전창일: 어~ 학생들이. 그러니까 이제 그 공장에서 학생들한테 기숙시설을 하고 또 시간 봐서는 선생들이 기숙사에서 필요한 강의 해주고 그랬어요. 그리고 아침에 공장에 나와서 종일 일하고 저녁

---

4 學徒勤勞令今日부터 實施-勤勞一途로 總蹶起-學徒의 身分保有하고 作業, 「매일신보」, 1944.8.23.

때면 들어가고.

- 정호기: 선생님들께서 만드신 제품은 뭐였습니까?
- 전창일: 응?
- 정호기: 선생님께서 만드신 제품, 그 흥남공장에서 만드신 것은 주로 뭘 만드신 겁니까?
- 전창일: 그때에 내가 기계과 다녔기 때문에 주물공장에서 일했어요. 경성고공 지금 서울공대 전신이지요. 경성고공 기계과 학생들과 같이 한 직장에서 일했거든요. 그 주물공장에서. 그러다가 해방 거기서 난 거예요. 그래 가지고 북청 돌아간 거예요. 기차 타고. 학생들 다 철수했어요.

《학도근로령》이 공포된 며칠 후 이번에는 여성들에게도 동원령이 내려졌다.

〈 그림37: 1944년 8월 6일 자 매일신보 〉

1944년 8월 25일, 《여자정신근로령》이 공포되었다. "만 12세 이상 40세 미만의 여자로서 가정의 근축(根軸)이 되지 않는 여자"가 대상이었다. 가정의 근축이란 "그 여자의 힘이 없이는 가정생활을 유지하기 힘든" 경우를 뜻했다. 하지만 대체로 만 12세 이상 40세 미만의 미혼여성이 '여자정신대'의 대상이었다.5 주목할 것은 이 법령 어디에도 '위안부'라는 용어는 없었다는 점이다. 그러면 실제 상황은 어떠했을까? 전창일 집안의 경우를 살펴보자. 전창일에겐 3살, 6살 위인 손위 누님이 두 분 있었다. 그중 바로 위 누님이 미혼이었던 모양이다. 아래는 전창일의 증언록이다.

- 면담자: 선생님, 아까 그 정신대 얘기 잠깐 하셨잖아요. 어린 여성들은.
- 구술자: 왜정 때?
- 면담자: 예. 그거 기억나는 대로 좀만 더 말씀을 해주세요. 그게 어떤 건지 알고 갔었나요?
- 구술자: 그런데 우리 고장에서, 예를 들어, 나보다 세 살 위인 누님이, 그러니까 내가 열일곱 살, 그러니까 우리 누님이 스무 살이구만. 스무 살에 억지로 시집을 갔어요.
- 면담자: 정신대 안 보내려고.
- 구술자: 이십 세 내에 되는 여자들이 처녀들이, 시집 안 가면 정신대

5   거룩한 皇國女性의 손 生産戰에 男子와 童列, 鑛工局長과一問一答-女子挺身隊의 對象,
「매일신보」, 1944.8.26.

끌려가요. 징용하는 거와 같아. 징용.

- 면담자: 그때 정신대를 어떤 거라고 알고 있었나요?

- 구술자: 그러니까 차마 그렇게는 얘길 안 했던 것 같아요. 가서 성노예 시킨다는 것은 아니고, 군수공장에 가서 일하면 돈도 많이 주고 그랬다고. 그때 남자들은 징용 끌려갈 때니까. 일본으로도 가고. 심지어 지금 저 화태, 화태를 지금 뭐라고 그러지요? 일본이 뺏긴 데 있잖아요, 사할린. 거기까지 징용 끌려갔잖아요. 우리 조선 사람들이. 그다음에 일본 규슈 탄광 뭐 공장 등. 남자들은. 여자들도 또 마찬가지다 그거지. 여자들이 할 수 있는 공장에 끌려가서 일하게 되면 월급도 많이 준다고 했지.

- 면담자: 그런데도 안 가려고.

- 구술자: 그러나 소문은 일본군대 끌려가서 위안부 노릇 한다, 그런 말이 떠돌았어요. 그러니까 모두 겁을 먹어 시집을 갔지. 부랴부랴 하고 시집을 가는 거예요. 그래 우리 누님이 그렇게 시집 가버렸어. 신랑감이 맘에도 안 드는데. 하하하. 전부 그랬어요. 그래 가지고 그때 총각들은 참 무자격 총각들이 전부 장가 많이 갔어요. 우리 사회, 농촌 분위기는 그랬어요. 그런데 성 노예로 끌려가고 그런 사실이 알려지는 것은 전쟁 끝나고 돌아오는 사람들의 증언으로 나타났고.

- 면담자: 그거는 언제 아셨어요? 성 노예 그런 거는 해방 이후에 얘기를 들으셨어요?

- 구술자: 끌려가서 당하고 돌아온 그 나중에, 요즘 촬영한 기록물들이 나오는 거 있잖아요, 다큐멘터리. 들은 것은 훨씬 후지요.

- 면담자: 그전에 선생님도 다 아셨던 거고.

- 구술자: 5·16쿠데타 이후에나 그 얘길 알게 됐지. 실제 눈으로 보고 알았지 그전에는 그런 거 몰랐어. 그리고 갔다 온 사람들이 창피해서, 창피해서도 얘길 안 하거든. 증언을 안 하고. 세월이 좀 흐르고 사회문제가 되고, 거기에 대한 역사의식들을 가지게 됐으니까 본인들도 서슴지 않고 나와서 증언을 하게 되고.[6]

전창일의 가족은 운이 좋은 편이었다. 다행히 가족해체라는 비극을 면했다. 징용·징병으로 끌려간 사람이 아무도 없었다. 위안부라는 끔찍한 경험을 겪은 여인들도 없었다. 학도근로병으로 고생했던 전창일의 경험 정도가 유일한 고통이었다. 그러나 전창일의 가족은 보다 큰 비극의 현장으로 내몰리게 된다. 짧은 해방의 감격 뒤에 갑자기 닥쳐온 분단이라는 민족모순으로 인해 그의 가족은 해체되기 때문이다.

6   임미리 기록, 『1960년대 이후 통일운동가들의 통일운동 및 사회운동 경험, 전창일 구술』 국사편찬위원회, 2014, 녹취록 1차 2번-. 정신대 동원을 피해서 누님이 시집감

제3장

북에서 체험한
해방

::: 01 :::

해방과 8월의 폭풍
(원폭투하, 소련참전에서 종전까지)

〈 그림38: 1945년 8월 8일, 12일 자 매일신보 〉

1945년 8월 6일 새벽 2시, '에놀라 게이(Enola Gay)'로 명명된 미국의
전략 폭격기 B-29는 서태평양 기지 티니언 섬을 출발해 일본 히로시마
로 향했다. 그로부터 6시간 뒤인 오전 8시 15분경, 히로시마는 폭격기
에 탑재된 리틀 보이(Little Boy)에 의해 66,000명의 사망자를 내었다. 3
일 뒤인 9일 이른 아침, 벅스 카(Bock'Car)라 불리는 B-29 폭격기가 루
터교와 가톨릭 군종의 축복기도를 받으며 티니언 섬을 출발했다. 탑재
된 원자탄은 리틀 보이에 사용된 U235가 아닌 플루토늄을 사용한 것이
었다. 별칭은 뚱땡이(Fat Man)이다. 11시 2분경, 나가사키는 이 원자탄

에 의해 39,000여 명이 사망했다.[1]

엄청난 참사가 발생했음에도 언론은 조용했다. 히로시마에 원폭이 투하된 이틀 후인 8월 8일 첫 기사가 나왔다. 당시 유일한 조선어 신문이던 「매일신보」가 '적 신형 폭탄 사용, 히로시마 시에 상당한 피해'란 제목으로 보도했는데, 1면 중·하단쯤에 2단 기사로 조그맣게 배치되었다. 전문은 다음과 같다.

> 작 8월 6일 광도시(廣島市)는 적 B29 소수기(少數機)의 공격에 의하야 상당한 피해가 발생하엿다. 적은 우(右) 공격에 신형폭탄을 사용한 것 같은데 상세(詳細)는 방금 조사 중이다.[2]

12일 자 「매일신보」는 지난 히로시마 피폭 때와 비슷한 크기의 지면을 할애해 나가사키의 상황을 보도했다. "또다시 신형폭탄이 나가사키에 투하되었고 피해는 비교적 근소하다."라는 내용이었다.[3] 주목할 것은 '원자폭탄'이란 단어를 사용하지 않고, '신형폭탄'이라고 애매한 표현으로 기사화했다는 점이다. 기사의 출처는 대본영(히로시마)과 서부군관구사령부(나가사키)였다. 그러나 중국의 언론은 피폭에 대하여 대대적으로 보도했다.

---

1 미 공병대의 자료에 의하면, 피폭 당시 히로시마의 인구는 255,000명이었고 사망자 66,000명을 포함한 사상자는 135,000명이었다. 나가사키의 경우 195,000명의 전체 인구 중 사망 39,000명, 부상 25,000명의 인명 피해를 내었다. 〈『A Bombing of Hiroshima and Nagassaki』, The Manhattan Engineer District, p.20.〉

2 '적(敵) 신형 폭탄 사용, 廣島市에 상당한 피해, 「매일신보」, 1945.8.8.

3 又復, 新型爆彈投下 敵大型二機 長崎市에 侵入, 「매일신보」, 1945.8.12.

〈 그림39: 1945년 8월 8, 9, 11일 자 (중경) 대공보 〉

중경 「대공보」는 '원자탄' 혹은 '원자 작탄'이라고 신형폭탄의 실체를 정확하게 밝혔다. 이 신문은 8월 8일, "원폭이 힘을 발휘하기 시작하였고, 일본 침략자들은 히로시마 폭격에 충격을 받았다."[4]라는 첫 기사를 통해 원자탄의 가공할 위력을 독자들에게 분명히 알려주었다.

다음 날(8월 9일)은 더 구체적으로 보도했다. "원자폭탄 하나가 히로시마 대부분을 폭파했으며, 전 도시는 연기로 가득하고 집 밖에 있던 사람들은 타 죽고 집안에 있던 사람들은 질식사하여 사상자 수를 확인하기

---

4   原子炸彈初顯威力, 廣島一炸日寇震驚, (중경)「대공보」, 1945.8.8.

어려운 상황이다. 더욱이 의료 손길도 못 미쳐 죽음의 도시로 변했다."5 등의 기사로 히로시마의 참상을 전했다. 나가사키가 피폭을 당한 이틀 후(8월 11일)에는 "나가사키에 원자탄이 다시 투하되었으며, 예비보고에 의하면 도시 전체가 파괴되었다."6라고 피폭의 현장을 보도했다.

「대공보」는 히로시마와 나가사키의 참상을 보도했을 뿐 아니라 별도의 박스 기사를 통해 원자탄에 관한 정보도 함께 전했다. 폭발 후 농염이 성층권으로 치솟는 실험상황을 설명하면서, "신무기 원자폭탄은 미국 · 영국 · 캐나다가 합작하여 몇 년 만에 비로소 완성한 것"7 등을 보도한 것이다. 그리고 왕보세(王輔世)라는 필자를 통해 원자폭탄의 역사, 물리적 성질, 위력 등에 관한 정보를 상세하게 기사화했다.8

사건 현장에서 수천 킬로미터 떨어진 중국 중경에서 원폭으로 인한 참상에 대해 이처럼 보도하고 있는데도, '신형폭탄'이라고 지칭하면서 더욱이 피해가 근소하다고 보도한 것이 일본 군국주의하 언론의 실체였다. 그러면 원자폭탄에 대한 정보는 그 무렵 어느 정도 알려졌을까? 사실 원자폭탄에 관한 정보는 보편적 지식이었다.

맨해튼 계획이 태동하던 무렵인 1939년 11월경, 「조선일보」는 이 프로젝트의 주요 입안자의 한 명이었던 어니스트 로렌스(Ernest Orlando Lawrence, 1901~1958)에 관해 보도하면서 원자폭탄에 대한 기초적인

---

5   原子炸彈一枚, 廣島大部炸毁, (중경)「대공보」, 1945.8.9.

6   原子彈昨投在長崎, 初步報告全城殆毁滅, (중경)「대공보」, 1945.8.11.

7   新武器原子炸彈, 美英加合作費時始成, (중경)「대공보」, 1945.8.8.

8   原子炸彈, (중경)「대공보」, 1945.8.11.

〈 그림40: 1939년 11월 28일 자 조선일보, 1941년 1월 25일 자 매일신보, 1945년 8월 9,10일 자 대동공보 〉

정보를 제공했다.[9] 그리고 1941년에는 원자폭탄의 완성이 가까워졌다

---

9 "로-렌쓰와 原子破壞, 「조선일보」, 1939.11.28.

　　　　　　　　　　　호산 전창일과 통일운동 77년사

는 기사가 보도되었다. 내용은 비교적 간단하다.

원자폭탄은 2, 3년 후에는 실현되리라 본다. 그러나 우리들은
어느 나라든지 이 '원자폭탄'을 전쟁에 사용하는 것은 금하고 싶
다. 이것은 전 세계를 파괴할 위험이 있기 때문이다.[10]

「매일신보」는 프랑스 물리학자의 발언을 인용하면서 핵폭탄의 개발에
대한 심각한 우려를 표명한 바 있다. 하지만 역사는 이 학자의 경고를
외면했다. 미국이 주도하고 영국과 캐나다가 공동으로 참여했던 핵폭탄
개발 프로그램인 맨해튼 계획은 1942년부터 정식으로 가동되었다. 그
결과물이 히로시마와 나가사키에 투하된 원자폭탄이다. 프랑스 물리학
자의 예상처럼 원자폭탄이 완성된 것이다. 그러나 일본정보기관 및 군
부는 '신형폭탄'이라고 주장하면서 '원자폭탄'이라는 사실을 은폐했다.
도대체 그들은 무엇이 두려워 원폭에 대해 보도통제를 했을까?

1945년 8월 8일 밤, 소련은 일본에 선전포고를 했다. 그리고 전쟁
이 시작되었다.[11] 총병력은 157만에 이르렀으며 전선은 500km에 달했
다.[12] 소련군과 일본군은 병력의 숫자나 질적인 면에서도 차이가 컸지만
4 · 8배 차이가 나는 전차 그리고 비행기의 경우 1 · 9배에 이르는 등 화

---

10   소식통 原子爆彈의 完成在邇?,「매일신보」, 1941.1.25.

11   蘇聯大日本宣戰, 洛托夫昨晚通告佐藤尙武, (중경)「대공보」, 1945.8.9.

12   蘇日大戰全開, 蘇聯遠東軍百萬, (중경)「대공보」, 1945.8.10.

력에서 압도적 차이가 났다.[13]

소련이 100만이 넘는 대군을 투입할 수 있었던 것은 일본과의 전쟁을 오래 전부터 준비해왔다는 방증이다. 사실 미국은 1943년 11월 테헤란 회담에서부터 소련의 대일전 참전을 요구해왔다. 1944년 10월경, 루스벨트는 "자신이 제안한 소련의 대일참전에 대한 수락 여부를 스탈린에게 전달하라"고 주소 대사 해리만에게 지시한 바 있다. 아래는 해리만의 답신 일부다.

〈 그림41: 1945년 8월 10일 자 매일신보 〉

극비… 소련의 안토노프는 만주에 있는 일본군의 병력 및 소련의 대적행위가 개시될 때에 일본군이 어느 정도 증강될 수 있는가에 관한 소련 측의 정보를 공표하였습니다. 동 정보는 우리가 가지고 있는 것보다 더 좋은 것이었습니다. 안토노프는 소련이 가능한 공격로에 관해서 설명하고 일본을 공격하기 전에 30개 사단의 소련군을 증강하지 않으면 안 되는데 현재 소련은 극동에 30개 사단의 병력을 보유하고 있기 때문에 총 병력은 60개 사단에 달할 것이라고 말하였습니다. 이 증강은 독일 붕괴 후 2개월 반 또는 3개월이면 완료할 수 있다고 말하였습니다.… 스탈린은 소련이 공

---

13 嬉田光義, 『중국근현대사』, 일월서각, 1984, pp.366~367.

격 개시 후의 대일전쟁은 단기간에 끝날 것이며 지금 즉시 저장을 보강할 수 있으면 대일공격은 독일 붕괴 후 2개월 또는 3개월이면 개시될 수 있다고 말하였습니다. 스탈린은 대일공격 개시 일자는 여기서 말할 수는 없지만, 공격계획은 즉시 수립해야 한다고 말하였습니다.[14]

1945년 4월 30일, 베를린 공방전이 시작되어 모든 것을 잃고 무솔리니의 최후를 듣게 된 아돌프 히틀러는 퓌러 벙커에서 자살하기 40시간 전에 결혼한 에바 브라운과 함께 자살했다. 그리고 모스크바 시간 기준 5월 9일, 독일이 항복 문서에 서명함으로써 유럽에서의 2차 세계대전은 종료되었다.

독일이 항복하기 3달쯤 전인 2월 4일부터 2월 11일까지, 소련 흑해 연안에 있는 크림반도의 얄타에서 미국·영국·소련의 수뇌자들이 모여 나치 독일의 제2차 세계 대전의 패전과 그 관리에 대하여 의견을 나누었다. 소위 얄타회담이다. 이 회담에서 논의한 바에 의하여, 4월 5일 소련은 일소 중립조약을 파기했다. 그리고 독일과의 종전 후, 30개 사단의 병력을 은밀하게 극동 방면으로 이동했다.[15] 일소전쟁은 이러한 배경에서 개전된 것이다.

밝혀두어야 할 사안이 있다. 소련의 대일전 참전은 미국의 요구로 그

---

14 해리만 주소 미 대사로부터 루스벨트 대통령 개인에게 보낸 전문, 모스크바 1944년 10월 15일 발 10월 16일 접수, 《얄타비밀협정- 미 국무성발표 전문》 합동통신사, 1956, pp.575~576.〉

15 嬉田光義, 『중국근현대사』 일월서각, 1984, pp.366~367.

리고 미·소의 합의로 이루어진 것이다. 하지만 미국은 소련과의 의논을 거치지 않고, 히로시마와 나가사키에 원자폭탄을 투하했다. 이로써 소련과 미국의 냉전이 시작되었다. 미국의 원폭 투하가 조선 분단의 기원이라는 얘기다.

〈 그림42: 1945년 8월 12, 15일 자 매일신보 〉

원자폭탄으로 인해 수없이 많은 인명이 살상당하고 소련의 참전에 의해 최후의 보루였던 관동군마저 궤멸당하고 있었지만, 일본 군부의 결론은 결사항전이었다. 8월 10일, 일본 육군대신 아나미 고레치카(阿南惟幾, 1887~1945)는 '전군장병에 고함'이라는 제목으로 포고를 발하였다. 다음은 포고 전문이다.

소련은 드디어 모(鉾, 칼끝)를 들고 황국에 구(寇, 침범하다)

하였다. 명분을 여하히 분효(扮餚, 분장하여 섞다)한다 하더라도
대동아를 침략 제패하려는 야망임은 역력하다.

　일이 이에 이르매, 단호히 신주호지(神洲護持)의 성전을 싸워
나갈 따름이다. 설령 풀을 먹고 흙을 깨물더라도 단연코 싸우는
것이 스스로 활(活) 있음을 믿는다. 이 즉 칠생보국(卽七生保國)
"내 한 사람만 살아있다면"하는 남공구국(楠公救國, 남공이 나
라를 구하다.)의 정신인 동시에 시종(時宗)의 "막번뇌(莫煩惱)"
"맥직진전(驀直進前, 곧바로 나감)"으로서 추적(醜敵)을 격멸하
는 투혼이다. 전군장병 마땅히 한 사람이라도 남지 않고 남공(楠
公) 정신을 구현하라. 그리고 또 시종(時宗)의 투혼을 재현하여
교적격멸(驕敵擊滅)에 맥직진전(驀直進前)하라.[16]

　이 글은 "단호히 신주(神洲)를 호지(護持)하라"며 독전하는 육군대신
의 포고문이다. 주목할 것은 원폭에 대해선 전혀 언급하지 않고, 소련
의 참전만 거론했다는 점이다. 미국의 원폭보다 소련의 본토 침입을 더
두려워했다고 볼 수 있는 육군대신의 발언이었다. 아무튼, 만주를 비롯
한 북부조선 지역은 소련군과 일본군의 전투가 치열하게 전개되었고,
언론은 군부가 발표하는 왜곡된 정보와 일본제국을 향해 충성을 강요하
는 내용으로 지면을 가득 메웠다.

　그런데 8월 15일 아침, 신문이 배달되지 않았다. 갑자기 천황의 특별
방송이 있을 것이라는 얘기가 전해졌다. 12시경, 소위 천황의 '옥음방

---

16 斷乎히 神洲를 護持, 「매일신보」, 1945.8.12.

송(玉音放送)'이 일본 전역과 조선에 방송되었다. 그러나 히로히토(裕仁)의 육성방송을 제대로 알아듣는 사람은 드물었다. 목소리 상태가 좋지 않았고, 방송에 잡음이 많았기 때문이다.[17] 아래는 '대동아 전쟁 종결의 조서(大東亞戰爭終結ノ詔書)'[18] 전문이다.

[대동아 전쟁 종결의 조서(大東亜戦争終結ノ詔書) (1945.8.15.)]

詔書

朕深ク世界ノ大勢ト帝國ノ現狀トニ鑑ミ非常ノ措置ヲ以テ時局ヲ收拾セムト欲シ茲ニ忠良ナル爾臣民ニ告ク

朕ハ帝國政府ヲシテ米英支蘇四國ニ對シ其ノ共同宣言ヲ受諾スル旨通告セシメタリ

抑々帝國臣民ノ康寧ヲ圖リ萬邦共榮ノ樂ヲ偕ニスルハ皇祖皇宗ノ遺範ニシテ朕ノ拳々措カサル所

曩ニ米英二國ニ宣戰セル所以モ亦實ニ帝國ノ自存ト東亞ノ安定トヲ庶幾スルニ出テ他國ノ主權ヲ排シ領土ヲ侵スカ如キハ固ヨリ朕カ志ニアラス

然ルニ交戰已ニ四歳ヲ閱シ朕カ陸海將兵ノ勇戰朕カ百僚有司

---

17 수신 상황이 좋았다고 해도 독특한 억양과 어려운 한문이 많은 문장 탓에 대부분 청취자가 정확한 뜻을 이해하기는 어려웠을 것이다. 실제로 국민들은 옥음방송 이후 계속된 와다 방송원의 해설을 듣고서야 그 내용을 정확하게 이해할 수 있었다. 〈사토 다쿠미 지음, 원용진 · 오카모토 마사미 옮김, 『8월 15일의 신화』, 궁리, 2007, p.32.〉

18 平和再建에 大詔渙發, 「매일신보」, 1945.8.15.

호산 전창일과 통일운동 77년사

ノ勵精朕カ一億衆庶ノ奉公各〻最善ヲ盡セルニ拘ラス戰局必ス
シモ好轉セス世界ノ大勢亦我ニ利アラス

加之敵ハ新ニ殘虐ナル爆彈ヲ使用シテ頻ニ無辜ヲ殺傷シ慘害ノ
及フ所眞ニ測ルヘカラサルニ至ル

而モ尚交戰ヲ繼續セムカ終ニ我カ民族ノ滅亡ヲ招來スルノミ
ナラス延テ人類ノ文明ヲモ破却スヘシ

斯ノ如クムハ朕何ヲ以テカ億兆ノ赤子ヲ保シ皇祖皇宗ノ神靈ニ
謝セムヤ

是レ朕カ帝國政府ヲシテ共同宣言ニ應セシムルニ至レル所以
ナリ

朕ハ帝國ト共ニ終始東亞ノ解放ニ協力セル諸盟邦ニ對シ遺憾ノ
意ヲ表セサルヲ得ス

帝國臣民ニシテ戰陣ニ死シ職域ニ殉シ非命ニ斃レタル者及其ノ
遺族ニ想ヲ致セハ五内爲ニ裂ク

且戰傷ヲ負ヒ災禍ヲ蒙リ家業ヲ失ヒタル者ノ厚生ニ至リテハ朕
ノ深ク軫念スル所ナリ

惟フニ今後帝國ノ受クヘキ苦難ハ固ヨリ尋常ニアラス

爾臣民ノ衷情モ朕善ク之ヲ知ル然レトモ朕ハ時運ノ趨ク所堪ヘ
難キヲ堪ヘ忍ヒ難キヲ忍ヒ以テ萬世ノ爲ニ太平ヲ開カムト欲ス

朕ハ茲ニ國體ヲ護持シ得テ忠良ナル爾臣民ノ赤誠ニ信倚シ常
ニ爾臣民ト共ニ在リ

若シ夫レ情ノ激スル所濫ニ事端ヲ滋クシ或ハ同胞排擠互ニ時
局ヲ亂リ爲ニ大道ヲ誤リ信義ヲ世界ニ失フカ如キハ朕最モ之ヲ
戒ム

宜シク擧國一家子孫相傳ヘ確ク神州ノ不滅ヲ信シ任重クシテ道
遠キヲ念ヒ總力ヲ將來ノ建設ニ傾ケ道義ヲ篤クシ志操ヲ鞏クシ
誓テ國體ノ精華ヲ發揚シ世界ノ進運ニ後レサラムコトヲ期スヘ
シ 爾臣民其レ克ク朕カ意ヲ體セヨ

御名御璽
昭和二十年八月十四日
各國務大臣副署

==

조서(詔書)

짐(朕)은 깊이 세계(世界)의 대세(大勢)와 제국(帝國)의 현상(現狀)에 비추어보아 비상(非常)의 조치(措置)로써 시국(時局)을 수습(收拾)하고자 하여, 이에 충량(忠良)한 그대들 신민(臣民)에게 고(告)하노라.

짐(朕)은 제국(帝國) 정부(政府)로 하여금 미영지소(美英支蘇: 미국·영국·중국·소련) 사국(四國)에 대(對)하여 그 공동선언(共同宣言)을 수락(受諾)한다는 뜻을 통고(通告)하게 하였으니,

애당(當初)초 제국(帝國) 신민(臣民)의 강녕(康寧)을 꾀하고 만방공영(萬邦共榮)의 낙(樂)을 함께 함은 황조황종(皇祖皇宗: 황조(皇祖)에 대대(代代)로 내려옴)의 위범(遺範)이자 짐(朕)이 비손하여 마지않는바, 앞서 미(美)·영(英) 이국(二國)에 선전포고(宣戰布告)를 한 소이(所以) 또한 실(實)로 제국(帝國)의 자존(自存)과 동아(東亞)의 안정(安定)을 간절히 바람에서 나와, 타국(他國)의 주권(主權)을 배척(排斥)하고 영토(領土)를 침범(侵犯)하는 것

과 같음은 본(本)디 짐(朕)의 뜻에 없으며, 연(然)이나 교전(交戰)은 이미 사세(四歲)를 지내어 짐(朕)의 육해장병(陸海將兵)의 용전(勇戰), 짐(朕)의 문무백관(文武百官)의 여정(勵精), 짐(朕)의 일억(一億) 서민(庶民)들의 봉공(奉公)이 각각(各各) 최선(最善)을 다하였음에도 불구(不拘)하고 전국(戰局)은 반드시 호전(好轉)되었다고 할 수 없으며 세계(世界)의 대세(大勢) 또한 우리에게 이득(利得)이 없으니, 더욱이 그치지 않고 적은 새로이 잔학한 폭탄을 사용하여 빈번히 무고한 자들을 살상하여 참해(慘害)에 미치는바, 참으로 헤아리기 어려운 지경에 이르렀다.

게다가 여전히 교전을 계속하고자 함이 마침내 우리 민족의 멸망을 초래할 뿐 아니라 나아가 인류의 문명마저도 파각할 것이라.

이러하다면 짐은 어찌하여 억조(億兆)의 아이들을 지키고 황실의 신령에게 사죄하랴.

이것이 짐이 제국 정부로 하여금 공동선언에 응하게 한 일에 다다른 까닭일지니, 짐은 제국과 함께 종시(終始) 동아의 해방에 협력한 여러 맹방(盟邦)에 대하여 유감의 뜻을 표하지 아니할 수 없다.

제국 신민이자 전진(戰陣)에서 죽고 직역(職域)에서 순직하고 비명횡사한 자들 및 그 유족에게 생각이 미치면 오장이 찢어지는 것 같다.

또한 전상(戰傷)을 입고 재화(災禍)를 입고 가업을 잃은 자의 후생(厚生)에 이르러서는 짐이 진념(軫念) 하는 바이다.

생각하건대 금후(今後) 제국이 받아야 할 고난은 애당초 심상치 않노라.

그대들 신민의 충정(衷情)도 짐이 잘 알고 있다. 그러나 짐은 시운(時運)이 향하는바, 견디기 어려움을 견디고 참기 어려움을 참음으로써 만세를 위하여 태평을 열고자 한다.

짐은 이에 국체를 호지(護持)할 수 있게 되며 충량(忠良)한 그대들 신민의 적성(赤誠)을 신의(信倚)하여 항상 그대들 신민과 함께 있나니, 만약 대저 정이 격해지는바, 함부로 사단(事端)을 번잡하게 하거나 혹은 동포를 배제(排擠)하여 서로 시국을 어지럽게 하여 대도(大道)에서 벗어나고 신의를 세계에서 잃는 것과 같음은 짐이 가장 경계하는 것이다.

모름지기 거국(擧國) 일가 자손에 상전(相傳)하여, 굳게 신주(神州: 일본)의 불멸을 믿고, 맡은 바 무겁고 갈 길 멂을 생각하며, 총력(總力)을 장래의 건설에 기울여 도의를 두텁게 하고 지조를 공고히 하며 맹세코 국체의 정화(精華)를 발양하며 세계의 진운(進運)에 뒤처지지 않을 것을 기할지어다.

그대들 신민은 짐의 이러한 뜻을 잘 명심하여 지키라.

어명어새(천황의 이름과 공인, 천황의 서명 날인)

소화 20년 8월 14일

각 국무대신 부서

오후 늦게 신문이 배달되었다. '평화재건에 대조환발(平和再建에 大詔渙發)'이란 제목이 먼저 눈에 띄었다. 도대체 대조환발(大詔渙發)이란 무슨 뜻일까? 주문 혹은 암호 같은 이 말은 '조서(조칙)를 널리 선포'한다는 뜻이다. 천황의 조서이므로 큰 대(大)를 붙였던 것으로 짐작된다. 알쏭달쏭한 제목에 이어 본문은 아예 일본어로 게재되었다. 조선총독부의 기관지였지만, 유일하게 한글로 발행하던 「매일신보」 8월 15일 자는 이례적으로 일본어로 시작되었다.

본문의 제목은 조서(詔書, 임금의 선포문이나 명령을 관료나 일반 백성에게 전달하기 위하여 작성한 문서)였다. 황실용 문어체를 이용한 데다 선언적인 말투로 씌어 진 본문은 제목보다 더욱 난해했다. 조서의 주요 내용은 일본 정부가 포츠담 선언을 수락한다고 연합국에 답했다는 것이다. 특별히 주목할 사안이 하나 있다. 조서의 공포날짜가 '昭和二十年 八月十四日' 즉 1945년 8월 14일로 되어있다는 점이다. 천황이 "제국(帝國) 정부(政府)로 하여금 미영지소(美英支蘇: 미국 · 영국 · 중국 · 소련) 사국(四國)에 대(對)하여 그 공동선언(共同宣言)을 수락(受諾)한다는 뜻을 통고(通告)"한 날짜가 14일이라는 뜻이다. 여기서 우리는 그동안 오해를 하고 있었다는 것을 확인할 수 있다. 무슨 일이 일어난 것일까? 일본인 역사학자 사토 다쿠미(佐藤卓己)는 그의 책 『8월 15일의 신화』에서 다음과 같은 글을 남겼다.

나 자신도 얼마 전까지는 8월 15일을 '종전기념일'이라고 믿고 살아왔다. 연표를 꼼꼼히 들여다보면 1945년 그날에 전쟁이 끝난 것이 아닌 것은 자명하다. 옥음방송으로 낭독된 '종전조서'의 내용은 일본정부가 포츠담 선언을 수락한다고 미국과 영국에 답했다는 것이다. 정확히 말하면 그 날짜는 8월 14일이다. 대본영이 육 · 해군에 전쟁을 중지하라는 정전명령을 내린 것은 8월 16일이다. 국제표준으로 보아 전함 미주리호에서 항복문서에 조인한 날

짜는 9월 2일이다. 미국에서는 이날을 VJ데이(대일 전승기념일)로 기념하고 있다.[19]

지금도 일본에서 8월 15일은 '종전일'이다. 이날은 남한에서는 '광복절'이며 북한에서는 '해방기념일'이다. 미국과 옛 소련은 9월 2일을 '대일 전승기념일'로, 러시아와 중국, 몽골은 9월 3일을 '항전승리기념일'로 정했다. 9월 2일이 미국과 소련에 승리의 날이라면, 대적국인 일본은 항복문서에 조인한 날 즉 패전일이 되어야 마땅하다. 그러나 조서에는 '항복(降伏)'이나 '패전(敗戰)'이라는 낱말은 등장하지 않았다. 일본의 무조건 항복을 요구했던 '포츠담 선언'에 대해서도 마치 천황이 평화를 위해 수락했다는 식으로 작성되었다. 그러면 8월 15일은 어떤 날인가? 이날은 일본 천황이 포츠담 선언을 수락했다고 일본 국민에게 라디오 방송을 한 날일 뿐이다. 국제법상으로도 아무런 의미가 없는 날이다.

사토 다쿠미에 따르면, 8월 15일을 종전일로 기념하면서 부각시킨 이유가 따로 있었다. 1955년경이다. 이때쯤이면 미군의 점령이 끝나고 9월 2일 항복조인 날이 망각될 무렵이다. 언론사들이 종전 10주년 이벤트를 펼쳤는데, 9월 2일은 사라지고 8월 15일 만이 언급되었다 한다. 이러한 상황에 대해 묘하게도 우파(자민당)와 좌파(사회당) 모두 언론사의 보도경향에 동조했다. 우파는 천황의 '성단(성스러운 결단)에 의한 국체 수호'를 믿었고, 좌파는 그날이 천황에게서 민중으로 권력이 옮겨온 '8·15혁명의 날'이라고 봤던 것이다. 아무튼, 8월 15일은 대부분의 정

---

19 사토 다쿠미 지음, 원용진·오카모토 마사미 옮김, 『8월 15일의 신화』 궁리, 2007, p.10.

호산 전창일과 통일운동 77년사

치 세력에게 정당성을 부여했고, 1963년 5월 14일 제2차 이케다 하야토 (池田勇人) 내각에서 '전국 전몰자 추도식 실시요항'을 통하여 법적 지위를 얻게 된다.[20] 사토 다쿠미는 한국인들에게도 따끔한 소리를 남겼다.

한국이 주장하듯이 제2차 세계대전 중에 한일 양국이 국제법상 교전 상태에 있었다고 하면, 왜 포츠담 선언을 수락한 14일이 광복일이 아니고 옥음방송날인 15일이 광복일인 것일까? 옥음방송은 일본국민을 위한 방송이다. 15일을 종전으로 하는 것은 한국의 국정교과서가 강조하는 민족적 저항의 정신과 어긋남을 낳는 것은 아닐까?[21]

8월 15일의 신화와 별개로, 이날 히로히토의 방송이 성사되기까지에는 우여곡절이 많았다. 그 중심에 육군대신 아나미 고레치카가 있었다. 8월 9일 11시경, 소련의 참전에 대한 일본정부의 대응을 협의하기 위해 최고전쟁지도회의[22]가 개최되었다. 그 직후 나가사키에 원폭 투하의 보고가 들어왔다. 상황이 이쯤 되자 아나미도 포츠담 선언 수락을 무조건 반대만 할 수 없었다. 하지만 몇 가지 조건을 내걸었다. '국체의 수호'

---

20 사토 다쿠미 지음, 원용진 · 오카모토 마사미 옮김, 『8월 15일의 신화』, 궁리, 2007, pp.10~11.
21 사토 다쿠미 지음, 원용진 · 오카모토 마사미 옮김, 『8월 15일의 신화』, 궁리, 2007, p.252.
22 最高戰爭指導會議; 통상 內閣總理大臣(鈴木貫太郎), 外務大臣(東鄕茂德), 陸軍大臣(阿南惟幾), 海軍大臣(米內光政), 參謀總長(梅津美治郎), 軍令部總長(豊田貞次郎) 등 6명으로 구성되었다.

'보장점령' '일본 자신에 의한 보장점령' '일본에 의한 전쟁범죄의 처분' 등을 주장한 것이다. 우메즈 요시지로(梅津美治郎, 육군참모총장)와 도요다 데이지로(豊田貞次郎, 군수대신) 등이 동조했다.

　이러한 주장에 대해 외무 겸 대동아대신 도고 시게노리(東鄕茂德) 등이 '국체의 수호'만 주장하자, 서로 간에 격렬한 대립이 발생하게 되었다. 아나미는 특히 황실을 지키는 문제에 대해 "소련은 믿을 수 없는 국가다. 미국은 비인도적 국가다"라고 하면서 보증 없이 황실을 절대 맡길 수 없다고 강하게 주장했다. "도고가 네 가지 조건을 제시해 협상이 결렬되면 어떻게 할 것인가?"라고 질문을 하자 "일전을 벌일 수밖에"라고 대답했다. 그날의 분위기는 아래의 대화가 참고될 것이다.

- 아나미(육군대신): 전쟁의 국면은 반반이다. 아직 우리는 지지 않았다.
- 요나이 미쓰마사(米內光政, 해군대신): 국지전의 무용은 별개다. 부건빌(파푸아뉴기니) 섬의 전투, 사이판 전투, 레이테만 전투(제2차 필리핀 해전), 루손(필리핀) 전투, 이오지마(이오섬, 오가사와라 제도) 전투, 오키나와 전투 모두 마찬가지로 다 지고 있다.
- 아나미: 해전에서 패배하고 있지만, 전쟁에서 패배하지 않았다. 육·해군의 감각이 다르다.
- 요나이: 이길 가망이 있으면 문제가 없겠지…
- 아나미: 어쨌든 국체 수호가 위험하다. 조건부로 국체를 수호할 것이다. 손과 발이 따로 놀면 수호할 수 없다.[23]

23　阿南惟幾,《フリ·百科事典, ウィキペディア(Wikipedia)》

　호산 전창일과 통일운동 77년사

"해군 함정이 거의 궤멸하고 있지만, 육군은 내외 지역에 총 500만 명의 대 병력이 있고 아직 진정한 결전을 한 번도 하지 않았다. 본토 결전이 바로 그 결전이며, 국민도 그때 분기할 것이다."라는 것이 육군대신 아나미 고레치카의 주장이었다. 그 결과가 앞에서 소개한 '전군 장병에 고함'이란 포고다. 그러나 아나미는 자신의 신념을 철회할 수밖에 없었다. 정작 천황이 포츠담 선언을 받아들이기로 한 것이다. 항복이 결정된 것은 13일 오후 각료회의에서다.

이 무렵 육군성과 근위사단의 참모들로 구성된 항전파 육군 장교 다수가 쿠데타를 모의하기 시작했다. 주모자는 아라오 오키카즈(軍事課長荒尾興功大佐), 이나바 마사오(同課員稻葉正夫中佐), 이다 마사다카(同課員井田正孝中佐), 다케시다 마사히코(軍務課員竹下正彦中佐), 시이자키 지로(同課員椎崎二郎中佐), 하타나카 켄지(同課員畑中健二少佐) 등이었다. 이들 6명은 회의를 끝마치고 나온 아나미 대신을 면담하고, 항복에 결사반대할 것과, 비상시를 대비한 병력동원계획의 발동을 요청했다. 그들이 말한 병력동원계획이란 수도 도쿄의 방어와 천황의 보위를 목적으로 하는 동부군 및 근위 제1사단을 동원하여 주요 정부기관 및 군 중추를 모조리 장악하고, 항복파인 스즈키 간타로 내각총리대신, 키도 고이치 궁내대신, 요나이 미쓰마사 해군대신, 도고 시게노리 외무대신을 모조리 체포, 처형한다는 사실상의 쿠데타였다. 아나미는 일단 이들의 제안에 대해 다른 인사, 특히 참모총장 우메즈 요시지로(梅津美治郎)에게 먼저 설명하고 동의를 구해야 한다며 돌려보냈다.

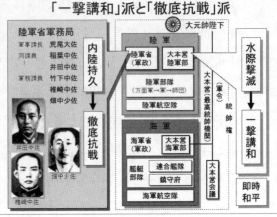

〈 그림43: 궁성 사건 간략도 ©일본 야후 캡쳐 〉

8월 14일 오전 7시, 육군성에서 아나미 육군대신과 우메즈 육군참모 총장의 회담이 열렸다. 이 자리에서 우메즈는 쿠데타 계획에 반대했고, 아나미도 이에 수긍했다. 아나미로부터 확실한 언질을 받지 못한 다케시다 중좌 및 하타나가 소좌는 '병력사용 제2안'을 만들었다. 하타나가 소좌는 동부군의 쿠데타 참가를 요구할 예정이었다. 그러나 동부군관구 사령부 다나카 시즈이치(田中靜壹)대장의 노한 꾸중에 대구 한번 제대로 하지 못하고 물러났다. 쿠데타군의 움직임과 별개로 천황의 녹음은 23시 30분경에 이미 끝났고, 녹음판(레코드판)은 도쿠가와 요시히로(德川義寬) 시종장에게 건네진 후 황궁 사무실 내의 금고에 보관되었다.

8월 15일 0시경, 녹음을 종료하고 궁성에서 물러 나온 시모무라 히로시(下村宏) 정보국 총재 및 방송협회 직원 등 몇 명이 쿠데타군에게 체포되었다. 이들로부터 일왕의 항복 선언 사실을 알게 된 소장파 장교들은 이성을 잃을 정도로 흥분되었던 모양이다. 황거 바로 옆 제1근위사단 사령부로 몰려간 소장파 장교들은 사단장 모리 다케시(森赳)를 위협해 쿠데타 참가를 강요했다. 모리 사단장은 우물쭈물 시간을 질질 끌었는데 결국 분노한 하타나카 소좌에 의해 동석해 있던 사단참모와 함께 참살당했다. 모리 사단장을 죽인 하타나카 소좌는 1사단 참모로 자신의 동조자이기도 했던 도조 히데키의 사위 고가 히데마사(高賀秀正) 소좌의 도움을 받아 《근작명 갑 제584호》라는 위조명령을 내려 1사단 병력을 동원하기 시작했다. 모리 사단장의 직인을 도용한 것이다. 동원된 병력은 황거를 철저히 봉쇄했고 NHK를 점거하는 데도 성공했다.

쿠데타군들은 첫째 녹음테이프의 확보 및 방송저지, 둘째 항복파 대신들의 체포, 셋째 고위 군부 인사들의 포섭 등으로 목표를 정해 움직이기 시작했다. 그러나 가장 중요한 항복방송을 녹음한 레코드를 확보하는 데 실패했고, 항복파 대신들은 이미 피신한 뒤였으며, 이들의 쿠데타를 지원할 다른 상급 지휘관들의 지지를 받았는데도 실패하고 말았다. 동부군관구 사령관 다나카 대장은 노발대발하며 병력을 철수시키라고 아우성이었다. 더욱이 육군대신 아나미는 자신을 설득하러 온 이다 마사다카 중좌를 역으로 설득한 뒤, 한창 쿠데타가 진행 중이던 새벽 4시경에 패전의 책임을 통감한다는 유서를 남기고 할복자살해 버렸다.

그리고 동부군관구가 병력을 동원하여 쿠데타를 진압할 준비를 시작했다. 또 비슷한 시각에 동부군관구와 1사단 예하 부대 간에 통신이 연결되면서 1사단 각 부대들은 자신들의 사단장이 죽었고 자기들은 쿠데타군의 위조명령에 의해 움직였다는 것을 깨닫게 되었다. 이로써 쿠데타군 유일의 가용병력은 허망하게 날아가고 말았다. 오전 5시 무렵부터 쿠데타군은 진압되기 시작했다. 그리고 6시경에는 천황에게도 쿠데타 소식이 전해졌다. 새벽에 깨어나 쿠데타 소식을 들은 히로히토는 "짐이 직접 병사들을 만나 이야기하겠다."며 쿠데타 반대 의사를 분명히 밝혔다. 이로써 쿠데타 세력은 와해되고 말았다.

끝까지 항전을 포기하지 않았던 시이자키 중령과 하타나카 소령은 궁성 주변에서 삐라를 뿌리며 궐기를 촉구하다가, 오전 11시가 조금 지날 무렵 이중교(二重橋)와 사카시타몬(坂下門) 사이의 잔디밭에서 자결했다. 그리고 약 1시간 뒤 일본 천황의 소위 '옥음방송'이 일본과 조선 전역에 울려 퍼졌다.[24]

히로시마와 나가사키가 피폭당했고, 궁성에서 쿠데타가 발생했다. 이런 대형사건과 무관하게 만주와 조선 북부 지역에선 소련군과 관동군이 치열하게 전투가 벌어지고 있었다. 하지만 소련군의 압도적인 승리로 귀결되는 전쟁이었다. 소련군의 진격은 급속도로 이루어졌다. 8월 16일(하얼빈) → 19일(장춘·길림·심양) → 22일(여순·대련) 등의 순으로 만주의 중심선이 일주일 만에 소련군에 의해 완전히 장악되었다. 내몽고와 팔로군의 공동부대도 장가구에 진출하여 소련군에 호응하여 싸웠다. 관동군 사령관 야마다 오토조(山田乙三, 1881~1965)는 각 방면에서 치열하게 전투가 전개되고 있던 8월 17일, 각지의 군에 군사행동의 정지와 무기의 포기를 명령했지만, 전투는 24일까지 계속되었다. 이 동안의 전투에서 관동군은 70만의 장병을 잃었다.(소련 측 기록에는 그중 8만 3천여 명

---

24   宮城事件,《フリ·百科事典, ウィキペディア (Wikipedia)》

이 전사, 59만여 명이 포로)[25] 열흘 정도의 전투에서 10만 명 가까운 전사자가 나왔으니 일본의 마지막 저항이 얼마나 치열했었는지를 짐작할 수 있다.

한반도에서의 전투는 제1태평양함대와 제25군 부대가 수행하였다. 25군 사령관에는 대장 치스차코프(Ivan H. Chistiakov), 군사위원회 위원(정치문제 책임자) 소장 레베제프(N.G. Liebediev), 참모장에는 중장 벤콥스키(V.A. Pienkovski)가 임명되었다.[26] 태평양함대의 지휘자는 해군대장 유마쉐프(Ivan Stepanovich Yumashev)였다.[27]

8월 11일 저녁, 25군의 일부가 북조선 연안을 따라 관동군 일부에 타격을 주면서 경흥 지방에서 한만 국경을 넘어들어왔다. 8월 12일 오후에는 태평양함대 소속 해병대가 별다른 저항 없이 웅기항을 점령했다. 8월 14일에는 소련의 해병대가 동북해안의 큰 도시인 청진에 상륙, 격전을 치른 후 점령하였다.[28] 그리고 20일까지 25군은 태평양함대의 병단과 상호 협력하여 나진·나남 등의 지역을 점령했다. 8월 21일, 상륙부대는 원산을 점령했으며 24일과 25일 소련의 공수 특전대는 함흥과 평양에 상륙했다. 25군 일부는 남쪽으로 더 이동하여 일본군과 헌병대, 경찰의 무장을 해제시키면서 38선 인근까지 들어갔다.[29]

25 일본군 전사(83,737명) 포로(640,276명); 소련군 전사(9,726명) 부상(24,425명), 《위키백과》

26 안드레이 란코프, 김광린 역, 『소련의 자료로 본, 북한현대사』, 오름, 1995, p.58.

27 소련과학원 동방학연구소, 『한국통사(하)』, 대야, 1990, p.238.

28 『소련의 자료로 본, 북한현대사』, 오름, 1995, p.58.

29 『한국통사(하)』, 대야, 1990, p.238.

이러한 과정에서 소련군도 많은 희생을 치러야만 했다. 소련과학원 동방학연구소에 의하면, "25군 병단에서만 4,717명을 잃었는데, 그들 중 약 1,500명이 죽었다"고 한다.[30] 소련군을 해방자로 여기는 결정적인 이유다. 북조선은 사망한 소련 군인을 성스럽게 추도하면서, 평양 모란봉 공원·원산 등 많은 지역에 이들을 기리는 기념탑과 기념비를 세웠으며, 북조선 최고인민회의 간부회의는 1948년 10월 16일 자 명령으로 '조선 해방자' 메달을 만들어 소일 전쟁에 참여한 소련 군인들에게 포상하였다.[31]

한반도에서의 전투를 성공적으로 수행한 25군과 태평양함대에게 점령지역을 통제하고 임시행정부를 창설하라는 과제가 부여되었다. 주목할 것은 소련군 지휘부의 움직임이다. 이들은 군정을 선포하는 대신 소련 '민정청(시민행정 관청)'을 세웠던 것이다.

책임자는 1945년 10월경 조선에 입국한 안드레이 로마넨코(A. A. Romannienko) 소장이었다. 스티코프(T. F. Shtykov) 대장은 소련군이 평양을 점령한 첫날부터 중요한 정치문제의 결정과 이의 실행과정에서 결정적인 영향력을 행사했다. 소일 전쟁 당시 제1태평양함대 군사위원회 위원이었던 스티코프는 로마넨코를 지휘하는 입장에 있으면서 1945년부터 1947년까지 북조선에서 사실상 최고지도자의 역할을 했다.

소련 '민정청'의 수립에 스탈린이 어느 정도 관련했는가는 불확실하

30 『한국통사(하)』 대야, 1990, p.238.
31 『한국통사(하)』 대야, 1990, pp.238~239., 〈소련군은 만주와 북한에서 60만의 일본군 병사와 148명의 장군을 포로로 붙잡았다. 38도선 이남에서는 12만의 일본군이 미군에게 아무런 저항 없이 항복했다.『분단과 미국1(1945~1950)』 사계절, 1988, p.13.〉

다. 다만 순수한 직업군이었던 벤콥스키, 치스차코프 그리고 그의 뒤를 이어 1947년 4월 25군 사령관으로 임명된 코르트코프(G. P. Korotkov)는 정치적 문제의 결정에 그리 관여하지 않았다. 다만 전문적인 정치장교인 레베제프는 25군의 다른 장성들과는 상이한 태도를 갖고 있었는데, 레베제프와 직접 면담한 바 있는 안드레이 란코프(Andrei N. Lanhov)[32]에 따르면 "식견이 넓고 영리하며 정력적이고 정치활동에 큰 관심을 두고 있었다."고 한다.[33] 아무튼, 소련 '민정청'은 스티코프, 로마넨코, 레베제프 이들 세 사람의 영향력하에 있었음은 틀림없는 사실로 보인다. 남한의 하지와 같은 위치에 있었던 치스차코프가 별다른 정치적 견해를 피력하지 않았던 점이 흥미롭다. 아래 표는 미·소군 조선 진주 관련 내역을 정리한 것이다.

[표4: 미·소 군 조선 진주 관련 내역]

	북조선	남한
입국 경로	경흥(8.11.) → 웅기(8.14.) → 원산(8.21.) → 함흥(8.24.) → 평양(8.25.)	인천(9.8.) → 서울(9.9.)
일군 교전	소련군, 약 1,500명 사망	없음
지휘부	25군사령관: 치스차코프 대장 → 코로트코프 중장(1947.4.)	24군 사령관: 하지 중장
	군사위원회 위원: 레베제프 소장	
	참모장: 벤콥스키 중장	
	민정장관: 스티코프 대장(45.8.25. 부임)	군정장관: 아놀드 소장(45.9.11.~12.17.) → 러치 소장(46.3.12.18~47.9.11.) → 딘 소장(47.10.30.~48.8.15.)
	민정부장: 로마넨코 소장(45.10. 부임)	

---

32 『소련의 자료로 본, 북한현대사』의 지은이

33 『소련의 자료로 본, 북한현대사』 오름, 1995, p.59.

:: 02 ::

점령군과 해방군

일본군과의 항복조인식이 거행된 그 날, 동경에 있던 맥아더는 1945년 9월 7일 자로 포고 제1, 2, 3호를 동시에 발표했다. 한국인들이 자세한 내용을 알게 된 것은 9월 11일 자 「매일신보」를 통해서다.[1] 아래에 전문을 소개한다.

[포고 제1호]

조선 주민에게 포고함.

태평양 미국 육군 최고지휘관으로서 左記와 如히 포고함.

일본국 천황과 정부와 대본영을 대표하여서 서명한 항복문서의 조항에 의하여 본관 휘하의 전첩군(戰捷軍)은 本日 북위 38도 이남의 조선지역을 점령함.

오랫동안 조선인의 노예화된 사실과 적당한 시기에 조선을 해방 독립시킬 결정을 고려한 결과 조선점령의 목적이 항복문서 조항이행과 조선인의 인권 及 종교상의 권리를 보호함에 있음을 조

---

1   태평양미국육군총사령부, 포고 제1 · 2 · 3호 공포, 「매일신보」 1945.9.11.

선인은 인식할 줄로 확신하고 이 목적을 위하여 적극적 원조와 협력을 요구함.

본관은 본관에게 부여된 태평양 미국 육군 최고지휘관의 권한을 가지고 이로부터 조선 북위 38도 이남의 지역과 동지의 주민에 대하여 군정을 설립함에 따라서 점령에 관한 조건을 左記와 如히 포고함.

第1條 조선 북위 38도 이남의 지역과 동 주민에 대한 모든 행정권은 당분간 본관의 권한하에서 실행함.

第2條 정부 공공단체 또는 기타의 명예 직원과 고용과 또는 공익사업 공중위생을 포함한 공공사업에 종사하는 직원과 고용인은 有給無給을 불문하고 또 기타 제반 중요한 직업에 종사하는 자는 別命있을 때까지 종래의 직무에 종사하고 또한 모든 기록과 재산의 보관에 任할사.

第3條 주민은 본관 及 본관의 권한하에서 발포한 명령에 卽速히 복종할 사. 점령군에 대하여 반항 행동을 하거나 또는 질서 보안을 교란하는 행위를 하는 자는 용서 없이 엄벌에 처함.

第4條 주민의 소유권은 此를 존중함. 주민은 본관의 別命이 있을 때까지 일상의 업무에 종사할 사.

第5條 군정 기간 中 영어를 가지고 모든 목적에 사용하는 公語로 함.

영어와 조선어 또는 일본어 간에 해석 및 정의가 불명 또는 不同이 生한 때는 영어를 기본으로 함.

第6條 이후 공포하게 되는 포고 법령 규약 고시 지시 及 조례는

본관 또는 본관의 권한하에서 발포하여 주민이 이행하여야 될 사항을 明記함.

　右포고함

1945年 9月 7日

於橫濱(요코하마에서)

태평양 미국 육군 최고지휘관

미국 육군 대장 더글러스 맥아더

[포고 제2호]

범죄 또는 법규위반

　조선 주민에게 포고함.

　본관은 本官 지휘하에 有한 점령군의 보전을 도모하고 점령지역의 공중치안질서의 안전을 기하기 위하여 태평양 미국 육군 최고지휘관으로서 左記와 如히 포고함.

　항복문서의 조항 또는 태평양 미국 육군 최고지휘관의 권한하에 발한 포고 명령 지시를 범한 자 미국인과 기타 연합국인의 인명 또는 소유물 또는 보안을 해한 자 공중치안 질서를 교란한 자 정당한 행정을 방해하는 자 또는 연합군에 대하여 고의로 적대행위를 하는 자는 점령군군율회의에서 유죄로 결정한 후 동회의의 결정하는 대로 사형 또는 他 형벌에 처함.

1945年 9月 7日

於橫濱

태평양 미국 육군 최고지휘관

미국 육군 대장 더글러스 맥아더

[포고 제3호]

通貨

조선 주민에게 포고함.

나는 태평양 미국 육군 최고지휘관으로서 여기에 左記와 如히
포고함.

第1條 法貨

1) 점령군에서 발행한 보조 군표인 A 印의 圓通貨는 북위 38도
   이남의 조선지역에서 公私의 변제에 사용하는 法貨로 정함.

2) 점령군에서 발행한 보조 군표 A 印의 圓通貨와 현재 북위 38
   도 이남의 조선지역에서 통용되는 法貨인 보통의 圓貨는 일
   본 은행과 대만 은행의 발행한 兌換券을 제하고는 액면대로
   교환함을 得함.

3) 기타의 통화는 북위 38도 이남의 地域에서는 法貨로 인정치
   아니함.

第2條 일본 군표인 圓貨幣

4) 일본 제국 정부나 또는 일본 육·해군에서 발행한 군표와 일본 점령군이 사용한 통화는 모두 무효 무가치하고 또한 이와 같은 통화의 유통은 如何한 取人에서라도 이것을 금함.

第3條 통화의 수출입 금지

5) 지폐, 보조화폐 또는 채권의 수출입을 포함한 대외금융 取引은 본관의 허가한 이외에는 이것을 금함.

6) 金融取引은 북위 38도 이남의 조선 지역 내에서 시행하는 것을 제하고 기타는 대외 금융 취인으로 간주함.

第4條 다른 통화에 관한 법규

7) 북위 38도 이남의 조선지역에서 현재의 통용되는 法貨인 보조 군표나 또는 圓紙幣 외에 다른 통화의 유통은 본관의 허가 없이는 이것을 금함.

第5條 처벌

8) 이상의 군정 포고조항을 범한 자로서 점령군 군율회의회에서 유죄의 판결을 받은 자는 동회의의 정한 바에 의하여 此를 처벌함.

1945年 9月 7日

於橫濱

태평양 미국 육군 최고사령관

미국 육군 대장 더글러스 맥아더

(※註 本布告는 9月 9日 항복문서 조인식 후에 공포되었으나 포고

일자가 9월 7일로 된 것은 미군의 조선 진주를 9월 7일로 예정한 때 문인 듯하다.)

맥아더의 포고 제1, 2, 3호 중 특히 "점령군으로 왔다"는 제1호의 내용은 마른하늘에 날벼락이 떨어진 것 같은 소식이었다. 20여 일 전인 8월 15일 일본 천황의 항복방송이 라디오로 중계되었고,[2] 아베 총독이 패전 유고를 발표했을 때[3] 조선인들은 '이제 해방이 되었다.'고 생각했다.

8월 20일, 북한에 진주한 소련군 사령관 치스차코프 대장이 "붉은군대(赤軍)는 해방군"임을 밝히며 "조선의 자주독립을 축하"하는 발언을 전해 들은 사람들은 조선의 해방을 더욱 확신하였다. "조선에 관하여서는 자유 독립의 정부가 수립될 때까지는 미국과 소련의 분할점령하에 두고 각각 군정이 시행될 것으로 보인다."[4]라는 불길한 뉴스가 보도되기도 했으나, 9월 1일 미국 비행기 B24 한 대가 주요 도시에 뿌린 삐라의 내용을 본 사람들은 여전히 해방에 대한 확신을 거두지 않았다.

미국군사는 조선의 재건과 질서 있는 정치를 실시코자 근일 중에 상륙하겠습니다. 이를 실시하는 것은 민주국인 미국입니다.

조선이 재건되느냐 못 되느냐 또는 빨리 되느냐 더디 되느냐는 것은 오로지 조선국민의 행동 여하에 달렸습니다. 이때에 경솔하

---

2   日本天皇 裕仁, 降伏詔書를 방송, 「방송」, 1945.8.15.

3   阿部信行 조선 총독, 패전 유고를 발표, 「매일신보」, 1945.8.15.

4   조선, 미소 분할점령 하 군정 시행케 될 것, 「매일신보」, 1945.8.24.

고 무분별한 행동은 의미 없이 인명을 잃고 국토를 어지럽히고 독립을 더디게 할 것입니다. 현재의 환경은 여러 가지로 못마땅한 점이 많겠지만 장래의 한국을 위하여 냉정 침착히 질서를 지키어 국내에 동란이 일어나지 않도록 해야 합니다. 그리고 전심전력을 기울여 평화산업에 힘써 주셔야 하겠습니다. 지금 말씀한 것을 충실히 지키면 조선은 속히 독립될 것이고 또 민주주의하에서 행복된 생활을 할 날이 속히 도달할 것입니다.[5]

그러나 미군이 상륙하던 날, 환영하던 조선인들에게 총격을 가한 일

〈 그림44: 1945년 10월 31일 자 해방일보 〉

---

5   美機 주요 도시에 삐라 살포, 「매일신보」 1945.9.1.

본 경찰에 대한 미군의 대응, 총독부의 모든 일인 및 한인에 의하여 총독부의 기능이 그대로 존속되리라는 하지의 발언, 총독부건물 앞의 게양대에서 일장기 대신 성조기가 펄럭이고 있는 모습 등을 본 조선인들은 절망하였다. 더욱이 "점령군으로 왔다"는 맥아더의 포고문은 "우리의 조국은 일제의 식민지에서 미국의 식민지로 변했다"는 것을 확인해주는 선언이었다.

「조선인민보」보다 열흘쯤 늦은 9월 19일에 창간된 「해방일보」는 맥아더의 포고령과 소련군 사령관 치스차코프(Ivan H. Chistiakov, 1900~1979) 대장(혹은 중장)의 호소문(격문)을 비교해보고 싶어 하는 독자들을 위해 10월 31일 자 지면에 '붉은 군대 사령관'의 '조선 인민들에게'라는 글을 게재했다.[6] 이 격문은 8월 20일, 소련군 (제25군)사령관 치스차코프 장군이 발표했으며[7] 전문은 아래와 같다.[8]

> **[조선 인민들에게]**
>
> 조선 인민들이여! 붉은 연합국 군대들은 조선에서 일본 약탈자들을 구축하였다.

6 조선 인민에게, 「해방일보」, 1945.10.31.

7 소련軍(第25軍)司令官 치스챠코프 將軍, 朝鮮人民에게, 《한국사연표》, 국사편찬위원회

8 원 자료로 본 북한(1945~1988), 「신동아」 1989년 1월호 별책부록, pp.28~30.

조선은 자유국이 되었다. 그러나 이것은 오직 신조선 역사의 첫 페이지가 될 뿐이다. 화려한 과수원은 사람의 노력과 고려의 결과이다.

이와 같이 조선의 행복도 조선 인민이 영웅적으로 투쟁하며 꾸준히 노력해야만 달성할 수 있다. 일제의 통치하에서 살던 고통의 시일을 추억하라! 담 위에 놓인 돌멩이까지도 괴로운 노력과 피땀에 대하여 말하지 않는가? 당신들은 누구를 위하여 일하였는가?

왜놈들은 고대광실에서 호의호식하여 조선 사람들을 멸시하며 조선의 풍속과 문화를 모욕한 것을 당신들이 잘 안다.

이러한 노예적 과거는 다시 돌아오지 않을 것이다. 진저리 나는 악몽과 같은 그 과거는 영원히 없어져 버렸다.

조선 사람들이여! 기억하라! 행복은 당신들의 수중에 있다. 당신들은 자유와 독립을 찾았다. 이제는 모든 것이 죄다 당신들에게 달렸다.

붉은 군대는 조선 인민이 자유롭게 창작적 노력에 착수할 만한 모든 조건을 지어 주었다.

조선 인민 자체가 반드시 자기의 행복을 창조하는 자로 되어야 할 것이다. 공장 제조소(製造所) 및 공작소 주인들과 상업가 또는 기업가들이여! 왜놈들이 파괴한 공장과 제조소를 회복시켜라! 새 생산 기업체를 담보하여 그 기업소들의 정상적 작업을 보장함에 백방으로 원조할 것이다.

조선 노동자들이여! 노력에서의 영웅심과 창작적 노력을 발휘하라! 조선 사람의 훌륭한 민족성 중 하나인 노력에 대한 애착심을 발휘하라! 진정한 사업으로써 조선의 경제적 및 문화적 발전에 대하여 고려하는 자라야만 모국 조선의 애국자가 되며 충실한 조선 사람이 된다.

해방된 조선 인민 만세!

[붉은 군대는 무슨 목적으로 조선에 왔는가?]

조선 인민들이여!

세계에는 두 개의 침략국이 있었나니 그는 즉 파시스트 독일과 제국주의적 일본이 그것이다. 이 두 국가는 남의 영토를 점령하며 다른 나라 인민들을 정복할 목적으로 연합국들을 반대하여 전쟁하였다.

붉은 군대는 영·미군들과 협력하여 히틀러 독일을 영영 격멸하였으며 항복시켰다.

히틀러 독일이 격패를 당하고 항복한 이후에 일본이 전쟁 계속을 그냥 주장하는 유일한 국가이었다.

전반적 평화의 회복을 촉진시키기 위하여 소련은 일본과의 전쟁에 들어섰다.

당시의 소련 정부가 설명하였으되 "자기의 정책이 평화를 가까이 오게 할 수 있으며 인민들을 앞으로 있을 희생에서와 고통에서 해방시킬 수 있는 유일한 방책이다…"라고 하였다.

이 극동에 또는 전 세계에 평화를 수립하기 위해서는 죄악과 억압 불행과 전쟁의 마지막 발원지인 일본 제국주의를 박멸하여야 할 것이다.

제국주의 일본은 중국과 소련을 반대하기 위한 전쟁을 오래전부터 준비하였다.

1910년 일본이 조선을 합병하여 자기의 식민지로 만들었으며 소련을 반대하는 전쟁을 위한 위력한 연병장을 조선 내에 만들어 놓았다.

조선 인민들이여!

소련 인민은 조선 인민이 일본에게 압제를 받는 것과 조선 인민이 일본의 예속에서 해방되도록 그에게 방조(幫助)를 주어야 할 것을 기억한다.

때문에 붉은 군대는 극동에서의 전쟁의 발원지를 없이하여 자기의 국가를 일본의 위하(威嚇)로부터 위험이 없도록 하며 압박받는 조선 인민에게 자유와 독립을 찾아 주도록 그를 방조하였다.

붉은 군대는 위대한 스탈린 대원수의 영솔하에서 이 과업을 영예롭게 실행하였다.

그는 조선 지역에 들어와서 일본 침략가들을 박멸하였다. 붉은 군대의 역량과 위력은 위대하다. 그러나 이 역량과 위력은 언제든지 다른 인민들을 정복하려는 데 사용하지 않았으며 또는 사용하지 않을 것이다.

이에 대하여 소련 인민의 위대한 수령 스탈린 대원수는 아래와 같이 말씀하셨다.

"우리에게는 구라파의 인민들과 영토에 대하여서나 혹은 아세

아 인민들과 영토에 대하여 말할 것 없이 남의 영토를 점령하려
거나 또는 다른 나라 인민들을 정복하려는 그런 전쟁 목적이 없
으며 또 있을 수 없다."라고 하였다.

붉은 군대는 독일한테 정복되었던 구라파 국가들을 해방시켰다.
지금은 이 여러 나라의 인민들이 자기 생활을 제 손으로 건설
하였다. 위대한 스탈린 대원수는 그들에 대하여 말씀하시기를
"우리의 목적은 그 인민들의 해방 투쟁에 있어서 그들을 방조하
며 다음에는 그들이 자기 소원대로 자기 땅에서 자유로운 생활을
하도록 하는 것이다."라고 하였다. 스탈린의 이 말씀은 구라파
여러 나라들에게 벌써 실천되었다. 이 말씀이 조선에 있어서도
원만하게 실천되고 있다.

조선 인민들이여!
1945년 8월은 조선 인민사에 새 기원의 시초로 기입될 것이다.
1945년 8월에 붉은 군대는 조선 인민을 일본 침략자들의 압제
에서 해방시키고 자유와 독립을 찾아 주었다.
그래서 조선 인민은 자기 땅에서 자기 소원대로 생활을 조직할
수 있는 가능성을 받았다.
조선 인민은 자유의 태양을 다시 보고 있다.
전 세계 피 압박 인민들의 해방군인 붉은 군대 만세!
조선의 자유와 독립 만세!

조선 남녀들이여!

35년 동안이나 전 조선은 혹독한 놈들의 주권하에서 신음을 하였습니다.

35년 동안이나 왜놈들은 조선 인민들을 압제하였고 조선 부원(富源)을 강탈하여 갔으며 조선 사람들의 언어·문화 및 모든 생활 제도를 능욕하여 왔습니다.

조선은 35년 동안이나 눈물과 주림의 나라로 있었습니다.

자기 조국의 자유와 독립을 위한 투쟁에서 조선의 애국 열사들은 수많이 죽었습니다.

오직 자기의 조국을 사랑하였으며 그의 행복을 원한다고 용감스럽고 충직한 조선 사람들을 수많이도 왜놈들이 죽여 버렸습니다.

자유와 행복에 대한 갈망과 증오스러운 왜놈들을 구축하기를 기다리던 갈망은 조선 인민들의 마음속에서 사라지지 않았습니다.

조선 사람들이여!

이 선명한 갈망은 실현되었습니다.

당신들의 위력한 인접국인 소련 인민들이 조선 인민들을 후원하려고 왔습니다.

왜놈들은 조선에서 영영 구축되었습니다.

붉은 군대의 위력은 크고도 큽니다. 그러나 그는 이 위력을 어느 때든지 다른 나라 인민들을 정복함에 이용하지 않았으며 또는 이용하지 않을 것입니다.

이에 대하여 소비에트 인민들의 위대한 수령인 스탈린 대원수가 무엇이라고 말씀하신 것을 들어 보십시오… "우리에게는 구라파 인민들과 영토에 대하여서나 혹은 아세아의 인민들과 영토에 대하여서나 말할 것 없이 남의 영토를 점령하려거나 또는 다른 나라 인민들을 정복하려는 그런 전쟁 목적이 없으며 또 있을 수 없다…"라고 하였습니다.

붉은 군대는 독일 약탈자들을 박멸하고 그놈들이 약탈하였던 소비에트 조국의 지역을 해방시킨 것뿐만 아니라 히틀러 강도배한테 압박받던 구라파 모든 인민에게도 해방을 가져왔습니다.

붉은 군대는 독일에 정복되었던 구라파의 여러 나라를 해방시키고 지금 이 나라 인민들은 자기로서 자국 생활을 건설하고 있습니다.

위대한 스탈린 대원수는 그들에게 다음과 같이 말씀하였습니다… "우리의 목적은 인민들의 해방 투쟁을 도와주며 그다음에는 그들이 자기의 땅에서 자기 소원대로 자유스럽게 생활하도록 하려는 것이 그것이다."라고 하였습니다.

스탈린 대원수의 이 말씀은 지금 실현되었습니다. 스탈린 대원수의 이 말씀은 죄다 조선에서도 역시 실현되고 있습니다.

붉은 군대는 조선 내에 있는 모든 반일적 민주주의적 당들과 단체들의 광범한 협동의 기본 위에서 자기 민주주의적 정부를 창조함에 조선 인민들에게 보조를 줍니다.

조선 사람들이여! 기억하십시오!

당신에게는 유력하고 정직한 친우인 소련이 있습니다.

당신들의 해방군인 붉은 군대에 백방으로 방조하십시오.

도시와 농촌에서는 안전한 생활을 계속하며 붉은 군대가 들어

오기 전에 하던 그곳에서 그대로 사업을 계속하십시오.

지방 당국에서 사회적 질서를 유지함에 백방으로 후원하십시오.

조선의 자유와 독립만세!

조선의 발흥을 담보하는 조선과 소련 친선 만세!

맥아더는 그리 길지 않은 포고 제1·3호 문에서 '점령'이란 단어를 10회, '군정'의 경우 3회를 사용했다. 특히 통화 관련 문제를 언급한 포고 3호에서 '점령군에서 발행한 보조 군표' 그리고 '일본 점령군이 사용한 통화'란 문장을 사용함으로써, 일본의 점령지(식민지)였던 북위 38도 이남의 조선지역을 이제 미군이 점령했다는 것을 선언하였다.

그러면 '점령지역의 통치는 어떻게 할 것인가?'라는 문제가 남는다. 이 점 역시 맥아더는 일본 점령군 대신 미국 점령군의 통치, 즉 미군에 의한 정치(미 군정)을 할 예정임을 분명히 밝혔다. 실제 남한의 통치는, 맥아더의 포고문대로 미군이 인천에 상륙하는 즉시 미 군정에 의해 실시되었다.

반면, 맥아더의 포고보다 20일쯤 전에 발표된 소련군 사령관의 호소문(격문)에는 '점령'이란 단어는 전혀 눈에 띄지 않는다.[9] 물론 '군정'이

***

9 '점령'이란 단어가 3번 등장하나, 파시스트 독일과 제국주의 일본이 남의 영토를 점령한

호산 전창일과 통일운동 77년사

란 표현도 사용되지 않았다. 대신 '해방'이란 단어가 10회 등장한다. 그리고 '자유'가 12회 '독립'이 6회 사용되었다. 이쯤에서 우리가 검토할 것은, 해방군을 자처했던 소련군이 치스차코프의 격문과 다르게 '군정'을 실시했는가 하는 문제다. '선의의 미 군정에 대한 악의의 소 군정' '북한은 소 군정에 의해 창출된 괴뢰정권' 등 '소 군정'이라는 명칭이 흔히

〈그림45: 1945년 8월 24일 함흥에 도착한 치스차코프 대장이 환영 나온 군중들을 바라보고 있다〉

사용되고 있음이 현실이다.[10] 치스차코프의 격문을 아예 선동적 '호소문'으로 평가 절하 하는 경우도 있다.[11]

　남한 곳곳에서 파업과 시위와 소요가 일어나던 때인 1946년 10월 15일, 일본에서 한국으로 건너온 「시카고 선(Chicago Sun)」의 기자 마크 게인(Mark Gayn, 1902-1981)이 기록한 아래의 글은 당시 미군에 대한 인식을 파악하는 데 참고가 될 듯싶다.

　　것을 예로 들면서 사용한 경우다.
10　김명섭, 『해방전후사의 인식』6, 한길사, 1989, p.139.
11　조성호, 오늘의 팩트 파인딩/ 現代史 왜곡의 원점- 교과서에 실린 '치스차코프 포고문'의 진실 검증, 「조갑제 닷컴」, 2015.11.11.

우리는 해방군이 아니었습니다. 한국인들에게 항복 조건들을

강제하기 위한 점령군으로서 이곳에 진주한 것입니다. 따라서 첫

날부터 한국 사람들을 적처럼 대했습니다.[12]

"점령군으로 왔다"는 맥아더의 포고문도 문제였지만, 포고를 실행하는 위치에 있었던 하지 장군 자체의 문제는 더욱 심각했다. 마크 게인에 따르면, 하지를 비롯한 미군들은 점령 첫날부터 한국인들을 적처럼 대했다고 한다. 특히 한국인에 대한 선입관과 편견은 조선인의 운명에 엄청난 해악을 끼쳤다. 1945년 9월 11일, 기자회견을 통해 발표한 미군의 시정방침(施政方針)에서 '조선 총독'을 자처했던[13] 하지는 10월 3일 부하들에게 다음과 같이 말했다고 한다.

왜놈들을 다루는 것은 쉬운 문제다. 한인들은 일본인들에게 강

탈당하고, 매 맞았다고 떠들어 대지만 증거가 거의 없다.… 이들

보다 더한 '멍텅구리'들은 없을 것이다. 그들의 역사를

돌이켜 볼 때 한인들은 기회만 있으면 강간하고, 강탈하고, 살

인을 했다. 그들은 사람을 때리는 것을 좋아한다.[14]

이와 유사한 발언을 찾아보면 수없이 많이 발견된다. 몇 가지 사례를

12 마크 게인, 편집부 역, 『해방과 미군정』 까치, 1986, p.110.

13 하지, 기자회견에서 미군 施政方針을 발표, 『매일신보』 1945.9.12.

14 『ⅩⅩⅠⅤ Corps Journal』 1945.10.3 〈브루스 커밍스, 김자동 옮김, 『한국전쟁의 기원』 일월서각, 1986, p.278.〉 재인용

들겠다. 하지는 한국에 도착하자마자 미군을 대상으로 한 연설에서 이렇게 말했다.

> 일본주둔 미군들이 두려워하는 세 가지가 있다. 첫째는 설사(다이어-리아, diarrhea), 두 번째는 임질(고오너-리아, gonorrhea), 그리고 마지막은 한국(코-리아, korea)이다.[15]

1945년 9월 8일, 미 제7보병 사단이 인천에 상륙했을 때 이들을 환영하기 위해 인천보안대원과 조선노동조합원 등이 연합국기를 들고 행진하던 중 일본인 경관들의 발포로 노조위원장 권평근과 보안대원 이석우가 배와 가슴에 총탄을 맞아 현장에서 숨지고 14명의 중·경상자를 낸 불상사가 일어났다. 이때 군중을 해산하며 하지는 다음과 같은 말을 했다.

> 한국인은 일본인처럼 고양이와 같은 민족이다.(The Koreans are the same breed of cats as the Japs)

---

15 돈 오버도퍼, 이종길 옮김, 『두 개의 한국』 길산, 2002, p.29.

:: 03 ::

달라진 교육환경

해방이 되었다. 북청공업학교 전창일 학생에게 새로운 과제가 주어졌다. 중학교 3학년인데, 제2외국어를 배우는 것처럼 한글을 배워야 했다. 가, 갸, 거, 겨…부터 시작해야만 했다. 거짓말 같은 진실이 해방 공간에서 벌어진 것이다. 전창일의 회고를 들어보자.

해방돼 가지고 북청에 들어와 학교에 갔더니 일본 선생들은 모두 가버리고 새로 조선 선생들이 들어왔어요. 일제 때하고 다른 것은 우리말, 우리글을 쓴다는 것, 우리글을 몰랐어요. 그래서 중학교 3학년인데 가, 갸, 거, 겨… 한글을 기초부터 배우는 거예요. 우리가 소학교 때부터 조선말 못하게 했거든요. 일본교육제도가 그랬어요. 조선어란 과목이 없었어요. 우리 전까지는 조선어 과목이 있었는데 완전히 폐지되어 버렸어요. 맨날 시험공부도 해야 하니까, 조선어 공부를 따로 할 여지가 없었어요. 그러니까 말도 못하고 글도 못 쓰지. 일본 글만 하지.

그런데 해방이 되어 중학교 3학년생이 한글을 새로 시작하는 거야. 이제 조선 우리말 강의 듣고. 그건 그렇고 선생님한테 제일 혼나는 게 그것이더군. 기술용어. 영어로는 gear(기어)라고 하는 것을 일본말로는 하그르마(齒車, はぐるま)라고 그러거든요. 이빨이라고 하, 치자 쓰고, 그다음에 밑에다가 수레 거자, 그걸 일본

말로 하그르마라고 그래요. 영어로는 gear라고 하고. 기아, 맞물려 돌아가는 거. 그래 지금 우리는 뭐라고 해요? 지금 여기서는 톱니바퀴라고 그러지요. 그때는 톱니바퀴라는 말을 선생들이 모르니까. 표준어가 아직 없으니까, 치차, 일본말 한문을 그대로 우리말로 발음했어. 하그르마 대신 치차라고 했어요.

일본말은 다 한문에 의해서 만들어지니까, 그대로 직역해서 쓰니까 어색하고 그랬지요. 지금은 북에서도 톱니바퀴 뭐 이렇게 사용하고. 우리 말이 만들어지고 있지요, 언어가 그만큼 시대에 따라서 발전하니까.

그때는 모든 것이 그렇게 창조적이었어요. 그리고 일제 때 교단에서는 들어 보지 못했던 마르크스 레닌주의가 무엇이고, 스탈린의 통치철학이 뭐고, 김일성의 항일투쟁 경력이 어떻고. 그러니까 이제 장백산 줄기줄기 피어린, 김일성 노래 학생들한테 가르쳐주고. 공업학교 다니면서도 그런 정치교육이 상당히 있어요. 그러니까 이제 '이게 새로운 하나의 과학이구나.'

역사? 조선역사를 모르고 있을 때 처음으로 조선역사. 그때까지 숨어있던 역사학자들이, 말하자면 향토학자들이에요. 고구려사, 고려사, 옛날 단군조선 신화, 이런 얘기를 처음 듣는 거예요. 용케도 그때 시작하는 거예요. 그러니까 머릿속에 일대 혁명이 일어나는 겁니다. 그 무렵 우리 머리 좋을 때 아닙니까?… 그러니까 한번 들으면 잊어버리지 않을 때, 그럴 때 새로 듣는 이야기들. 내가 성장하게 된 북청이란 곳은 야학이 있었습니다. 그 지하 활동하던 사람들이, 사회주의자들이 그런 교육을 시키기 시작했습니

다. 그런데 우리는 원체 어렸으니까. 교육 대상도 안 되었고.[1]

전창일은 해방 후 달라진 교육환경에 대해서 한글교육, 우리의 역사, 사회주의 교육 등 세 가지 정도를 특별히 꼽았다. 만약 해방되지 않았다면 오늘 현재 전창일은 어떤 모습을 하고 있을까? 사실 일본의 민족말살 정책은 철저했고, 집요했다. 내선일체, 식민사학, 일선 동조론, 창씨개명, 황국신민, 궁성요배, 신사참배… 이러한 정책의 중심에는 《조선교육령》이 있었다.

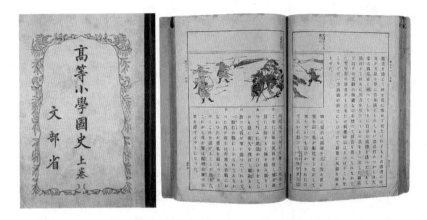

〈 그림46: 고등소학 국사, 소학교 고학년 일본사 교과서이다. 제3차 조선교육령 시기에는 소학교 고학년에게 일본의 역사와 지리를 가르쳤고, 한국의 역사와 지리는 교육 과정에서 없앴다. ⓒ우리역사 넷〉

조선총독부는 일제 강점기 동안 네 차례의 조선교육령을 공포했다.

---

1   임미리 기록, 『1960년대 이후 통일운동가들의 통일운동 및 사회운동 경험, 전창일 구술』, 국사편찬위원회, 2014, 녹취록 1차 2번-1. 해방 직후 민족교육과 학생자치회 활동

제1차(1911년, 1대 조선 총독 데라우치 마사타케)는 일본어 보급을 목적으로 하였다. 이른바 문화정치를 표방한 사이토 마코토 총독 때 공포된 제2차(1922년) 교육령은 일본어와 일본 역사를 주입, 강요하여 민족의 사상을 일본화 또는 말살하려는 데 주안점을 두었다. 1938년 공포된 제3차(미나미 총독)부터 일제의 본심이 노골적으로 드러나기 시작했다. 일본어 · 일본사 · 수신 · 체육 등의 교과를 강화하였으며, 조선어는 선택과목으로 하였다. 하지만 이 무렵부터 조선어를 가르치는 학교는 거의 없었다.

1942년 10월, 이극로 · 최현배 · 이희승 · 정인승 등 33명을 치안유지법의 내란죄로 몰고 간 조선어학회 사건이 발생하였다. 이듬해인 1943년 3월, 제4차 조선교육령(고이소 구니아키 총독)이 공포되었다. 목표는 '황국의 도에 따른 국민 연성(鍊成)'에 있었다. 그동안 형식적이나마 수의 과목으로 있던 조선어 교과는 완전히 삭제되었고,[2] 모든 교과 내용도 일본어로만 공부하게 되었다. 한편, 조선의 역사와 지리는 제1차 조선교육령 공포 때부터 아예 삭제해 버렸다.[3] 일제 강점기하 조선어, 조선의 역사, 지리 등에 관한 교육이 어떻게 변천했는가는 정재철이 정리한 아래 도표를 참고하면 도움이 되리라 본다. 초등학교의 경우를 소개한다.[4]

2 수의 과목으로 있던 조선어 교과는 1941년 초등학교령과 1943년 중등학교령, 사범학교령에 따라 교육 과정에서 완전히 폐지되었다.

3 정재철, 『일제의 대한국식민지교육정책사』, 일지사, 1985.

4 정재철, 『일제의 대한국식민지교육정책사』, 일지사, 1985, pp. 502~506.

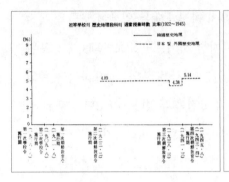
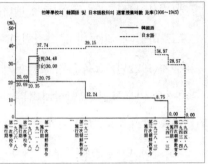

〈 그림47: 초등학교의 한국어 및 일본어 교과의 주당 수업시수(1906~1945), 동 역사 지리 교과 〉

　전창일의 회고 중, 지하에서 활동하던 사회주의자들이 해방 후 나타
나 우리 글, 우리 역사 등을 가르쳤다는 증언이 주목된다. 대표적인 인
물 중의 한 명으로 제2장 2절 '북청의 지리와 문화'에서 언급한 이춘균을
들 수 있다.[5] 그는 일본유학, 투옥을 거쳐 고향으로 돌아온 후 1925년
12월경 북청노동조합이 개설한 노동야학강습소의 강사로 활동했다. 바
로 이런 인물들이 해방 후 민족교육의 선두에 나섰던 것이다. 달라진 교
육환경에 대해 잘 정리된 글이 있다. 1946년 8월 조선해방연보출판부
가 발간한 『해방조선』에는 다음과 같은 글이 수록되어 있다.

　　교육 부분에 있어 강도 일본 제국주의에 희생되어, 배우고 싶어
　　도 배우지 못했던, 따라서 조선 사람으로서 한글도 모르고, 인간
　　으로서의 초보적 지식도 모르는 문맹자가 인민의 대다수를 차지

5　제2장 2절 〈주석 12, 이춘균〉참조

하고 있으므로, 이 민족의 치욕인 문맹을 박멸하고자 북조선 임시 인민위원회의 지도하에 13세 이상의 문맹자를 교육하는 성인학교를 설치하고 있는데, 1946년 6월 7일 현재 성인학교의 수는 총수 8천여 개, 학생의 총수는 4십여만 명에 달하고 있다.

그리고 북조선에는 대·중·소 1,337개의 학교에서 백만 명의 학생이 공부하고 있다. 또 건국에 필요한 간부를 양성하기 위하여 각지에 간부학교를 설립하였고, 현재 평양에만도 중장 정치 간부학교, 보안간부학교 등 여러 종류의 간부학교가 신설되었다.

다음 각종 학교와 강습소 및 소·중등학교 시설을 대대적으로 확충, 신설하여(중등학교 수는 2배 증가) 금년부터 북조선에서는 시험지옥이 사라져 버렸다. 그리고 전문학교, 기술학교, 종합대학 등 교육의 전당들이 계속적으로 계획 신설되고 있다.…[6]

6   민주주의민족전선 편집, 『해방조선』 II, 과학과 사상, 1988, p.531.

반공학생의거와 소련군의
흥남 NZ공장 기계반출의 진실

학교에서 공식적으로 한글교육 등을 받게 된 상황에 대하여, 전창일
은 "세상이 전부 달리 보였다"고 하며 일종의 혁명으로 표현했다. 그뿐
아니라 꿈에도 생각하지 못했던 학생들의 선거에 의한 학생자치회가 만
들어졌다. 전창일은 이 선거에서 학생자치회장으로 선출되었다고 한
다. 전창일의 회고를 인용한다.

　　학생자치회장 선거를 하는 거예요. 내가 북청공업의 학생자
치회장이 됐어요. 그 당시 북청에 농업학교, 중학교, 여자중학
교, 북청공업 등 4개의 (중등)학교가 있었는데, '북청 중등학생
자치연합회'라는 게 생겼어요. 그러니까 이 연합회에서 각 학교
자치회 간부들이 모여 교육제도, 예를 들면 그때는 각 학교에서
교복을 새로 만들기 시작했는데 교복제정에 대해 의견이 맞지
않아 결정을 하지 못하는 등 교수와 학생들 간에 여러 갈등이
있었어요.
　　또 정치교육 문제가 있었습니다. 싫어하는 애들도 있었거든요.
그런 학생들은 정치교육이 너무 시간이 많다든가, 없애야 한다든
가 등을 주장했어요. 이러한 여러 의견을 각 학교에서 먼저 모으
고 다시 연합회에서 취합하여 각 학교 교장과 인민위원회에 제안
하고 그랬거든요. 그러니까 학생들의 자치활동이 행정기관 또는

권력기관하고 마찰이 있게 되었습니다.

한 예를 들면 함흥 학생 사건이라는 게 있어요. 그 무렵 북조선 임시인민위원회 위원장이 김일성 장군인데, 말하자면 그 통치권에 대한 반항을 남쪽에서 얘기하게 되면 학생 반공 운동이라고 얘기하지요. 그런데 북에서는 반공 운동이라는 말을 안 썼어요. 왜냐하면, 반공이라는 말은, 공산주의자들이 일제 때 다 애국자들이에요. 감옥 생활하고 나온 이 사람들이 모두 공산당이여. 그러니까 감히 그 사람들을 반대한다고는 못 하지요.

그러나 우리 학생들에 대한 정책, 학생들을 너무 정치선전에 동원을 많이 한다든가 등 이런 정책에 대한 반항이었어요. 신의주 학생운동도 마찬가지로 이런 운동들은 전부 학생자치회가 주동이 돼서 일으켰단 말이야.…[1]

이쯤에서 소위 신의주 학생 반공 의거에 대해 살펴보기로 하자. 당시 언론들은 전창일의 말처럼 '반공'이란 용어를 사용하지 않았다. 중앙신문(신의주 함흥 학생 사건), 자유신문(신의주 함흥 학생 사건), 조선일보(신의주 함흥 학생 사건), 동아일보(신의주 사건), 해방일보(신의주 학생 사건) 등 좌익은 물론 우익신문들도 '반공 학생 사건'이라고 표현한 곳은 없었다. 그러나 보도 내용 자체는 천양지차였다. 우선 사망자 수부터 너무 달랐다.

---

1   임미리 기록, 『1960년대 이후 통일운동가들의 통일운동 및 사회운동 경험, 전창일 구술』, 국사편찬위원회, 2014, 녹취록 1차2번-1. 해방 직후 민족교육과 학생자치회 활동

신문	날짜	사망	부상	비고
중앙신문	45.12.8.	8	–	전투기 기총소사, 함흥(학생과 인민위원회 충돌)
동아일보		16	60여 명	전투기 기총소사(피해 없음), 용암포 사건(홍 장로 사망)
조선일보	45.12.9.	14	80여 명	전투기 기총소사(사상자 발생), 함흥 사건(교원, 학생 감금)
자유신문		8	–	학생과 경비대와의 충돌, 함흥 사건(교원과 상급학생 감금)
해방일보	45.12.19	수 명		일부 반동분자의 소행, 용암포 사건 배후(사회민주당)

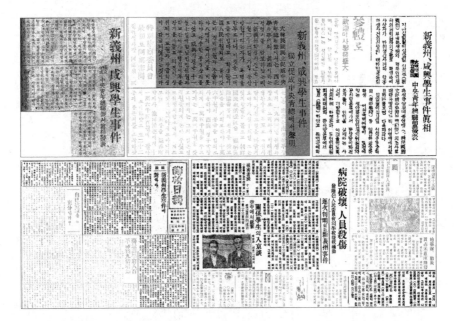

〈 그림48: 시계방향으로, ① 1945년 12월 8일 자 중앙신문, 9일 자 · ② 자유신문 · ③ 조선일보 · ④ 동아일
보 · ⑤ 19일 자 해방일보 〉

신의주 사건을 적극적으로 보도한 곳은 「중앙신문」과 「동아일보」이다.
대부분 신문들이 '대한민국독립촉성중앙청년총연맹'의 발표문을 근거로
기사를 작성했다고 했지만, 그 내용은 제각각이었다. 특히 「동아일보」

의 경우, 사건의 현장을 목격했다는 다수의 증인을 내세웠지만,[2] 오히려 혼란만 가중시키는 보도였다. 「중앙신문」은 거의 유일하게 사건 후처리까지 보도했다. 12월 8일 자로 신의주 사건을 가장 먼저 보도했으며,[3] 김일성 장군이 사건이 현장을 방문하여 연설하였고 그 후 신의주사건은 원만하게 해결되었다는 보도를 하였다.[4]

아무튼, 이 사건은 지금까지 실체가 제대로 규명되지 않고 있다. 신의주사건에 관한 논문이 거의 없는 실정이다. 「동아일보」의 파편적인 기사, 월남인들의 경험담 그리고 무엇보다 함석헌이 「씨알의 소리」를 통해 발표한 '내가 겪은 신의주 학생 사건'[5] 등을 기초자료로 한 반공 담론만이 횡행하고 있을 따름이다. 《한국민족문화대백과》에 실린 '신의주 반공학생의거'와 「해방일보」의 사설을 비교해보면, 문제의 심각성을 짐작할 수 있으리라 본다. 아래 〈자세히 보기〉를 통해 두 글을 소개한다.

자세히 보기-15

[신의주 반공학생의거(한국민족문화대백과)]

1945년 11월 16일 평안북도 용암포(龍巖浦)에서 열린 기독교

---

2 희생된 순진한 학생들 유골 안고 모친 입경, 신의주 참살 사건 점차 판명, 「동아일보」, 1945.12.8; 病院破壞, 人員殺傷 發端은 人民委員會의 學校接收騷動 逐次判明되는 新義州事件/關係學生의 入京談 空中에서 銃擊 新義州商業白間道君[상], 「동아일보」, 1945.12.9.

3 西北事情告會, 「중앙신문」, 1945.12.8.

4 金日成將軍演說로 新義州事件圓滿解決, 「중앙신문」, 1945.12.21.

5 함석헌, 내가 겪은 신의주 학생 사건, 「씨알의 소리」, 1971년 11월 6호

사회당 지방대회에서, 평북 자치대 용암포 대표는 기념사를 통해 폐교 조치된 수산기술학교 복구를 촉구하고, 공산당 용암포 대장 이종흡(李宗洽)의 만행을 규탄하자 이를 지지하고 나선 학생들이 만세를 외치며 '학원의 자유'를 부르짖었다.

이에 소련군과 공산당 측은 이들을 공격하였고, 평안교회의 장로를 현장에서 사살하고, 12명의 학생 및 시민 또한 중상을 입었다.

이 소식은 신의주시 평안북도 학생자치대 본부에 전해졌고, 격분한 신의주시의 6개 남녀중학생은 11월 23일 상오 9시 학교 강당에 집합하여 '공산당타도'를 결의한 뒤, 3개 조로 나뉘어, 제1조인 신의주동중학교와 제일공립공업학교 학생들은 평안북도 인민위원회 보안부를, 제2조인 사범학교와 제2공립공업학교 학생들은 평안북도 공산당 본부를, 제3조인 평안중학교와 신의주공립상업학교 학생들은 신의주보안서를 공격하기로 결정하고, 하오 2시 정각을 기하여 일제히 행동을 개시하였다.

제1조가 평안북도 인민위원회에 도달하자 보안부에서는 기관총을 난사, 치열한 공방전 끝에 13명이 사망하고 수백 명이 부상을 입었다.

제2조는 평안북도 공산당 본부의 앞뒷문을 부수고 진입, 공산당의 무차별 사격을 받으면서 당사 점령에 성공하였으나, 10명의 사망자와 수십 명의 부상자를 내었다.

제3조는 목표 지점으로 시위행진을 하던 중, 미리 대기하고 있던 소련군의 집중사격을 받고 물러났으나 뒤늦게 신의주 학생들의 봉기소식을 들은 사범학교의 부속 강습생들과 신의주남공립

여자중학교 학생들이 시인민위원회를 습격, 기밀문서 등을 빼앗고 공산당원들로부터 그들의 과오에 대한 사죄를 받았다.

이 사건을 통하여 피살된 학생은 23명, 중경상자 700여 명이었고, 사건 이후 검거·투옥된 학생과 시민은 무려 2,000여 명에 달하였다.

신의주는 국경지대에 위치하여 공산당들의 세가 가장 심하였고, 이 사건은 그들의 조직적 탄압이 학원에까지 침투하자, 학생들이 학원의 신성화와 자유를 수호하기 위해 일어난 것으로 평가된다.

===

[해방일보 사설, 신의주 학생 사건에 대하여(1945.12.19.)]

전국청년 총동맹에서는 일부 남부조선 특히 서울에 있는 우익 민족주의자들에 의하여 과대한 반공산주의의 선전재료로 이용되고 있는 용암포 및 신의주 학생 사건의 진상을 조사 발표하였다.

사회민주당·고려청년회의 공동주체로 열린 건국촉진강연회를 기회로 수 명의 학생이 소작료 삼칠제 반대, 농민조합·노동조합의 반대 등의 반동적인 제의를 하는 동시에 마침내는 소시민 대중과 O동하여서 폭동이 일어난 것이다. 이 사건의 배후귀임 O한 사회민주당 일파인 것이 판명된바 이것이 소위 용암포 사건이고, 이 용암포 사건을 조사하러 온 신의주 학생대표의 귀환보고가 있기 전에 일부의 반동분자는 또다시 학생을 선동하여 우리

당의 지부를 습격하고 도 보안부와 시청을 습격하는 등 무O를 감행한 것이 소위 신의주 사건이라고 한다.

우리는 이런 사건이 금후에도 있을 수 있는 일로써 그렇게 놀랄 필요는 없을 것이다. 이것은 물론 유감이 되는 불상사임은 틀림없으나 이 사건이 결코 한 우연이 아닌 것도 틀림없는 사실이다. 왜 그러냐 하면 이 조그마한 사건을 그 자신의…(판독불가)… 미래를 가지지 못한 계급의 … 충분히 시준하고 있는 것이기 때문이다. 따라서 이러한 악질적인 반동분자가 금후에도 얼마든지 있을 것을 우리는 각오하여야 할 것이며 그러한 반동들의 책동을 미연에 방지하기 위하여 … 제조치를 강구하여야 할 것이다. 이러한 분자의 행위는 당연히 법에 의하여 처단이 되겠지만, 만민의 증오를 사기에 족한 행위임은 두말할 필요가 없을 것이다.

우리는 그리고 빛난 반제의 전통을 가진 조선 학생의 명예를 위하여 이번 평북 학생들의 경거를 통석하여 마지않는 바이다. 조선의 학생은 과거 암흑시대에서 6·10 만세, 광주 학생 사건 등의 대사건을 일으키어 그들의 낙후된 부형에 좋은 영향을 주었으며 그리고 그들은 또한 무수한 반제 반봉건의 영웅과 맑스-레닌주의적 혁명투사를 배출시킨 것이다. 오늘의 조선은 다사(多事)하다. 그들은 우리 민족을 막연하게 단념하지 않고 3천만 중의 절대다수를 차지한 근로대중의 이익과 행복을 염원하고 이 나라의 좋은 아들이 되어야 할 것이다.

그들은 조선을 보다 깊이 배우며 멀리 이 세계의 대국에 눈을 돌려서 이 나라를 동양의 일(一)위대한 선진국으로서 추진시키는 데에 대한 인식을 가지도록 힘쓰는 좋은 학생이 되어야 할 것이다. 그런데 일부 이기주의자들에게 선동되어서 경거와 망동을 감행한다는 것은 어찌 민족의 장래를 위하여 그들의 명예를 위하여 통탄하지 안 할 바이랴? 그리고 우리는 소연방의 우군에 대해서 사례를 표한다. 더구나 수 명의 희생자를 낸 데 대해서는 무어라 말할 수 없이 미안한 마음을 금할 수 없는 것이다.

또다시 우리는 관서지방에서 일하는 고충을 생각하지 않을 수 없다. 조선은 원래 소부르주아의 나라이지만 특히 관서는 소부르주아의 지방이다. 농민의 계급분열이 남부처럼 심하지 않고 도시민의 생활 정도도 남부보다는 빈민이 적다. 우리 운동이 가장 뒤처져있고 종교의 세력이 어느 지방보다도 강하다. 따라서 이런 곳에서 활동하는 동지들은 더욱이 박빙(薄氷)을 밟는 듯한 긴장한 기분과 신중한 태도로써 민중에 접근해야 할 것이다. 비록 조그마한 사생활에서도 견결하게 몸을 가져야 할 것이며 "민중이 빵에 주리고 있는 이때에 내 어찌 과자를 입에 대리요"하는 레닌적 청렴, 민주에 모범적인 혁명가의 생활- 이것은 특히 북부 동지들의 각오·명심할 사생활 법칙이어야 할 것이다. 그리고 민중을 위해서는 언제든지 그들의 친우로서 그들의 충복으로서 그 일언일동에까지 조심하여 관료주의적인 냄새를 일소해야 할 것이다,

우리들의 적대자는 그렇게 변변한 존재들이 아니다. 공명정대한 사상과 정책으로써 우리에게 도전해오는 그러한 훌륭한 편(便)이 아니다. 가장 변변치 못한 사생활의 결점, 이것을 뒤지고 헤쳐서 민중에게 악선전을 게을리하지 않는 것이 그들의 상투수단이며 황금의 전술인 것이다.

우리의 정치노선이 정당함에 불구하고 만일 우리의 대 민중 생활 태도가 잘못되어서 노선의 집행에 지장이 생기게 한다면 그는 당에 대해서 계급에 대해서 대중에 대해서 책임을 져야 할 것이 아닌가?

그들은 반드시 이 학생 사건에 대해서 그 객관적 조건과 주관적 조건을 과학적으로 세밀히 분석하여 여러 가지 각도로 그곳에서 많이 배웠을 것을 우리는 확신하는 동시에 곤란한 제 조건 중에서 투쟁하는 그들 북부 동지의 고충을 생각하고 그 건투를 바라는 바이다.

〈 그림49: 1942년께의 흥남 질소비료공장. 현재는 함남 함흥시 흥남구역에 위치해 있다. ⓒ오마이 포토 〉

해방 이후 소련군의 행위에 대한 보편적 시각은 '강간 · 강도 · 절도를 일삼고 공장시설을 뜯어간 소련군'이라는 이미지였다. 전창일은 소련군의

호산 전창일과 통일운동 77년사

기계반출사건에 직접 관여한 경험이 있다. 그의 증언을 들어보기로 한다.

"해방 후 학생자치활동이 상당히 활발했어요. 학생자치회에서 무슨 반대운동을 일으켰냐 하면… 우리 북청공업 학생들이 흥남에서 일했잖아요. 우리가 일한 흥남공장 안에 NZ공장이라고 있었어요. 일본 애들이 에느제트 공장이라고 그랬어. 그 공장에는 한 20미터 간격으로 일본 헌병들이 총 들고 있었어요. 가드박스 만들어놓고. 양쪽에 구멍 뚫어 놓고 일본 헌병이 총 들고 있는 거야. 그 공장 근방에는 조선 사람들이 얼씬도 못 하게 했어. 우리한테도 저 근방에 가지 말라고 했고. 잘못하면 총에 맞는다 그거지.

저 뭐 하는 곳이에요? 에느제트 공장이라고. 에느제트 공장? 에느제트가 뭔지 몰랐어요. 그냥 에느제트 공장이라고 그랬어. 나중에 nuclear zone(뉴클리어 존)이 에느제트 공장이라는 것을 내 스스로 알았어. 영어 공부하면서. 그때 일본 놈들이 만든 에느제트 공장이 바로 뉴클리어 존이구나. 그곳에 핵에 관한 공장시설이 가동하고 있었던 거야. 흥남공장에서.

그런데 소련군이 와서 그 흥남공장의 기계를 뜯어가서 차에다 실어서 북쪽으로 싣고 갔어. 내가 기계에 대해선 ABC는 알잖아. 기차역에 가서 가만히 보니 그 기계가 모두 생소한 기계들이야. 말하자면 최신식. 그래서 그때 내가 추측했어요. 아 이것이 바로 에느제트 공장기계를 소련군이 뜯어가는구나. 혼자 그렇게 판단했어. 흥남에서 나오는 군용열차가 우리 북청, 신북청을 지나가잖아요.

그러니까 내가 학생회장이니까 학생들을 모아놓고 얘기했어요. 소련군이 지금 흥남공장에서 기계를 뜯어가고 있는데 이게 전부 우리 물건이다. 우리 재산이다. 내가 볼 때는 재래식 기계가 아니고 생소한 기계들이야. 아무래도 에느제트 공장 기계를 소련군이 가져가는 것이다, 나는 확신한다. 학생들이 옳소, 옳소, 하고 박수를 치고 야단이었어. 그런데 반대운동한다는 뉴스가 공산당에 들어갔어. 잡혀갔지.

그러니까 그때 공산당 간부가, 북청 공산당 간부들은 다 유명한 사람들이여. 그 간부가 조훈이라는 사람인데, 조훈에 관한 일화 하나 할까?…(중략)[6]… 그 사람이 북청 초대 공산당 위원장이야, 군당 위원장. 그 사람들한테 불려갔어. 그들이 우리 학생들을 설득했어.

"붉은 군대는 우리 해방군대야. 학생들이, 자치회 회장이 학생들을 그렇게 선동하면 어떡해? 우리를 해방시킨 붉은 군대 은혜도 모르고" "은혜 모를 리가 있습니까?" 나는 계속해서 말했어. "우리 재산이 아닙니까? 일본 놈들이 여기 남겨 놓은 재산, 모두 우리 재산입니다. 제가 거기 가서 일해서 알아요. 에느제트 공장. 그 공장 기계들, 우리 겁니다. 우리가 우리나라의 부강한 발전을 위해서 다 우리한테 필요한 건데 왜 소련군이 그걸 저희가 가져갑

---

6 조훈에 관한 일화는 〈제2장 4절 '덤베북청'과 '북청물장수' 그리고 북청의 인물들〉 참조할 것

호산 전창일과 통일운동 77년사

니까? 그래서 그걸 반대한 게 뭐가 틀렸습니까?" 내가 달려들었거든.

공산당 간부가, "네 말이 옳을지 모른다. 하지만 현재 우리가 그 기계를 가동, 쓸 수 있는 능력이, 기술 수준이 없다. 소련이 그게 필요하기 때문에, 당장 필요하기 때문에 가져가는 걸로 생각하면 돼. 우리가 그런 기계를 가동할 수 있는 능력이 될 때 소련이 그걸 우리한테 돌려줄 수도 있을 것이다. 우리는 동맹관계다." 이렇게 설득당하고 말았어. 내가 들어보니까 그런 것도 같아.

그러니까 신의주에서 학생운동 일어나지, 함흥에서 일어나지, 또 북청에서 그런 기미가 일어나고 그러니까 학생들이 전부 요시찰 인물이 된 거야. 허허허. 그러니까 북에서 어떻게 했냐 하면 "학생자치 해체하라." 해체한 뒤 학생조직을 민청조직으로, 민주주의학생회로 개편하라고 했어. 이렇게 돼서 우리 학생자치회가 전부 분리가 돼서 해체되었어요. 그리고 학생 민청이 생겼어. 정확하게 말하면 민주청년학생회인데, 북청공업학교 민주청년학생회가 만들어진 거야. 그리고 과거 학생회 간부들은 되도록 시키지 말라는 지침이 있었던가 봐요. 그래서 학교에서 학생들을 지명해요. 어떤 학생들로 선출하게 되느냐 하면, 공산당 간부의 자녀든 동생이든 이런 학생들로 꾸렸어.

사실 사회주의 사상을 신봉하는 수준은 대부분 같지. 학생들이 모두 배우는 입장이고. 사회주의 학생이라는 건 없어. 있을 수가 없지. 그런 수준까지는 그때까지는 안 갔거든요. 다 모두 배우는 학생들이고. 누가 더 공부를 더 많이 하느냐, 누가 책을 더 많이 읽느냐 그런 차이뿐이지. 그렇지만 그런 가계, 공산당 간부의 동생이라든가 아들이라든가 이런 애들은 북의, 조선공산당 시책에서 위반되는 주장은 하기 어렵잖아요. 그런 차이가 있었지요. 그러니까 나는 학생회장 초창기에 하다가 그만두고 말하자면 요시찰 인물이 된 거지요. 선생 중에 그게 있거든요. 공산당 선생이 있다고. 허허허. 공산당 선생들이 많았다고. 그런 선생들이 내 행동이든가 언동을 주시하고 그랬어요. 그런 분위기 속에서 내가 학교를 졸업했어요.

그렇다고 해서 내가 반공 투사도 아니고, 공산주의 사상을 가진 것도 아니고… 공부하는 입장에서 공산주의 이념도 공부해야 하는구나. 공부해야 하는 대상이다 하는 것은 학생의 입장에서 내가 가지고 있을 때였어요. 그래서 공부하고, 그러다가 졸업해서 여기로 나온 거예요.[7]

점령 초기 소련군 병사들의 행동이 많은 물의를 일으킨 것은 맞다. 하지만 강간과 약탈은 남쪽으로 피난 온 일본인 및 월남인들에 의해 과장되었음도 사실이다. 소련군의 행위가 초기 몇 주일 동안 북에서의 소련

---

7 임미리 기록, 『1960년대 이후 통일운동가들의 통일운동 및 사회운동 경험, 전창일 구술』, 국사편찬위원회, 2014, 녹취록 1차 2번-3. 소련군의 흥남 NZ공장 기계반출에 항의해 데모

의 노력을 상당히 손상했음은 분명하다.[8]

그러나 1946년 1월에 이르러 소련은 군인들에 대한 엄격한 통제를 가하였다. 한인 여성들을 강간하는 자는 즉시 사살하도록 했다.[9] 소련군은 보급물자를 징발했으나 보상받을 수 있는 영수증을 발행하였다.[10] 한편, 소련이 만주에서 많은 공장을 운반해 갔듯이 북조선의 공장들도 반출한 것으로 널리 알려져 있다. 이 시기에 관한 서방측의 저술은 소련의 약탈을 널리 강조하였으나[11] 실제로는 극히 드문 예를 제외하곤 증거가 없는 낭설이었다. 소련에 의한 만주 공업의 반출을 조사·기록한 폴리 위원회(Pauley Commission)는 북한에서의 실제적 반출은 없었다고 결론지었다.[12] 미 정보당국은 수개월 동안 소련이 중대한 반출을 행하고 있다고 믿었으나, 1946년 6월에 이르면 그 이전의 보고가 후퇴하는 일본인들이 저지른 파괴에 근거했을지 모른다고 결론을 내렸다. 무엇보다 1946년 중반에 이르러 1945년 생산수준을 능가하게 되었다는 것은, 소련 기술자들이 파괴된 공장들을 재건하는 데 최선을 다했다는 증거다.

---

8   브루스커밍스, 『한국전쟁의 기원』, 일월서각, 1986, p.482.

9   G-2 "Weekly Report" 제20호, 24호(1946년 1월, 2월)

10   미 국무성 문서 RG59, 문서철 740.0019/1-649, 1949년 1월 10일

11   예를 들면, 로버트 스칼라피노(Robert A. Scalapino), 이정식 등의 저서를 들 수 있다.

12   Edwin W. Pauley, Report on Japanese Asset in Soviet-Occupied Korea to the President of the United States 〈『한국전쟁의 기원』, 일월서각, 1986, p.483.〉 재인용

:: 05 ::

소련 군인과의 인연
그리고 어머니와의 이별

〈 그림50: "어머니(The Mothers)"©윤주영, 오마이 포토 〉

해방이 되었다. 그리고 소련군이 들어왔다. 강간과 약탈… 진주 초기
의 소련군에 대한 이미지가 극히 좋지 않았을 때다. 신북청역 인근 비포
장도로에서 소련군들한테 삶은 계란을 공짜로 나누어주는 여인이 있었
다. 무슨 사연일까? 전창일의 어머니 얘기다. 그 곡절을 들어보자.

– 전창일: 원래 어머니라는 세 글자라는 게 특히 감수성이 강한 조선
　　 사람들에겐 하나의 시적인 정서를 느끼게 하는 글자이잖아요. 근데

어머니를 알게 되면서 유독 눈시울이 뜨거워지는 그런 사건이 있어요. 나중에 성장하면서 알게 되었는데, 우리 어머닌 참 불쌍한 여인이에요. 3살 때 어머니가, 우리 외할머니가 돌아가셨대요, 그러니까 젖 먹을 때 어머니를 잃은 거예요. 그럼 아버지, 우리 외할아버지가 안고서 마을을 돌아다니면서 애기 키우는 산모들한테 젖을 빌어먹었다는 거예요. 즉 동냥젖으로 살아났다는 얘깁니다. 그러니까 우리 어머니는 성장하면서부터 건강이 나빴을 겁니다. 좋지 않았어요. 나를 낳은 이후에도 우리 어머니는 연약한 여인이었고, 항상 그랬어요. 그런 사연을 모르고 철없이 자라 나중에, 이제 해방이 되어서 어머니의 사연을 알게 되었어요.

– 이영재: 예.

– 전창일: 어떻게 알게 되었는가 하면, 기차를 타고 온 소련 군인들도 있었지만 주로 신작로 길을 자동차, 마차를 타고 이동했어요.

– 이영재: 네.

– 전창일: 소련군이 온다는 소식이 들리면, 어머니는 넉넉하지 않은 살림에도 계란을 잔뜩 삶아 광주리에 담아서 먼지가 풀풀 날리는 비포장도로에 앉아 소련 군인들에게 계란을 주는 거예요. 삶은 계란을.

– 이영재: 네.

– 전창일: 그러다가 먼지 다 뒤집어쓰고 집에 들어오고. 그런데 소련군 사병들에게 돈이 있을 리가 있겠어요? 주둔군이라면 군표가 있었겠지만, 일본군을 공격하다가 북청에 들어왔는데.

– 이영재: 네.

– 전창일: 하지만 장교들은 돈을 좀 갖고 있었던 모양입니다. 피점령

지 토착 여인이 나와서 계란을 공짜로 주고 하니까, 장교들 몇 명은 돈을 주기도 했답니다. 그런 까닭에 가끔 돈을 받아 오는 때도 있었어요.

- 이영재: 네.

- 전창일: 그 무렵 난 중학교 3학년일 땐데, 어머니를 말렸어요. 거기 나가지 말라고. 그리고 왜 그러느냐고 물었어요. 그때 어머니가 자신의 사연을 얘기하는 겁니다. 일제 시대에는 말하기 두려운 사연이에요. 우리 외할아버지가 상처(喪妻)한 후 안고 다니면서 딸을 키우다가 형수한테 젖먹이를 맡기고 소련으로 간 거예요.

- 이영재: 예.

- 전창일: 일제하에 소련으로 망명해 간 겁니다. 그러니까 정확한 날짜는 모르겠어요. 어머니가 무슨 년 그렇게 얘기했는데 기억을 못 하겠어요. 다 잊어버렸네요. 어쨌든 우리 외할아버지가 딸을 그렇게 형한테 맡기고 소련으로 망명했는데 그 후 편지가 한 번 딱 왔대요. 일본하고 소련의 국교관계가 그리 나쁜 관계가 아니었거든요.

- 이영재: 예.

- 전창일: 나중에는 천구백… 에~30년대인데, 일소 중립조약이란 것을 맺어가고 있었으니까,[1] 근데 편지가 왔대요. 외할아버지한테서. 그러니까 어머니가 좀 성장했을 때예요. 철들었을 땐데, 그 편지에 거기서 소련 여자하고 결혼했다는 소식이야.

---

[1] 1941년 4월 13일 모스크바에서 소 · 일 양국 간에 조인된 중립조약을 말한다. 연대에 다소 착오가 있다.

- 이영재: 아! 소련에서요?

- 전창일: 그러니까 소련 사람이 된 거예요. 그 후로는 편지가 오지 않았다는 거예요. 그래서 혹시 저 소련군 중에 내 아버지가 있지 않은가 하는 생각, 환상 속에 늘 그 계란을 들고 나가는 거예요. 그 사람들 줄 수 있는 건 삶은 계란밖에 없잖아요. 뭐 밥을 해 주겠어요? 그냥 물, 물통에다 물 담아가 계란을 줄 수밖에요. 그 사연을 해방 후에 제가 알았어요.[2]

웃을 수도 울 수도 없는 사연이다. 딸 둘, 아들 넷을 두고 있는 중년 여인이 젖먹이 때 헤어져 얼굴도 모르는 아버지를 찾겠다고 말도 통하지 않는 소련 군인들에게 계란을 주는 모습, 도무지 그 장면을 상상할 수 없다. 더욱이 나이가 도저히 맞지 않는다. 전창일의 외할아버지라면 그 무렵 나이는 대략 60세 전후라고 짐작된다. 계란을 받은 소련군의 나이는 대략 20세에서 많아야 40세 정도였을 것이다.

"저 소련군 중에 내 아버지가 있지 않을까?"하는 기대 자체가 어이없기도 하고 안타깝기도 하다. 전창일의 외할아버지는 19세기 후반 함경도 주민들이 대거 연해주로 이주했을 무렵 고국을 떠난 것으로 짐작된다. 이주의 원인은 기근과 식량 부족, 학정으로부터의 탈출, 러시아에 투사된 유토피아 등으로 학계는 추증하고 있다.[3] 전창일 외할아버지의

---

2   면담자(이영재 · 정호기 · 이창훈), 『인민혁명당과 혁신계의 활동, 주요인사(전창일 님) 구술사료 수집』 4 · 9 통일평화재단, 2014.2.3, pp.72~73.

3   배항섭, 19세기 후반 함경도 주민들의 연해주 이주와 仁政願望, 「역사와 담론」 제53집, 2009년 8월호

이주 원인은 지금으로써는 알 수 없다. 그리고 어쩌면 중앙아시아로 강제 이주하여 살고 있었기 때문에 딸한테 연락하지 못했을 수도 있다.[4] 가족해체는 전창일 가족의 피 내림이었던 것 같다. 어머니와 어머니 아버지와의 이별, 전창일과 어머니와의 이별…그러고 보니 전창일의 모친은 자신의 아버지를 잃고 난 뒤 장남마저 생이별한 비운의 여인이었다. 기구한 운명의 여인이었다.

〈 그림51: 행군하는 소련군대 ©국사편찬위원회, 전자사료관 〉

어머니가 허망한 기대를 하며 소련 군인들을 쳐다볼 무렵, 전창일은

---

4   1937년 9월에서 10월까지, 구소련 당국은 극동 러시아로부터 소련의 중앙아시아 지역으로 수만 명의 고려인을 이주시켰다. 172,000명이 넘는 고려인들이 계획적인 이주 정책의 일환으로 러시아 극동 국경으로부터 이주되었다. 《위키백과》

호산 전창일과 통일운동 77년사

소련 병사 한 명과 인연을 맺게 된다. 조선인을 아주 우수한 민족으로 존중하는 인텔리 병사였다. 안또니라고 하는 소련 군인과 전창일이 어떻게 인연을 맺게 되었는가를 알아보자.

- 이영재: 로스께요?
- 전창일: 에, 소련 사람을 로스께라고 그래.
- 이영재: 예.
- 전창일: 이 로스께도 러시아말이에요. 러시아말로 우리 한국 사람을 뭐라고 하느냐 하면 카레이스키라고 해.
- 이영재: 아!
- 전창일: 까레이스키. 중국 사람을 키타이스키라고 그랬어. '키타이스키'라는 말은 거란족을 뜻하는 거야. 우리가 한자로는 계단(契丹)이라 쓰고 거란족이라고 그러잖아요. 그 거란이 한때 중국을 지배했을 때 러시아 사람들은 중국을 그때부터 계속 '키타이스키'라고 부르는 거야. 우리는 고려였으니 카레이스키가 되고. 여기 와서 미국 사람들이 조선 사람을 야만인 취급하잖아요. 그것은 일본 사람들이 미국 사람한테 악평했기 때문이야. 하지만 소련 사람들은 카레이스키라고 하면 굉장히 우수한 민족으로 존중했어요.
- 이영재: 예.
- 전창일: 왜 그러냐 하면 소련 땅에 가있는 우수한 학자, 그리고 군사 전략가, 예를 들어 김일성(웃음) 등을 위시해서 많은 사람들이 소련에 가서 그 재능을 발휘했어요. 나중에 내가 소련 친구한테 구체적인 얘길 많이 들었어요. 참 그 소련 친구 이야기인데… 해방 후 내가 다니던 북청공업은 북청읍에 있고, 내가 살고 있는 곳은 신북청

이라는 면이거든요. 대략 20리 거리예요. 함경선이 신북청을 지나가요. 북청은 철로가 없어. 자동차 길만 있지. 그래 북청읍 사람들이 신북청에 와서 기차 타고 서울 가고, 함흥 가고 그랬어요.

- 이영재: 예.

- 전창일: 그래서 북청과 신북청 사이 20리 길에 지선을 깔았어요.

- 이영재: 아!

- 전창일: 20리 길을 왔다 갔다 하는. 난 집이 가난하니까 북청에서 하숙할 수 없고, 기차 타고 통학을 했어요.

- 이영재: 아! 중학교 다니실 때요?

- 전창일: 중학교 다닐 때.

- 이영재: 예.

- 전창일: 소학교는 걸어 다녔고. 한 오리정도 되는 거리였어요. 그러니까 신북청에서 우리 마을까지 거리가 7마장 가량 돼요. 그 7마장 거리를 집에서 뛰어다니면서 5년 동안 이 기차통학을 했거든요.

- 이영재: 예.

- 전창일: 어떤 때는 기차역에 와서 기차 시간 기다리며 책을 보고 그랬어요. 그런데 어떤 소련군이 딱 와서 나보고 '우치니크' 그래요. 난 "예!"라고 답했어요. 우치니크는 집으로 간다는 일본말인 우치니끼꼬하고 비슷했거든요. 난 그 사람이 일본말로 나한테 너 집으로 가느냐 하고 물은 줄 알고 "예!"라고 한 거예요. 나중에 알았지만, 그 사람은 너 학생이냐고 물은 거예요.

- 이영재: 네.

- 전창일: 소련말로 학생을 '우치니크'라고 해.

- 이영재: 예.

- 전창일: 이러한 에피소드 때문에 그 사람이 나한테 호감을 가졌는
  데, 그가 전매청 창고, 창고지기 책임자야. 그 군인이.

- 이영재: 예.

- 전창일: 그가 이제 자기를 찾아오라는 거야. 그때 내가 3학년 때이
  니까 영어를 조금 쓸 줄 알았어요. 말이 안 통하니까 영어로 써놓게
  되면 그 사람이 알더라고요. 나중에 알고 보니 그 사람이 모스크바
  중학교 선생이었어.

- 이영재: 아! 예.

- 전창일: 장교 아니고, 사병이었어. 여기로 하자면 뭐 상사나 중사
  그 정도였어요. 어느 날 찾아갔어요. 연필하고 공책을 잔뜩 준비해
  서 날 기다리고 있더군요. 그 창고에 공책이 잔뜩 있었어요. 그래
  그 사람 이름이 안또니라는 사람이에요.

- 이영재: 안떠니요?

- 전창일: 안또니, 이름이 안또니.

- 이영재 · 이창훈: 안또니.

- 전창일: 음! 나중에 내가 노어 공부를 하면서 사전을 봤더니 안또
  니가 집에서 기르는 돼지야.(웃음) 돼지를 안또니라 그래. 노어로
  는.(웃음) 그래서 참 이름도… 그 이름 한 번 들으면 안 잊어버리는
  이름이거든. 우리 감각으로는.

- 이영재: 예.

- 전창일: 그래서 내 지금도 기억하고 있고. 안또니, 근데 그 사람이
  자기는 모스크바 중학교 선생이었대. 그러다 군대 나왔다는 거야.

- 이영재: 네.

- 전창일: 자긴 수학선생이래. 수학, 아! 미적분 척척 풀어나가는데

뭐 훤해. 그 사람이 카레스케 워라고 말했어. 영어로 하자면 '코리안 넘버원'이라는 말이지.

– 이영재: 예.

– 전창일: 노어말로 카레스케 워. 워라는 말은 첫째라는 거예요. 왜 그러냐니까, 카레스케 머리 좋다고. 아주 우수한 사람들 많다는 거야. 그래 내가 우리 외할아버지가… 그래 그 사람하고는 영어, 노어 막 섞어서 일본말까지도. 그 사람, 일본말도 또 알더라고. 점령지역이 그때는 일본이니까, 피 점령지역이. 그래서 일본말을 공부시켰더라고.

– 이영재: 아!

– 전창일: 러시아 군대서. 그래서 일본말을 조금씩 해요. 그리고 그 사람들이 가진 지도에 북청이라고 지명이 돼 있지 않아요. 일본말로 되어 있어요. 혹세이.

– 이영재: 아!

– 전창일: 함흥은 간꼬라고 적혀있고, 지명이 전부 일본 발음으로 적혀 있어요. 작전도면이, 군사도면이. 그러니까 장교들은 거의 다 초등학교 정도의 일본말은 해요. 어쨌든 그 사람한테 들은 얘긴데 조선 사람은 우수 민족으로 존경한다. 모스크바 대학에 유명한 교수들 중에 조선 사람이 누구, 누구 있다고 하더군요. 참, 러시아 사람, 소련군들이 북에 와서 우리 민족을 절대 멸시하지 않았어요.

– 이영재: 예.

– 전창일: 존경하고. 그런데 여기는 전혀 달라. 미국 사람들.

– 이영재: 아!

– 전창일: 그런데 미국 사람들 탓할 문제는 아니더라고요. 나중에 보

니까 일본 놈들이 그렇게, 태프트-가쓰라 비밀협정 이후에 미국과 일본이 가까운 관계가 되면서, 조선 사람은 아주 야만적이고, 어~ 조선은 비문화, 반 문명국이라고 하면서 조선을 소개했기 때문에 그런 줄로 알고 있더라고.

- 이영재: 예.
- 전창일: 심지어 일본 놈들이 미국에다 조선풍속 소개하면서, 이를 씹어 먹는다고.
- 이영재: 이를 씹어 먹어요?
- 전창일: 에 ~ 이 씹어 먹는 미개인들이라고… 어쨌든 소련은 달랐어요. 소련 사람들의 대 조선관과 미국 사람들의 대 조선관이 그렇게 차이가 있다는 것을 내가 체험을 통해서 알게 되었어요.[5]

소련 군인 안또니와의 추억을 한참 재미있게 얘기하던 전창일이 갑자기 침울해졌다. 다시 어머니 생각이 난 것이다. 전창일은 지금도 뜨거운 것을 못 먹는다. 기차통학을 하니까, 새벽에 뛰어가야 하기 때문에, 찬물에 말아서 먹고 뛰다 보니 지금도 찬물에 밥을 말아 먹는 습관이 남아 있다고 한다. 사발시계가 문제였다. 집에 단 하나 있는 이 시계가 가끔 고장이 났다. 이제 의지할 것은 새벽 닭 우는 소리뿐이었다. 하지만 이 닭마저 새벽에 울지 않을 때도 있었던 모양이다. 아침밥도 못 먹고 도시락도 없이 학교에 갈 수밖에. 파리한 얼굴로 돌아온 아들을 본 뒤,

---

5　면담자(이영재 · 정호기 · 이창훈), 『인민혁명당과 혁신계의 활동, 주요인사(전창일 님) 구술사료 수집』 4 · 9 통일평화재단, 2014.2.3, pp.73~76.

그 후 시계가 고장이 나면 잠을 자지 않았다고 한다. 그냥 앉아 밤을 새 웠다고 한다. 애처로운 모정이었다.

　전창일은 졸업 후 이틀 밤을 자고 서울로 떠났다. 모친 조갑진손은 그 무렵 건강이 좋지 않은데도 불구하고 1킬로미터 정도를 따라 나왔다. 제방 언덕에 서서 보이지 않을 때까지 아들을 쳐다보고 있는 것이다. 전 창일은 엄마! 하면서 돌아보고, 다시 뒤돌아보면 어머니는 손을 흔들고 있었다. 그것이 마지막이었다. 어머니의 임종 소식을 들은 것은 집 떠 난 지 30년 가까이 세월이 흐른 후였다. 휴전되기 얼마 전인 1953년에 어머니가 창가에 앉아 하늘을 보면서 아들의 이름을 부르다가, 아들의 이름을 다시 부르면서 돌아가셨다 한다. 사촌 형이 알려준 사연이다.

제4장

단선 · 단정
반대운동

:: 01 ::

여운형의 죽음과
좌우합작운동의 몰락

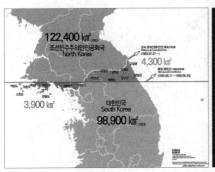

〈 그림52: (좌) 삼팔선과 휴전선의 위치ⓒ나무위키, (우) 개성 지역의 월남민천막촌(1947년 5월)
ⓒ국사편찬위원회, 전자사료관 〉

    북청 고향집을 떠나 사촌 형이 사는 함흥에서 하룻밤을 묵었다. 전철우는 그 당시 함흥 인민위원회 농정과장으로 재임 중이었다. 「함남일보」에 놀라운 기사가 실렸다. 몽양 여운형 선생이 암살당했다는 소식이었다.[1] 알 수 없는 일이다. 누가 왜 죽였는지 안타까운 마음과 함께 불길한 생각이 들었다. 우리 민족의 장래는 어떻게 될 것인가? 지금 진행되고 있는 미소 공위는 통일정부를 세우자는 우리 민족의 염원대로 무사히 끝날 것인가? 여러 가지 복잡한 상념으로 어지러웠지만, 전창일이

---

1   전창일 녹취기록, 2021년 4월 15일, 경기도 남양주시 덕소 자택

당면한 오늘 현재의 목적은 38선을 무사히 통과하는 것이었다.

이튿날 큰 누님(전초선)이 있는 홍남으로 길을 떠났다. 그곳에서 다시 하룻밤을 묵었다. 서울로 떠난다는 동생의 계획에 누님은 걱정부터 앞섰다. 무엇보다 38선 인근에 접근하는 자체가 어려운 시기였다. 매부(妹夫, 자형)가 안내원을 한 사람 소개해주었다. 그는 전곡 출신으로 홍남공장에서 일하는 매부의 직장동료였다. 누이는 떠나는 동생의 손에 조선 은행권 몇만 원을 살며시 쥐여줬다.

안내원과 기차를 타고 전곡역(연천군)에서 내렸다. 이제 38선을 넘어야 한다. 한탄강을 건너 38선 인근까지 걸어갔다. 북쪽에는 소련군이 총을 들고 있고, 남쪽에는 미군이 경계하고 있다. 소련군이든 미군이든 붙잡히게 되면 조사를 받는 등 골치 아프게 된다. 목적지까지 무사히 가려면, 사람을 식별할 수 없는 야밤에 움직일 수밖에 없다. 안내원을 따라 숲속을 기어가며 남으로 넘어갔다.[2]

목적지인 동두천까지 무사히 왔다. 하지만 일단 수용소에 머물 수밖에 없었다. 서울로 가기 위한 허락을 받기 위해선 연고자가 올 때까지 기다려야 했다. 1주일쯤 지나 상주(尙柱)와 몽주(夢柱)가 왔다. 두 사람 모두 항렬로는 조카가 되지만 나이는 두 살 위다. 전몽주는 중학교부터 서울에 유학한 관계로, 모든 면에서 선배였으며 서울 생활의 길잡이 역할을 해 주었다. 상주가 서울로 와 신흥대학(현 경희대)에 다니게 된 것도 몽주의 역할이 컸다. 당시 몽주는 정인보 선생이 초대 학장으로 있던

2 『인민혁명당과 혁신계의 활동, 주요인사(전창일 님) 구술사료 수집』 4 · 9통일평화재단, 2014.2.3., pp.34~35.

국학대학(國學大學)³ 영문과 재학 중이었으며, 직장은 미 군정청이었다. 학생신분임에도 미 군정청 사무원으로 근무했던 재간꾼이었다는 얘기다. 종로구 사직동에 있는 적산가옥에 살 수 있게 된 것 역시 몽주의 덕분이었다. 서울 생활 초창기에 큰 신세를 졌지만, 몽주에 대한 안타까운 기억이 있다. 인혁당 조작사건을 거쳐 범민련 등 통일운동 전선에 뛰어들면서 그와의 관계를 끊을 수밖에 없었다. 몽주를 위해서였다. 전몽주는 전쟁 중에는 미군 부대 통역으로 활동하는 등 남쪽에 적응한 평범한 생활인이었기 때문이다.⁴ 아무튼, 이제 몽주·상주와의 동거생활이 시작되었다.

1947년 8월 3일, 서울에 도착했던 그 날은 선생의 발인 날이었다. 몽양의 죽음은 "산천초목도 통곡(慟哭)"⁵하고 있다는 언론의 보도처럼, 조선반도가 온통 흔들리고 있었다. 서울이 온통 눈물바다다.

---

3   국학대학은 1929년 서울 서대문구 현저동에 있던 보명의숙(普明義塾)을 정봉현이 인수하여 1933년 화산보통학교(화산학원)를 설립한 것이 그 시초이다. 해방 이후 정봉현의 자손인 정의채가 같은 정씨집안 사람인 국학자 위당 정인보에게 민족교육기관 설립을 의논하였고, 위당이 이에 응해 국학이라는 교명을 정하고, 정의채는 상속재산을 기부하여 1946년 국학전문학교가 설립되었다. 초대 학장은 정인보였으며, 국학대학이라는 명칭에 걸맞게 외솔 최현배, 이극로, 양주동 등이 강단에 서기도 했다.… 1966년 3월에 수도의대를 운영하던 학교법인 우석학원(友石學院)에 통합되어 1967년 2월 국학대학 제17회 졸업생 배출을 끝으로 국학대학이라는 명칭은 사라지고 수도의대와 통합, 우석대학교(友石大學校)가 되었다. 1971년 우석대학교도 역시 재정이 어려워지면서 의대 설립을 모색하던 고려대학교에 인수되어 국학대학의 역사는 고려대에 통합되었다. 현재의 고려대 정릉캠퍼스가 국학대학 캠퍼스 자리다. 《나무위키》

4   전창일 녹취기록, 2021년 4월 15일, 경기도 남양주시 덕소 자택

5   嗚呼·夢陽先生人民葬儀, 哀痛하는 數十萬의 面面, 靈前에 山川草木도 慟哭, 人民은 先生의 遺志繼承盟誓, 「독립신보」, 1947. 8. 5.

호산 전창일과 통일운동 77년사

〈 그림53: 1947년 8월 5일 자 독립신보, 8월 3일 여운형의 장례행렬(혜화동 로터리) 〉

주위 분들에게 몽양 선생의 죽음에 대한 의문점을 물어보았다. 그리고 며칠 전의 신문도 뒤적여 보았다. 습득한 정보는 대략 다음과 같다. 1947년 7월 19일 하오, 몽양 여운형은 동소문 로터리(현 혜화 로터리)에서 한 극우 청년의 권총에 의해 피살되었다.[6] 그의 죽음은 이 땅의 분단이 현실화될 것이라는 예고편이었다. 당시 주요정치인들은 몽양의 서거에 조의를 표명했다.

▶ 하지 중장: 政治的難關打開키困難

▶ 러취 군정장관: 朝鮮人은 偉大한 指導者를 喪失

▶ 소련, 스티코프 대장: 朝鮮人民의 莫大한 損失

▶ 이승만: 靑年의 暴力行使는 不幸

---

6   怪漢의 拳銃狙擊으로 巨星呂運亨先生被殺, 昨日下午東小門로-타리서, 「독립신보」, 1947.7.20.

▸ 김구: 事件의 眞相暴露를 期待

▸ 김규식: 共同陣營의 勇將을 喪失

▸ 안재홍 민정장관: 民族의 큰損失[7]

대부분 몽양의 서거에 안타까운 심정을 토로했지만, 정치적 이해타산을 우선시하는 발언도 있어 씁쓸한 느낌을 지울 수 없었다. 7월 20일 자 「노력인민」[8]에 실린 김원봉의 조사가 눈에 띈다.

“몽양 선생 흉변의 보(報)는 드디어 사실이었든가. 몽양 선생은 인민의 구적인 반역흉한의 적탄에 백주 암살되었다.…” 글은 이렇게 시작되었다. 흥미로운 것은 조선의 해방

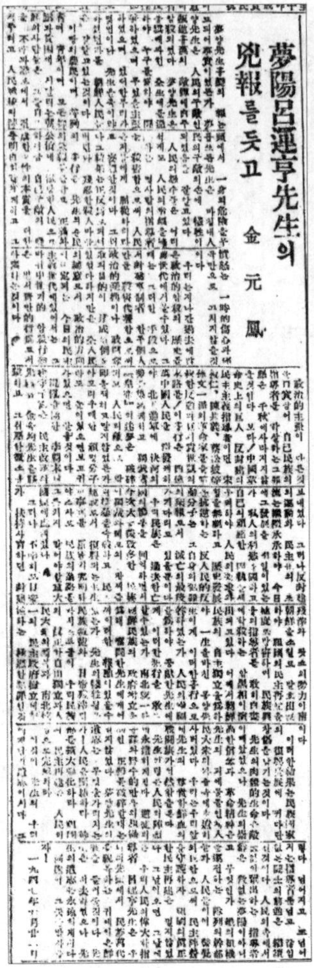
夢陽呂運亨先生의 兇報를 듯고

金元鳳

〈 그림54: 1947년 7월 25일 자 노력인민 〉

7 「대구시보」, 1947.7.23.

8 1947년 3월 21일 창간한 일간신문이다. 주 6회 발행되었고 월요일에 휴간했다. 편집 발행인 겸 인쇄인은 김용남(金容南), 주필은 박용선(朴容善), 편집국장 문동표(文東彪), 영업국장 하필원(河弼源)이었다. 원래 1946년 11월 2일에 창간할 예정이었지만 어떤 이유에선지 지연되다가 처음 편집국장으로 거론되던 문갑송(文甲松)이 빠진 채 이때 와서 창간된 것이다. 16호(1947.4.8)부터는 김계호(金啓鎬)가 편집인으로 합류했다. 67호(1947.6.7)부터 발행인 허헌(許憲), 편집인 이상호(李相昊), 인쇄인 김용남으로 발행체제를 개편했는데, 남로당 기관지 『노력인민』으로 넘어가는 과도기였다. 《국립중앙도서관 신문해제》

과 신해혁명을 비유한 약산의 관점이다. 청나라를 몰락시킨 후, 북양군벌이란 강력한 무력집단을 거느린 원세개는 송교인(1913년), 진기미(1916년) 등 중국혁명동맹회의 주요 지도자들을 암살한다. 인민의 절대적인 지지를 받는 그들이 두려웠기 때문이다. 무력을 지닌 미 군정의 하수인들이 인민의 절대적인 지지를 받는 여운형을 암살한 것과 매우 비슷하다.

약산 김원봉은 "…인민들이여! 경각의 거안으로써 민주진영을 수호하자. 조국의 진정한 민주 재건은 멀지 않았다. 그날이 오면 그날에는 우리 인민의 위대한 지도자 여운형 선생은 우리의 선두에서 민족 만대를 축복하는 귀에 익은 선음(鮮音)을 들려줄 것이다. 선생은 서거하였으나 선생의 유지는 영원하게 계시다. 동포여 그 뜻 받들자!"라고 맺으며 몽양 여운형에 대한 마지막 예의를 갖추었다. 글을 쓴 날짜는 1947년 7월 21일이다.[9]

21일 오전 10시, 근민당 본부에서 장의준비발기위원회가 개최되었다. 남로당, 인민공화당, 민전과 산하단체 등 71정당 사회단체와 대표 80여 명이 참가하였다. 이번 장의를 "몽양여운형선생인민장의위원회"라고 부르기로 만장일치로 가결되었다. 조선 최초의 '인민장'인 셈이다. 장지는 결정되지 않았으나(남산으로 교섭 예정) 서울운동장에서 고별식을 할 것, 삼천만 민중의 부고문 작성, 미·소 원수에게 보내는 메시지 작성 등이 의결되었다. 위원장단은 김규식, 김원봉, 김호, 이극로, 이응진, 이구학, 유영준, 장건상, 정운영, 허헌, 홍명희, 최동오 등 12명

9 몽양 여운형 선생의 흉보를 듣고, 「노력인민」 1947.7.25.

으로 구성되었다.[10]

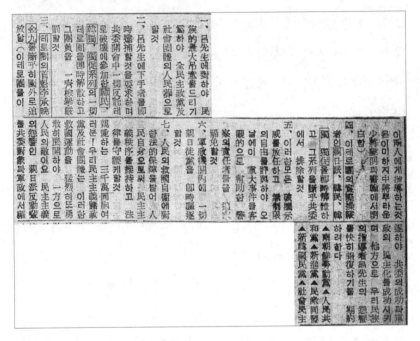

〈 그림55: 1947년 7월 22일 자 우리신문 〉

　장의준비발기위원회가 개최되던 날, 별도로 구국대책위원회가 열렸
다. 장의준비발기위원회에 참석했던 좌 · 우 각 정당 · 사회단체 대표들
이 여운형의 유지를 관철하기 위하여 조직을 결성한 것이다. 미소 공위
의 조속한 타결로 민주임정수립을 쟁취하는 것이야말로 여운형의 염원
이었다는 의견에 회의 참석자들 대부분이 공감했다. 그러면 이러한 염
원을 부정하는 자들은 누구인가?

10　朝鮮最初의『人民葬』「우리신문」, 1947.7.22.

그들이 주목한 것은 지난 6월 23일 발생한 반탁 테러였다.[11] "그 무법한 파괴시위를 방임한 남조선의 경찰과 사법진의 객관적 방조행위 그리고 그 계열인 수백 유령들이 공위에 잠입함해 공위 사업을 난관에 봉착"하고자 했는데, 최후의 수단으로 선택한 것이 여운형의 참살이었다는 얘기다. 따라서 공위를 성공시키기 위해선 "친일파집단 한민당과 그 계열의 친일 유령을 공위에서 단호히 배제"해야만 할 것이다. 이러한 목적을 이루기 위해 공동투쟁을 하기로 맹세하였다고 한다. 결의문 7개 항을 살펴보면, 테러단의 수괴로 이승만과 김구를 분명히 적시하였다.(3항) 그리고 한민당, 한독당, 독촉 등을 테러단의 실제 조정자로 지적하며 그 계열을 공위에 단호히 배재할 것과 이들 단체의 해산을 촉구하였다.(4항)[12] 모인 사람들은 이승만과 김구를 몽양 암살의 배후로 판단했던 것이다.

〈 그림56: 1947년 6월 25일 자 노력인민, 7월 6일 자 조선일보 〉

11 反託 데모 指導者로 嚴, 金氏等逮捕令,「민중일보」, 1947.6.25.
12 救國의 崇高한 使命達成 强力한 共同鬪爭을 展開,「우리신문」, 1947.7.22.

사실 몽양의 죽음은 예견된 참사였다. 여운형은 해방 후 수십 차 테러의 위협을 받았다. 인민장장의위원회 발표로는, 큰 사건만 11번이었다. 서거한 1947년도만 해도, 3월 7일 계동 자택이 폭파되는 사건이 있었고, 4월 3일에는 7월 19일 암살당할 때와 같은 장소(혜화동 로터리), 같은 방법(권총)으로 피습을 당했다.[13] 경찰의 방조가 없었으면 도저히 이해할 수 없는 일이 연이어 일어난 것이다.

몽양 서거 1달쯤 전에 발생한 테러사건의 처리를 보면 경찰의 의도를 짐작할 수 있다. 1947년 6월 23일 덕수궁 대한문 앞에서의 미소 공위 방해 및 반탁집회는 허가를 받지 않은 불법집회였다. 이인 검찰총장은 데모대에 경고하였고,[14] 미군이 출동하기도 했다.[15] 안재홍 민정장관은 "반탁데모는 위법행위이며 공위 대표에 투석한 행위는 국민의 수치"라고 말하며 "미소 공위의 파탄에 빌미를 줄지도 모른다."는 우려를 표명했다.[16]

그런데 경찰의 태도가 이상했다. 민정장관 안재홍의 특별지휘에 의하여 무허가 집회의 지도자로 엄항섭, 김석황 등 한독당의 핵심인사 2명에게 《행정령 제3호》 위반으로 체포령을 발동했으나,[17] 정작 데모를 중

---

13 여 씨의 피습사건 십일 차, 「경향신문」 1947.7.22.

14 李仁檢察總長談, 無謀한 反託 데모에 警告, 美蘇共委妨害示威는 嚴重取締, 「독립신보」 1947.6.24.

15 端午節에 反託 데모, 德壽宮等數處서 數百名이 參加로 美軍出動, 「서울석간」, 1947.6.24.

16 安民政長官記者團會見談, 反託 데모는 違法行爲, 共委代表에 投石은 國民의 差恥, 「중앙신문」 1947.6.25.

17 反託 데모 指導者로 嚴, 金氏等逮捕令, 「민중일보」 1947.6.25.

호산 전창일과 통일운동 77년사

지시키지는 않았다. 수도경찰청장 장택상은 "유혈참극을 막기 위해서 데모대의 테러행위를 막지 않았다."고 답변했던 것이다.[18] 「노력인민」이 보다 솔직하게 보도했다.

이 신문에 따르면, 미소 공동 위원회 파괴를 조정하는 원흉은 이승만, 김구, 김성수, 장덕수 등이다. 그리고 "반탁분자들을 협의에서 제외하라"는 인민의 소리를 듣고 있다면, 한민당, 한독당, 독촉국민회 등을 협의 대상에서 제외해야만 한다고 직격탄을 날렸다.[19] 「조선일보」의 여론조사에 주목할 필요가 있다. 6·23테러 발생 열흘쯤 후인 7월 2일, 조선신문기자회에서는 서울 시내 중요지점 10개소에서 통행인 2,490명을 대상으로 5개 항목의 설문으로 여론조사를 했다. 첫 번째 질문은 6월 23일 반탁테러사건에 대한 견해였다. 응답자의 71%는 '독립의 길이 아니다', 26%는 "독립의 길이다"라고 답변했다. 테러를 부정적으로 보는 시민들이 월등하게 많았다는 뜻이다.

미소 공위와의 협의 대상에 제외해야 할 정당·사회단체가 있다는 의견이 72%가 나왔다는 결과도 흥미롭다. 특히 우익계열인 한민당(1,227표) 한독당(922표) 독촉국민회(309표)를 합하면 2,458표로 좌익계열인 남로당(174표) 민전(9표)를 합친 183표보다 무려 13배나 많이 나왔다. 노동조직의 경우도 좌익계인 전평(14표)보다 한독당의 별동대 역할을 했던 대한노총(91표)의 배제에 6.5배나 많은 시민이 표를 던졌다. 절대 다수의 시민이 테러를 혐오하고 있고, 테러의 원흉으로 한민당·한독당

---

18 流血慘劇避하기 때문, 張廳長反託 데모 中止 안 시킨 理由설명, 「여성신문」, 1947.6.25.

19 1947.6.25.; 惡質反託 데모에 人民은 激怒!, 民主臨政樹立妨害하는 共委妨害의 元兇韓民韓獨獨促等協議서 除外하라, 「노력인민」, 1947.6.25.

독촉을 꼽고 있으며, 이들 단체는 미소 공위와의 협의 대상에서 배제해야 한다는 것이 여론조사의 결과였다.[20] 앞에서 언급한 구국대책위원회의가 결의한 "이승만 · 김구" 축출은 여운형의 작고 이전에 이미 보편화된 여론이었다.

비록 여운형은 작고했지만, 구국대책위원회는 이러한 여론조사결과를 알고 있었고 시민 대중의 힘을 신뢰했던 것으로 보인다. 그러나 균열이 생겼다. 구국대책위원회 결성 다음날인 7월 23일, 민중동맹 · 신진당 · 신한국민당 등 3당이 "우리는 참가한 적도 없고, 참가할 의사도 없다"는 성명을 발표한 것이다. 천도교 총본부도 같은 뜻을 표명했다.[21] 좌우합작위원회 주석 김규식도 구국대책위원회와 무관하다는 담화를 발표했다.[22] 결국 좌우합작위원회, 신한국민당, 신진당, 민중동맹, 천도교보국당 등 5개 정당 · 단체가 구국대책위원회와 무관하다고 천명했다.[23] 이로써 중도 우익계열 대부분이 구국대책위원회에 발을 뺀 셈이되었다.

구국대책위원회의 와해는 미 군정의 뜻이었다. 군정 당국은 7월 26일부로 구국대책위원회를《군정법령 55호》위반으로 해체를 명령했다. 그리고 경무부장 조병옥은 다음과 같은 담화를 발표했다.

---

20 정권형태는? 국호는? 기자회서 가두여론조사,「조선일보」 1947.7.6.

21 구국대책위원회에 3당 참가 부정,「한성일보」 1947.7.25.

22 좌우합작위원회 주석 김규식, 구국대책위원회와 무관하다는 담화,「동아일보」, 1947.7.24.

23 합작위원회 등 5개 정당 구국대책위원회와 무관하다고 천명,「동아일보」 1947.7.25.

소위 구국대책위원회는 군정법령 제15호(정당에 관한 규칙) 제1조와 제4조의 규정을 위반한 정치적 결사임을 단정하고 그 법령의 부여한 권한에 의하여 동 위원회의 해체를 1947년 7월 26일부로써 명령하였으며 동 위원회의 앞으로 할 활동을 일절 금지하였다. 원래 동 위원회는 고 여운형 씨 장례위원회와 별로 다르지 않은 결사로써 군정법령 제55호의 규정을 위반한 등록을 하지 않은 단체일 뿐 아니라 그것을 조직한 뒤 국민의 생명을 위협 파괴하는 범죄와 여러 가지 폭력행위가 각처에서 일어나 남조선의 치안이 위기에 빠지려는 이때에 부모에게도 선동적이며 파괴적인 문서를 통하여 집단적인 미움과 동포의 다툼을 일으키게 하고 치안상태를 어지럽게 하려는 정책과 행동을 취하였다.

그리고 동 위원회 선전부장 염정권(廉廷權)은 지금 구속하고 문초 중이며 그 외의 간부 수명은 아직 체포하지 못하였다. 그러나 그 책임추궁은 극히 적은 범위에 국한할 방침이다.[24]

구국대책위원회, 근민당 인민장의위원회, 인민공화당 등에서 아래와 같은 담화를 발표했지만, 극우를 선택한 미 군정의 정책은 아무런 변화가 없었다.

1) 장의위원회는 呂씨의 서거를 정략상 도구로 이용한 일이 없으며 오히려 이것은 역도들에게 귀하여야 할 말이다.

---

24 조병옥, 구국대책위원회의 해체 명령에 대해 담화 발표, 「동아일보」 1947.7.29.

1) 집단적 증오와 동포 상극도발 운운의 언사는 금번 凶手의 배
후 조종자에 추궁할 문제다.

1) 護喪所 앞길에서 선동적 연설로서 조문을 권유한 아무런 사
유도 없다.

1) 訃告 내용에는 순서의 사실을 제시하였을 뿐이고 선동적 호
소를 한 일이 없다.

1) 장지 기타 준비상 15일장으로 결정한 데 대하여 경찰이 간섭
할 필요는 없다.

1) 유흥중지 조기게양 등은 인민이 자발적으로 그렇게 하면 좋
겠다는 기대에 불과하다.[25]

　미 군정과 경찰은 구국대책위원회 등의 해명에도 불구하고, 6·23 테
러집단의 손을 들어주었다. 여론을 무시하는 방향을 선택한 것이다. 결
국, 구국대책위원회는 아무런 역할도 하지 못한 채 해산되었다. 구국대
책위원회의 해체는 좌우합작위원회의 소멸로 연결되었고, 미소 공위의
파탄 그리고 남한 단독정부 수립으로 귀결된다. 무엇보다 안타까운 것
은 여운형의 죽음과 더불어 좌우합작 운동이 더 이상 진행되지 않았다
는 점이다. 좌우합작 운동은 좀 더 자세히 살펴볼 필요가 있는 중요한
주제이지만, 이 글에서는 민전이 제안한 좌우합작 5원칙[26]과 우익의 8

---

25 근민당 인민장의위원회, 구국대책위원회의 해산명령에 관해 담화, 「조선일보」,
　　1947.7.31.
26 민전 측의 5원칙, 「한성일보」 1946.7.28.

호산 전창일과 통일운동 77년사

원칙[27] 그리고 여운형 · 김규식계가 합의한 좌우합작 7원칙[28]을 소개하는 정도로 그친다.

[좌우합작 7원칙]

1) 조선의 민주 독립을 보장한 3상 회의 결정에 의하여 남북을 통한 좌우 합작으로 민주주의 임시정부를 수립할 것.

2) 미소 공동 위원회 속개를 요청하는 공동 성명을 발할 것.

3) 토지 개혁에 있어 몰수, 유조건 몰수, 체감 매상 등으로 토지를 농민에게 무상으로 분여하여 시가지의 기지 및 대건물을 적정 처리하며 중요 산업을 국유화하여 사회 노동법령 및 정치적 자유를 기본으로 지방자치제의 확립을 속히 실시하며 통화 및 민생 문제 등등을 급속히 처리하여 민주주의 건국 과업 완수에 매진할 것.

4) 친일파 민족 반역자를 처리할 조례를 본 합작위원회에서 입법 기구에 제안하여 입법 기구로 하여금 심리 결정케 하여 실시케 할 것.

5) 남북을 통하여 현 정권하에 검거된 정치 운동자의 석방에 노

---

27 우익 측의 8대 원칙, 「동아일보」 1946.7.31.

28 좌우합작 7원칙 안을 성립. 임시정부 수립의 준비단계, 昨日雙方合意 · 共同聲明發表, 「한성일보」 1946.10.8.

력하고 아울러 남북 좌우의 테러적 행동을 일체 즉시로 제
지토록 노력할 것.

6) 입법 기구에 있어서는 일체 그 권능과 구성 방법 운영 등에
관한 대안을 본 합작위원회에서 작성하여 적극적으로 실행
을 기도할 것.

7) 전국적으로 언론 집회 결사 출판 교통 투표 등 자유를 절대
보장되도록 노력할 것.

==

[좌우합작 5원칙]

1) 조선의 민주 독립을 보장하는 삼상 회의 결정을 전면적으로
지지함으로써 미소 공동 위원회 속개 촉진 운동을 전개하여
남북통일의 민주주의 임시 정부 수립을 매진하되 북조선 민
주주의 민족 전선과 직접 회담하여 적극적 행동 통일을 기
할 것.

2) 토지 개혁(무상 몰수 무상 분여) 중요 산업 국유화 민주주의
적 노동 법령 급 정치적 자유를 위시한 민주주의 제 기본 과
업 완수에 매진할 것.

3) 친일파 민족 반역자 친파쇼 반동 거두들을 완전히 배제하고
테러를 철저히 박멸하여 검거 투옥된 민주주의 애국지사의
즉시 석방을 실현하여 민주주의적 정치 운동을 활발히 전개
할 것.

4) 남조선에 있어서도 정권을 군정으로부터 인민의 자치 기관인 인민위원회에 즉시 이양토록 기도할 것.

5) 군정 고문 기관 혹은 입법 기관 창설에 반대할 것.

==

[좌우합작 8원칙]

1) 남북을 통한 좌우 합작으로 민주주의 임시 정부 수립에 노력할 것.

2) 미소 공동 위원회 재개를 요청하는 공동 성명을 발표할 것.

3) 소위 신탁 문제는 임정 수립 후 동 정부가 미소 공위와 자주 독립 정신에 기하여 해석할 것.

4) 임정 수립 후 6개월 이내에 보선에 의한 전국국민대표회의를 소집할 것.

5) 국민대표회의 성립 후 3개월 이내에 정식 정부를 수립할 것.

6) 보선을 완전히 실시하기 위하여 전국적으로 언론 집회 결사 출판 교통 투표 등 자유를 절대 보장할 것.

7) 정치 경제 교육의 모든 제도 법령은 균등 사회 건설을 목표로 하여 국민대표회의에서 의정할 것

8) 친일파 민족 반역자를 징치하되 임시 정부 수립 후 즉시 특별법정을 구성하여 처리케 할 것.

〈 그림57: 1948년 7월 21일 자 대한일보 〉

몽양에 대한 기억은 전창일의 일생에 처음이라는 단어와 대단히 밀접하다. 1947년 8월 3일 몽양 발인식이 있던 그 날 서울에 처음 발을 디뎠고, 1948년 7월 19일 몽양 1주기 추도식이 거행되던 그 날 유치장에 구금되는 첫 경험을 했다. "내가 유치장에 들어가 본 게 48년 7월 19일 몽양 선생 추도식 1주기에 참가했다가 잡혀갔어. 종로경찰서 유치장에 가서, 학생이라고 해서 훈방되고 나왔어. 그게 처음 유치장 신세를 진 건데, 그날 밤으로 나왔어요." 전창일의 회고다. 그리고 반세기 가까이 세월이 흐른 1995년 7월 19일, 수유리 몽양의 무덤 앞에서 수많은 민주·통일열사들이 지켜보는 가운데 몽양 여운형을 기리는 48주기 추도사를 낭독했다. 전창일이 일생 동안 통일운동을 지속한 것은 몽양 여운형이라는 거인이 커다란 지주 역할을 했던 것이다. 아래에 전창일의 추도사 전문을 소개한다.

호산 전창일과 통일운동 77년사

[위대한 겨레의 지도자, 인민의 벗, 몽양 여운형 선생 48주기 추도사]

온 겨레의 아낌없는 사랑을 그리고 역사의 끊임없는 존경을 받는 몽양 선생님! 선생님이 민족반역도당의 흉탄에 유명을 달리하신 지 어언 48년이라는 긴 세월이 조국이 분단된 채 흘러갔습니다. 저는 몽양 선생을 생전에 뵙기 어려운 함경도 벽지 시골에 사는 농부의 어린 아들이었습니다. 이제 세월은 흘러 인생도 가고 선생님과의 면식도 없는 차세대가 선생님의 영전에서 추도사를 하게 되니 인생의 무상함을 실감하면서 선생님에 대한 역사의 영원한 사랑을 확인합니다.

1947년 7월 19일, 석간신문의 전면을 뒤덮은 "여운형 선생 피살"이란 충격적인 보도에 비통함을 금할 길 없어 향학의 꿈과 함께 서울행을 결심하고 조국 강토의 잘린 허리 38선을 넘어 1947년 8월 3일 광화문 네거리에 위치한 근로인민당 앞 광장에서 거행된 발인식에 참가한 것이 제 생애 서울 입경 첫날이었습니다. 광화문 네거리에 구름같이 운집한 인산, 인해, 그칠 줄 모르는 울음과 통곡의 네거리, 비통한 인파 속에 위세 부리던 미 군정 기마경찰이 밀기만 하던 그 날, 원수와의 항쟁을 다짐하던 아! 그날!

몽양 선생은 일찍이 이 나라 봉건제도의 사회적 모순을 간파하고, 부모의 3년 상이 끝나자 그때까지의 유교적 관습을 결별하고자 신주를 모시는 사당은 물론 양친이나 선조의 위패까지도 매장 혹은 불살라 버리는 한편, 대대로 내려오던 노복들을 모아놓고 그들 눈앞에서 노비 문서를 불태우고 토지를 무상으로 나눠주고 자유로이 행동하도록 해방시켰던 것입니다. "인간은 태어날 때부터 평등하며 주종의 의리는 어제까지의 풍습이고, 오늘부터는 그런 낡은 굴레에서 벗어나서 각자가 적당한 직업을 갖도록 하라."고 하셨습니다. 이때 선생의 나이 23세, 1908년의 일이었습니다.

선생은 온몸과 온 마음을 조국의 완전독립과 사회의 혁명적 개조에 바치신 독립 운동가이며 혁명가이었습니다. 일제에 병탄된 조국을 건지기 위하여 국내외를 비좁다며 동분서주하던 그때,
제1차 세계대전이 종언을 예고하던 1917년 세계 최초의 사회주의 혁명을 성공한 러시아 레닌의 혁명정부는 "평화에 관한 법령", 레닌의 메시지, 외무부의 "카라한 선언" 등을 통하여 제국주의 기반에서 신음하는 모든 약소민족의 해방과 영토 보전, 주권의 독립을 선언했습니다. 1918년 1월에는 미국의 윌슨 대통령이 의회에 제출하는 연두교서에서 다음 해 1월에 개최될 파리평화회담에서는 제1차 세계대전 전후처리 원칙으로서 "패전국 지배하에 있던 약소민족의 자결에 관한 선언"을 제창하였습니다.
정세인식에 해박하셨던 몽양 선생은 객관적 정세를 활용하여 일제에 빼앗긴 조국의 주권을 되찾으려고 근대적 의미에서 우리나라 최초의 정당인 "신한청년당"을 망명지 상해에서 창당하셨습니다.

신한청년당은 1919년 1월에 있었던 파리강화회의에 대표를

파견하여 조선독립을 역설하였으며 또한 대표를 일본에 파견하여 동경 유학생들에게 독립운동을 고취하여 3·1 독립 민중 봉기를 촉발시킨 역사적 2·8 독립선언을 발표케 하였습니다. 몽양 선생은 독립운동의 메카, 러시아 연해주 동포사회에 뛰어들어 1919년 2월 15일 "무오 독립 선언 대회"를 개최하게 하였습니다. 몽양 선생의 이러한 신한청년당의 활동은 3·1 독립 민중 봉기에 하나의 큰 진원으로서 결정적으로 중요한 공헌을 하였습니다. 아울러 몽양 선생의 눈부신 활동은 만주, 노령지방의 독립운동을 비약적으로 고양시키는 데 또한 결정적인 역할을 한 것입니다. 이것만으로도 우리 민족 독립운동사에서 몽양 선생의 눈부신 탁월한 활동은 영원불멸의 빛나는 업적인 것입니다.

몽양 선생은 3·1 독립 민중 봉기 후 일제의 한반도 지배방식이 무단통치에서 소위 문화통치로 전환하면서 이른바 자치론을 퍼뜨리며 일부 민족지도층을 회유할 때인 1919년 11월 적의 심장부 일본 동경에 가서 일본 제국주의의 식민통치를 규탄하고 조선의 완전독립을 역설하여 일부 일본인 청중까지도 '조선 독립 만세!'를 외치게 하는 놀라운 웅변능력을 발휘하였습니다. 연설에서 선생은 "우리들이 건설하려는 나라는 인민을 주인으로 하고 인민이 통치하는 나라이며, 이 민주공화국은 조선 민족의 절대적 요구일 뿐 아니라 이는 동양평화의 요구이며, 세계 대세의 요구이다."라며 조선자치론을 포함한 어떤 식민통치도 반대한다고 통렬히 주장했습니다.

일제의 결정적인 패망을 1년 전에 간파하신 몽양 선생은 1944년 8월 "건국동맹" 지하조직을 전국에 결성하여 다가올 해방에 대비하는 치밀한 지도력을 발휘하였습니다. 일제는 선생이 예견하신 대로 이듬해 8월에 패망하고 이 땅에는 또 다른 점령군을 자처한 미군이 진주하면서 일제로부터의 해방의 기쁨은 조국 분단의 쓰라림을 안아야 했습니다. 독립운동은 이제 통일운동이란 새로운 과제를 안겨준 것입니다. 이 땅을 분할한 미국과 소련은 1945년 12월 영국을 포함한 전승국 3개국 외상이 모스크바에 모여 한반도 전후처리 문제를 협의하여 5년간의 전승 4대국의 후견제[29]에 의한 조선 임시 정부 수립을 결정하였습니다. 5년간의 임시정부를 그리고 4대국의 후견제(Tutelage)를 신탁통치(Trusteeship)라고 하며 즉각 독립을 주장하는 이승만을 주축으로 하는 반탁세력으로 국론이 분열되었을 때, 몽양 선생은 친일파와 일부 극우세력을 제외한 민주주의 민족통일 전선체인 "민주주의 민족전선(민전)"의 5인 의장단의 한 사람으로써 "통일정부 수립은 모스크바 삼상회의 결정을 지지해야만 가능하다고 역설하였습니다.

임시정부 수립을 위한 미소 공동 위원회의 파탄은 선생의 말씀대로, 피로 물든 기나긴 반세기의 분단 역사 속에서 신음하며 우리는 오늘도 통일을 갈망하고 있습니다. 선생은 혼란스러웠던 해방공간에서 인민공화국, 조선인민당, 사회노동당, 근로인민당

---

29 러시아어본에는 '후견(tutelage)'이라는 의미의 'OПĔкA'로 되어 있다.

호산 전창일과 통일운동 77년사

등을 통하여 민족분열과 국토의 분단을 극복하려고 좌·우 합작 운동 등을 지도하며 애썼습니다. 좌·우 합작운동은 조국분단 고착화 위기 앞에서 사상과 이념을 초월한 민족대단결 운동의 효시였습니다. 선생은 갈라지면 넘어지고 합치면 반드시 선다(分則倒 合必立)고 가르쳤습니다.

인민공화국 산하, 전국 규모에서 자발적으로 조직된 지역 자치 제였던 인민위원회는 일제의 행정기관을 접수하는 등 치안과 민생문제를 자치적으로 해결하는 과정에서 (일제 식민통치를 계승한다는) 자칭 점령군으로 38° 선 이남을 점령한 미군에 의하여 강제 해산당하는 수모를 겪었습니다. 그들은 해체되었던 일제 행정기관을 다시 부활시키고 친일적 행정관리를 재기용하면서 군정을 실시했습니다. 이리하여 남쪽은 친일세력이 미군의 비호 하에 사회적 지배세력으로 재등장하였습니다. 이러한 친일매국세력을 지지기반으로 하고 미국을 등에 업은 이승만 일당은 선생의 생명을 여러 번 위협하였습니다. 드디어 그 운명의 날, 48년 전의 오늘, 하늘도 울었고 땅도 통곡하던 그날이었습니다. 온 겨레가 분노하며 슬퍼하던 잊지 못할 그 날, 지금도 생생하게 눈앞에 선합니다. 당시 경찰은 현장에서 도망치던 저격범은 방치하고 뒤쫓던 선생님의 수행원을 제지 체포하는, 어처구니없는 일까지 있었습니다. 이 얼마나 천인공노할 일이었습니까!

선생님의 서거 1주기 추도식은 선생이 사랑하시던 근로인민당 당사에서 경찰의 삼엄한 경계와 포위 속에서 치러졌습니다. 당사에는 선생이 흉탄에 쓰러지실 때 입으셨던 그 옷, 탄환 구멍에 낭자한 핏자국이 묻은 그 옷이 전시되기도 했습니다. 1년 전의 울음과 통곡이 다시 터지던 그 날의 추도식은, 끝날 무렵 미 군정 폭력경찰의 침탈로 아수라장으로 일변해 버렸습니다. 권력과 폭력 앞에 인륜과 도덕이 무참히 유린당하는 서글픈 광경이었습니다. 수천 명의 참가자 중 체포된 수백 명의 인사가 대기하던 경찰 트럭에 분승하여 시내 각 경찰서 유치장에 강제 연행되어 미 군정 법령에 따라 29일 구류처분을 받아야 했습니다.

선생님이 서거하신 지 27년, 사건 공소시효가 지난 후에야 범인 일당들의 자백에 의해서 이 흉악무도한 배후가 밝혀졌습니다. 다름 아닌 당시 미 군정의 수도경찰청장이자 친일 거두의 아들 장택상이었습니다. 미 군정 경찰은 당시 이승만의 민족분열 조국분단 노선을 비호하는 무력집단이었습니다. 이승만의 소위 반탁 노선은 자주적 통일된 조국건설이 아니라 국제 냉전체제에 편승하여 남한만의 단독반공 정권을 수립하는 데 있었습니다. 이 노선은 남한을 동북아시아에서의 미국의 패권 확보를 위한 전략적 군사기지로 전락시켰을 뿐 아니라 미국 독점자본의 초과이윤을 무제한으로 창출하는 경제적 식민지로 만들어 남북분단을 고착화시켜 동족대결의 50년사를 이어오고 있습니다.

한반도 통일 임시 정부 수립을 위한 모스크바 삼상회의 결정에 따른 미소 공동 위원회가 파탄되었고, 선생님이 우려했듯이 남북은 우리 민족사에서 미증유의 처참한 희생을 낸 전쟁도 겪었습니

호산 전창일과 통일운동 77년사

다. 우리는 이제 선생님의 유지인 민족대단결의 기치를 높이 들고 민족의 자주적이며 평화적인 통일을 위하여 온갖 반통일 세력과 맞서 싸우고 있습니다. 오늘 남·북 간에는 분단 이후 최초로 사상과 이념을 초월하여 자주·평화·민족대단결이란 강령적 기치를 높이 들고 해외동포들까지 포함된 단결의 구심체이며 그 실체인 "조국통일범민족연합(범민련)"이 결성되어 올해 5주년의 역사를 맞이하고 있습니다. 범민련은 반통일 세력으로부터의 그 어떤 도전과 탄압에도 굴함 없이 결연히 싸워 조국통일의 성업을 쟁취하고야 말 것입니다.

끝으로 몽양 선생님이 그토록 사랑하셨던 장녀 여난구 씨가 1947년 8월 4일 자(6일 자의 오류) "우리신문"에 발표한 "애절문"의 일부를 낭독하면서 추도사를 마치겠습니다.

"아버지, 지금 아버지의 사랑하시던 동포들의 꽃상여에 실리어 아버지는 말없이 떠나가십니다. 가도 가도 그칠 줄 모르는 순정의 장렬이 뒤를 따르고 좌우에는 슬픔을 안은 인민의 경호가 도열해 있나이다. 아버지의 수많은 동지와 아버

〈 그림58: 1947년 8월 6일 자 우리신문 〉

지를 따르던 수많은 젊은이가 목매어 흐느끼며 아버지를 떠메고 가는 것입니다. 아버지의 사랑하시는 영구도, 붕구도, 어머니도, 딸들도 그리고 친척들도 아버지의 곁에서 함께 나아가고 있습니다.

아버지의 가시는 길을 형제의 눈물로 적시 우고 하늘과 땅이 함께 우는 것은 아버지의 영별을 슬퍼해서뿐만 아니올 것입니다. 잊을 수 없는 형제들의 호곡하는 노래와 무수한 꽃다발과 조기가 아버지의 마지막 길을 장식하려는 것만이 아니올 것입니다. 이 거리의 형제들은 위대한 대오를 갖추고 있는 것이 아니옵니다. "왜들 우느냐, 무엇이 서러우냐, 어서 행진을 계속하라, 용감하게 나아가라, 나는 죽지 않았다"고 아버지가 외치시는 것만 같사옵니다."

1995년 7월 19일,
수유리 선생님의 무덤 앞에서
조국통일범민족연합 남측본부 상임부의장 전창일

한국대학 입학
그리고 단선 · 단정 반대투쟁

폭풍 같은 며칠이 지났다. 여운형의 죽음 그리고 그가 남긴 흔적이 향후 전창일의 삶에 어떤 영향을 끼칠지 전혀 예상하지 못한 채, 학업문제부터 해결해야만 했다. 원하는 대학은 고려대학이었다. 그러나 불가능했다.

〈 그림59: 1946년 1월 17일 자 영남일보 〉

해방 후 학제가 대폭 바뀌었다. 우선 입학시기부터 달라졌다. 신입생 입학시기가 4월에서 9월로 변경된 것이다. 지금까지의 4년제 중학교는 6년(전기 3년은 중등과, 후기 3년은 고등과)으로, 전문학교는 3년제로 바뀌었다. 그리고 대학의 예과는 폐지되었고, 1946년 중학교 졸업생은 고등중학 2년에 진급하거나 그냥 졸업해도 되었다. 즉 1946년 현재 중학교에 재학 중(1·3학년)인 학생과 졸업생은 예전과 같이 전문학교에 입학할 수 있으나, 대학으로 승격된 학교입학은 불가능했다.[1]

전창일의 경우 다소 복잡했다. 그가 졸업한 학교는 북쪽의 5년제 북청공업학교다. 더욱이 들어가고 싶은 고려대학은 일제 강점기 때의 전문학교가 아니고, 1946년 5월부로 4년제(일부 자연계는 6년제)로 승격된 정규대학이었다.[2] 대학을 가기 위해선 새로운 학제의 중학교에 편입하여 졸업해야만 했다. 편입에 대해 알아보았다. 결과가 너무 비참했다. 4학년(고등중학 1학년)에 편입해야 한다는 것이다. 자존심이 너무 상했다. 손상당한 자존심도 문제지만, 앞으로 3년 더 중학교에 다닐 생각을 하니 앞이 캄캄했다. 학자금 조달 대책도 큰 문제였다. 결국, 편입은 포기할 수밖에 없었다. 학부가 아닌 전문부로 방향을 틀었다.

그러나 이 역시 해결방안이 되지 못했다. 북청공업학교 졸업생은 남쪽에서 인정해주지 않는다는 전갈이 왔다. 북청농업을 나와 신흥대학에 다니고 있던 친구 상우가 해결책을 제시했다. "북청농업학교 5년제 졸업한 걸로 여기서 졸업장을 만들자. 그래서 학부 1학년에 어디든지 시험을 쳐서 들어가면 되지 않겠느냐."라고 제안했지만, 솔직히 학부는 부담스러웠다. 전창일은 공업학교를 나왔기 때문에 국어, 국사 등 인문

---

1   學制 全面的變更, 公私立中學은 高等中學으로 昇格, 方今學務課서 準備中, 「영남일보」 1946.1.17.

2   건국 동량의 새요람, 대학으로 승격되는 24남자대학, 각 대학의 입시는 7월, 「동아일보」 1946.5.20.

호산 전창일과 통일운동 77년사

학 관련 지식에 자신이 없었다. 특히 국어의 경우 해방 후 3학년 때 기초부터 새로이 시작했기 때문에 더욱 힘든 과목이었다. 결국, 전문부로 방향을 틀었다. 하지만 이러한 시도 역시 무산되고 말았다. 이미 입학 시즌이 끝났기 때문이다.[3]

〈 그림60: 1947년 1월 24일 자 자유신문, 10월 28일 자 조선일보 〉

몇몇 신문에 한국대학관이란 생소한 명칭의 학교에 관한 기사가 실렸다. 삼일동지회 소속으로서 과거 3·1운동에 참가한 전력이 있는 한관섭(韓觀燮)[4]은 사재를 털어 1946년 4월 8일부터 한국야간대학숙을 설립한 바 있다. 최근 대구의 고 이장우의 영식 이상근 씨가 시가 3천만 원 가치의 토지를 희사함에 따라 재단을 설립하였고, 이에 따라 한국대학

---

3 『인민혁명당과 혁신계의 활동, 주요인사(전창일 님) 구술사료 수집』, 4·9 통일평화재단, 2014.2.3., p.32.; 『1960년대 이후 통일운동가들의 통일운동 및 사회운동 경험, 전창일 구술』 국사편찬위원회, 2014, 녹취록 1차 2번-4. 한국대학 전문부 입학과 단선·단정 반대운동

4 삼일동지회, 독립촉성선서식 거행, 「중앙신문」, 1945.12.8.

관5으로서 10월 22일부로 문교부에서 인가되었다. 현재 신규로 학생을 모집한다는 등의 내용이었다.[6] 며칠 후 각 신문의 광고란을 통해 학생모집 공고가 났다.[7]

전창일의 눈이 크게 떠졌다. 입학원서 제출기간은 10월 25일부터 11월 1일까지였고, 전문부 입학자격에도 하자가 없었다. 더욱이 야간대학이었다.[8] 낮에는 학비를 벌고 밤에는 공부할 수 있는, 전창일에게는 더 이상 좋을 수 없는 조건이었다. 이제 대학생이 될 기회가 온 것이었다. 전문부 문과(국문학 전공)에 응시했고, 대학생이 되었다.

학교 위치도 좋았다. 종로구 계동에 있는 대동상업학교(6년제 대동상업중학교, 현 대동세무고등학교)가 한국대학의 주소였다. 야간에 비어있는 대동상업의 교실을 빌려 한국 대학생들이 사용했다는 얘기다.[9] 한국

---

5 8.15 광복이 되자 한관섭은 서대문에 있는 일본인 양옥을 접수하여 영어 특수학원을 설립하고 자신의 전 재산과 종친들의 재산을 털어 강화도 교동땅, 일산땅, 광나루땅을 매입해서 재단법인 한국학원을 형성하였다. 그리고 야간에는 비어 있는 선린상업고등학교 교실을 빌려 꿈에 그리던 한국 최초의 4년제 정규 야간대학 '한국대학'을 설립하였다. 이후 한국대학은 대동상업고등학교로 교사를 옮겼다. 그러던 중 6.25전쟁이 발발하여 전국에 있는 학교에 휴교령이 내려지자 제주도 서귀포 정방폭포 정방사 입구에 초가집 1동을 한국대학의 분교로 하여 운영하였다. 전쟁 도중에는 부산 전시연합대학으로 합쳐져 운영되기도 했다. 수복 후에 한관섭은 대학 건물을 물색하던 중 장충동(을지로 6가)에 텅 빈 아파트(일본 적산가옥)가 있어 중구청을 통해 사용승인을 받았는데 그 자리에 비로소 한국대학이 터를 잡게 되었다. 그 후 1955년 3월 28일 재단법인 국제학원에서 한국대학을 인수·승계, 국제대학으로 개명하여 성동구 신당동 224번지에 자리 잡고 한국대학의 정신을 이어나가게 된다. 이것이 현재 서울특별시 성북구 서경로 124에 자리 잡고 있는 서경대학교다. 《나무위키》

6 韓國大學館 新인가 발족, 「자유신문」 1947.10.24.

7 학생모집(야간), 「조선일보」 1947.10.28.

8 한국대학은 한국 최초의 야간대학이었다.

9 한국야간대학숙 시절에는 선린상업 교실을 빌려 사용한 적이 있었다. 《나무위키》

호산 전창일과 통일운동 77년사

대학은 여러모로 좋은 추억을 제공한 학교였다. 학장부터 남달랐다.

학장 한관섭은 단선·단정을 반대하는 우국지사였다. 학생들에게 아주 선동적인 강의를 하곤 했다. 학생들도 그를 존경했다. 친구들이 조심하라고 주의를 주었지만, 집에서 직접 만든 단선·단정 반대 삐라를 학교에 와선 책상에다 쫙 뿌린 만용을 부릴 수 있었던 것도 학장의 인품을 믿었기 때문이었을 것이다. 힘든 줄 모르고 학교에 다녔다. 전창일은 학창시절을 다음과 같이 회고했다.

> 그래서 내가 그 야간학교에 들어갔어요. 밤에는 학교에 나가고, 낮에는 도서관에 가고, 새벽에는 신문 배달하고 그랬어. 그때 「동아일보」를 중학동, 삼청동, 가회동 이 3개 동을 배달했거든. 이 아르바이트 덕분에 이제 밀가루 수제비 끓여 먹을 수 있고, 밤에는 대학을 다니고. 또 그 한국대학에 교수진이 좋아요. 서울대학 교수들이, 연·고대 교수들이 밤에 와서 강사를 하는 거예요. 그러니까 강사료가 적게 들지요, 학생들한테는 등록금을 적게 받고… 그 학교가 그랬어요.[10]

---

10 한관섭은 국가가 떳떳한 독립 국가로서의 여력을 갖지 못한 상태에서 쉰다는 것을 죄악시했다. 따라서 낮에는 폐허화 된 민족경제의 재건에 힘쓰고 남은 시간에는 민족 정신을 교육해야 한다는 '주경야독(晝耕夜讀)'을 강조하였다. 또 학교는 오로지 면학만을 위해서 존재한다는 곧은 지론을 바탕으로 외부의 간섭도 용납지 않아 문교부의 불필요한 지시도 거부했다. 당대 학계 최고 석학들을 교수진으로 초빙하고 토, 일요일에도 밤늦게까지 직접 특강으로 보충강의를 하는 등 교육에 대한 열의를 불태웠다. 당시 한국에는 정식 대학교수 자격을 가지고 있는 사람이 거의 없었는데, 이 우수한 교수진들은 대부분 서울대학교에서 근무하고 있었다. 한관섭은 교수들에게 직접 찾아가 "낮에는 직장에 다니고 밤에는 공부하겠다는 학생들을 보고만 있어야 되겠느냐?"며 여러 번 간청하여 우수한 교수들이 한국대학에 출강하게 되었다. 유능한 교수를 계속 확보하기 위해 요즘의 통

전창일의 기억을 따르면, 서울대학교 국문학과 주임교수였던 이희승 교수가 한국대학 국문학과 주임교수를 함께 맡고 있었다 한다. 화려한 교수진 못지않게 학생들도 상당히 우수했던 모양이다. 한국대학 출신 중 특별히 전창일이 꼽는 사람이 있다. 제16대 국회의원, 한국방송공사 사장, 대한적십자사 회장 등을 역임한 서영훈(徐英勳, 1920~2017)이다. 그는 1959년 국제대학교에서 교육학 학사를 받은바 있다. 한편, 동문 중 악연도 있다. 인혁당 조작사건 주범 중의 한 명인 신직수(申稙秀, 1927~2001)가 한국대학 출신이다. 신직수는 대단히 특이한 경력의 소지자다. 그는 고등고시 출신이 아닌 '군 법무관 임용시험' 출신으로서 36세의 젊은 나이에 검찰총장으로 임명된 뒤 8년 가까이 근무한 경력을 가지고 있다. 그리고 1년 6개월 동안 법무부 장관을 지내다 단 하루의 공백도 없이 바로 중앙정보부장(제7대)에 임명된 자다. 물론 박정희에게 충성한 대가일 것이다. 그가 중정부장일 때 인혁당 사건이 일어났다.

화려한 신직수의 경력은 전주사범학교 졸업 후, 한국대학 법학과에 입학하여 1952년 졸업한 뒤부터 시작된다. 그는 군(軍) 법무관 임용시험에 합격하여 육군 갑종사관 군법무관 장교로 임관한 후, 박정희의 5사단장 시절 법무참모로 근무하는 인연을 갖게 된다. 1961년 5 · 16쿠데타 이후 그는 전무후무한 출세가도를 달리게 된다. 중앙정보부 창설 법률고문, 중앙정보부 차장, 검찰총장, 법무부 장관, 중앙정보부장 등이 주요한 경력이다. 하지만 박정희 정권과 함께 영원할 것 같았던 그의

학버스와 비슷한 개념인 12인승 마차를 만들어 교수들의 출퇴근을 돕기도 했다. 또한 신부, 수녀, 목사, 스님 등 다방면의 종교계 인사를 초빙하여 종교특강을 실시하는 등 자율적인 학교 분위기를 만들어 의식수준 향상에 노력하였다. 《나무위키》

호산 전창일과 통일운동 77년사

권세도 박정희의 죽음과 함께 끝이 나고 말았다.

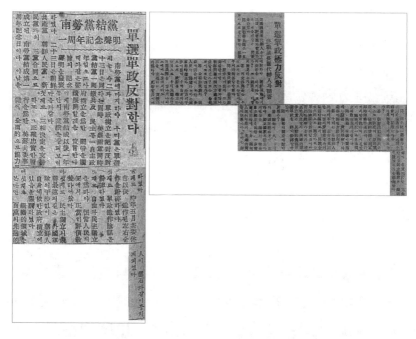

〈 그림61: 1947년 11월 23일 자 조선중앙일보(유해붕), 1948년 1월 14일 자 독립신보 〉

　전창일이 대학에 입학할 무렵은 단선·단정 반대 데모가 절정을 치달을 무렵이었다. 1947년 10월 21일 소련 대표단의 철수로 미소 공동 위원회가 해산되었고, 같은 해 11월 유엔총회에서 남북한 총선거가 결의되었으며, 이듬해 2월에는 유엔 소총회가 남한 단독선거를 가결하는 등 엄혹한 시기였다. 단선·단정 반대운동은 남로당과 민주주의민족전선(민전)이 앞장섰다.

　1947년 11월 23일, 조선공산당·조선인민당·신민당과의 3당 합동으로 성립된 남로당 결성 1주년을 맞아 남로당은 단선과 단정 수립을 절대 반대하는 동시에 미소양군 동시 철병 및 민주 통일 자주 정부 수립을 위한 투쟁을 계속 전개할 것을 선언했다.[11] 그리고 민전 의장단 대변인은 1948년 1월 13일, 기자단과의 회견에서 "조선 문제의 해결은 모스크바 결정의 원칙 실현의 발전적 첩경(捷徑)인 양군 즉시 무조건 철병에 의해서만 가능하며 이 길만이 조국의 통일과 자유·독립의 최선최속(最善最速)의 길"이라고 주장하며, 만약 단선이 실시되는 경우에는 "우리는 전 조선 인민과 더불어 좌우를 막론한 일체의 애국자들과의 견고한 단결로서 민족을 양분하려는 단선음모를 분쇄할 것이다. 가열한 투쟁 가운데서 성장한 인민들의 영웅적 투쟁 역량은 반동적 괴뢰단선정부를 능히 분쇄할 수 있다"고 강변했다.[12]

사실 어떻게 보면 너무 늦은 감이 있었다. 미국의 단선 단정 음모는 오래전부터 실행되고 있었다. 제1차 미소 공위가 한참 진행되고 있던 1946년 4월 7일, 「동아일보」 등 몇몇 신문은 의미심장한 기사를 보도했다. 미 점령군 당국이 남조선에 한하여 조선정부 수립에 착수하였다는 내용이다. 미 국무당국은 미소 공동 위원회의 제의가 아니고 미 군정 당국이 제의한 것이라고 해명했다.[13] 즉 국무부는 미소 공위의 합의를 진행하고 있지만, 맥아더와 하지를 비롯한 미국 군부는 남한만의 단독정부를 추진하고 있다는 얘기였다.

11　南勞黨結黨, 一周年記念聲明, 單選單政反對한다, 「조선중앙일보」(유해붕), 1947.11.23.

12　單選單政極力反對, 民戰議長團代辯人과 問答, 「독립신보」, 1948.1.14.

13　남조선에 단독정부 수립설, 미 군정 당국의 제의로…「동아일보」, 1946.4.7.

〈 그림62: 시계방향으로, 1946년 4월 7일 자 동아일보, 6월 6일 자 현대일보, 6월 5일 자 서울신문 〉

그리고 두 달쯤 후인 6월 3일, 이승만은 그 유명한 '정읍발언'을 한다. 전북 정읍에서 '남측만이라도 임시정부 혹은 위원회 같은 것을 조직할 것'을 강조하는 내용의 발언을 한 것이다.[14] 4월 7일 자 「동아일보」와 같

---

14   남방만의 임시정부, 「서울신문」 1946.6.5.

은 맥락임을 알 수 있다. 이승만을 수반으로 하는 남한만의 정부를 수립한다는 얘기였다. 「현대일보」는 이승만의 발언에 대해 괴담 정도로 치부했다.[15] 다음날, 대부분 정당·단체들은 "단독정부수립에 이 반대를 보라!" "민족분열을 영구화하는 남방단독정부 설 분쇄하자" "조선은 오직 하나 단정설에 절대 반대" "단정은 친일파만 원한다" "조국을 양단하지 말라" "마각을 드러낸 단독정부수립음모" 등 흥분된 구호로 이승만을 성토했다. 하지만 이승만의 망령 정도로 평가 절하한 것도 사실이다.[16] 결국, 해프닝으로 끝났다. 그만큼 미소 공위의 합의에 기대가 컸다는 뜻이다.

사실 이때 미 군정의 음모를 파악했어야 했다. 반탁에 가장 열렬히 앞장섰던 한독당마저 이승만의 정읍발언을 비판한 그 시점에, 온 겨레가 마음을 합쳐 미국 군부의 음모를 분쇄했어야만 했다. 그러나 한독당을 비롯한 우익세력은 정읍발언 며칠 후 다시 반탁 데모·테러에 매진했고, 미소 공위는 좌초되기 시작했다. 그 결과가 미소 공위 해산, 유엔총회의 남북한총선거 결의, 유엔 소총회의 남한 단독선거 가결로 나타난 것이다. 역사의 시계추는 분단으로 치닫고 있었지만 그래도 최후의 순간까지 저항은 해야만 했다.

---

15 미소 공동 위원회는 희망이 없다고 이승만 박사 정읍서 또 이상한 소리, 「현대일보」, 1946.6.5.

16 갈수록 더욱 심해지는 이승만 박사의 망령, 기자단에 단독 정부설 주장, 「현대일보」, 1946.6.6.

잊을 수 없는 인연,
동지와 친구들

北靑赤色農組事件
最高三年役言渡
二十八日咸興地方法院에서
被告들은 끗까지 結社事實否認

問題의 僞造紙幣事件
共産黨과는 無關

민주주의민족전선 편집부

편집위원

이강국(李康國)	박문규(朴文圭)
최익한(崔益翰)	이석태(李錫台)

집필자(순서 없음)

최익한(崔益翰)	이 광(李 珖)
정 갑(鄭 甲)	박승종(朴承鍾)
박후병(朴嗅秉)	이내훈(李乃薰)
박헌영(朴憲永)	한규학(韓圭鶴)
이종세(李鍾世)	문은종(文殷鍾)
백두현(白斗鉉)	주진경(朱鎭環)
이강국(李康國)	박준영(朴俊泳)
정 백(鄭 栢)	윤장섭(尹章燮)
김계림(金桂林)	김남천(金南天)
이석태(李錫台)	윤희순(尹喜淳)
김오성(金午星)	라승표(羅承表)
한영황(韓永煌)	김세용(金世溶)
윤 혁(尹 赫)	이철재(李哲宰)
고찬보(高瓚輔)	박극채(朴克采)
박세영(朴世榮)	강성재(姜聖宰)
한지성(韓志成)	한형기(韓冏琦)
한택소(韓澤五)	신종립(辛鍾立)
이계순(李桂順)	고명자(高明子)
문일민(文一民)	현우현(玄又玄)
함세덕(咸世德)	박찬모(朴贊模)
박영근(朴榮根)	박경수(朴景洙)
추 민(秋 民)	김정홍(金正洪)
온락중(溫樂中)	정홍석(鄭洪錫)
정태식(鄭泰植)	장석두(張錫斗)
김초사(金草史)	과학자동맹(科學者同盟)
진병련(陳柄璉)	재미한인연합회(在美韓人聯合會)

夏穀收集分撤訓을
全農서 强硬히 要求

〈 그림63: 시계방향으로, ① 1935년 1월 29일 자 조선중앙일보, ② 1946년 5월 23일 자 공업신문,
③ 민전 편집부 명단, ④ 1947년 6월 21일 자 노력인민 〉

이 무렵 전창일은 남로당에 입당했다. 1948년 1, 2월경으로 전창일은
기억하고 있다. 소년을 벗어나 이제 막 청년기에 접어든 21세 때였다.
남로당에 가입하고 단선·단정 반대 데모를 하는 전창일에 대해 친구들은 우려했던 모양이다. 전창일의 회고를 들어보자.

…이젠 뭐 학생이니까 마음 놓고 막 단선·단정 반대운동했어.
그러고 나니까 내가 사회, 삶에 대해 좀 더 알게 되고, 친구들도
많이 알게 되고, 일종의 운동권, 초창기 운동권 학생이 된 거야.
진짜 가까운 친구들은 공부만 했어. 국학대학 다니는 친구하고 신
흥대학 다니는 친구 이 두 사람은, "인마, 공부해야지 뭐 한다고
정치에 간섭해." 그랬어. 물론 나는 저항했지. 아니야, 단선을 하
게 되면 남북이 갈라지게 돼. 그래서 적대관계에 들어가고 잘못
되면 전쟁이 나게 돼. 민족이 공멸하고 고향도 못 가게 돼. 심각한
문제여. 공부가 문제가 아니야. 우리 셋이 그런 토론을 했어요. 그
둘보다 내가 정치적으로 좀 더 선각적인 위치에 선 거지….[1]

남로당에 가입하기 위해선 두 사람 이상의 추천인이 있어야 했다. 전
창일을 보증한 사람은 고향 선배인 주진경과 전동원이었다. 이 두 사람
은 전창일이 사회주의자임을 공언하며, 사회주의에 확신을 갖고 평생을
살아가게 한 주춧돌 역할을 한 것으로 보인다. 특히 주진경의 이력이 예
사롭지 않다.

일제는 1930년대에 들어서 만주사변으로 대륙진출을 시도하고(1931
년), 《소작조정령(1932년)》과 《조선농지령(1934년)》 등을 발동해 농민운

---

1   『인민혁명당과 혁신계의 활동, 주요인사(전창일 님) 구술사료 수집』 4·9 통일평화재
    단, 2014.2.3., p.35.

동에 대한 봉쇄 · 탄압을 강화하면서 일체의 농민단체를 해체시켰다. 오직 일제의 관제농민조직만 강화함으로써 농민들의 조직적 운동은 거의 불가능하게 되어 농민운동은 불가피하게 비합법적 지하운동으로 방향을 전환하게 되었다. 이러한 상황에서 1928년 이른바 '12월 테제' 이후 공산주의자들의 농민운동 지도강화의 방침이 보태어져 '적색 농민 조합 운동'이 시작된다. 이리하여 1930 · 1935년의 농민운동은 대중적 시위나 농장사무소 습격, 그리고 일제경찰서 습격 등의 격렬한 폭동의 형태로 나타나 항일투쟁의 성격이 보다 강화되었다.[2]

'적색 농민 조합' 즉 '혁명적 농민조합'은 전국 220개 군 중에서 80여 군에서 조직되었는데, 실제 활동의 규모, 조직성, 지속성, 투쟁성에서 가장 두드러진 곳은 일제가 '사상적 특수지대'로 부르던 함경도의 '혁명적 농민조합운동'이었다. 함남의 갑산, 고원, 단천, 덕원, 문천, 북청, 신흥, 안변, 영흥, 이원, 정평, 풍산, 함주, 흥원 그리고 함북의 경성, 길주, 명천, 성진, 온성, 경흥, 회령 등이 소위 '사상적 특수지대'였다.[3]

주진경은 20대 초기부터 북청 지역 적색 농조 운동의 핵심이었다. 1933년 봄부터 일제는 북청군 일원에 대 검거 선풍을 일으켰다. 피검자 수만 600명을 돌파했다. 이들 중 20명 정도가 기소되었는데, 1933년 11월 26일 공판과정은 수많은 언론들이 보도하였다. 특히 「조선중앙신문」은 한 면 전체를 할애하여 보도하여 이 사건의 중요성을 짐작하게 했다. 보도에 따르면, 주진경은 비밀결사 7인조를 조직하여 활동했으며,

---

2   농민조합운동(農民組合運動)《한국민족문화대백과사전》
3   이준식, 한국농촌사회의 변화와 발전, 『한국농업농촌 100년사 논문집』 제2집, 한국농촌 경제연구원, 2003, pp.199~206.

기관지를 통해 계급의식을 고취하는 활동을 했다고 한다.[4] 1935년 1월 28일 개정된 언도 공판에서 주진경은 2년 6개월 실형을 받았다. 피의자 20명 중에서 두 번째로 높은 형량이었다. 그의 나이 스물두 살 때의 일이다.[5]

해방 후 주진경은 활동무대를 서울로 옮겼다. 그의 이름이 언론지상에 보도되기 시작한 것은 조선 정판사 위폐조작사건 무렵이다. 주진경은 전농의 대표 자격으로 민전의 최익한, 중앙인민위원회의 정백, 법률가동맹의 조평재, 신민당의 박동철, 과학자동맹의 김종덕 등과 함께 위폐사건 진상조사단에 포함되었다.[6] 민전에서의 활동도 활발했던 모양이다. 1946년 8월, 민전 산하 조선해방연보출판부에서 『해방조선』을 출간할 때 집필자 명단에 주진경이 보인다. 박헌영, 이강국, 김오성, 박세영, 한지성, 김남천, 고명자 등 쟁쟁한 인물들과 어깨를 같이 한 것이다.[7] 1947년 6월경에는 전농 대표로서 식량행정처장을 만나 하곡 수집의 부당성과 그 모순성을 지적하는 동시에 지방농촌의 참담한 실정과 작년 수집경험을 예로 들면서 수집령을 즉시 철회하라고 강경히 주장하기도 했다.[8] 북청 적색농조운동의 맹장다운 활동이었다.

전창일에게는 북청 적색 농조 운동의 또 다른 맹장과의 인연이 있

---

4 北青赤農事件公判 今日咸興서 開廷, 一時被檢者六百名을 突破 當日出廷은 二十名, 「조선중앙일보」, 1934.11.26.

5 北青赤色農組事件 最高三年役言渡, 「조선중앙일보」, 1935.1.29.

6 問題의 偽造紙幣事件 共産黨과는 無關, 趙警務部長調査團과 問答, 「공업신문」, 1946.5.23.

7 『해방조선』 과학과 사상, 1988, pp.8~9.

8 夏■收集令撤回를 全農서 强硬히 要求, 「노력인민」, 1947.6.21.

호산 전창일과 통일운동 77년사

다. 제3장 4절에서 언급한 북청 군당 초대 위원장이었던 조훈이다. 흥남 NZ공장 기계반출 데모를 모의할 때 전창일을 설득한 바로 그 조훈이다. 북청 적색 농조 운동의 상징인 주진경과 조훈을 남과 북에서 따로 만난 것도 전창일에겐 잊을 수 없는 인연이었다.

주진경, 조훈과 함께 농민운동을 하며 일제 강점기부터 그들과 단짝인 친구가 있다. 송영회(宋營會)란 인물인데 특히 주진경과는 경성제일고등보통학교(현 경기고등학교) 동기동창이었다. 전창일이 경기도 김포군이 고향인 송영회를 알게 된 데는 사연이 있다.[9] 전창일에 따르면 이성재[10]를 통해 인연을 맺었다. 한편, 송영회와 이성재는 같은 남로당 당원이었다. 그리고 그에겐 이화여전 출신 동생이 있었다. 서울대 문리대 정치학과 출신인 이성재와 송영회의 누이동생은 혼담이 있을 정도로 가까운 사이가 되었으나 안타깝게도 결핵으로 인해 결혼이 무산되었다고 한다.

조훈 · 주진경 · 송영회와의 관계처럼 전창일과 이성재는 오랜 친구이

---

9 《思想에 關한 情報綴 第2冊》 중요범죄보고표, p.276, 한국사데이터베이스》에 따르면, 송영회의 본적은 경기도 김포군 하성면 후평리이다.

10 이성재 선생은 1925년 2월 12일(음) 경기도 광주군 구천면(현재는 고덕동 암사동)에서 한음 이덕형의 후손으로 태어났다. 1946년 서울대 재학 중 전국건설학생총연맹 부위원장으로 조선민주애국청년동맹에서 활동했으며, 1948년 좌익계 전향자의 밀고로 서울대 문리대 정치학과 3년 재학 중 제적당했다. 1960년 4 · 19 혁명 이후에는 사회대중당 중앙집행위원으로 일했다가, 7 · 29 총선 이후 혁신정당 통합을 위해 활동했다. 선생은 1974년 발생한 인혁당 재건위 사건 관련자로서 무기징역형을 받고 옥고를 치르던 중, 1982년 형감형 조치로 석방되었다. 한때 병 치료차 일가족을 이끌고 캐나다에 이민 갔다가 2007년 법원의 재심을 통해 32년 만에 인혁당 사건이 무죄판결을 받자, 고국으로 돌아와 재심재판에 참여하였으며 2008년 자신도 무죄를 받고 고국에 머물렀다. 이후 선생은 (사)민족화합운동연합에서도 활동하면서 못다 한 조국의 민주화운동과 통일운동에 참여했다. 그러던 중 2016년 5월 24일 숙환으로 91세의 나이로 우리 곁을 떠났다. 《민족민주열사 · 희생자 추모(기념)단체 연대회의》

자 동지였다. 그리고 「민족일보」 기자 출신인 장석구[11], 김자동[12], 이재

11 장석구(1927~1975)는 단국대학교를 졸업했다. 1960년까지 한국일보 대구지사, 대구일
    보에서 기자로 근무하다가 이후 상경하여 혁신계열 언론사인 민족일보 기자를 하였다.
    1961년 5·16쿠데타 이후에는 시국강연을 한 이유로 혁명 검찰부에 연행돼서 구속됐
    다가 석방된 후 요시찰 대상이 됐다. 석방된 후 서울로 와 대구매일신문 서울지사에서 2
    년 정도 근무를 했고 1964년에는 한일회담에 반대하는 대일 굴욕 외교 반대운동 전국공
    동투쟁위원회 중앙본부 간부를 역임했으며, 1969년에는 삼선개헌 반대운동을 했다. 삼
    선개헌 반대운동 과정에서 장준하와 교류를 하게 됐다. 1970년 무렵부터 가업을 이어받
    아 나전칠기 공장(남북공예사)을 경영하면서 자강학회 운영 위원으로 계속 민주화와 평
    화통일운동에 매진했다. 그러던 중 '인민혁명당 재건위' 사건으로 수배되어 도피 중인 동
    지(이성재)를 자신의 공장에 숨겨준 혐의로 1974년 6월 15일 검거되어 서울구치소에 수
    감 중 운명했다. 수감된 후 중증 고혈압 환자가 돼서 1975년경 병사에 입원을 반복하다
    가 10월 15일 새벽 뇌출혈로 쓰러져 치료조차 받지 못하고 발병 7시간이나 지나 병원으
    로 옮겨졌으나 운명했다. 의문사진상위원회는 진상규명 결정(인정)을 판정했고, 2009년
    11월 17일 서울지방법원 형사2부에서 무죄가 선고되었다. 《민족민주열사·희생자 추
    모(기념)단체 연대회의》

12 제1회 조용수언론상 수상자 김자동(1928년생), 선정이유: 조용수언론상 심사위원회는
    제1회 수상자로 김자동 대한민국임시정부기념사업회장을 선정했습니다. 민족일보기
    념사업회는 2019년 조용수 언론상을 제정하고, 심사위원회를 구성했습니다. 심사위원
    회는 다방면으로 수상 후보자를 추천받고 물색해 제1회 조용수 언론상 수상자로 김자
    동 회장을 만장일치로 결정했습니다. 만시시탄이라 하지 않을 수 없습니다. 그래서 죄송
    하다는 말씀을 먼저 드립니다. 아마 민족일보 기자를 지내고 현재까지 민족일보의 사시
    (社是)내지 정신을 지키며 사신 분은 김자동 회장이 거의 유일한 분이라 심사위원 모두
    가 의견의 일치를 봤습니다. 조용수 언론상 선정 기준은 「민족일보」와 조용수의 정신입
    니다. 그것은 바로 〈민족일보〉의 사시에 오롯이 박혀있습니다. '민족의 진로를 가리키
    는 신문, 근로대중의 권익을 옹호하는 신문, 부정과 부패를 고발하는 신문, 조국의 통일
    을 절규하는 신문' 그것입니다. 「조선일보」에서 언론계 활동을 시작한 김자동 회장님은
    61년 「민족일보」 사건을 기화로 언론계를 떠났습니다. 그리고 1980년대 『한국전쟁의 기
    원』과 『모택동 전기』 등 「민족일보」 사시처럼 민족의 진로를 가리키는 일을 계속했습니
    다. 특히 1997년에 직접 '민족일보사건 진상규명위원회'를 만들고, 초대 위원장으로 민
    족일보사건의 역사적 진실을 밝히는 데 앞장섰습니다. 아무도 「민족일보」의 진실과 비극
    을 기억하지 않으려 했던 당시 그의 헌신적 노력이 없었다면 민족일보 사건은 영원히 묻
    혔을지 모릅니다. 김 회장은 1987년 헌법에 임시정부 법통이 명시되자, 임시정부 독립
    정신의 의미를 확산시키기 위해 (사)대한민국임시정부기념사업회를 만들어 '친일청산과
    민족정기 확립'에 매진했습니다. 이 역시 「민족일보」가 창간 후 첫 번째 사업으로 시행한
    독립운동가 생활을 돕는 사업과 맥을 같이하고 있습니다. 김 회장의 노력으로 드디어 임
    정 기념관이 건립되는 성과를 거두었습니다. 특히 김 회장은 민주화 역행 국면에서, 특
    히 지난 촛불 혁명의 중요한 시기에서 올바른 민주화의 길을 지도했습니다. 김 회장은

문13 등을 포함해 다섯 사람은 평생을 통해 우정을 나누게 된다. 훗날 민주화 및 통일운동에 투신할 때 이들은 서로에게 큰 영향을 끼치게 된다. 별도의 장에서 다시 거론하겠지만,[14] 그들의 우정과 인연에 대해 간략히 살펴보자.

1960년 4월 혁명 이후, 전창일은 공영토건 외국 공사 부장으로 재직 중이었지만 통일운동에 본격적으로 참여하기 시작한다. 장면 민주당 정권이 '반공법'과 '집회 시위에 관한 법' 제정에 박차를 가하게 되자 혁신계에서는 정당 · 정파를 초월하여 1960년 7 · 29 총선 참패 후 뿔뿔이 흩어졌던 혁신정당들이 총체적으로 재집결하여 '반민주악법반대공동투쟁

구순이 넘었지만, 자서전의 제목과 같이 '영원한 임정 소년'이었으며 '영원한 민족일보 기자'였습니다. 그가 「민족일보」에 기여한 공로를 따져볼 때 이 상이 오히려 작다는 느낌이 들 정도입니다. 다시 한 번 김자동 회장께 제1회 조용수 언론상을 드리게 된 것을 축하드리며 아무쪼록 건강하시 빕니다. 2019. 11. 6. 조용수 언론상 심사위원장 고승우(민주언론운동연합회 전 이사장) 심사위원 원희복(민족일보기념사업회장) 심사위원 이계환(통일뉴스 발행인) 〈단지 역사는 제대로 기록돼야 한다, 「통일뉴스」 2019.11.5.〉

13 이재문(1934~1981); 동지는 영남일보, 민족일보 등의 기자, 사회당 활동 등을 하였다. '64년 1월경 '인민혁명당' 조직부책, '민주수호국민협의회' 대구경북지부 대변인으로 활동하였고, '74년 4월경 '인민혁명당 재건위' 교육책으로 지명 수배된 후 '79년 10월 4일 검거 시까지 5년 5개월간 수배 생활을 하였다. '79년 10월 4일 남민전 사건으로 체포 · 구속되어, 남영동 대공분실에서 60여 일간의 조사를 받는 과정에서 이근안 등으로부터 고문 등의 가혹행위를 당하였다. 서대문구치소 수감 중이던 '81년 8월경부터 위장병이 급격히 악화되었으나 구치소에서의 치료로는 상태가 좋아지지 않았다. 구치소 측은 구치소 내 병사에 입사시켜 소극적인 치료로 일관하다 병세가 더욱 악화되어 같은 해 11월 22일 운명하였다. 의문사진상규명위원회 조사결과 동지는 '79년 10월 4일 체포 당시 자해를 하여 서울대병원에 20여 일간 입원하였고, 위내시경 검사를 통해 조기 위암이라는 진단이 나왔으나 정권은 본인을 비롯한 가족들에게 알리지 않았으며 위암에 대해 치료도 하지 않았다. 이후 남영동 대공분실에서 40여 일 동안 불법구금의 상태에서 조사를 받았고, 조사과정에서 동지를 비롯한 남민전 관련자들에게 고문 등의 가혹행위가 심하게 있었음이 밝혀졌다.《민족민주열사 · 희생자 추모(기념)단체 연대회의》

14 《8장 5절 콜린스 라디오 입사, 그리고 간첩 오인 사건, 9장 1절, 자강학회 이야기 그리고 박정희의 무한 권력욕, 11장 6절 인혁당 무죄투쟁》참조

위원회'(공투위)가 1961년 3월 15일 결성되었다. 전창일은 이 공투위의 섭외부 차장 직함으로 '2대 악법 반대투쟁'에 나서게 되는데, 「민족일보」가 광고란을 통해 '반민족 악법 반대 공동투쟁위원회 선언'을 무료로 게재하는 데 있어 많은 역할을 하였다. 장석구는 당시 「민족일보」 기자였다. 서울방송국 편성과장을 역임한 언론인으로서 섭외부 부장이자 전창일과 단짝이었던 조규택은 대학 동기(단국대학교)인 장석구를 전창일에게 소개해 주었고, 전창일은 장석구를 이 무렵 함께 활동하며 친숙하게 된 이성재에게 소개하였다. 그 후 전창일·장석구·이성재는 평생을 통해 친구이자 동지로 지내게 된다.

인혁당 사건에서도 묘하게 얽혀있다. 1974년 4월, 인민혁명당 재건위 조작사건이 발발했을 때 전창일의 집에서 은신하고 있던 이재문은 무사히 도피하였으나 대신 전창일이 검거되었다. 한편, 이성재는 장석구가 경영하는 서울 성동구 인창동 소재 나전칠기 공장(남북공예사)으로 피신하였다.[15] 그 무렵의 장석구는 인혁당 관련자들과 그리 깊은 접촉을 하지 않았기 때문에 안전하다고 판단했기 때문이다.

장석구가 나전칠기 공장을 운영하게 된 것은 집안 내력 탓이다. 그의 할아버지는 궁전에 납품하던 나전칠기 예인이었다. 홍익대 교수였던 장석구의 부친은 국보급인 다량의 나전칠기 도안을 선친으로부터 물려받아 소장하고 있었다.[16] 이 도안을 바탕으로 설립된 회사가 남북공예사다. 「한국일보」 대구지사, 「대구일보」 「민족일보」 「대구매일신문」 서울지

---

15 《의문사진상규명위원회 장석구 열사 관련 판결문(장석구 사건-1975년 10월 15일 옥사, 등록 날짜: 2001.4.16.》

16 전창일의 구두 증언, 2022.3.11.

사 등에서 기자생활을 하며 민주화와 평화통일운동을 하다 보니 장석구는 요시찰 대상이 되었고, 더 이상 기자직을 유지하기 여의치 않게 되자 1970년 무렵부터 가업을 이어받아서 남북공예사를 경영하였다. 사업하는 동안에도 혁신계 동지들을 배후에서 도왔다고 한다.

1974년 6월 14일 늦은 밤, 이성재는 장석구의 집을 찾아갔고, 다음날 아침 장석구는 이성재를 자신의 공장에 은신시켰다. 그 후 장석구는 소지품을 찾아달라는 이성재의 부탁으로 이성재의 고모가 운영하는 영등포구 당산동 소재 수정여관에 갔다가 여관주인 사위의 신고를 받고 잠복해 있던 수사 · 정보 기관원 두 사람에게 구둣발로 차이고 뺨을 맞으면서 강제 연행되었다.[17]

결국, 구속된 장석구는 긴급조치 4호를 위반하였다는 혐의로 5년 징역형을 선고받았다. 그리고 자신이 숨겨준 이성재도 검거되어 무기징역형을 받게 된다. 장석구에 대한 조사는 중앙정보부 6국에서 인혁당 재건위 사건 수사팀에 의해서 이루어졌다. 장석구는 당시 중앙정보부의 수사 관행에 따라 이성재가 인혁당 재건위의 구성원이라는 자백을 하게 하는 과정에서 극심한 고문을 받았다.

장석구는 검거 이전에 혈압이 약간 높았으나 신체적으로 건강했고 혈압문제로 병원에 간 일이 없는 등 치료를 받지는 아니하였다. 그러나 구속 이후 1975년 1월부터 5월까지 중증의 고혈압으로 인해 입병사 처리되었다. 퇴병사 하였을 때에도 고혈압으로 서울구치소 의무과 치료를

---

17 《의문사진상규명위원회 장석구 열사 관련 판결문(장석구 사건-1975년 10월 15일 옥사, 등록 날짜: 2001. 4. 16.)》

받고 계속 약을 먹다가 1975년 10월 14일 뇌출혈로 쓰러진 후 다음날 (10월 15일) 10시 30분경에 적십자 병원으로 옮겨졌으나 같은 날 3시 10분경 사망했다. 30년 가까운 세월이 흐른 후인 2002년 9월 16일, 김대중 정부는 "대통령소속 의문사진상규명위원회"를 통해 다음과 같은 결정을 내렸다.

1. 의문사한 자 장석구는 민주화운동과 관련하여 위법한 공권력의 직·간접적인 행사로 사망하였다고 인정한다.
2. 이 사건에 관하여 민주화운동관련자명예회복및보상심의위원회에 의문사한 자 장석구 및 그 유족에 대한 명예회복 및 보상 등의 심의를 요청한다.
3. 인혁당 재건위원회 사건에 관하여 재조사할 것을 정부에 권고한다.[18]

의문사진상규명위원회는 장석구의 죽음이 의문사로 인정되고 인혁당 재건위원회 사건에 대해 재조사할 것을 정부에 권고하는 결정을 내렸다. 국가기관에 의해 진상규명 결정(인정)이 판정되자 유가족과 관련 사회단체 차원에서만 제기되던 각종 의혹이 이제 재심을 통해 진실이 밝혀져야 한다는 여론으로 급선회하게 되었다. 증거도 없이 고문, 날조, 위조에 의해 인혁당 재건위 사건 자체가 중앙정보부의 조작극임이 만천

---

18   위원장 한상범, 위원 김준곤 위원 이석영 위원 안병욱 위원 박은정 위원 이원영 위원 이윤성 위원 백승헌

하에 드러나게 된 것이다. 서도원, 도예종 등 사법 살인을 당한 8명을 시작으로 인혁당 관련자 총 26명에 대한 재심청구가 봇물 터지듯 시작되었다. 결국, 이들은 모두 무죄판결을 받게 된다. 장석구의 억울한 죽음에 대한 진상규명이 전창일과 이성재 등 다른 친구들의 재심 무죄판결의 계기가 된 것이다. 인혁당 관련 무죄투쟁은 별도의 장을 통해 다시 거론할 예정이다.[19]

〈 그림64: 시계방향, ① 중요 범죄 보고표(송영회), ② 중요 범죄 보고표 표지, ③ 1930년 1월 30일 자 동아일보, ④ 1929년 12월 5일 자 조선일보, ⑤ 1945년 12월 21일 자 조선일보, ⑥ 1947년 2월 21일 자 조선일보 〉

송영희의 이야기로 다시 돌아가자. 전창일의 증언을 중심으로 그의 일생을 살펴보기로 한다. 1930년 2월 5일, 종로경찰서장이 작성하여

19 〈제11장 6절 인혁당 무죄투쟁〉 참조

경무국장, 경기도경찰부장, 관계 각 경찰서장, 경성지방법원 검사 등에게 배포한 '중요 범죄 보고표'에 송영회의 간단한 이력이 실려 있다. 연령(21세), 본적(경기도 김포군 하성면 후평리), 주소(부정), 직업(무직), 소속단체(중앙청년동맹북구지부위원, 조선학생회집행위원, 조선공산청년회원) 등이 일제가 파악한 송영회에 관한 정보다.

이 보고표에는 단짝 친구 조훈(趙勳)도 보인다. 함남 북청 출신이고 학생이라는 정보 정도가 기록되어 있다. 하지만 나이, 소속단체 등은 파악하지 못했다. 송영회와 마찬가지로 미체포로 표기된 것으로 보아 이 무렵 용케 검거를 피했던 모양이다. '중요 범죄 보고표'에서 언급한 중요범죄란 1929년 12월 2일 밤과 3일 아침 사이 서울 시내 공·사립학교와 시내요소에 광주학생운동의 전국화를 위한 학생과 일반 민중의 총궐기를 촉구하는 격문이 살포된 사건을 뜻한다. 이 불온격문 살포사건에 놀란 일경은 종로서에 수사 총본부를 설치하고 12월 4일 정오까지 시내 각 사상단체, 청년단체, 근우회 등 간부와 학생 등 127명을 검거하고 조사에 나서 격문 8,000매를 압수하였다. 계속하여 12월 5일에는 40여 명을 다시 검거하였으니 이 사건을 일제는 차재정 사건(車載貞事件) 또는 학생 전위 동맹사건(學生前衛同盟事件)이라 하여 차재정, 장석천 등의 검거에 혈안이 되었으며 검거자 중 45명을 검사국에 송치되고 이 중 12명이 재판에 회부되었다.[20]

1929년 11월 3일에 일어난 광주학생운동이 1930년 2월 초순까지 서울을 비롯해 전국적으로 확대되어 나간 단초를 제공한 것이 '불온격문

20   김호일, 『일제하 학생 운동』(독립운동사교양총서 18), 독립기념관, 1992, pp.57~58.

살포사건'이었다. 이 사건을 거론한 위 문서에는 장덕수, 이영, 황대용 (황태성), 허헌 등 우리에게 익숙한 인물들이 다수 포함되어 있다. 송영 회는 이 사건의 주요인물 중 한 사람으로 지목되었다.

1929년 12월 5일 자 보도에 따르면, 검거된 청년·학생 중 중요인물 의 명단이 나온다. 박문희, 이항발, 정종명, 박호진, 유덕희, 허정숙, 박영숙, 박차정, 임윤재, 이효진, 정태송, 송영회, 김동일, 송봉우, 신 림, 박승원, 김상진, 정홍교, 고장환, 최우동, 김순희 등이다. 이들 중 몇 명은 혈연관계로 얽혀있기도 하다. 훗날 북풍회 출신으로 허정숙의 두 번째 남편으로 알려진 송봉우가 있다. 그리고 주시경 선생의 제자이 자 한글학자였던 김두봉이 어머니의 사촌이었고, 약산 김원봉의 후처였 던 박차정과 그녀의 오빠 박문희도 명단에 있다. 이처럼 쟁쟁한 인물들 사이에 송영회도 포함되었다.[21]

사실 송영회는 학생 시절부터 일제가 주목한 요시찰인물이었다. 조선 학생회를 주도했으며,[22] 중등·전문·대학생을 망라한 소비조합의 발 기에 참여했을 뿐 아니라,[23] 서울의 중심지대인 북부 일대를 망라하는 중앙청년동맹 북구지부의 설치를 주도하기도 했다.[24] 이해할 수 없는 사항이 하나 있다. 1929년 12월 5일 무렵의 기사에 따르면 송영회는 검 거된 것으로 보도되었다. 하지만 1930년 2월 5일, 종로경찰서장이 작 성한 일제의 기밀문서에는 미체포로 작성되어있다. 어떻게 된 일일까?

21 검거된 주요인물, 「조선일보」, 1929.12.5.

22 조선학생회 위원회 결의, 「중외일보」, 1929.4.8.

23 남녀 각 교 학생 소비조합발기, 「동아일보」, 1929.5.21.

24 중앙청년동맹 북지설치대회, 「동아일보」, 1929.8.28.

언론에 보도된 상황을 정리하면 아래와 같다.

중앙청년동맹 송영회 검거(1929.12.5. 조선신문) → 송영회 송국
(1930.1.30. 동아일보) → 기소? 불기소?(1930.2.9. 동아일보) → 송영회 엄
중 취조 중(1930.6.15. 조선일보) → 중청북구지부 임시대회에서 송영회 집
행위원 선출(1930.7.2. 조선일보) → 송영회, 중청 규약의안작성위원으로 선
출(1930.9.24. 동아일보) → 중청, 송영회를 교양부원으로 선출(1930.9.24.
조선일보) → 중청 간부 송영회 검거, 엄중 취조 중(1930.10.23. 조선일보)
→ 10월 21일 검거된 송영회, 10월 23일 아침 석방(1930.10.24. 조선일
보) → 송영회 취조 중(1930.11.7. 조선일보) → 중청 위원회, 송영회 사회
진행(1930.12.24. 조선일보) → 중청 집위회, 송회영을 준비위원으로 결의
(1931.4.20. 조선일보) → 중청 북구지부 2회 정기대회에서 송회영을 집행위
원장으로 결정(1931.4.25. 동아일보) → 중청 북구지부 제1회 집위회, 송영회
위원장의 사임원 수리(1931.5.22. 동아일보) → 중앙청년동맹 집위회, 집행위
원 송영회 등 임명(1931.6.8. 조선일보)

1920년대 말에서 30년대 초 무렵 송영회의 활동 근거지는 당시 유력
청년단체의 하나였던 중앙청년동맹(중청)이었다. 일제는 '불온격문 살
포사건'의 배후로 중청을 지목했고, 송영회는 이 중청의 핵심간부였으
며 더욱이 조선공산청년회의 일원이었다. 당연히 그를 구속, 기소해야
만 했을 것이다. 인용된 보도기사를 살펴보면, 송영회는 경찰서와 구치
소를 들락거리면서 어떻게 기소만은 모면했다. 그러나 1931년 6월 들

어 중청의 핵심간부들이 일제에 의해 피검되고,[25] (사회·공산)주의자들을 검거하기 시작하자,[26] 송영회는 피신을 결심했던 것으로 보인다. 송영회의 도피과정에는 흥미로운 일화가 있다. 전창일의 증언을 들어보자. 물론 송영회로부터 전해 들은 이야기다.

중부경찰서 유치장에 갇혀 있다가 거기서 탈옥해 나왔어. 어느날 저녁 간수가 모 씨를 호명하는데 아무도 나서지 않는 거야. 송영회가 패통을 치며 '예.'하고 일어났어. 함께 갇혀있던 연희전문 교수 백남운이 '왜 자네가 일어서는가.' 라고 의아한 표정을 짓자, '가만히 계시라.'고 윙크를 했지…백남운 교수는 알아차린 듯 고개를 끄덕였고. 담당 경찰이 호통을 치며 일장 연설을 할 때 송영회는 아무 말 없이 고개를 푹 숙이고 있었다고 하더군. 다시는 그런 짓을 하지 말라는 충고를 뒤로하고 유치장을 무사히 빠져나온 송영회는 지하 조직망에 연락했고, 조직은 가회동에 있는 어느 기생집에 피신처를 마련해 주었어.

은닉 생활을 하는 동안 그 기생과 정분이 났고, 결국 두 사람은 결혼하게 돼. 딸 하나를 두었지. 아버지, 어머니를 닮아 이 딸이 대단한 미인이었어. 기생집을 나온 송영회는 OOO 등으로 이름을 바꾸고 일본으로 밀항하여 그곳에서 대학을 다니며 일본 공산당에 입당했다더군.[27]

---

25 중청 동구지부 위원 양 씨 피검, 「조선일보」 1931.6.6.

26 시내 각 단체 검색코 다수 주의자 검거, 「조선일보」 1931.6.18.

27 『인민혁명당과 혁신계의 활동, 주요인사 구술사료 수집』 4·9 통일평화재단, 2014.2.3,

일본 패망 후 송영회는 서울로 돌아왔다. 언론에 그의 이름이 다시 등장하기 시작했다. 1945년 12월 16일, 서울시인민위원회 2층에 20여 단체가 참가하여 김일성·김무정 두 장군과 조선독립동맹 일행의 입경을 환영하는 준비위원회가 설립되었다. 위원장은 홍명희가 맡았고, 김기전·김광수가 부위원장으로 선임되었다. 접대부는 좌익 여성계의 중진인 유영준·고명자·정칠성 등이 주도했는데 송영회도 이 부서에 속했다.[28]

환국 후 송영회의 주 활동무대는 전농[29]이었다. 전농에는 학교 동기이

pp.124~126; 전창일의 구술 녹음(2021년 1월 3일, 자택)

28 김일성, 무정 장군과 독립동맹일행환영 준비역원 결정, 「조선일보」, 1945.12.21.

29 전국농민조합총연맹(全國農民組合總聯盟): 일제 강점기 농민운동의 주축이었던 농민조합운동 세력들은 1930년대 중반 이후에 일제의 탄압 때문에 활동을 중지하고 잠적하였다. 그 후 이들은 1945년 광복 직후 각 지방에서 자연 발생적으로 농민조합을 만들어 활동하다가, 1945년 12월 8일 전국적인 농민조합 연합체로서 남북한지역의 대표 576명이 참석하여 전국농민조합총연맹을 결성하였다. 전국농민조합총연맹은 약칭 '전농'이라고 하며, 1990년 결성된 전농(전국농민회총연맹)과는 다른 단체이다. 전국농민조합총연맹은 13개 도에 도 연맹, 군 단위에 188개 지부, 면 단위에 1,745개 지부를 두고 조합원 약 330만 명으로 구성되었다. 1946년 1월 31일 북한에 전농 북조선연맹을 결성하였고, 같은 해 5월부터는 '북조선 농민동맹'으로 개칭하고 전농으로부터 분리, 독립하였다. 전농 결성대회에서는 위원장, 부위원장 이하 6개 부장을 선출하였다. 결성대회에서 채택된 28개 당면 요구 조건 중 중요한 것은 토지개혁과 3:7 제 소작료운동, 양곡 수집령 반대 등이었다. 그리고 결성대회에서는 다음과 같은 조직원칙을 결정하였다. ①빈농을 중심으로 농민의 계급적 대중단체로 구성할 것, ②농민조합의 강령을 승인하는 자로서 조직된다는 원칙을 기계적으로 인식하지 말고 봉건 지주와 싸우며, 또는 싸울 수 있는 농민이면 모두 가입시켜 어디까지나 광범한 대중조직이 되어야 할 것, ③동리(洞里)분회를 기초조직으로 할 것, ④지역별적 조직이 될 것, ⑤민주주의적 중앙집권제일 것, ⑥튼튼한 규율을 가질 것, ⑦다른 진보적 계급층과 진보적 단체와 협동하는 조직일 것 등이었다. 전농은 3:7 제 소작료운동과 미 군정의 양곡 수집령 반대, 그리고 토지개혁 등이 주된 활동 내용이었다. 3:7 제 소작료운동은 미 군정이 3:1 제 소작령을 공포함으로써 사실상 3:7 제 소작제 주장과 일치하게 되었다. 가장 기본적인 과제로 다루었던 것은 토지개혁 문제였으나 처음부터 토지개혁운동을 본격적으로 전개한 것은 아니다. 가장 많이 전개하였던 운동은 양곡 수집령 반대투쟁이었으며, 일제하 공출제도와 같다고 하여 전면적인 싸움으로 전개하였다. 1946년 10월 추수폭동도 이러한 맥락에서 나타난 것이다. 전농은 조선노동조합전국평의회(전평)과 더불어 조선공산당의 대중조직이었으며, 인민공

자 동지였던 주진경이 있었다. 전농 대표 자격으로 위폐사건 진상조사단에서 활약했고, 하곡 수집의 부당성과 그 모순성을 지적하는 등 주진경의 활약은 이미 거론한 바 있다. 해방의 기쁨은 잠시였다. 1946년 5월, 조선 정판사 위폐조작사건 이후 조선공산당을 비롯한 좌익척결을 내세운 미 군정의 폭정에 송영회는 일제 강점기 때와 마찬가지로 경찰서를 들락거리기 시작했다. 1946년 7월 9일 피검(被檢)되었다가 8월 2일경 석방되었지만, 송영회는 종전과 마찬가지로 전농의 사업에 매진하겠다고 기자들에게 자신의 신념을 피력했다.[30]

1947년 2월 20일 오전 11시, 서울 천도교 강당에서 대의원 322명과 방청객 다수가 참가한 가운데 전농 전국대회가 개최되었다. 민전을 비롯하여 남로당, 민족혁명당, 전평, 민주여성동맹 등의 각 대표가 축사를 하였으며, 송영회는 이 대회의 사회를 맡았다.[31] 같은 해 7월 30일 오전 9시부터 전농은 중앙상임위원회를 개최했다. 여러 가지 긴급한 당면문제에 대해 토의하였는데 특히 8·15해방 기념을 계기로 하여 조직을 확대 강화할 것을 결의하고 8·15 기념대회 전농준비위원회를 결성하였다. 위원장에 이구훈, 부위원장에는 김기용, 홍승우가 선임되었고 송회영은 3인의 총무 중 한 사람으로 선출되었다.[32] 송영회란 이름은 이 모임 이후 언론에서 사라진다.

화국을 지지했다. 하지만 미 군정의 탄압으로 세력이 약화되었고, 1947년 8월 31일 우익 농민운동이 조직되고 이승만이 초대 총재였던 대한독립촉성농민총연맹의 전농 파괴 활동으로 조직이 쇠퇴하게 되었다. 《한국민족문화대백과사전》

30 전농 간부 4씨 석방, 「현대일보」, 1946.8.3.

31 전농 2차 전국대회 성황, 「조선일보」, 1947.2.21.

32 전농중위, 「국제일보」, 1947.8.1.

〈 그림65: 시계방향, ① 근로자(북한노동당 기관지), ② 1950년 12월 30일 자 광주로동신문, ③ 1951
년 4월 28일 자 전남로동신문, ④ 1989년 10월 20일 자 한겨레 〉

　　노골적인 탄압을 견딜 수 없었던 송영회는 친구 주진경과 함께 북행
을 결심했다. 가족은 데려가지 못했다. 딸과 함께 남쪽에 남은 아내는
훗날 국방군 장군과 재혼했다는 소문이 들려왔다. 북으로 간 송영회는

북조선 노동당 기관지인 「근로자」[33]라는 정치이론잡지의 주필로 활동하다가 6·25 전쟁 발발 후 광주로 내려온다. 평양에서 발행하던 「노동신문」을 남에서도 만들기 위해서였다. 일종의 지국을 설립하기 위한 목적으로 남하했던 얘기다. 주진경은 그 무렵 체코슬로바키아 대사로 재임 중이었기 때문에 동족상잔의 아픔을 직접 겪지는 않았다.

1950년 9월 15일 실시된 인천 상륙 작전으로 인해 9월 28일 서울이 미군 및 국방군에게 함락되자 인민군은 후퇴하게 되었고, 광주에 있던 송영회는 지리산으로 들어가게 된다. 1989년 10월, 「한겨레」가 남부군 사령관 이현상을 재조명하는 특집을 기획하면서 이현상의 마지막 모습을 회고한 송영회의 증언을 기사화했다. 송영회의 유일한 인터뷰자료다. 송영회의 발언과 관련 기사는 다음과 같다.

당시 〈제5지구[34] 로동신문〉 주필로 이현상과 지리산에서 줄곧

---

33 근로자는 조선노동당의 기관지로 「노동신문」과 자매지이다. 이 잡지는 1948년 10월에 김일성 국가주석의 지시로 창간했다. 1991년 11월부터 외국어로 판매하는 것을 막았는데, 그 이유는 북조선 정부에서 비밀이 새어 나갈까 봐 수출하지 못하게 되었던 것이다. 종이 크기는 A4 복사용지 수준이며, 인쇄처는 평양종합인쇄공장, 출판하는 곳은 조선노동당출판사이다. 이 잡지의 내용은 김일성 국가 주석의 지시와 저서에서 발췌한 내용, 김정일 국방위원장의 지시와 저서, 노동당의 지시를 해설하는 글이다. 《위키백과》

34 한국전쟁은 1951년 중반에 접어들자 남과 북이 38선에서 일전일퇴의 공방을 거듭하며 장기전으로 접어들었다. 동년 7월 7일부터는 휴전 회담도 시작되었다. 이에 조선노동당은 남한 지역에서 제2전선 역할을 수행하던 빨치산 유격대 체제를 당 사업을 위주로 하는 지구당 체제로 개편하기로 결정했다. 1951년 8월 1일 노동당은 중앙정치위원회를 열고 "미해방지구에 있어서의 우리 당 사업과 조직에 대하여"라는 94호 결정서를 채택하였다. 이 94호 결정서에서는 지금까지의 빨치산 투쟁을 평가하고 지구당으로의 개편을 지시했다. 하지만 중앙당 정치위원회의 결정서는 당시 별다른 연락 수단이 없었고 효과적 통신 유지가 이루어지지 않고 있었기 때문에 남한의 빨치산들에게 즉시 전달되지 못하였다. 1952년 중반에 이르러서야 조직 개편이 이루어졌다. 94호 결정이 가장 늦게 전달된 곳은 이현상이 통제하고 있던 지리산이어서 제5지구당은 1952년 10월에 비로소 조

같이 생활한 송영회(81, 일명 송시백, 현재 경기도 수원시 거주) 씨는 그의 마지막 모습을 이렇게 회고했다.

"지리산 비트(비밀아지트)에서의 이현상과의 마지막 만남은 9월 18일 오전에 있었다. 그는 '지난밤 잠자리가 뒤숭숭했다'며 안색이 썩 좋지 않았다. 그는 나에게 '난 지하로 들어가네, 진주로 가겠네.' 했다. 나는 '어떻게든 내가 일본으로 빠져나가 자네를 돕겠네.'라고 말했다. 헤어져야 할 시간이 됐다. 나는 내가 아끼던 포켓용 「소련공산당사」와 일어판 노어 사전을 그에게 건네줬다. 그는 내게 자신이 항상 즐기던 마도로스파이프를 쥐어 주었다. 그리곤 그가 말했다. '또 만날 수 있을까?' 나는 '싱거운 소리 하네.'라고 대꾸했지만 '이 사람 마음이 약해진 게로구나. 마지막일지도 모른다.'라는 생각이 불현듯 들었다."

이날 이현상은 동료들의 안내를 받으며 마을 쪽으로 내려갔다. 송 씨는 산을 타고 넘어 뱀사골 쪽으로 갔다. 그리고 다음날 송 씨는 '이현상이 사살됐다'는 삐라가 비행기에서 뿌려지는 것을 받아 보았다.…(중략)…

직되었다. 제5지구당 구성을 위한 회의에서 이현상은 김삼용이 중앙당의 결정대로 제5지구당을 만들어 각 도당을 해체하고 소지구당을 조직할 것을 주장했다. 하지만 박영발과 방준표는 중앙당의 지시가 정식 문건이 아니며 도당을 해체하라는 것은 중앙당이 남한 실정을 모르고 결정한 것이라 반대했다. 결국, 의견 통일을 보지 못하고 중앙당의 지시와는 달리 도당이 해체되지 않은 상태에서 제5지구당을 조직하게 되었다. 위원장으로는 이현상이, 부위원장에는 박영발이 선출되었다. 〈빨치산과 그 아픔이 서린 지리산, 《한국학중앙연구원- 향토문화전자대전-디지털 남원문화대전》〉

앞서 언급한 송 씨는 이렇게 말했다. "한번은 벼랑 끝에 천막을 치고 이현상을 포함해 3·4명이 같이 자는데 새벽녘에 갑자기 총소리가 났어요. 순간 드러누운 채 벼랑으로 굴렀습니다. 한참 뒤 정신을 차리고 올라가 보니 이현상이 혼자 있더군요. '어떻게 된 거냐?'고 물었더니 '뭔가 기분이 찜찜하고 소변도 보고 싶어 나와 보니 권총을 빼 신호사격을 해서 적을 쫓았다.'고 하더군요. 항상 경계심을 늦추지 않고 행동이 민첩한 데다 산중생활을 오래 하다 보니 위험을 간파하는 뛰어난 촉각이 온몸에 배어 있는 것 같았어요, 같이 밥을 먹다 갑자기 자리를 옮기자며 뛰길래 멋모르고 쫓아가서 화를 면한 적도 두어 번 있습니다."

그는 또 포로를 살상하지 않았다고 한다. 토벌대 사이에는 "남부군에 잡히면 안 죽는다"는 말이 퍼져 있었다. 그는 포로에게 각서를 쓰게 한 뒤 총만 빼앗고 풀어주었다는 것이다. 그래서 토벌대장이었던 차 총경은 "이현상이 고도의 심리전을 펴는 것인지, 아니면 철학이 그런 것인지 궁금하다."는 말을 되뇌곤 했다고 한다. 그는 적군 사병에 대해 적개심을 가졌다기보다는 '같은 피해자'란 생각을 했던 것 같다는 것이다.[35]

위 기사를 보면 이현상과 송영회는 대단히 친밀한 관계로 보인다. 가장 아끼던 물건을 서로 교환하였고, 미래에 대한 약속을 서로 나누고 있

---

35 지리산 누빈 파란만장 '빨치산 총수', 「한겨레신문」, 1989.10.20.

다. 말도 서로 터놓는 사이인 것 같다. 친구 같기도 하고 동지 같기도 한두 사람은 어떤 관계였을까? 나이는 세 살 차이(이현상 1905년생, 송영회 1908년생)다. 일제 강점기 때의 항일투쟁, 해방 후 전농 활동, 북조선 노동당 기관지 「근로자」의 주필역임 등 송회영의 경력은 이현상에 못지않다. 그러나 남부군이나 1952년 10월경 출범한 제5지구당 등 빨치산의 공식편제에 송영회는 등장하지 않는다.[36]

그는 당의 명령에 의해 광주로 파견되었다가 전시상황의 변화에 따라 지리산으로 도피한, 식객 같은 존재였다. 각종 빨치산 자료에 송영회의 이름이 거의 나오지 않는 이유다. 「한겨레」의 보도에 따르면 이현상과 지리산에서 줄곧 같이 생활한 송영회의 업무는 「제5지구로동신문」의 주필이었다. 송영회가 「제5지구로동신문」에 관여했다는 것은 정관호의 글에서도 확인된다. 정관호는 송영회 · 박남진[37]이 이 신문의 발행을 책임겼다고 한 바 있다.[38] 「제5지구로동신문」 발행 이전에는 「광주로동신문」[39]과 「전남로동신문」[40]의 발행에 관여했을 것으로 추정된다.

그렇다면 이현상의 죽음 이후 송영회는 어떻게 되었을까? 훗날 전창

---

36 조선로동당 제5지구당 위원장 이현상, 부위원장 박영발(상임), 부위원장 방준표, 조직부장 조병하, 유격지도부장 박찬봉, 그 아래 기요과 · 통신과 · 경리과 등 부서를 두었다. 그리고 이현상 · 박영발 · 방준표 · 김병인 · 조병하 · 김선우 · 박찬봉 들로써 조직위원회를 구성하였다. 〈정관호, 『전남 유격투쟁사』 선인, 2008, p.229.

37 박영발 위원장이 지리산 비트에서 운영했던 '조국출판사'에서 필경사로 일했다. 〈박영발 위원장, 동지가 죽었다, 「시민의 소리」 2005.2.24.〉

38 정관호, 『전남 유격투쟁사』 선인, 2008, p.229.

39 광주로동신문(순간)은 광주로동신문사가 발행했으며, 현재 1950년 12월 30일 자(제6호)가 남아있다.

40 전남로동신문(주간)은 전남로동신문사(로동당전남도당)가 발행처이며 1951년 4월 28일 자(제73호), 1951년 11월 6일 자(96호), 1952년 2월 8일 자(104호) 등이 남아있다.

호산 전창일과 통일운동 77년사

일도 직접 보았다고 증언한 마도로스파이프를 들고 뱀사골 쪽으로 도피한 송회영도 곧 붙잡히게 된다. 전창일의 증언을 따르면 당시 토벌대장이 송영회의 생포를 명령했다고 한다. 그가 지닌 정보를 얻기 위해서였다. 그 무렵 당한 고문으로 송영회는 젊은 시절부터 지팡이를 짚고 다니게 된다.

어쨌든 송영회는 살아남았다. 그가 사형이나 무기 등 극형을 받지 않고 5년형에 그친 것은 이유가 있었다. 송영회와 같은 연희전문 출신인 토벌대장 국방군장성이 유리한 증언을 해주었고, 무엇보다 국군포로들을 죽이지 않고 교양 후 풀어주었다는 법정증언이 큰 역할을 했던 모양이다.[41] 이현상 부대가 포로를 무차별 학살하지 않았다는 것은 많이 알려진 이야기다. 이현상의 시신을 직접 화장하여 뿌려주었던 차일혁[42]은 다음과 같은 증언을 남겼다.

57사단은 이현상 직속부대로 기존의 빨치산들과는 행동 양태가 다른 것을 알 수 있었다. 행방불명되었던 무주경찰서 의경 24명이 4일 만에 안성지서로 돌아왔다. 빨치산은 의경과 정식 경찰을 구분해 의경들에게는 아무 죄도 없다며 정치학습을 이틀 동안 시킨

---

41 전창일의 구술녹음(2021년 1월 3일, 자택)

42 차일혁(車一赫, 1920~1958)은 한국의 독립운동가 출신으로 대한민국의 경찰관이다. 1938년부터 1943년까지는 조선의용대에서 팔로군과 함께 항일 유격활동을 했고, 해방 이후에는 유격대를 조직해 북한의 인민군과 교전 중 경찰관으로 채용되어 빨치산 토벌대 대장으로 참전했다. 그의 부대는 빨치산 이현상 일파를 사살, 또는 체포하였다. 그는 사살된 이현상의 시신을 직접 화장하여 뿌려주었다 한다. 《위키백과》

다음 모두 방면했다는 것이다.[43]

출옥 후 송영회는 철저하게 은둔생활을 했다. 이성재, 전창일 등 일부 인사들을 제외하곤 그와의 접촉은 거의 불가능했다. 하지만 송영회는 다시 감옥으로 들어가게 된다. 운명의 장난인지 전창일과 송영회는 감옥에서 재회하게 된다. 1978년경 전창일이 인혁당 사건으로 전주감옥에서 복역하고 있을 무렵 뜻밖에도 송영회를 그곳에서 만난 것이다. 혐의는 '긴급조치 9호 위반'이었다고 한다. 박정희 사후 긴급조치의 무효화로 송영회는 전창일보다 먼저 출옥하게 되었다. 지금도 전창일이 안타깝게 생각하는 것은 임종 자리를 지키지 못한 회한이다. 범민련 사건으로 감옥을 들락거리다가 1998년 9월 14일 마지막 출옥했을 무렵 송영회의 부음을 들었다고 한다.

그가 인생의 마지막 불꽃을 살랐던 곳은 지리산이다. 송영회와 함께 빨치산 투쟁을 했던 이현상, 박영발, 방준표 등은 남쪽의 국립묘지 격인 평양 신미리 애국열사릉에 안장됐다.[44] 송영회는 남과 북에서 모두 인정받지 못한 불운한 투사였다.

43 차길진, 『빨치산 토벌대장 차일혁의 수기』 기린원, 1990, p.177.

44 [독립운동가 열전 삶과 넋 114] 박헌영 노선에 반기 든 남로당 빨치산 대장 박영발, 「매일노동뉴스」 2022.3.4.

:: 04 ::

남북연석회의와
5 · 10 단독 선거

〈 그림66: 1948년 3월 6일 자 경향신문, 3월 9일 자 조선일보 〉

1948년 5월 9일에 총선거를 실시할 것이라는 《행정명령 14호》가 군정장관 딘에 의해 공포된 지 사흘 후다.[1] 3월 9일, 깜짝 놀랄 뉴스가 보도되었다. 김구 · 김규식 양씨가 김일성 · 김두봉에게 남북정치요인회담 개최를 제의하는 서한을 공동명의로 지난 2월 25일 전달하였다는 소식이었다. 아래는 기자와의 문답내용이다.

(문) 남북회담 개최를 제의하는 서한을 김일성 · 김두봉 등에게 전달하였다는 설이 있는데 사실인가?

---

1   총선거 실시에 행정명령 14호 발포, 「경향신문」 1948.3.6.

(답) 사실이다.

(문) 일부 보도에는 남조선으로부터 이를 거부하는 회한(回翰)이 도착
하였다는데

(답) 아직 회답이 없다.

(문) 일부 권위 측에서 선거에 협조할 것을 종통(慫通)하고 있다는데?

(답) 이에 대하여는 더 말한 필요가 없다.

그리고 김 박사 측근자 모 씨도 서한 전달에 대해서는 시인하였
으나 회한 도착설에 대해서는 부인하였다.[2]

철저한 반공주의자로 알려진 김구가 북조선의 김일성 · 김두봉에게
회담을 제의했다는 자체가 뉴스였다. 1945년 11월 귀국 후 박헌영은 물
론 여운형 · 허헌조차 만나지 않았던 그였다. 그동안 무슨 일이 있었을
까? 김구가 보냈다는 서신부터 살펴보자.

자세히 보기-18

[김구 · 김규식이 김두봉에게 보낸 편지(1948.2.16.)][3]

백연 인형 선생 혜감(白淵 仁兄 先生 惠鑑)

1944년 10월 16일 연안(延安)서 주신 혜찰(惠札)을 배독(拜讀)

---

2   남북회담 제의, 김구 씨 김 박사 공동명의로,「조선일보」 1948.3.9.
3   도진순,『백범어록』 돌베개, 2007, pp. 405~407.

한 이후(以後) 미구(未久)에 인형(仁兄)은 압록(鴨綠)을 건느고 제(弟)는 황해(黃海)를 건너서 각각(各各) 그립든 고국(故國)을 차저오게 되었나이다. 그때에 있어서야 누가 한나라 한 울 밑에서, 34년의 긴 세월(歲月)을 경과(經過)하면서도 서로 대면(對面)하지 못할 것을 뜻하였으릿가. 아아 이것이 우리에게는 해방(解放)이라 합니다. 이 가운데에 묻치어 있는 쓰라리고 설은 사정(事情)을 말하면 피차(彼此)에 열루(熱淚)만 방타(傍沱)할 뿐이니 찰알히 일컸지 아니하는 편(便)이 헐신 좋을 것입니다.

여하간(何如間) 우리는 자유(自由)롭게 고국(故國)의 땅을 밟었음니다. 우리의 원수(冤讐) 왜구(倭寇)를 구축(駒逐)해 주고 우리로 하여금 환국(還國)할 수 있는 자유를 준 두 동맹국(同盟國)의 은혜(恩惠)를 무한(無限)히 감사(感謝)하지 아니하면 아니 되겠음니다.

사갈(蛇蝎)의 독구(毒口)를 버서난 우리 삼천만(三千萬) 동포(同胞)도 두 동맹국(同盟國)의 은혜(恩惠)를 깊이깊이 감사(感謝)하고 있음니다. 그러나 우리에게는 환희(歡喜)에 넘치는 광명(光明)한 정면(正面)이 있는 동시(同時)에 우리에게 은혜(恩惠)를 준 두 동맹국(同盟國) 자체 간(自體間)의 모순(矛盾)으로 인(因)하여 암견(暗遣)한 반면(反面)도 없지 아니합니다.

인형(仁兄)이여 이것을 엇지하면 좋겠습니가. 제(弟)는 가슴이 답답하고 인형(仁兄)이 보고 싶은 때마다 때묻은 보따리를 헤치고 일즉이 중경(重慶)에서 받었든 혜찰(惠札)을 재삼(再三)읽고 있음니다. 그 중(中)에는 나에게 보냈다는 이러한 중문(重文)도 기록(記錄)되어 있음니다.

"今年三月先生給學武君的(금년삼월선생급학무군적)貴函(귀함) 今十月初方收到(금십월초방수도), 我們今日切以民族利益爲基準 (아문금일절이민족이익위기준). 不應有些毫成見(불응유사호성견), 我們對先生來延一次的意向無任歡迎(아문대선생래연일차적의향무 임환영)"[4]. 또 나와 각(各) 단당(團糖)로 보냈다는 이러한 전문(電 文)도 기록(記錄)되여 있읍니다. "我們不問地域南北(아문불문지 역남북), 派別異同(파벌이동). 誠心園結(성심원결). 實事連格(실 사련격). 如能促進會師鴨綠之實現(여능촉진회사압록지실현). 諸 位若能同意(제위약능동의), 淵可以從中斡旋(연가이종중간선)"[5]

또 이러한 것이 기록(記錄)되여 있읍니다. "선생금차신중(先生 今次信中) '연락(連絡)과 통일(統一)을 위(爲)하야 노신(老身)이 일 차(一次) 부연(赴延)하면 중한(中韓) 양방면(兩方面)이 환영(歡迎) 할 가망(可望)이 있겠는지?' 여긔 대(對)하야 우리가 성심(誠心)으 로 환영(歡迎)할 뿐 아니라, 중방면(中方面)에서도 물론(勿論) 환 영(歡迎)합니다."

인형(仁兄)이여, 금일(今日) 우리의 환경(環境)은 그때와 방불 (彷彿)한 점(點)이 많습니다. 우리 조국(祖國)의 통일(統一)이 실

---

4 금년 3월 선생이 학무 군 편에 보낸 편지는 10월 초에 받았습니다. 우리들은
오늘날 모든 것을 민족의 이익을 기준으로 조그만 자기 주견도 있을 수가 없습
니다. 우리는 선생이 연안에 오신다는 의향을 환영해 마지않습니다.

5 우리들은 지역의 남북과 파벌의 다름을 묻지 말고, 성심으로 단결하고 참되게
연락하여 능히 압록강에서 군대를 만날 수 있도록 실현하는 것을 촉진시키는
일에 제위들이 동의한다면 나는 중간에 알선해 드리겠습니다.

호산 전창일과 통일운동 77년사

현(實現)되고 자주독립(自主獨立)이 완성(完成)될 때까지는 우리의 임무(任務)를 태만(怠慢)히 할 수없는 것이 아닙니가. 책무방대(責無旁貸)인데야 제(弟)도 여생(餘生)이 진(盡)하기 전(前)에 최후(最後)의 노력(努力)을 다하려니와 인형(仁兄)도 우리에게 현안(懸案)이 되어 있는 그 문제해결(問題解決)을 위(爲)하여 심각(深刻)히 귀임(貴任)을 느끼실 줄로 화신(確信)합니다.

인형(仁兄)이여 아모리 우방(友邦) 친우(親友)들이 호의(好意)로써 우리를 도아주려 한다 하여도 우리 자체(自體)가 지리멸렬(支離滅裂)하여 그 호의(好意)를 접수(接受)할 준비(準備)가 완료(完了)되지 못하면 엇지 그것을 접수(接受)할 수 있으랴가. 그리하여 미소공위(美蘇共委)도 성과(成果)를 보지 못한 것입니다.

금차(今次) 유엔 위원단(委員團)의 공작(工作)도 하등(何等)의 효과(效果)를 걸울 희망(希望)이 보이지 아니함니다. 그러면 엇지하겠음니가. 자연(自然)에 매끼고 약속(約束)된 독립(獨立)을 포기(抛棄)하겠음니가.

인형(仁兄)이여 지금(只今) 이곧에는 삼팔선(三八線) 이남(以南) 이북(以北)을 별개국(別個國)으로 생각하는 사람도 많읍니다. 그렇게 맨들랴고 노력(努力)하는 사람도 많읍니다. 그쪽에도 그런 사람이 없지 아니하리라고 생각됩니다. 그 사람들은 남북(南北)의 지도자(指導者)들이 합석(合席)하는 것을 희망(希望)하지도 아니하지만은 기실(其實)은 절망(絶望)하고 이것을 선전(宣傳)하는 사람도 많이 있음니다. 인형(仁兄)이여 이리해서야 되겠나있가. 남이 일시적(一時的)으로 분할(分割)해 논 조국(祖國)을 우리가 우리의 관념(觀念)이나 행동(行動)으로써 영원(永遠)히 분할(分割)해놓을 필요(必要)야 있겠음니가.

인형(仁兄)이여, 우리가 우리의 몸을 반쪽에 낼지언정 허리가 끊어진 조국(祖國)이야 엇지 참아 더 보겠나있가. 가련(可憐)한 동포(同抱)들의 유리개걸(流離丐乞)하는 꼴이야 엇지 참미" 더 보겠나있가.

인형(仁兄)이여, 우리가 불사(不似)하지만 애국자(愛國者)임은 틀림없는 사실(事實)이 아님니가. 동포(同胞)의 사활(死活)과 조국(祖國)의 위기(危機)와 세계(世界)의 안위(安危)가 이 순간(瞬間)에 달렸거늘 우리의 양심(良心)과 우리의 책임(責任)으로써 편안(便安)히 앉어서 희망(希望)없는 외력(外力)에 의(依)한 해결(解決)만 꿈꾸고 있음니가.

그럼으로 우사(尤史) 인형(仁兄)과 제(弟)는 우리 문제(問題)는 우리 자신(自身)만이 해결(解決)할 수 있다는 것을 확신(確信)하고 남북지도자회담(南北指導者會談)을 주창(主倡)하였음니다. 주창(主倡)만 한 것이 아니라 이것을 하기로 결심(決心)하였음니다. 그리하여 이 글월을 양인(兩人)의 연서(連署)로 올리는 것임니다. 우리의 힘이 부족(不足)하나 남북(南北)에 있는 진정(真正)한 애국자(愛國者)의 힘이 큰 것이니 인동차심(人同此心)이며 심동차리(心同此理)인지라 반드시 성공(成功)되리라고 확신(確信)함니다. 더구나 북(北)쪽에서 인형(仁兄)과 김일성 장군(金日成將軍)이 선두(先頭)에 서고 남(南)쪽에서 우리 양인(兩人)이 선두(先頭)에 서서 이것을 주창(主倡)하면 절대다수(絕對多數)의 민중(民衆)이 이것을 옹호(擁護)할 것이니 엇지 불성공(不成功)할 리(理)가 있겠나있가.

인형(仁兄)이여 김일성 장군(金日成將軍)께는 별개(別個)로 서신(書信)을 보내거니와 인형(仁兄)께는 수·십년(數十年) 한 곳에서 공동사투(共同奮鬪)한 구의(舊誼)와 4년전(四年前)에 해결(解決)하지 못하고 둔 현안미해결(懸案未解決)의 연대책임(連帶責任)과 애국자(愛國者)가 애국자(愛國者)에게 호소(呼訴)하는 성의(誠意)와 열정(熱情)으로써 조국(祖國)의 땅 우에서 남북지도자회헌(南北指導者會献)을 최속(最速)한 기간 내(期間內)에 성취(成就)식히기를 간청(懇請)합니다. 남(南)쪽에서는 우리 양인(兩人)이 애국자(愛國者)들과 함께 이것의 성취(成就)를 위(爲)하여 최선(最善)을 다하겠나이다. 지두어장(紙短語長)하야 미진소회(未盡所懷)하니 하로라도 일즉 회음(回音)을 주사이다.

조국(祖國)의 완전독립(完全獨立)과 동포(同胞)의 자유행복(自由幸福)을 위(爲)하야 인형(仁兄)께서 노력자애(努力自愛)하시기를 축도(祝禱)하면서 불원(不遠)한 장래(將來)에 우리에게 면피(面被)할 기회(機會)가 있기만 갈망(渴望)하고 붓을 놋나이다.

1948년

김구(金九)

이 편지 전문은 당시 공개되지 않았다. 긴 내용에 비해 용건은 비교적 간단하다. 자신과 김규식 그리고 김일성·김두봉 등 네 사람의 애국자가 만나 현안을 해결하자는 것이다. 구체적 내용은 없다. 편지는 2월 16경 작성되었고, 열흘쯤 후인 같은 달 25일경 전달되었던 모양이다. 회신은 기자회견 때의 답변대로 아직 도착하지 않았다. 인용한 서한 그리고 김구의 기자회견을 살펴보면, 김구 쪽에서 먼저 4김 회담을 먼저 제안한 것처럼 보인다. 하지만 위 편지가 작성된 데에는 사연이 있다.

1986년 평양 외문출판사에서 간행된 『민족대단합의 위대한 경륜: 남북련석회의와 백범 김구 선생을 회고하며』란 책에 따르면, 김종항[6]은 김일성의 방침을 지니고 남으로 내려와 성시백[7]을 만났다고 한다.[8] 그 후

---

6 김종항(金宗恒, 1914~1987); 자강도 출신, 당 평안북도 위 선전선동부 과장(1945.10.), 당 일꾼 교육(1953.1.~1955.12.), 당 중앙위 부부장, 노동당 강원도 위원장, 고등교육상 (1967.8.), 최고인민회의 제2기 대의원(1957.8), 최고인민회의 제3기 대의원(1962.10.) 등을 역임했다. 1964년 동경올림픽 당시 북한올림픽 선수단장으로 활약한 바 있으며, 조국통일상(1990), 국기훈장 제1급, 노력훈장 등이 수여되었다. 현재 신미리 애국열사릉에 안치되어 있다. 《네이버 지식백과》

7 성시백(成始伯, 1905~1950); 1950년 황해도 평산에서 출생했다. 소학교를 마친 후 서울에 올라와 중동학교 고등과를 졸업하였다. 재학 중 3·1 운동에 참가하였고, 1925~1926년 고려공산청년회에서 활동하였다. 1928년경 상해(上海)로 망명하여 1932년 중국공산당에 입당하였고, 호종남(胡宗南) 사령관의 막료로 정향명(丁向明)이라는 가명을 사용하며, 국민당 통치하의 서안지구 공산당 정보기관의 총책임자로 활동하는 등 지하활동에 종사하였다. 이 일로 중국 수상을 지낸 주은래(周恩來)와 깊은 인연을 맺었다. 상해에서 중국혁명호제회(中國革命互濟會) 회원으로 활동하다가 체포되어 남경(南京)감옥에서 복역하였다. 1935년 중경(重慶) 조선민족혁명당에 입당하였다. 중일전쟁 발발을 전후하여 연안(延安)으로 갔다가 다시 중경으로 이동하였다. 8로군(八路軍) 중경판사처(辦事處)를 근거지로 삼아 대한민국 임시정부를 대상으로 통일 전선 활동에 종사하였고, 그러한 가운데 임시정부 관계자들과 폭넓은 교류관계를 유지하였다. 1946년 2월 부산과 서울을 거쳐 평양에 들어가 조선공산당 북조선분국 사회부(이후 통일전선부로 명칭 변경) 부부장을 지냈다. 같은 해 3월부터 김일성(金日成) 직계로 박헌영(朴憲永)의 조선공산당에 대한 연락 업무와 남한 정세파악 및 좌우합작과 3당합동 사업의 최선두에서 활동하였다. 1946년 12월경 '김일성의 특사'로 자임하고 서울로 와서 지하운동에 종사하며 남한 내 우익 및 중간 정당·단체들, 미군정청·경찰·첩보대·군부, 심지어 재외대표부에까지 산하조직들을 만들었다. 그는 『조선중앙일보』를 창간한 데 이어 『광명일보』를 비롯한 신문들을 경영하여 선전공작에 이용하였다. 1947년 5월 근로인민당 결성을 지원하였고, 같은 해 겨울 김일성을 만나 공산주의자들과 민족주의자들의 합작에 대해 논의하였다. 1948년 4월 남북연석회의에서 실무역할을 담당했고, 8월 해주에서 열린 남조선인민대표자대회에 참가하였다. 1950년 2월 제2대 국회의원선거에서 남북협상파와 임정 계열 일부 출마자들을 지원하던 중 경찰에 검거되었다. 같은 해 6월 군사재판에서 사형을 선고받고 6·25 전쟁이 발발하자 27일 처형당하였다. 평양 신미리 애국열사릉에 가묘가 있다. 《한국민족문화대백과사전》

8 金鍾恒·安偶生, 『民族大團結的偉大經綸: 回憶南北聯席會議和白凡金九先生』, 평양외문

호산 전창일과 통일운동 77년사

성시백이 만난 사람은 김구의 최측근 비서 안우생[9]이다. 안우생은 아래와 같은 기록을 남긴 바 있다.

　　당시 남조선에 있던 나(安偶生)는 중경 시절부터 교우관계를 갖고 있던 구면 친지인 성시백 선생을 재회하였다. 그는 나의 아우(安之生)를 대동하고 찾아와 남창동에 있는 우리 집에 보름가량 묵으면서 어지럽게 변천되는 시국관을 나누기도 했다. 우리들 사이에 의기 상통할 수 있었던 것은 아마 공통된 우국지심(憂國之心) 때문이었을 것이다. 마침내 우리는 민족의 출구에 대한 일치된 결론에 도달할 수 있었다. 그것은 일체 외국 군대를 철거시키며 단정·단선음모를 저지·파탄시키기 위하여 북의 공산주의자들과도 제휴·합작해야 한다는 것이었다. 우리는 능동적으로 작용하기로 했다. 제반 사정을 타산하여 성시백 선생은 홍명희와 협의하기로 했고, 나는 조완구 선생과 협의하기로 했다. 우사 김규식 선생의 측근인 신기언과도 상통하여 우사 주변에 반발이 일지 않도

출판사, 1986, p.6.

9　안우생(安偶生, 1907~1991); 1907년 안공근의 장남으로 태어났다. 1922년 안우생 가족은 상하이로 이주하였다. 1939년경부터 한국의 독립운동에 참여하였고, 1942년 9월부터 임정 군무부 편집과 과원으로 있었다. 안우생은 모국어인 한국어 이외에도 러시아어·중국어·영어·프랑스어·에스페란토를 구사하였고, 특히 '엘핀'(에스페란토: Elpin)이라는 필명으로 에스페란티스토로서 활동하였다. 루쉰의 《광인일기》 및 다른 작품들을 최초로 에스페란토로 번역하였다. 해방 후, 백범 김구의 대회 담당 비서로 있었다. 남북조선 정당·사회단체 대표자연석회의에 참석했다. 김구가 암살된 후, 1949년 홍콩에 간 뒤 이후 자취를 감췄고, 월북한 것으로 추정된다. 1986년 4월 북조선 매체 「로동신문」에 〈민족대단합의 위대한 경륜-남북연석회의와 김구 신생을 회고하면서〉라는 글을 발표하면서, 북조선에 있다는 사실이 확인되었다. 안기철·안기호·안기영 세 아들을 두었다고 한다. 1991년 2월 평양에서 사망하였고, 평양 신미리 애국열사릉에 매장되었다. 《위키백과》

록 대책을 세우기로 하였다.[10]

김종항과 안우생에 의하면, 1948년 1월경 김일성은 김구에게 서신을 보냈다. 즉 김일성 → 김종항 → 성시백 → 안우생 → 조완구의 순서를 거쳐 김구에게 전달되었다는 얘기다. 김일성이 김구에게 서신을 이미 보냈다는 사실은 다른 자료에도 나온다. 곧 전문을 소개하겠지만 1948년 3월 15일 자로 김일성·김두봉이 김구·김규식에게 보낸 답신에 다음과 같은 글이 포함되어 있다.

우리는 우리들이 벌서 내세운 강령(綱領)과 목적(目的)을 끝까지 실현(實現)하려는 정치적 입장(政治的 立場)에서 국토(國土)를 양단(兩斷)하고 민족(民族)을 분열(分裂)하는 남조선 반동적 단독선거(南朝鮮 反動的 單獨選擧)를 실시(實施)하려는 유엔 결정(決定)을 반대(反對)하는 대책(對策)을 이미 세우고 그 투쟁방침(鬪爭方針)을 토의(討議)하기 위하여 남조선(南朝鮮) 어떤 정당(政黨) 사회단체(社會團體)들에게 남북회의(南北會議)를 召集하는 서신(書信)을 벌써 보내었읍니다.[11]

1988년에 발간된 정리근의 『력사적인 4월 남북련석회의』에도 거의 같은 내용이 실려 있다.[12] 그 외 김일성은 1956년 4월 8일 개최된 조선노

---

10   金鍾恒·安偶生, 『民族大團結의 偉大經綸: 回憶南北聯席會議和白凡金九先生』, 평양외문출판사, 1986, p.7.
11   〈자세히 보기-19〉 [김일성·김두봉이 김구·김규식에게 보낸 답신(1948.3.15)] 참조
12   정리근, 『력사적인 4월 남북련석회의』 과학백과사전종합출판사, 1988, p.38.

동당 제3차 대회에서 남북연석회의 문제로 북반부에서 직접 사람을 파견하여 공작하였다고 말한 바 있다.[13] 이러한 자료를 모두 취합해 보면, 1948년 1월 중순경 김일성은 단독선거를 반대하는 투쟁방침을 토의하기 위하여 남조선 내의 각 정당·사회단체에 서신을 보냈다는 것을 알 수 있다.

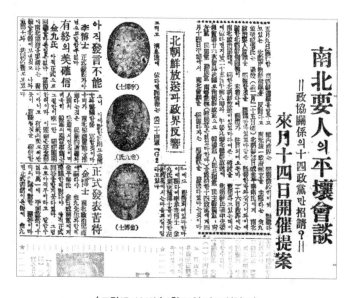

〈 그림67: 1948년 3월 27일 자 조선일보 〉

남북회담 개최를 제의하는 서한을 김일성·김두봉 등에게 전달했다는 김구의 기자회견 이후 수많은 사람들이 궁금해하는 북측의 답변 내용이 알려졌다. 1948년 3월 25일 오전 9시, 오후 9시 두 차례에 걸친

13　국토통일원 편, 『조선노동당대회자료집 1』 p.347.

방송을 통해서다.

북조선 민전 중앙위원회 제26차 회의 결의로 남조선 정당으로 한독당, 인민공화당, 민주한독당, 청우당, 민독당, 근민당, 남로당을 위시한 14정당에게 4월 14일 평양에서 남북회담을 개최하자는 초청장을 발송하였다.[14]

내용이 너무 간결하다. 오는 4월 14일 평양에서 남북회담을 개최하자는 초청장을 14정당에게 보냈다는 내용뿐이다. 남북회담 논란의 중심에 서게 된 김구와 김규식은 정식 회한을 아직 받지 않았기 때문에 북조선방송에 대한 향후 계획에 대하여 답을 아꼈다. 김구 · 김규식에게 답신이 도착한 것은 방송 이틀 후인 3월 27일이다. 즉 언론에 보도된 그날 오후쯤에 "김구 · 김규식 양위 선생 공감"이라고 인조견 천에다 타이프로 친 서한이 전달되었던 것이다.[15] 아래에 전문을 소개한다.

자세히 보가-19

[김일성 · 김두봉이 김구 · 김규식에게 보낸 답신(1948.3.15.)]

김구·김규식 선생 공감(金九·金奎植 先生 共鑑)

---

14 북조선방송과 정계 반향,「조선일보」, 1948.3.27.
15 송남헌, '4월 남북연석회의'의 역사적 진실,「북한」, 1991년 6월호, p.117.

호산 전창일과 통일운동 77년사

2월 26일 보내신 혜감(惠函)은 받았읍니다. 귀(貴) 서한 중(書翰中)에 제기(提起)된 문제(問題)에 관하여 회답(回答)코저 합니다.

조선(朝鮮)이 일본통치(日本統治)로부터 해방(解放)된 지 이미 2년 반(二年半)이 되었으나 우금(于今) 조선민족(朝鮮民族)은 자주독립(自主獨立)의 통일정부(統一政府)를 수립(樹立)하지 못하고 인민(人民)은 남북조선(南北朝鮮)의 판이(判異)한 정치(政治) 조건하(條件下)에서 부동(不同)한 생활(生活)을 하고 있읍니다. 다 아시는 바와 같이 북조선인민(北朝鮮人民)들은 자기(自己) 손으로서 자기운명(自己 運命)을 해결(解決)하는 모든 창발성(創發性)을 발양(發揚)하고 있읍니다. 그러나 남조선(南朝鮮)에는 모든 주권(主權)이 미국(米國)사람의 손에 있기 때문에 남조선인민(南朝鮮人民)들과 당신들은 아모런 권리(權利)와 자유(自由)가 없이 정신상(精神上)과 물질적(物質的)으로 곤란(困難)을 당(當)하고 있읍니다.

이것이 누구의 잘못입니까. 그것은 조선(朝鮮)에 관(關)한 모스크바 삼상결정(三相決定)과 소미 공동 위원회(蘇米共同委舍) 사업(事業)을 적극(摃極) 반대(反對)하며 출마(出馬)한 그들에게 책임(責任)이 있다고 우리는 재삼(再三) 언명(言明)합니다. 만일(萬一) 모스크바 삼상결정(三相決定)을 황시(黃施)하였다면 벌써 조선민족(朝鮮民族)은 통일(統一)된 자주독립정부(自主獨立政府)를 가졌을 것을 다시금 확신(確信)하여 마지 안습니다.

양위(兩位) 선생(先生)이 중국(中國)으로부터 조국(祖國) 땅에 들어설 때에 우리는 당신들의 활동(活動)을 심심(深深)히 주목(注

目)하였읍니다. 당신들은 평범(平凡)한 조선(朝鮮)사람이 아닌 일정(□定)한 정치단체(政治團體)의 지도자(指導者)들로서 조선인민(朝鮮人民)의 기대(企待)와 배치(背馳)되는 표현(表現)이 있을 때마다 우리는 비분(悲憤)하게 생각하였읍니다. 당신들은 조국(祖國) 땅에 돌아온 후(後)에 금일(今日)까지 민족입장(民族立場)에 튼튼히 서서 조선(朝鮮)이 부강(富强)한 나라로 발전(發展)하여 나갈 수 있는 정확(正確)한 강령(綱領)과 진실(眞實)한 투쟁(鬪爭)을 문헌(文獻)으로나 실천(實踐)으로 뚜렷하게 내놓은 것이 없읍니다. 당신들은 조선(朝鮮)에 관(關)한 모스크바 삼상결정(三相決定)과 소미 공동 위원회(蘇米共同委員會)를 적극적(積極的)으로 반대(反對)하여 거듭 파열(破裂)식히었읍니다. 당신들은 조선(朝鮮)에서 소미 양군(蘇米兩軍)이 철거(撤去)하고 조선문제(朝鮮問題) 해결(解決)은 조선인(朝鮮人) 자체(自體)의 힘에 맥 기자는 소련대표(蘇聯代表)의 제의(提議)를 노골적(露骨的)으로 반대(反對)하기도 하였으며 혹(或)은 무관심(無關心)한 태도(態度)로 묵(默)평하기도 하였읍니다. 더욱 유감(遺憾)스러운 것은 조선(朝鮮)에 대(對)한 유엔총회(總會)의 결정(決定)과 소위(所謂) 유엔조선위원단(朝鮮委員團)의 입국(入國)을 당신들은 환영(歡迎)하였읍니다.

이제야 당신들은 청천백일하(靑天白日下)에서 조선국토(朝鮮國土)의 양단(兩斷), 조선민족(朝鮮民族)의 분열(分裂)을 책모(策謀)하는 유엔조선위원단(朝鮮委員團)과 미국사령관(米國司令官)의 정치음모(政治陰謀)를 간파(看破)한 듯합니다. 그러나 아직도 당신들의 애국적 항의(愛國的抗議)는 미온적(微溫的)이고 당신들의 입장(立場)은 명백(明白)하지 못합니다. 민족자주독립(民族自主獨立)이 위급(危急)에 봉착(逢着)한 금일(今日)에 당신들은 또 무엇을 요망(要望)하고 애국적 항쟁(愛國的抗爭)을 실천(實踐)에 옮기지 않습니까.

다 아는 바와 같이 우리는 조국(祖國)의 자주독립(自主獨立)을 위(爲)하여 모든 출판물(出版物)과 군중대회(群衆大會)를 통하여 국토(國土)의 양단(兩斷) 민족(民族)의 분열(分裂)을 음모(陰謀)하는 유엔 결정(決定)을 반대(反對)하며 조선(朝鮮)에서 소미 양군(蘇米兩軍)이 철거(撤去)하고 조선인민(朝鮮人民) 자체(自體)의 힘으로 조선(朝鮮)의 운명(運命)을 해결(解決)하자는 소련(蘇聯) 제의(提議)를 실현(實現)하려는 거족적(擧族的) 항쟁(抗爭)을 전개(展開)하고 있습니다. 이 투쟁(鬪爭)은 목적(目的)을 달성(達成)할 때까지 말로서가 아니라 사업(事業)으로서 끝까지 투쟁(鬪爭)할 것입니다.

이제 우리는 양위(兩位) 선생(先生)이 제의(提議)하신 남북조선 지도자연석회의(南北朝鮮 指導者 連席會議)의 소집(召集)을 본시(本是)는 반대(反對)하지 않습니다. 그러나 당신들은 어떤 조선(朝鮮)을 위(爲)하여 투쟁(鬪爭)하시려는지 그 목적(目的)과 기도(企圖)를 충분(充分)히 알 수 없기 때문에 우리는 연석회의(連席會議)의 성과(成果)에 대하여 완전(完全)한 확신(確信)을 가질 수 없습니다.

양위(兩位) 선생(先生)은 우리의 실천(實踐)에서 나타난 우리의 정치강령(政治綱領)과 우리의 투쟁목적(鬪爭目的)을 혹은 출판물(出版物)로써 혹은 사업면(事業面)에서 충분(充分)히 간파(看破)하였을 줄로 믿습니다. 우리는 앞으로도 조선민족(朝鮮民族)의 정당(正當)한 입장(立場)에서 우리의 강령(綱領)과 우리의 목적(目的)을 떠나지 않고 조선(朝鮮)의 애국자(愛國者)로 자기(自己)의 노력(努力)과 생명(生命)을 애끼지 않고 국토(國土)의 양단(兩斷)과 민족(民族)의 분열(分裂)을 반대(反對)하며 통일(統一)된 민주주의(民主主義) 자주독립(自主獨立)을 위(爲)하여 투쟁(鬪爭)할 것이며 또 우리 조국(祖國)을 외국 제국주의자(外國 帝國主義者)들에게 팔아먹으려는 모든 반역자(反逆者)들을 반대(反對)하여 투쟁(鬪爭)할 것입니다.

우리는 우리들이 벌서 내세운 강령(綱領)과 목적(目的)을 끝까지 실현(實現)하려는 정치적 입장(政治的 立場)에서 국토(國土)를 양단(兩斷)하고 민족(民族)을 분열(分裂)하는 남조선 반동적 단독선거(南朝鮮 反動的 單獨選擧)를 실시(實施)하려는 유엔 결정(決定)을 반대(反對)하는 대책(對策)을 이미 세우고 그 투쟁방침(鬪爭方針)을 토의(討議)하기 위하여 남조선(南朝鮮) 어떤 정당(政黨) 사회 단체(社會團體)들에게 남북회의(南北會議)를 김集하는 서신(書信)을 벌써 보내었읍니다. 양위 선생(兩位 先生)은 이 대책(對策)을 찬동(贊同)하리라는 것을 우리는 확신(確信)하고 싶습니다. 남북조선(南北朝鮮) 소범위(小範圍)의 지도자연석회의(指導者 連席會議)에 관(關)하여서는 1948년 4월 초(一九四八年 四月 初)에 북조선(北朝鮮) 평양(平壤)에서 개최(開催)할 것을 동의(同意)합니다. 우리의 의견(意見)으로는 이 연석회의(連席會議)에 참가(參加)하는 성원범위(成員範圍)를 다음과 같이 제의(提議)합니다.

남조선(南朝鮮)에서는 김구(金九)·김규식(金奎植)·조소앙(趙素f昻)·홍명희(洪命憙)·백남운(白南雲)·김붕준(金朋濬)·김일청(金一淸)·이극로(李克魯)·박헌영(朴憲永)·허헌(許憲)·김원봉(金元鳳)·허성택(許成澤)·유영준(劉英俊)·송을수(宋乙秀)·김창준(金昌俊) 등(等) 15명(十五名)과 북조선(北朝鮮)에서는 김일성(金日成)·김두봉(金枓奉)·최용건(崔庸健)·김달현(金達鉉)·박정애(朴正愛) 이외(以外) 5명(五名)으로 예상(豫想)합니다.

(一) 조선(朝鮮)의 정치현세(政治現勢)에 대(對)한 의견교환(意見交換)

(二) 남조선단독정부(南朝鮮 單獨政府) 수립(樹立)을 위(爲)한 반동선거(反動選擧) 실시(實施)에 관(關)한 유엔 총회(總會)의 결정(決定)을 반대(反對)하며 투쟁(鬪爭)할 대책수립(對策竪立)

(三) 조선통일(朝鮮統一)과 민주주의(民主主義) 조선정부(朝鮮政府) 수립(樹立)에 관(關)한 대책연구(對策研究) 등등(等等)

만일(萬一) 양위 선생(兩位 先生)이 우리의 제의(提議)를 동의(同意)하신다면 1948년 3월 말일(一九四八年 三月 末日) 내(內)로 우리에게 통지(通知)하여 주실 것을 바랍니다.

1948년 3월 15일(一九四八年 三月 十五日)

편지가 작성된 날짜는 3월 15일인데, 전달된 날짜는 3월 27일이다. 김구가 김두봉에게 쓴 편지도 전달된 기간이 열흘쯤 걸렸다. 편지 1통이 북과 남을 오가는데 열흘이 넘게 걸렸다는 얘기다. 도대체 이해할 수 없는 일이 벌어지고 있는 그 날의 상황은 송남헌이 어느 정도 답변을 제공해 준다.

> 김일성에게 보내는 서한을 신기언(민련)이 기초했고 김두봉에게 보내는 서한은 엄항섭이 기초했다. 이 서한을 작성한 후 김구·김규식은 2월 6일 유엔 한국위원단 의장 메논의 초청으로 국제호텔(현 상업은행 본점 뒤)에서 유엔 한국위원회 호세택(胡世澤)과 함께 4인이 오찬을 하면서 회담을 가졌다. 이 회담에서 충분한 합의가 이루어져 북한의 김일성과 김두봉에게 보내는 서한을 캐나다 대표로 하여금 주한 영국 대사관을 통해 영국, 소련, 북한으로 연락되는 외교 루트를 통해 정식으로 전달할 것이 확약되었다.[16]

김구·김규식 편지 작성 → 유엔 한국위원회 캐나다 대표 → 영국대사관 → 소련(외교 루트) → 북조선(외교 루트) → 김두봉·김일성…, 편지 1통이 전달되는데 이렇게 복잡한 과정을 거쳐야 하는 것이 1948년 초기 무렵의 현실이었다. 분단이 아직 고착화되기 전에 일어났던 일이다. 김일성·김두봉이 김구·김규식에게 보낸 답신 내용에 대한 분석과

---

16 송남헌, '4월 남북연석회의'의 역사적 진실, 「북한」, 1991년 6월호, p.116.

그 후 발생한 정치적 상황에 대해선 생략한다.[17]

〈 그림68: 남북연석회의대표자들이 평양 모란봉극장에 입장하는 모습, 21일 회의에서 '북조선 정치정세' 보고를 하는 김일성, ©통일뉴스 〉

1948년 4월 19일 오후 6시, 평양 모란봉극장에서 '전조선제정당사회단체대표자 연석회의(全朝鮮 諸政黨社會團體 代表者 連席會議)'가 개막되었다. 남조선의 주요 인사들은 아직 도착하지 않은 상태다.

조소앙, 김규식 등이 불참을 표명했다가 결국 조건부 북행을 결심하게 된다. 이 과정에서 생산된 것이 '남북협상 5원칙'[18]이다. 우여곡절 끝에 김구 · 홍명희는 4월 19일 평양으로 출발했으며, 20일에는 조소앙과 한국독립당 당원, 민주독립당 당원, 민족자주연맹 일부가 출발했다. 마지막으로 4월 21일에는 김규식을 비롯한 최동오, 박건웅, 김붕준, 원세

---

17 더 자세한 내용은 〈김상구, 『김구청문회』 매직하우스, 2014, pp.235~275.〉참조

18 첫째, 진정한 민주정부를 건립하며 어떠한 독재체제도 거부한다. 둘째, 사유재산제를 승인하며 독점적 자본주의를 거부한다. 셋째, 전국적인 보선을 실시하며 통일된 중앙정부를 건립한다. 넷째, 어떤 우방도 한국 영토 내에 군사근거지를 설치해서는 안 된다. 다섯째, 미소 양국은 즉각 담판을 개시하여 점령군의 철퇴 시간과 조건을 토의해야 한다. 아울러 철병방법을 전 세계에 공포해야 한다.

훈 등 민족자주연맹 관련자들이 입북하였다. 좌익계열은 이들보다 열흘 먼저 북으로 갔다.[19]

최종적으로 남북 대표자연석회의에는 남한의 41개 정당·사회단체와 북조선의 15개 정당·사회단체에서 선출된 695명의 대표자들이 참석했다. 그중 남한 대표는 395명(56.6%)이다. 이들 중 우익 및 중도계열은 167명, 좌익계열이 230명 정도였다.[20] 김구 및 김규식으로 대표되는 우파만 따지면 전체의 15% 정도인 100명 정도인 것으로 파악되고 있다.[21] 한민당, 독촉국민회 등 남한만의 단독선거, 단독정부를 추진하는 세력을 제외하곤 남북 대부분 정당·단체들이 모인 셈이다.

1948년 4월 19일부터 30일까지 남북연석회의는 세 차례의 공식회의와 그 외 비공식 회담 몇 차례로 진행되었다. 공식회의는 첫째, 남북조선 제 정당·사회단체 대표자 연석회의(4월 19일·23일) 둘째, 남북조선 제 정당·사회단체 지도자협의회(4월 27일, 30일) 셋째, 김구·김규식·김두봉·김일성의 4김 회담(4월 26일, 30일) 등이다. 이러한 과정을 통해 4월 30일 오후 4시 30분경, 4김을 포함한 남북요인회담에서 공

---

19 민전 산하 각 단체대표 80명이 남북협상참석차 평양출발 발표, 「서울신문」 1948.4.12.

20 남북협상차 북행한 정당 단체별 인원수 보도, 「조선일보」 1948.4.21; 民聯(18) 韓獨(8) 民獨黨(10) 南勞黨(20) 人共黨(8) 基督民同(3) 儒聯(3) 全評(10) 全農(10) 民愛(9) 女盟(10) 文聯(7) 民衆同盟(5) 新進黨(6) 勤民黨(15) 民主韓獨黨(6) 社民黨(12) 獨勞黨(6) 均青(3) 新化黨(3) 大韓學聯(6) 民主學生同盟(3) 輿論協會(2) 發明協會(2) 青友黨 儒敎青年黨 獨立運動同盟 朝鮮勞農黨 健民會 自主女盟 科學技術政協 記者會 大韓義烈黨 青年愛智團 佛敎聯盟 産業建設法曹會 農民黨 勤勞大衆黨 民主學聯 苦學生共演會 大韓學聯(6) 自主學聯(3) 以北學聯 建設學聯 民主學院 建青 民衆俱樂部 在日聯盟 工業技聯 反日革後援會(3) 新藝術硏究會 敵産對策協議會(5) 戰災民失業者委員會(5) 勞農青年 歸還同胞協會 南北統一促成會

21 도진순, 1948년 남북 연석회의와 남한 민족주의 정치세력의 동향, 「국사관논총 제54집」 p.136.

호산 전창일과 통일운동 77년사

동성명을 최종 검토한 뒤, 4김이 서명을 했다. 그리고 주요 정당·사회단체 공동명의로 이날 오후 9시 공식 발표됐다. 성명서는 평양방송을 통해 5월 1일 공포되었다. 공동성명서 전문은 다음과 같다.

자세히 보기-20

[연석회의 공동성명서(1948.4.30.)]

남조선 단독 선거에 반대하는 전조선 정당 사회단체 대표 연석회의에 뒤이어 평양에서 4월 30일부터 남북 조선 정당 사회단체 지도자들의 협의회가 진행되었다. 이 협의회에서는 상정된 문제를 충분히 토의한 결과 다음과 같이 제 문제에 대하여 협의가 성립되었다.

1. 소련이 제의한 바와 같이 우리 강토에서 외국 군대가 즉시 철거하는 것은 우리 조국에서 조성된 곤란한 상태하에서 조선 문제를 해결하는 가장 정당하고 유일한 방법이다. 미국은 이 정당한 제의를 수락하고 자기 군대를 남조선에서 철퇴시킴으로써 조선독립을 실제로 원조하지 않으면 안 된다. 일제가 우리 조국에서 구축된 이후 우리 조선 인민은 자력으로 외국의 간섭 없이 우리 문제를 우리 민족의 힘으로 능히 해결할 수 있을 만큼 장성되었으며, 우리 조국에는 이것을 해결하기에 충분한 간부들이 다수 있다.

2. 남북 정당 사회단체 지도자들은 우리 강토에서 외국 군대가

철퇴한 후에 내전이 발생할 수 없다는 것을 확인하며, 또 그들은 통일에 대한 조선 인민의 지망에 배치하는 여하한 무질서의 발생도 용허하지 않을 것이다. 남북 정당 사회단체 간의 전취 약속은 우리 조국의 완전한 질서를 확보하는 튼튼한 담보이다.

3. 외국 군대가 철퇴한 이후 하기 제 정당, 단체들은 공동명의로써 전 조선정치회의를 소집하여 조선 인민의 각 일체 책임을 갖게 될 것이다. 이 정부는 그 첫 과업으로 일반적, 직접적, 평등적, 비밀 투표로써 통일적 조선 입법기관을 선거할 것이며, 선거된 입법 기관은 조선 헌법을 제정하여 통일적 민주 정부를 수립하여야 할 것이다.

4. 상기 사실에 의거하여 본 성명서에 서명한 제 정당, 사회단체들은 남조선 단독선거의 결과를 결코 인정하지 않으며 지지하지 않을 것이다.

1948년 4월 30일

북조선노동당, 남조선노동당, 북조선민주당, 한국독립당, 민족자주연맹, 북조선청우당, 조선인민공화당, 북조선직업동맹, 북조선농업동맹, 근로인민당, 북조선민주청년동맹, 신진당, 사회민주당, 북조선민주여성동맹, 남조선청우당, 근로대중당, 민주한독당, 북조선문학예술총동맹, 조선농민당, 민족동맹, 조선노동조합전국평의회, 북조선공업기술연맹, 조선전국농민연맹, 조선민주애국청년동맹, 조선민주여성동맹, 조선문화단체총

호산 전창일과 통일운동 77년사

연맹, 북조선기독교연맹, 기독교민주동맹, 전국유교연맹, 조선어연구회, 북조선수산기술총연맹, 전국불교도총연맹, 불교청년당, 북조선불교연합회, 자주여성동맹, 북조선보건연맹, 민주학생총동맹, 북조선적십자사, 재일조선인연맹지부, 북조선애국투사후원회, 천도교학생회, 혁신복음당, 삼일동지회, 민족대동회, 민중구락부, 건국청년회, 반팟쇼공동투쟁위원회, 건민회, 민족문제연구소, 삼균주의청년동맹, 독립운동자동맹, 학병거부자동맹, 민족해방청년동맹, 청년애지회, 남조선신문기자단, 민족해방동맹 (56개 단체)

제1차 남북연석회의에서 합의된 것은 단선·단정 반대와 외국군대 철퇴 후 '전조선 정치회의'를 소집하여 조선 인민의 각층 각계를 대표하는 민주주의 임시정부가 즉시 수립될 것, 이 두 가지가 핵심사항이다. 여기에 덧붙여 내전 발발에 대한 우려를 없애자는 것이다. 주목할 사안이 있다. 대표자 연석회의 마지막 날인 4월 23일, 남로당 대표 허헌은 '남조선단독선거반대투쟁전국위원회'를 조직하자는 제안을 했다. 이 안건이 합의됨으로써 단선 단정을 반대하는 실질적인 행동방안이 마련되었다.[22]

실제 '남조선단선단정반대투쟁총파업 위원회'라는 조직이 구성되었

---

[22] 남북연석회의, 남조선 대책을 報告, 「자유신문」, 1948.4.29.

〈 그림69: 1948년 5월 9일 자 부산신문, 5월 6일 자 남선일보 〉

고, 단선 단정 중지, 국련위원단 철거, 외국 군대 즉시 철퇴, 남조선 미군정을 즉시 폐지하는 동시에 북조선과 같이 정권을 인민위원회에 넘길 것 등 그 밖에 수 개 조건을 합하여 8개 요구조건을 남조선 미 주둔군 사령관 하지 중장에게 5월 8일 자로 각서로 제출하는 동시에 동일 오전 8시부터 단선 반대 총파업을 개시할 것을 선언하였다.[23]

아쉽게도 이러한 운동은 구체적 결과를 산출하지 못했다. 공동성명서에 서명했던 56개 단체가 조직화되지 못했고, 무엇보다 미 군정의 물리

---

23 單選反對總罷業宣言, 八個要求條件 "하" 中將에 提出, 「부산신문」 1948.5.9.

호산 전창일과 통일운동 77년사

력이 압도적이었기 때문이다. 그러나 남로당과 민전을 중심으로 한 단선·단정 반대투쟁은 전국 곳곳에서 치열하게 전개되었다. 미 군정 당국은 지난 2월부터 4월 말까지 공산당이 개입한 소요사건의 사망자 수는 384명에 달한다고 발표했다. 그리고 그들의 목적은 5·10선거를 방해하기 위해 소요를 일으켰으며, 소요 발생 중심지역은 동남지역과 제주도 지역이며, 전기 사망자 중 경찰관 68명, 공산당원 111명, 우익인사 108명이 포함되었다고 한다.24

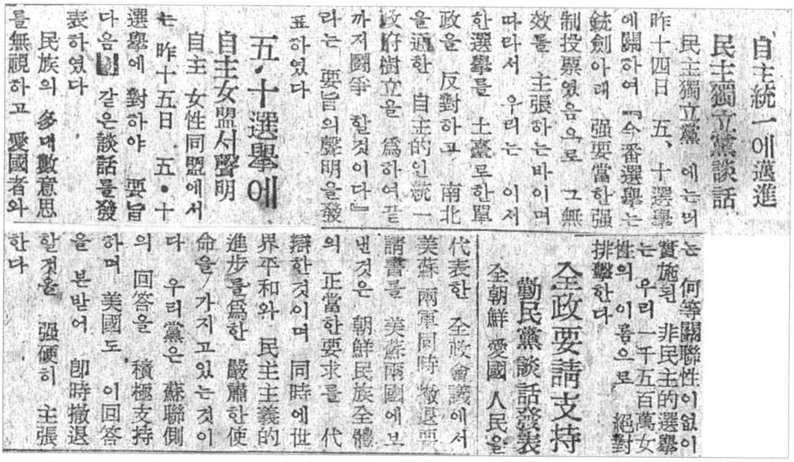

自主統一에邁進
民主獨立黨談話

民主獨立黨에서는 昨十四日 五、十選擧에關하여 「今番選擧는 銃劍아래 强要當한强制投票였음으로 그無效를 主張하는바이며 따라서 우리는 이러한選擧를 土臺로한單政을 反對하고 南北을通한 自主的인統一政府樹立을 爲하여끝까지闘爭할것이다」라는 要旨의聲明을發表하였다

五、十選擧에
自主女盟서聲明

自主女性同盟에서는 昨十五日 五·十選擧에 對하야 要旨다음과 같은談話를發表하였다
民族의 多大數意思를無視하고 愛國者와는 何等關聯性이없이 實施된 非民主的選擧는 우리 一千五百萬女性의 이름으로 絕對排擊한다

全政要請支持
勤民黨談話發表

全朝鮮愛國人民을 代表한 全政會議에서 美蘇兩軍同時撤退要請書를 美蘇兩國에보낸것은 朝鮮民族全體의 正當한要求를代辯한것이며 同時에世界平和와 民主主義的進步를爲한 嚴肅한使命을가지고있는것이다 우리黨은 蘇聯側의 回答을 積極支持하며 美國도 이回答을 본받어 即時撤退할것을 强硬히 主張한다

〈 그림70: 1948년 5월 16일 자 한성일보 〉

인명피해가 속출하는 가운데 1948년 5월 10일 총선거는 강행되었다. 하지만 5·10선거의 문제점을 지적하는 보도는 거의 없었다. 「한성일

24 騷擾事件餘波 死亡者만 三八四名, 「남선신문」, 1948.5.6.

보」정도만이 아래와 같은 기사를 보도하였을 뿐이다.[25]

▶ 민주독립당 담화: 금번 선거는 총검 아래 강요당한 강제 투표였음으로 그 무효를 주장하는 바이며 따라서 우리는 이러한 선거를 토대로 한 단정을 반대하고 남북을 통한 자주적인 통일정부 수립을 위하여 끝까지 투쟁할 것이다.

▶ 자주여성동맹 성명: 민족의 대다수 의사를 무시하고 애국자와는 하등 관련성이 없이 실시된 비민주적 선거는 우리 1천5백만 여성의 이름으로 절대 배격한다.

▶ 근민당 담화: 전조선 애국 인민을 대표한 전정회의에서 미소 양군 동시 철퇴 요구서를 미소 양국에 보낸 것은 조선 민족 전체의 정당한 요구를 대변한 것이며 동시에 세계평화와 민주주의적 진보를 위한 엄숙한 사명을 가지고 있는 것이다. 우리당은 소련 측의 회답을 적극 지지하며 미국도 이 회답을 본받아 즉시 철퇴할 것을 강력히 주장한다.

남로당, 민전 등 '단선·단정 반대'를 가장 강력히 주장하고 있는 정당·단체의 반응을 보도한 기사는 도무지 찾을 길이 없다. 1946년 5월 '조선 정판사 위폐조작사건'을 시작으로 좌익 및 중도계 신문들은 대부분 폐간·정간되었기 때문이다.[26] 신정부가 출범하기 전에 미 군정이

---

25 5·10선거에 자주여성동맹에서 성명,「한성일보」, 1948.5.16.

26 좌익계인 해방통신(45.8.17.~47.10.18.), 조선인민보(45.9.8.~46.9.6.), 해방일보(45.9.8.~46.9.6.), 중앙신문(45.11.1.~46.8.24.), 중외신문(46.4.19.~47.8.27.), 우리신문(47.2.10~5.26) 등은 5·10선거 전에 폐간되었으며, 현대일보(46.3.15.~46.9.6.)의 경우 복간(47.1.19.)후 극우신문으로 변신하였다. 중도를 표방했던 자유신문

386

호산 전창일과 통일운동 77년사

언론계 지형을 정비해준 셈이다.

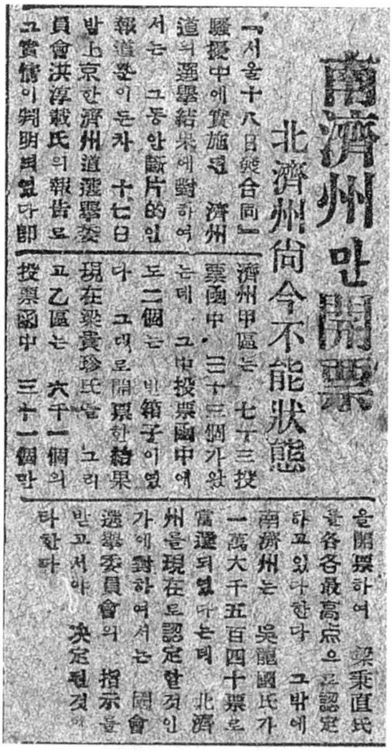
南濟州만開票
北濟州尙今不能狀態
「서울十八日發合同」 騷擾中에實施된 濟州道의選擧結果에對하여 濟州서는 그동안斷片的인 報道뿐이든차 十七日 밤上京한濟州道選擧委員會洪淳載氏의報告로 그實情이判明되엿다 卽 濟州甲區는 七十三投票函中·三十三個가왓는데 그中投票函中에도二個는 빈箱子이엿다 그대로開票한結果 現在梁貴珍氏를 그리고乙區는 六十一個의 投票函中 三十一個만을開票하여 梁秉直氏를各各最高点으로認定하고있다한다 그밖에 南濟州는 吳龍國氏가 一萬大千五百四十票로 當選되엿다는데 北濟州를現在로認定한것인가에對하여서는 國會選擧委員會의 指示를 받고서야 決定될것이라한다

〈 그림71: 1948년 5월 20일 자 부산신문 〉

5 · 10선거를 가장 치열하게 반대 · 저항한 곳은 제주도다. 제주도는 계엄 상태하에서 선거를 치렀다. 그리고 전국 200개 지역구 중에서 북제주군은 유일하게 선거무효가 선언된 곳이다.[27] 이제 이곳은 1954년 9월 21일 한라산의 금족(禁足) 지역이 전면 개방될 때까지 전쟁터(혹은 민간인 학살 무대)가 된다. 1947년 3월 1일을 기점으로 하면, 장장 7년 7개월 동안 진행된 사건의 결과로 25,000명~30,000명으로 추정되는 인명피해가 발생하게 된다.[28]

(45.10.5.~46.10.)은 신익희가 판권을 인수(46.10.27.)한 후 우익지로 변했다.

27 南濟州만 開票 北濟州尙今不能狀態, 「부산신문」, 1948.5.20.

28 "제주 4 · 3 사건 진상 조사보고서", 《제주4 · 3아카이브》

제2차
남북조선제정당사회단체지도자 협의회(평양)와
남북조선 총선거(해주)

〈 그림72: 1948년 5월 12일 자 동아일보 〉

　선거결과가 발표되었다. 「동아일보」는 "총선거의 성과, 민족전도를 축복" "이것이 진정한 민족의 봉화, 혈루로 결실된 총선거" 등으로 헤드라인을 뽑았다. "남조선선거는 대성공"이었다는 UN 조선위원단 일행 중의 한 명인 시리아대표의 발언을 인용하면서, "민주 조선의 모습 전 세계에 현시(顯示)"했다고 전한 기사도 보인다. 특히 투표율이 눈에 들어온다. 남조선 전역의 93%다.[1]

1　「동아일보」, 1948.5.12.

21번 치른 역대 국회의원선거에서 부동의 1위 자리를 지키고 있는 수치다. 선거인 수 7,840,871명 중 7,487,649명이 투표했다는 얘기다. 기권자 수는 353,222명이다.[2] 도무지 믿기지 않는 결과다. 최근 5·10총선의 투표율에 이의를 제기하는 연구결과가 발표되었다. UN 한국 임시위원단에 관한 미국 연락장교의 보고서를 근거로 한 결과에 따르면, 유권자 수는 9,834,000명이고 이들 중 등록자는 7,837,504명이고 투표자는 7,036,750명이다. 이 수치에 의하면, 등록자대비 투표율은 95.2%이지만 유권자 대비 투표율은 71.6%가 된다.[3] 사실 이 수치 역시 의문이 들기는 마찬가지다. 전체 유권자의 79.7%가 등록을 했고, 등록한 유권자의 95.2%가 투표했다는 것이 미국 연락장교의 보고내용이다.

이제 신문을 단순히 읽기보다 '행간의 의미'를 찾아야 할 시기가 되었다. "미군이 7일 이래로 접수한 보고에 의하면, 사망 78명 부상 수십 명 그리고 수백 명이 구타를 당하였다 한다. 이상 사망자의 대부분은 공산주의자의 습격 암살로 발생한 것인데, 여차한 행동도 투표자를 공감하여 기수(旣遂)하지 못하였다"[4]라는 「동아일보」 기사에 따르면, 대부분 유권자들이 생명을 무릅쓰고 투표에 참가했다는 얘기가 된다. 아무튼. 당시 대부분 언론들은 5·10총선의 화려한 결과를 홍보하기에 바빴다. 그렇다면 당시 상황은 어떠했을까? 남로당 기관지 「노력인민」의 기사를

---

2 1위(1대, 95.5%), 2위(1988년 4월 26일, 13대, 75.8%)… 총선 역대 최저(2008년 4월 9일, 18대, 46.1%) 《대한민국선거사』 1968 증보판, 중앙선거관리위원회, 1968, p.70.》

3 Report of Military Governor on the Holding of Elections in South Korea on 1948.5.10., Inclosure No.4. & Inclosure No.55 재인용, 〈박진표, 『한국의 국가형성과 민주주의』 후마니타스, 2007, p.395.〉

4 좌익테러 불구 투표성적 양호, 「동아일보」 1948.5.12.

살펴보자.

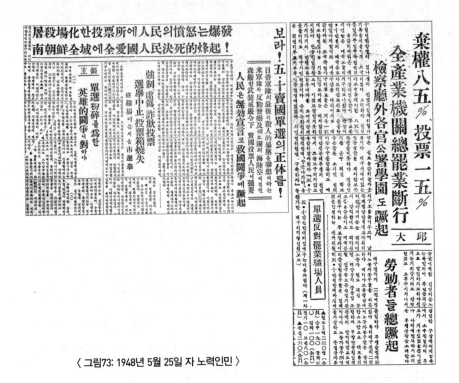

〈 그림73: 1948년 5월 25일 자 노력인민 〉

전 조선 인민들의 피어린 항쟁에도 불구하고 조국을 양단하여 미 제국주의의 야욕을 채우려는 망국멸족의 남조선 단독선거로서 이승만 김성수를 수괴로 하는 친일파 민족반역자의 반동적인 미제의 괴뢰 단정을 세우려는 소위 5·10 단정 강행의 날은 왔다.

이날 남조선 바다에는 미 제국주의의 함포가 둘러싸고 하늘에는 폭격기로 뒤엎고 육지에는 미군의 장갑차 탱크 무장 트럭 기관총이 늘어서 있고, 그것으로도 부족한지 거리마다 골목마다 친일반동경찰의 삼엄한 무장, 향보단으로 변장

호산 전창일과 통일운동 77년사

한 강도 테러단의 죽창 곤봉 등 남조선 전역은 마치 항복 직전 일제 군대가 최후의 살인적 폭압을 조선 인민에게 자행하는 그 당시 몇 배 이상의 미증유의 삼엄한 계엄령하에서 미제의 식민지를 만들려는 남조선 단선은 남조선인민에게 강행되었다. 이에 반만년 동안 줄기차게 흘러 내려온 핏줄기가 약동하는 애국 인민들의 분노는 폭발하고 말았다. 저 야만적 일제의 쇠사슬에 얽매여 신궁과 황민탑 앞에 끌려가던 지긋지긋한 굴욕 이상으로 소위 투표소는 전 인민의 표적이 되었다.

남조선 전역에 걸친 전 인민들은 총궐기하였다. 애국적 노동자들의 총파업을 선두로 농민들의 봉기, 학원의 맹휴, 소시민 인텔리들의 궐기는 전 산업기관을 비롯하여 관공서, 학교, 회사를 마비상태에 빠지게 하고 봉화, 데모는 물론 매국의 단선 투표장을 습격 파괴하고 매국 단선 집행인과 그 번견(番犬)들을 쳐부수어 남조선 일대는 완연 전쟁터로 화하고 만 것이다. 이리하여 인민 항쟁은 보다 높은 단계로 발전하게 된 것이다. 이에 당황한 반동경찰은 미친개와 같이 날뛰며 인민학살을 거침없이 단행했으니 투표소는 드디어 도살장화 되어 혹은 선거중지 혹은 선거중단, 이것으로도 인민들의 항거를 막지 못하여 허위투표 대리투표의 기만적 투표를 한 것이다. 이것이 바로 그들이 뻔뻔스럽게 발표한 소위 90% 투표의 정체인 것이다. 이에 분격한 남조선인민은 총궐기하여 소위 5·10 단선의 무효화를 선언하는 동시에 단선 단정의 분쇄의 구국투쟁을 더욱더 격화 확대하여 가고 있다. 현재까지 들어 온 보고에 의하면 대략 다음과 같다.[5]

---

5 보라! 5·10 매국 단선의 정체를!, 「노력인민」 1948.5.25.

「노력인민」의 보도에 의하면, 소위 90% 투표의 정체는 허위투표·대리투표의 기만적 투표의 결과가 된다. 미군의 장갑차·탱크·무장트럭·기관총을 비롯하여 친일반동경찰의 삼엄한 무장, 향보단으로 변장한 강도테러단의 죽창·곤봉 등을 동원하고, 인민학살을 감행하면서까지 단선·부정선거를 감행한 이유는 조선을 미제의 식민지로 만들기 위해서였다고 한다.

민주 조선의 모습을 전 세계에 알려주었다는 「동아일보」의 보도와 너무나 다르다. 인용한 기사는 "분격한 남조선인민은 총궐기하여 소위 5·10 단선의 무효화를 선언하는 동시에 단선·단정의 분쇄의 구국 투쟁을 더욱더 격화 확대하여 가고 있다."라는 글로 마침표를 찍었는데, 기사라기보다는 사설로 보아야 될 듯싶다. 「노력인민」이 제공한 투쟁 사례의 기사 제목은 다음과 같다.

① 소위 국련 감시하의 망국 단선의 정체(사상 초유의 강제 허위 투표! 미군은 총살로 간섭, 인민은 죽음으로 항쟁, 미군이 애국청년을 사살, 소년을 발길로 차서 즉사, 5·10 단선에 폭로된 미 침략자의 본질)

② 서울(대리 허위투표, 향보단과 선위(選委) 놈들 만행, 소위비밀투표 흑막, 전부 무효투표, 매국 단선 단정 분쇄의 혈전 폭발, 애국적 노동계급을 선두로 남북인민 구국 항쟁에 돌진, 농촌·가두·학원에 전선확대, 철도국 기관구를 위시 중요공장 전부 총파업, 각 출판소 파업으로 언론기관 기능 상실, 남조선단선단정반대 투쟁총파업위원회 총파업선언문)

③ 대구(기권 85% 투표 15%, 전 산업기관 총파업 단행, 검찰청 외 각 관공서·학원도 궐기, 단선반대 파업직장 인원)

④ 경기도(이렇게 매국 투표를 실시했다! 옹진서는 면민 대회 열고 매국 선관위원 들을 축방, 각 처서 투표소를 습격, 계몽을 구실로 대리 기입, 형사도 한목, 인 천·개성 등지 노동자 총파업 단행, 매국노를 못 찌른 애국 인민들의 전적)

⑤ 전남(선위는 경찰이 즉석 임명, 투표는 5월 11일 계속, 소위 UN 감시하 매국 단선의 흑막, 총질·위협·허위·대리 등 투표의 가지가지, 장성서도 투표일을 하루 연기했다, 화순 탄광에서는 가족들 출입도 엄금, 광산군 강제투표·경관 백지날인 강요, 경찰이 현장에서 선거위원을 선정, 구례군 광의면에서는 1할을 100%로 발표)

⑥ 경북(5·10 망국 단선 분쇄 위한 남조선인민의 구국투쟁, 대구시, 대구 선위 97% 총사직, 봉화군, 달성군, 칠곡군, 문경군)

⑦ 경남(5·10 망국 단선 분쇄 위한 남조선 인민의 구국 투쟁, 부산시, 울산군, 동래·양산)

⑧ 충남(대전부, 논산)

⑨ 충북(청주부, 청원군, 괴산군, 영동군)

⑩ 전북(고창군, 군산부, 완주군, 전주부)

⑪ 전남(구례군, 광산군, 장성군, 목포부, 화순 탄광)

제주도의 경우, "구국 전선의 선봉대로 단선 단정 분쇄에 사투" "조국을 구하기 위하여 민족의 선두에서 사투하는 제주도 애국 동포를 구출하자!"라는 헤드라인 아래 상·중·하 특집으로 보다 상세하게 현황을 전했다.

① (상)반동 숙청에 영웅적 혈전 벌어진 제주도(사건의 원인·동기, 구국인민유

격대의 위용)

② (중)조국의 식민지화 분쇄 전(戰)에 전도 순국 열정으로 작열, 조국을 방
　어하기 위하여 민족의 선두에서 사투하는 제주도 애국 동포를 구출하자
　(5·10 망국 단선 분쇄 투쟁, 자위대와 인민과의 결부 상황)

③ (하)망국 단선 단정 분쇄 전의 영웅적 혈전 벌어진 제주도(반동진영의 동
　향–경찰, 반동청년, 국방경비대, 미국군대, 인민자위대에게 영광을 드리며 단정
　수립을 사전에 분쇄하자!)

한편, 「노력인민」은 선거 당일 서울 인근 지역에서 살해당한 사건을
예로 들면서 "천추에 빛나는 구국 투사의 위훈"이라고 희생자에 대해 안
타까움을 전하며 조의를 표했다. 희생자, 희생 장소 등은 다음과 같다.

① 김옥동(종로 5정목 매국 투표소): 치욕의 속에서 사느니 독립을 위하여 죽자! 독
　립과 생명을 바꾼 김옥동 용사.

② 김창홍(25세, 개성 중앙 남대문파출소): 미군총격에 쓰러진 용사를 국부를 자르
　고 죽창으로 난자, 보라! 이 반동경찰의 만행을!

③ 김택주(23세–태조농학교 교원, 개풍군): 쓰러지면서 절규하는 조선인민공화국
　만세, 순국영웅 김택주 열사를 따르자!

④ 성명 조사 중(덕수궁 앞): 적탄에 맞아 쓰러지면서 의열(義烈)의 1탄– 원수를 분
　쇄, 용사의 위훈 길이 인민 속에 사오리!

단선 단정 반대를 위한 투쟁과 진압에 대한 실상을 이 책에서 모두 서
술할 수는 없다. 향후 숙제로 미룰 수밖에 없다. 그렇다면 북조선에서
는 5·10선거의 참상을 어떻게 보았을까? 1958년, 과학원역사연구소

가 발간한 『조선통사(하)』를 살펴보면 아래와 같이 기록되어 있다.

…1948년 4월 3일 제주도의 애국적 인민들은 일제히 궐기하여 도내(道內) 14개소의 경찰 지서들을 습격 소탕하고 악질반동과 테러분자 및 경관들을 모조리 처단하였다. 그 후 무장한 인민들은 한라산에 근거지를 정하고 계속 경찰 지서들과 선거장들을 파괴하였다. 그리하여 제주도에서는 종시(끝내) 선거의 흉내조차 내지 못하고 말았다.

4월 남북연석회의 이후 망국 단선을 반대하는 인민들의 투쟁은 더욱 앙양되었다. 남조선 각지에서는 파업과 시위운동이 전개되었다. 철도와 교량은 파괴되고 전신 전화선은 절단되었다. 극히 불충분한 자료에 의하더라도 남조선 각지에서 파괴되거나 소각된 선거장 수는 40여 개소, 습격을 당한 선거장은 100여 개소에 달하였으며, 170여 명의 악질 경관들과 입후보자 및 반동분자들이 처단되었다. 이리하여 남조선 전역은 완전히 수라장이 되었으며, 망국 단선의 파탄은 벌써 명백하여 졌다.

그럼에도 불구하고 흉악한 미 제국주의자들과 그의 앞잡이들은 '선거'를 조작하려고 마지막까지 발악하였다. 선거 당일인 5월 10일에는 남조선 전역이 총검을 든 군대와 경찰의 삼엄한 경계망으로 뒤덮였다. 경찰과 '향보단원'들은 집집마다 돌아다니면서 투표를 가용하였다. 만일 조금이라도 주저하거나 거절하면 그 자리에서 구타 학살하였다. '유엔임시조선위원단'에서 제출한 문건에 의하더라도 선거준비와 선거실시기간에 416명의 선량한 인민들이 학살되었으며 858명이 부상당하였다. 선거 날의 서울을 목격한 유피통신 기자까지도 "이날 서울에서 웃는 사람은 어린아이들뿐이었다"고 개탄하지 않을 수 없었다. '유엔 임시조선위원단'의 감시하에 '자유 분위기' 속에서 진행된 '선거'란 바로 이러하였다.

이리하여 5·10 망국 단선은 조선 인민의 총의를 무시하고 순전히 총칼의 위협과 사기적 방법으로 조작한 허위적 선거라는 것이 명백해졌다. 소위 '선거위원회'의 발표에 의하더라도 경상남북도에서는 유권자의 겨우 10~20%가 강압에 못 이겨 '투표'에 참가하였을 뿐이며, '선거'가 진행된 지 10여 일이 경과한 5월 22일까지도 30개 선거구의 '투표결과'가 발표되지 못하였다.

그럼에도 불구하고 미제와 그 졸도들은 파렴치하게도 총유권자의 92%가 '선거'에 참가하였다고 '선거결과'를 제멋대로 날조하여 5월 30일에는 소위 '대한민국 국회'를 조작하였다.

'국회의원'의 사회성분별 구성을 보면 의원 총수 198명 중 단한 명의 진보적 인사도, 노동자도, 농민도 없으며 지주가 84명, 예속자본가가 32명, 친일관리가 23명, 기타 친미파 반동두목, 악질 종교인이 59명을 차지하고 있었다. 이 자들은 모두 해방 전후를 막론하고 우리 조국과 인민을 반대하고 제국주의침략자들과 야합하여 노동자, 농민을 비롯한 근로 인민들을 야수적으로 억압하며 착취하는 인민의 추악한 원수들이었다.

괴뢰국회는 동년 7월 20일 미제의 충실한 주구를 '대통령'으로 선거하였다. 소위 '대한민국헌법'에 의하여 행정의 전권이 부여된 이승만은 자기의 심복들로 '대한민국 정부'를 구성하여 '국회'의 승인을 받았다. 괴뢰정권은 미 제국주의자들의 이사(頤使, 마음대로 부림) 하에 민족분열과 동족상잔의 내란 도발을 준비하여 조선 인민의 온갖 민주주의적, 애국적 역량을 말살하고 우리 혁명의 전진을 가로막는 것을 자기의 기본임무로 하는 반민민적, 반동적 매국 정권이다. 이리하여 반동 괴뢰정권의 출현은 우리나라에 조성된 민족분열과 국토 양단의 위기를 한층 더 격화시켰다.[6]

수많은 희생자를 배출하였으며, 치열하게 투쟁했다. 하지만 선거결과가 공포되었고, 5월 31일에는 선거위원회의 소집으로 제헌의회가 개원되었다. 의회는 국회의장에 이승만, 부의장에 신익희(申翼熙)를 선출하였다. 조만간 헌법이 제정될 터이고(7월 17일), 이승만이 대통령에 선출될 것이다(7월 20일). 그리고 8월 15일에는 대한민국 정부수립이 선포될 것이다(8월 15일). 이러한 상황에서 북조선은 어떻게 대응해야 할까?

4월 남북연석회의에서 합의된 제4항에, "본 성명서에 서명한 제 정당, 사회단체들은 남조선 단독선거의 결과를 결코 인정하지 않으며 지지하지 않을 것이다."라는 내용이 있다. 문제는 북조선의 향후 계획에 대한 언급이 없다는 점이다. 조선의 정치정세와 외국 군대의 철수 및 조선독립을 위한 향후 투쟁방도에 대한 문제를 토의할 필요가 생긴 셈이다. 소련공산당 중앙위원회의 조언에 따라 6월 29일부터 7월 5일까지 '남북조선제정당사회단체지도자 협의회'를 개최하기로 결정되었다. 1948년 6월 29일 예비회의가 열렸다. 남측에서 17명, 북측에서 16명

---

6 과학원역사연구소, 『조선통사(하)』 1958년판, 오월, 1989, pp.353~354.

등 33인의 인사가 참석했다. 참석을 기대했던 남측의 두 인물, 김구와 김규식이 보이지 않았다. 남쪽 참석자들이 불참한 인물들에 대해 특별한 관심을 표명했다.

김충규(신진당): 회의에는 남한의 어떤 정당·사회단체가 초대되었으며 누가 아직 오지 않았는가?

김일성: 두 개의 당 대표가 오지 않았다.

강순(근로대중당): 우리가 알고 있듯이 남한의 정당·사회단체 대표자들은 비공식적으로 초대받았다. 같은 방식으로 김구와 김규식이 초대되었을 것이다. 그런데 그들은 오지 않았다. 그들의 도착은 매우 중요한 의미를 가진다. 그들이 오지 않을 예정이라면 그들이 오도록 조치를 취해야 하며, 올 것이라면 기다려야 한다.

김두봉: 우리는 그들이 올 것이라는 전갈을 받지 못했다. 그러나 우리는 여러 차례 그들을 초청했다.[7]

어떻게 된 일일까? 6월 5일 북조선 민전은 김구와 김규식에게 제2차 남북지도자협의회에 참석해 달라는 초청장을 발송하고, 회의장소는 김구와 김규식이 북행하기 쉬운 해주로 하자고 제의했다.[8] 북측의 제안에 대한 양 김의 회신내용은 상당한 시간이 흐른 후 두 사람의 기자회견을

---

7 윤경섭, 1947~1948년 북한의 정부수립 문제와 남북연석회의, 「사림」 제21호, 2004, pp.31~68.

8 임영태, 북한의 정권 수립과 체제 정비①- 제2차 남북 지도자협의회, 「통일뉴스」, 2001.7.23.

통해 밝혀진다. 제2차 남북지도자협의회가 끝난 지 5일쯤 후인 7월 10일, 김구는 "북조선에서 2차 남북회담을 제안"했음을 시인했다. 그리고 "회담의 장소, 시일 및 토론내용 등 구체적 방법을 협의하기 위하여 평양에 체류 중인 홍명희를 연락위원으로 서울에 오도록 하기 바란다."라는 답신을 보냈음도 밝혔다.[9] 김규식의 경우, 「조선일보」가 아래와 같은 기사를 남겼다.

…북조선으로부터는 김일성 김두봉 양 씨의 6월 10일부 서한으로 양 김 씨에게 제2차 회담을 6월 23일 해주에서 개최하자고 제안하였던 것이다. 그런데 김 박사는 회한(回翰)으로 남조선 현실에 감(鑑)하여 북행이 곤란하니 북조선에서 선거를 실시하여 남조선 국회에 남겨둔 의석 100석을 파견하여 이를 중심으로 남북회담에 대행하여 통일 책을 협의하자는 것이었다.[10]

아무튼 김구, 김규식 두 사람의 불참이 확실해졌다. 예비회의에 이어 1948년 7월 2일부터 7월 5일까지 '남북조선제정당사회단체지도자 협의회'가 개최되었다. 장소는 해주에서 평양으로 변경되었고, 북로당 등 15개 정당·사회단체의 북쪽 대표와 남쪽에서는 제1차 연석회의 때 잔류했거나 비밀리에 38선을 넘은 17개 정당·사회단체 대표들이 참석했

---

9   2차 남북회담 북조선에서 제안, 김구 씨 담, 「조선일보」, 1948.7.11.
10   통촉 분열 위기에 직면, 3개 파로 대립, 「조선일보」, 1948.8.11.

다.[11] 제2차 회의에서 임시인민위원회 및 북조선 노동당을 대표하여 김일성은 다음과 같이 제의하였다.

> 남조선 '단독선거'와 관련하여 우리 조국에 조성된 정치정세를
> 분석하고 조국통일을 위한 결정적 구국 대책으로서 우리 손으로
> 통일을 기하여 조선 인민들의 의사와 숙망을 표현하며 그들을 대
> 표하는 전 조선적 최고입법기관을 창설하고 조선민주주의인민공
> 화국 헌법을 채택하고 전 조선적 정부를 수립할 것…[12]

〈 그림74: 1948년 7월 28일 자 노력인민 〉

11 북조선 측: 북조선노동당, 조선민주당, 북조선천도교청우당, 북조선직업동맹, 북조선민
주청년동맹, 북조선민주여성동맹 등, 남조선: 남조선노동당, 근로인민당, 조선인민공화
당, 민주독립당, 조선노동조합전국평의회, 전국농민조합연맹, 남조선민주여성동맹, 민
주애국청년동맹, 조선그리스도교민주동맹, 건민회 등

12 과학원역사연구소, 『조선통사(하)』 1958년판, 오월, 1989, p.355.

호산 전창일과 통일운동 77년사

'남북조선제정당사회단체지도자 협의회'는 김일성 위원장의 보고를 전적으로 채택하고 다음과 같은 사항을 결정하였다.[13]

첫째, 비합법적으로 구성된 남조선 '국회'를 토대로 한 남한만의 정부가 수립된다면 우리는 이것을 전격적으로 폭로·배격할 것이다. 이것은 우리 조국에 반민중적, 반 민주주의적 제도를 설치하여, 우리 조국을 남북으로 영원히 분열시키고, 남한을 미 제국주의의 식민지·군사 기지화하려는 목적을 가지고 있기 때문이다.

둘째, 남·북조선 전역에서 거행되는 총선거를 실시하여 이에 기초한 조선최고인민회의를 창설하고, 남북조선의 대표자로 구성된 조선중앙정부를 수립한다.

셋째, 조선최고인민회의와 조선중앙정부는 조선으로부터 외국 군대를 즉각, 동시에 철거하게 한다.

넷째, 본 회의에 참가한 정당·사회단체의 모든 당원과 맹원 및 진정한 애국자는 본 회의의 결정을 전전으로 지지하며, 자신의 모든 힘을 다해 조국반역자들과 투쟁하고, 조국통일과 민주주의 조선독립국가 건설을 위해 헌신적으로 투쟁하여야 한다.

---

13 조선의 통일을 위하여 투쟁하는, '남북조선제정당사회단체지도자 협의회'의 결정서, 「노력인민」 1948.7.28.

〈 그림75: 1948년 8월 25일 자 노력인민, ©
정창현, 민족21 〉

　인용한 위 결정서에 따라, 북조선은 7월 9일에서 10일까지 제5차 북
조선인민위원회를 열고, 조선최고인민회의 대의원선거를 8월 25일에
실시할 것을 결정하였다. 그리고 북조선인민위원회 특별회의에서 찬동
한 조선민주주의인민공화국 헌법 초안을 통일적 입법기관이 수립될 때
까지 우선 북조선에서 실시할 것을 채택하였다.[14]

　그 후, 8월 25일 북조선 전역에서 유권자 총수 99.97%가 투표에 참
가하여, 조선최고인민회의 대의원 212명을 선출하였다. 인구 5만 명
당 1명씩의 비례인 셈이다. 문제는 남조선의 대표선출이었다. 미군, 경

14　과학원역사연구소, 『조선통사(하)』 1958년판, 오월, 1989, p.355.

　　　　　　　　　　　　　호산 전창일과 통일운동 77년사

찰, 향보단 등에 의한 테러와 탄압이 극심한 상황하에서 공개적, 직접적 방법으로 선거를 진행할 수 없는 형편이었다. 격론 끝에 2중적 선거 방식을 취하기로 결정되었다. 우선 8월 20일까지 인민대표를 선거한 다음, '남조선인민대표자대회'에서 최고인민회의 대표를 선출하기로 했다. 남조선에선 지하 간접선거를 통해 전권을 위임받은 대의원 1,080명을 선출한 뒤, 이 대의원들을 해주에서 개최될 남조선인민대표자대회에 보내기로 했다. 38선을 넘어 북조선으로 월북하기 위해선 목숨을 담보로 해야만 했다.

〈 그림76: 1948년 8월 25일 자 노력인민, ⓒ정창현, 민족21 〉

7월 15일부터 8월 10일까지 지하선거가 실시됐다. 이 비밀선거의 진행에 전창일도 한몫했다. 서울 종로구 선거 전권위원이 된 것이다.[15] 「노력인민」은 "각 전권위원의 헌신적인 활동과 아울러 전 인민의 열광적 지지로 진행되어 투표율은 날로 급속히 향상되어 전 유권자의 100%

15　전창일 자필 기록, 2021년 3월

를 목표로 총진격하고 있다"고 보도하였다.[16] 연판장 지하선거의 실상
은 직접 참가하였던 통일운동가 안재구(1933~2020) 전 경북대 교수의
수기가 참조된다. 아래는 안재구의 자서전에 나온 글을 발췌·인용한
것이다.

　　…인민대표자를 선발하고, 이들을 해로로, 육로로 해주로 보
　내는 일을 남조선의 『조선민주주의민족전선』(약칭 '민전')의 주
　도하에 「선거지도위원회」를 조직하여 담당하도록 했다. 먼저 각
　시·군의 민전은 산하의 정당·사회단체로부터 인민대표자를 추
　천받아 「선거지도위원회」에서 대표자를 결정하고 이들을 해주로
　보내는 일을 집행했다.
　　이 일은 7월 초순에 결속을 보았고, 7월 중순부터는 이들 대표
　와 이들 대표로부터 선출되는 입법기관의 대의원을 지지한다는
　서명의 연판장에 도장을 받아야 했다. 해주의 「남조선인민대표자
　대회」의 대표자 선발은 각 정당·사회단체에서 제기되는 후보를
　토의해서 대표자 결정을 결속하는 일과 이들을 해주로 보내는 일
　은 조용하게 치러졌지만, 연판장에 서명 날인받는 일은 매우 힘
　드는 일이었다. 경찰과 극우단체의 감시의 눈을 피해서 동네의 골
　목을 누비고 다녀야 했고 대중들을 만나서 설득도 해야 하는 힘들
　고, 또한 위험한 일이기도 했다.

16　8월 15일 현재, 서울·인천·청원 등지 유권자의 8할 돌파, 각지 100% 목표로 육박, 「노
　　력인민」 1948.8.25.

　　　　　　　　　　　　　　호산 전창일과 통일운동 77년사

남로당의 세포조직을 동원했고 당원이 속한 대중단체, 노동조합, 농민위원회, 시장상인상조회, 민애청, 여성동맹, 민주학생동맹 등 대중단체들이 적극 나섰다. 연판장 서명 날인에 대중들이 적극 참여했다.

연판장에 서명 날인하는 일도 그리 쉬운 문제는 아니었다. 똑같은 날인을 5부를 작성해야 했다. 연판장을 보낼 곳은 남조선 군정청, 북조선주둔 소련군사령부, 미국 대통령, 소련수상 그리고 국제연합 의장, 5곳이었다.

내가 연판장에 서명 날인을 받는 일에 직접 참가하기 위하여 밀양읍의 내이동, 내 고향 집 연계소의 언저리에 2, 3일을 돌면서 받았고, 특히 교동 고모 동네에 파고들어 가서 고모와 고모부 내외의 도움을 받고, 초등학교 동창들의 후원으로 연판장 서명 날인을 받았는데, 하룻밤 새에 200명 가까운 서명을 받기도 했다.

여기에는 5·10 단선에서 당선된 「한민당」 국회의원들의 덕을 톡톡히 보았다. 이들이 거의 모두가 친일지주이고 또 이들을 싸고 있는 자들은 거의 그 지역의 부랑꾼이거나 폭력배이기에 민중들로부터 인심을 톡톡히 잃은 자들이라서 이들이 미워서 이번에는 오히려 연판장 선거에 동정적이었고, 남조선을 일제 식민지로부터의 해방이 미국 식민지로 되고 있다는 데 대한 대중들의 분노를 느낄 수 있었다. 특히 교동에서는 나를 고모 집에 그냥 있으라고 하고 동기동창 동무들이 들고 나가 돌아다니면서 집안의 봉건적인 노인을 따돌리고 안방으로 해서 도장을 거의 다 받았다고 했다. 그날 나는 아주 편안하게 맡은 분공을 초저녁에 다 마쳤다.

오랜만에 연계소 집에서 할매 곁에서 잠을 잤다. 그래도 아침 일찍이 내 안전을 위해 할매는 아직도 덜 샌 새벽어둠에 새벽밥을 차려주셨다. 조직 선을 타고 삼개의 연락 '트'로, 파서막의 정미소 '트'로 해서 밀양군의 서남지대 8개 면의 연판장 작업진행 정형을 보고받았다.

대중의 호응도가 생각 밖에 높았고, 그럼에도 불구하고 사고는 하나도 없다. 이대로 나가면 연판장 운동은 90% 가까이 될 것 같았다. 공개적으로 하는 선거가 아니라서 각 면의 18세 이상의 선거권자 수를 미리 정확하게 파악할 수 없어서 그 퍼센트는 알 수 없지만, 호응도는 엄청나다는 것은 알 수는 있었다. 각 면의 행동대원들이 가는 동네마다 환영이었고 반동이 없는 민주 부락에서는 그날이 무슨 회촛날(會招日)처럼 막걸리에다 단술도 담고 묵도 치고 닭도 잡고 지짐도 굽고, 그래서 한잔 들어가면 동네 바깥마당에는 자연히 풍물소리까지 났다고도 했다.

7월 하순부터는 연판장을 수집하고 그것을 정리해서 곱게 철하고 제본한다. 보통 한 면의 유권자의 연판장을 받을 때 그 1부가 미농지 150~200매 정도인데 5부이다. 미농지는 아주 얇은 종이인데 3,000~4,000명 정도의 주소 성명을 세로로 쓰고 날인한 명부이다. 이를 미농지로 꼰 노끈으로 맨 서류로 되겠는데 그 한 부가 한 개 면의 선거인 전부로 된다고 보면 된다. 밀양읍은 좀 두껍게 되겠는데 그래도 다 합해서 한 부가 군 전체로 12권, 5부 모두 합쳐 60권 정도일 것이다. 이를 각 면마다 수집 날짜와 시간을 정해서 연락 '트'에서 주고받아야만 했다.

다음에 이 연판장을 백두대간 산줄기를 따라 이북으로 전달해야 한다. 그러기 위해서 새로운 연락 '트'를 설치해야 했다. 그곳

호산 전창일과 통일운동 77년사

이 상동면 도곡리(道谷里)이다. 상동면 도곡리는 지금 경부선 상동역에서 도로를 따라 북으로 올라가다가 동창천(東倉川)을 건너지 않고 강을 따라 동북쪽으로 올라가면 강이 오른편으로 굽어 길도 동쪽으로 틀고 있는데 오른편으로 1차선 도로가 나 있고 방향은 남쪽이다. 그 길을 따라가면 도곡리라는 마을이 있다. 그 길을 따라 더 남으로 가로막힌 산을 향해 가면 지금 5, 6호 되는 (옛날 - 1948년에는 15, 6호 나 되었다.) 마을이 나오는데 이를 상도곡리라고 부른다.

이 상도곡리는 밀양시에서 산외면으로 들어서는 긴늪 밀산교를 지나 상동역 방향으로 가지 않고 산외면 다원으로 가는 길 갈림길에서 북에서 남으로 내려오는 개천 오른편으로 개천따라 올라가면 '남가실'이라는 자그마한 동네가 나온다. 이 동네도 1948년에는 15, 6호나 되는 동네이지만 지금은 10호도 채 안 된다. 이 '남가실'에서 개천따라 올라가면 '엄광'이라는 산으로 둘러싸인 작은 동네에 이른다. '남가실'에서 약 4킬로미터쯤 되는데 그 안 골짜기를 '안당골'이라고 부르는데 바로 빤히 고갯마루가 보인다. 이 고개를 넘으면 바로 도곡리 마을이 보이고 저쯤 좀 떨어져 상도곡리가 보인다. 나는 이 상도곡리를 1948년 7월 하순에서 8월 초까지 거의 하루걸러 뻔질나게 다녔다.

당시 도로에서 엄광으로 가는 길 첫 동네인 '남가실'에는 조선조 정조(正祖) 시대, 지금으로부터 약 220년쯤 전 지손(支孫)으로 갈라진 5형제 집의 끝에 집안의 한 갈래의 일가가 살고 있었다. 당시 연세가 환갑이 좀 넘은 솔레 할아버지라고 부르는 우리 일가의 할아버지가 사셨는데, 그 아들이 일제 식민지시대에 노동운동으로 이름을 떨쳤던 안영달(安永達)이다. 안영달은 8·15해방 이후 미국의 정보공작원 로빈슨에 고용되어 박헌영, 이승엽과 더불어 북 공화국을 전복하려는 음모활동을 벌이다가 붙잡혀 죽었다. 나는 당시 안영달은 우리 일가로서 유명한 사회주의자로만 알고 있어서 존경하고 있었고, 따라서 솔례 할아버지도 그의 아버지로서 물론 존경하고 있었다.

나중에 어떤 기록에서 솔례 할아버지도 한때 「의열단」에 가담하여 광복운동을 했다가 일제에 붙잡히자 곧 동지를 배반하고 일제에 전향했다는 사실도 알게 되었다. 내가 이러한 사실을 몰랐고, 몰랐던 그 당시, 즉 1948년 7월부터 8월 초까지 도곡리로 가는 중간에 있는 마을 '남가실'의 할아버지 댁을 지나갈 때마다 들러서 할머니의 인정스런 대접을 받았다. 솔례 할아버지, 할머니는 일제 말기에 알곡을 구하기 어려울 때 나의 할머니가 그 일갓집에서 먹을 양식을 구해 오시기도 해서 지금도 그 고마움은 잊을 수 없다. 아무튼 나는 이들 가족을 생각할 때마다 내 가슴에는 묘한 갈등이 넘실대기도 한다.

내가 이 동네를 지나게 되는 시간은 언제나 밤 8시에서 9시쯤이었다. 나의 다원 '트'에 연판장 서류가 모이고 이를 정리해서 노끈을 꼬아 제본하여 잘 간추려 무거운 다듬잇돌로 눌러 두면 서류가 곱게 간추려진다. 대개 오후 7시쯤에 이를 유지(기름종이)에 싸서 지게 등판의 짚 등바지 속에 넣고 지게에는 나무토막을 여남은 개 얹어 밧줄로 매고 짊어지고 다녔다.

북조선에 있는 남녘 동무들이 이번 연판장 선거를 적극 지원해 나서기로 한 것이다. 남녘 야산대에서 활동했던 동무들이 앞으로 벌리게 될 유격전을 위하여 『강동정치학원』에서 학습하고 있던 동무들이 이 연판장을 나르기 위해 적극 나서기로 했다는 것이다.

밀양군당과 민전에서 연판장을 모아다가 내가 담당한 8개 면당과 지도원 동지가 맡은 4개 면당의 연락 '트'에 보내오면 이를 산외면 다원에 있는 나의 '트'에 모으고, 이를 하루걸러 상도곡리에 있는 『밀양군농민위원회』 '트'에서, 당시 우리들이 '강동사람'이라 부르던 『강동정치학원』 동무들에게 주어서 이북에 있는 「선거지도위원회」로 전하는 일이다. '강동사람'은 각 군마다 2명씩 배치되어 백두대간을 타고 가서 해주로 전달하는 것이다.

상도곡리라는 마을은 20호쯤 되는 마을인데 반동이 없는 민주부락이다. 여기는 바로 해방구라는 뜻이기도 했다. 아이도 어른도, 남자도 여자도 「적기가」를 모르는 사람이 없다. 「민청가」, 당시 10월 인민항쟁을 생각하면서 임화가 작사하고 김순남이 작곡한 「인민항쟁가」를 많이 불렀고, 또 「결전가」라는 새로운 노래도 불렀다. 그밖에 물론 「국제가」라고 하던 「인터내셔널」도 불렀다. 우리는 여기에서는 모두 거리낌 없이 힘차게 불렀다. 이 '강동사람'들은 지금도 내 망막 안에서 아직도 살아있고, 그 노랫소리는 귀의 고막에 남은 것인지 아직도 그 목소리가 남아있지만, 우리 민족사에서는 영영 떠나버리고 만 것인가. 박헌영 종파 일당의 한 놈인 치안국 대공분실장 백형복의 모략적 배신으로 거의 모두 희생되고 말았던 것이다.

분단을 반대해서 『연판장 투쟁』에서 헌신적으로 싸웠던 우리들과 「남조선인민대표자대회」에 참석한 1,008명의 대표자 그리고 '강동사람'이라 불렀던 「남조선인민유격대」의 시작이었던 청청한 젊은 동지들의 피로써, 첫 『최고인민회의』의 남조선 대의원 360명이 태어난 것이다. 마침내 1948년 8월 25일, 북조선에서 실시한 총선거에서 당선된 212명과 합해 전체 남북조선의 대의원으로 최고인민회의가 성립되었다.

  이는 외세의 개입이 없는 남북조선의 인민들이, 북위 38도선으로 분단되어있는 현실적 상황을 자주적으로 이겨내고 인민 스스로가 대의원을 뽑아서 구성한 인민을 대표하는 기관이었다. 이로써 그해 1948년 9월 9일에 『조선민주주의인민공화국』이 선포되었다.[17]

  1945년 8월 20일, 해주에서 '남조선인민대표자회의'가 개막되었다.[18] 남조선 전체 유권자의 77.52%가 선거에 참가하여 지하 간접선거를 통해, 전권을 위임받고 선출된 대의원 1,080명[19] 중 1,002명이 참석했다. 78명은 월북 도중 체포되거나 교통관계 등의 사유로 참석하지 못했다.[20] 대의원들은 '남조선인민대표자회의'를 통해 '조선최고인민회의 대의원' 360명을 선출했다. 남북총선거를 통해 572명의 '조선최고인민회의 대의원'이 확정된 것이다(남조선 63%, 북조선 37%).

  선출된 '최고인민회의 대의원'의 사회성분별 구성은 노동자 120명

---

17 안재구, 『끝나지 않은 길-제2권 찢어진 산하』, 내일을 여는 책, 2013, pp.252~257.

18 남조선인민대표자대회 8월 20일 해주서 역사적 개막, 「노력인민」, 1948.8.25.

19 남조선노동당, 인민공화당, 근로인민당, 민주독립당, 전평 등 28개 정당, 사회단체 대표 811명과 기타 각계각층을 대표한 무소속 인사 269명으로 구성되었다.

20 고준석, 『민족통일투쟁과 조선혁명』, 도서출판 힘, 1988, p.158.

(21%), 농민 194명(34%), 사무원 152명(26.6%), 문화인 33명(5.8%), 기업가 29명(5%), 상인 22명(3.8%), 수공업자 7명(1.2%), 기타 15명(2.5%)이었고, 그중 69명은 여성들이었다.[21] 서울 종로구 선거 전권위원으로 활약했던 전창일은 연판장 지하선거에 대한 자신의 체험을 소중히 여기며, 해주에서 개최된 '남조선인민대표자회의'에 각별한 평가를 아끼지 않는다. 그의 육성을 들어보자.

…대한민국은 38도선 이남에서만 실시된 단독선거로 수립된 단독정부이지만 조선민주주의인민공화국은 남북 전 조선에서 선출된 대의원으로 수립된 통일국가이다. 조선민주주의인민공화국이 전 조선(북남)에서 선출된 대의원 572명으로 구성된 최고인민회의에서 구성되었다는 증거물로 연판장 묶음을 UN에 제시하였던 것이다.

이후 내 기억에는 김활란이 유엔을 방문했을 때 북에서 제시한 연판장 묶음을 헤쳐 보다가 "선거에 참여하지도 않은 자기 이름이 있었다."고 발표하면서 모두가 날조된 것이라고 하였다는 기사(동아일보 혹은 조선일보)를 본 적이 있다.

고려대학에서 발간한 『한국문화사대계』에 의하면 일제 강점기에 김활란은 일본군의 안내를 받아가며 백두산 항일유격대 활동지역에서 "무기를 버리고 투항하라. 이제 조선독립은 가망 없다. 일본은 대동아공영권의 맹주다"라는 삐라를 뿌린 친일여자이

21   과학원역사연구소, 『조선통사(하)』 1958년판, 오월, 1989, p.357.

다.[22]

　'해주남북총선거'에 대한 평가는 극과 극이다. 『분단과 미국』『한국전쟁 또 하나의 시각』『남한 그 불행한 역사』『아메리카의 꿈은 끝났다』등의 저서로 유명한 데이비드 콘드(David W. W. Conde)는 '해주 남북 총선거'에 대해 다음과 같은 평가를 내렸다.

　　남한에서의 대표선출은 8월 22일부터 24일 사이에 해주에서 이루어져 남한의 대중단체를 대표하는 1,002명의 대의원이 최고인민회의 대의원 360명을 선출하였다. '자유세계' 측의 이 선거에 대한 논평은 투표가 불완전한 후보자 명부를 바탕으로 실시되었다고 비난하면서 이 선거를 무시하려고 했다. 그러나 1948년 5월에 실시된 남한선거에서 벌어졌던 정치놀음을 고려하면 이 해주선거가 이승만과 그 부하들의 선거보다는 남한 대중을 보다 잘 대변하는 선거라고 해석하는 것이 옳을 것이다.…(중략)… UN이 가세하여 세계에 대해 저질렀던 남한에서 보여준 기만에 대한 모든 이야기는 1948년 5월 선거 감시 기간 동안에 UN 임시위원단에 의해 작성된 기록 속에 15년이 지난 지금도 역시 은폐된 채로 남아있다. 몇 가지 내용은 일반사람들이 음미할 수 있도록 공개되었지만 아직까지도 대부분 내용은 '대외비(對外秘)'인 채로 남겨져 있다.[23]

22　전창일 자필 기록, 2021년 3월
23　데이비드 · 콘드, 『분단과 미국』 2, 사계절, 1988, p.210.

첫 번째 구속(1949년 4월) 그리고
옥중에서 만난 사람들

세상이 바뀌었다. 한반도에는 두 개의 분단국가, 두 개의 정권이 생겨났다. 1945년 11월 19일 북조선 5도 행정국이 출범한 이후 인민위원회를 중심으로 조선인에 의한 자치가 이루어진 북조선에 비해, 남한에서 출범한 신생정부는 미 군정의 정책을 계승할 수밖에 없었다. 이승만 정권은 일제 강점기 때의 신문지법·보안법을 비롯하여 미 점령군의 군포고·군정법령 등을 계승하였고, 미 군정의 정책에 따른 정치·경제위기와 사회적 불안 등 위기적 요소도 함께 물려받았다.[1]

〈 그림77: 1948년 10월 22일, 11월 6일 자 경향신문 〉

---

1   고영민(고준석), 『해방정국의 증언』 사계절, 1987, pp. 215~215.

1948년 10월 하순경, 갓 출범한 이승만 정부를 뿌리째 흔들 대형사건이 터졌다. 일부 군대가 반란을 일으킨 것이다. 장소는 여수·순천지역이었고, 제14연대가 공산계열과 야합하여 돌연히 반란을 도모했다고 보도되었다.[2] 많은 군인과 시민들이 죽거나 다쳤다. 「경향신문」의 기사에 따르면, 사망자 수는 2,522명이다.[3] 「대한일보」는 3,366명이 죽었다고 보도했다.[4] 조선노동당 남조선정치공작위원회 위원과 「우리신문」 주필을 역임했던 고준석의 주장에 의하면, 반란군 장병과 시민 9,430명이 학살되고 23,000여 명이 검거·투옥되었다고 한다.[5]

여순사건에 대한 진실규명은 2022년 오늘 현재 진행형이다. 정확한 피해 상황이 지금까지도 파악되지 않았다는 얘기다. 한편, 북조선은 "해방 이후 1949년 말까지 남조선에서 학살된 애국적 인민의 수는 14만 9,000명에 달하였다. 그 대부분은 1948년 가을부터 1949년 말에 걸치는 기간에 살해되었다"는 기록을 남겼다.[6]

1946년 대구의 10월 항쟁이 식량·경제정책 실패 및 미 군정 정책의 여러 모순에 대한 조선 민중의 투쟁이었다면, 1947년부터 시작된 제주도 4·3 사건과 1948년 여순사건은 남한 단독정부를 무리하게 설립하고자 한 미국 그리고 인민의 지지가 결여한 이승만 정권에 대한 조선 인

2　제14연대 돌연 반란, 공산계열과 야합, 여수·순천 각 기관을 거의 점령, 「경향신문」, 1948.10.22.

3　전남 반란사건 총결산, 사자 2,522명, 사회부 구호반 보고, 「경향신문」, 1948.11.6.

4　麗水順天叛亂에 慘死者三三六六名, 重輕傷者一四〇八名, 「대한일보」, 1948.11.9.

5　고영민(고준석), 『해방정국의 증언』, 사계절, 1987, p.215.

6　과학원역사연구소, 『조선통사(하)』 1958년판, 오월, 1989, p.379.

민의 분노가 폭발한 사례였다고 볼 수 있을 것이다.

〈 그림78: 1948년 11월 20일 자 대동신문 〉

　여순사건으로 홍역을 치른 이승만 정권이 난국을 벗어나기 위해 선택한 것은 언론탄압과 국가보안법 제정이었다. 먼저, 을사늑약 후 일제 통감부가 제정했던 《신문지법》[7]을 부활시켰다. 이 법을 적용시켜, 미군정이 미처 정리하지 못한 좌익·중도계열 언론뿐 아니라 「조선통신사」와 「국민신문」 등 이승만 정권을 비판하는 통신사, 신문 등을 아예 소멸시켜버렸다.[8]

---

[7]　조선 말기 일제가 우리나라의 신문을 탄압·통제하기 위하여 제정한 법. 1907년 7월 이완용(李完用)내각이 법률 제1호로 공포, 실시한 것으로 1908년 4월 29일 일부 개정되었다. 그 뒤 정부수립 후인 1952년 4월 4일에야 법률 제237호에 의하여 폐지되었다. 《한국민족문화대백과사전(新聞紙法)》

[8]　언론 폭압의 적용법률, 「조선일보」 1948. 10. 31.

다음 차례로 미 군정이 1945년 10월 15일부로 폐지시켰던 《치안유지법》을 《국가보안법》 이름으로 치장시켜 다시 부활시켰다. 초안이 언론에 보도된 것은 1948년 11월 초순부터다. 전문은 9조로 되어 있으며, 대부분 언론은 "여순반란 사건을 계기로 하여 국권수호와 국토방위 국헌교란을 방지할 목적"으로 이 법을 국회 법제사법위원회에서 기초하였다고 보도하였다.[9] 초안의 1, 2조는 아래와 같다.

제1조 국토를 잠절(蠶絶)하거나 정부를 전복하거나 기타 국헌을 범한 자는 민족반역죄로 하고 좌에 의하여 처단한다.

(一)수괴는 사형에 처한다.

(二)이에 참여하거나 군중을 선동하거나 지휘한 자는 사형·무기·10년 이상의 징역 또는 금고에 처한다.

(三)부화수행(附和隨行)하거나 단순히 폭동에 간여한 자는 3년 이하의 징역에 처한다. 전항의 죄의 예비 또는 음모를 한 자는 10년 이하의 징역 또는 금고에 처한다.

제2조 국권을 파괴하거나 정권에 복수할 목적으로 결사 또는 집단을 구성하는 자는 좌에 의하여 처단한다.

(一)수괴의 간부는 사형·무기·10년 이상의 징역 또는 금고에 처한다.

(二)지도자 임무에 종사한 자는 1년 이상의 유기징역 또는 금고에 처한다.

---

9 政府顚覆罪에 重刑, 國家保安法起草, 全文9條不日國會에 上程?, 「호남신문」 1948. 11. 5.

호산 전창일과 통일운동 77년사

(三)그 목적을 알고 결사 또는 집단에 가입한 자는 10년 이하의 징역에 처한다.

국보법 초안이 발표되자마자 "일제의 치안유지법을 도체(塗替, 새로 칠함)했다"[10]고 지적하는 등 비난 여론이 거세지자, 최고형 사형을 무기로 경감하고 전문을 5조로 축소하는 등 최초보다 다소 완화된 법안을 상정했다.[11] 김옥주 의원 등 국보법을 아예 폐기시켜야 한다고 주장한 의원들도 있었으나, 결국 부결되었다.[12] 폐기안이 부결되자 이제 독소조항을 수정할 수밖에 없다고 생각한 몇몇 의원들은 국보법이 통과되는 당일까지 제1조 및 제2조 2항의 삭제를 위해 최선의 노력을 다했다. 아래에 국보법 중 독소조항의 문제점을 지적하는 신성균, 노일환, 박윤원, 김옥주[13] 등의 발언을 인용한다.[14]

> ▶ 신성균: 이 법안은 법률이라는 근본적 정신보다 성문(成文)이 앞선다. 이렇게 무모한 조문으로서 진정한 애국자를 탄압하려는 것은 정의를 찾고 국가를 보지하려는 것이 아니다.
> ▶ 노일환: 제1조의 정신은 예비적 단속에 중점을 두었다. 이와

---

10 塗替된 治安維持法 國家保安法上程 國体變革企圖者死刑,
11 國家保安法도 起草完了, 全文은 五條로 最初보다는 相當히 變改, 「대한일보」, 1948.11.7.
12 國家保安法問題싸고 白熱的論戰展開, 廢棄案張主은 結局否決, 「평화일보」 1948.11.17.
13 신성균, 노일환, 박윤원, 김옥주 등 이들은 모두 국가보안법 혐의로 기소된다. 소위 국회 프락치 사건의 피해자들이다.
14 國家保安法通過, 「대동신문」 1948.11.20.

같이 추상적이고 애매한 문구를 가지고 선량하고 진지한 인민의 벗을 단속한다는 것은 독재 정치가의 추태이다.

▶ 박윤원: 인간은 신이 아닌 동시에 다소의 과오는 다 있다. 그러니 이 법안은 사소한 감정에까지 파급케 한다는 것은 도저히 용납할 수 없으며 또한 제1조의 삭제로 극력 주장한다.

▶ 서성달: 제1조를 삭제한다는 것은 인간의 두뇌가 없는 것과 같다.

▶ 이진수: 제1조를 삭제한다는 것은 국헌 운영상 괴리(乖離)되는 것이다.

▶ 조영규: 이 법안은 파시스트의 경향이 있다고 본다. 그러므로 좀 더 신중을 기하여 통과하여 주기를 바란다.

▶ 김옥주: 제1조 삭제를 절대 지지한다. 이 법안은 혹독한 제국주의의 세계침략정신이었던 치안유지법의 4촌이며 비 민주주의적이고 만행적이며 독선적이며 전체적이며 악질적인 추악한 법률을 약정한다는 것은 대한의 자주·입각성을 자신이 파괴하는 것이다.

▶ 서이환: 사상은 사상으로 극복시키자는 언설은 교화단계의 일(一) 수단 방법이었으며 오늘날 이러한 정국에 있어서는 요청되지 않는다.

▶ 노일환: 제2조 2항을 입법할 수 없다. 이 개인적인 과오를 단체적으로 단속한다는 것은 봉건주의하의 봉건영주가 노예에 대한 경제력의 외적 강제와 대동소이하다.

1948년 11월 19일 국가보안법은 결국 통과되었고, 12월 1일 대통령

이승만이 서명함으로써 국가보안법은 그 막대한 권능을 발휘하기 시작했다.[15] 전문은 다음과 같다.

자세히 보기-21

[최초의 국가보안법(1948.12.1.)]

제1조 국헌을 위배하여 정부를 참칭하거나 그에 부수하여 국가를 변란할 목적으로 결사 또는 집단을 구성한 자는 좌에 의하여 처벌한다.

1. 수괴와 간부는 무기, 3년 이상의 징역 또는 금고에 처한다.
2. 지도적 임무에 종사한 자는 1년 이상 10년 이하의 징역 또는 금고에 처한다.
3. 그 정을 알고, 결사 또는 집단에 가입한 자는 3년 이하의 징역에 처한다.

제2조 살인, 방화 또는 운수, 통신기관건조물 기타 중요시설의 파괴 등의 범죄행위를 목적으로 하는 결사나 집단을 조직한 자나 그 간부의 직에 있는 자는 10년 이하의 징역에 처하고 그에 가입한 자는 3년 이하의 징역에 처한다.

범죄행위를 목적으로 하는 결사나 집단이 아니라도 그 간부의

15　國家保安法公布十二月一日附로 大統領署名, 李法務長官談, 「평화일보」, 1948.12.2.

지령 또는 승인하에 집단적 행동으로 살인, 방화, 파괴 등의 범
죄행위를 감행한 때에는 대통령은 그 결사나 집단의 해산을 명
한다.

제3조 전 2조의 목적 또는 그 결사, 집단의 지령으로서 그 목적
한 사항의 실행을 협의선동 또는 선전을 한 자는 10년 이하의 징
역에 처한다.

제4조 본 법의 죄를 범하게 하거나 그 정을 알고 총포, 탄약,
도검 또는 금품을 공급, 약속 기타의 방법으로 자진 방조한 자는
7년 이하의 징역에 처한다.

제5조 본 법의 죄를 범한 자가 자수를 한 때에는 그 형을 경감
또는 면제할 수 있다.

제6조 타인을 모함할 목적으로 본 법에 규정한 범죄에 관하여
허위의 고발 위증 또는 직권을 남용하여 범죄사실을 날조한 자는
해당 내용에 해당한 범죄규정으로 처벌한다.

부칙 〈법률 제10호, 1948. 12. 1.〉
이 법은 공포한 날로부터 시행한다.

==

國家保安法(草案)
第一條 國土를 蠶絶하거나 政府를 顚覆하거나 其他國憲을 犯
한 者는 民族反逆罪로 하고 左에 依하야 處斷한다.

호산 전창일과 통일운동 77년사

(一)首魁는 死刑에 處한다.

(二)이에 參與하거나 群衆을 煽動하거나 指揮한 者는 死刑無期 十年以上의 懲役 또는 禁錮에 處한다.

(三)附和隨行하거나 單純히 暴動에 干與한 者는 三年以下의 懲役에 處한다 前項의 罪의 豫備 또는 陰謀를 한 者는 十年以下의 懲役 또는 禁고에 處한다.

第二條 國權을 破壞하거나 政權에 復水할 目的으로 結社 또는 集團을 구成하는 者는 左에 依하야 處斷한다.

(一)首魁의 幹部는 死刑 無期 또는 三年以上의 懲役 또는 禁고에 處한다.

(二)指導者任務에 從事한 者는 一年以上의 有期懲役 또는 禁고에 處한다.

(三)그 目的을 알고 結社 또는 集團에 加入한 者는 十年以下의 懲役에 處한다.

第三條 前條의 目的으로나 前條의 結社 또는 集團의 指令으로서 그 目的한 事項의 實行을 協調煽動 또는 宣傳을한 者는 一年以上十年以下의 懲役에 處한다.

第四條 前三條의 罪를 犯하게 할 目的으로나 그 目的을 알고서 兵器金品을 供給 또는 約束하거나 其他 方法으로 幇助한 者는 十年以下의 懲役에 處한다.

第五條 第一條와 第二條의 未遂處는 處罰한다.

第六條 本法의 罪를 犯한 者가 自首를 한 때에는 그 罪를 輕減 또는 免除할 수 있다.

第七條 檢察官 또는 司法警察官吏는 本法의 規定에 該當한 被

疑者가 犯罪의 現行犯人의 逃避 또는 證據湮滅의 念慮가 있을 境遇에는 슈狀이 없이 身体의 拘束捜索 또는 押收를 할 수 있다. 前項의 拘束令狀없이 身体의 拘束捜索 또는 押收를 한 때에는 서울市와 裁判所가 있는 府郡道에 있어서는 그 拘束한 때부터 五日以內 其他地域에 있어서는 十日以內에 裁判所로부터 拘束令狀의 發付를 얻어야 한다.

第八條 司法警察官이(數字電文不明)는 實際拘束한 場所에서 取調를 完了하여 檢察官에게 送致하지않는 限 釋放하여야 한다. 但 裁判所의 許可를 얻어 卅日以內로 一回에 限하여 拘束期間을 延長할 수 있다.

第九條 檢察官은 被疑者를 實際로 拘束 또는 司法警察官으로부터 送致를 받은 날로부터 三十日以內에 起訴하지 않는 限 釋放하여야 한다. 但裁判所의 許可를 얻어 三十日以內로 一回에 限하여 拘束期間을 延長할 수 있다.

附則 本法은 公布日로부터 施行한다.

경찰과 검찰은 즉시 국가보안법을 적용하기 시작했고, 공포된 지 1주일이 채 지나지 않아 구속 50명, 송치 19명이라는 성과를 올렸다.[16] 12월 중순경이 되자 구속인원은 270명이 되었다.[17] 전창일의 첫 구속도 국

---

16 국가보안법 공포 이래 벌써 구속 50명, 送廳 19명, 「자유신문」, 1948.12.7.
17 檢束人員270名 鐵警서 保安法適用, 「호남신문」, 1948.12.16.

호산 전창일과 통일운동 77년사

가보안법 위반이었다.

남로당에 입당하면서 전창일의 생활은 학업, 아르바이트, 단선·단정 반대운동 등으로 1인 3역을 하는 가운데 당원으로서의 역할이 추가되었다. 신문 배달만으론 아무래도 용돈이 부족했을 것이다. 토목공사장에서 막일도 마다하지 않았다. 양말이 배겨나지 않았다. 이삼일 지나면 구멍이 뚫어졌다. 하지만 양말을 기울 시간이 없었다. 가회동 인근에서 빨랫줄에 걸린 양말을 훔치는 모험도 하였다. 겨울철에 언 양말을 가슴에 숨겨 달리다 보면 안으로는 젖고 바깥은 얼음이 어는 경험도 했다. 전창일은 "그래 대학생이 양말 도둑놈 노릇을 했다고, 안 그럴 수가 없어, 그럼 발이 어는데"라고 이제는 웃으며 그때의 추억담을 얘기해 준다.[18]

1949년 4월경, 남대문 근처에서 단선·단정 반대 가두 데모하다가 체포되었다. 필동에 있는 헌병사령부 유치장에 갇혔다가 서대문형무소에 수감되었다.[19] 이 무렵 검거된 학생들에 관한 정보는 아래의 기사가 참조된다.

서울시 경찰국 사찰과를 비롯하여 관하 각 경찰서 사찰계에서는 지난 1일부터 20일까지 20일간에 걸쳐 시내 각 학교의 민주학련 관계자를 비롯한 불온단체 가맹에 대한 수사를 한 결과 동국대학·경기중학을 비롯한 다음의 각 학교생도 76명과 선생 2명 도합 78명을 검거하여 일부는 송청하고 일부는 문초 중

---

18 『1960년대 이후 통일운동가들의 통일운동 및 사회운동 경험, 전창일 구술』, 국사편찬위원회, 2014, 녹취록 1차 2번-5. 신문 배달하며 고학
19 전창일 자필기록, 2021년 3월

에 있다고 하는데, 지난 16일에는 용산서 사찰계에서 숙대 2년생 金榮淑(20), 3년생 金敬淑(23) 외 3명을 검거하고 17일 종로서 사찰계에서는 한국대학 2년생 李世榮(22) 외 3명을 각각 동교 민주학련 세포혐의자로 구금하였다 한다. 각 학교명과 인원은 다음과 같다.

△4월 1일 한성중학 14명 송청 △4월 2일 경기중학 7명 송청 △4월 3일 이화여중 3명 송청△4월 4일 배화여중 4명 송청 △4월 5일 한양여상 5명 송청 △4월 7일 중앙중학 4명 송청 △4월 8일 동명여중 9명 송청 △4월 10일 동국대학 7명 송청 △4월 13일 경기중학교원 2명 문초 중 △4월 14일 성균대학 2명 문초 중 △4월 14일 문리과대학 3명 문초 중 △4월 15일 중앙대학 6명 문초 중 △4월 15일 사범대학 3명 문초 중 △4월 16일 숙명여대 5명 문초 중 △4월 17일 한국대학 4명 문초 중[20]

〈 그림79: 서대문형무소를 찍은 항공사진(1948.9.8. 촬영), © 국사편찬위원회, 전자사료관; 1949년 6월 5일 자 조선중앙일보(유해붕) 〉

---

20 서울시 경찰국, 서울시 각 학교 내 朝鮮民主學生聯盟 관계자 등을 검거, 「평화신문」, 1949.4.22.

전창일이 갇힌 곳은 서대문형무소 신관 3동 상 28방이었다. 일제 강점기 시기 정원 3명이 수용되던 방에 10여 명이 꽉 차 있었는데 많을 때는 13명까지 집어넣었다고 한다. 발은 뻗지 못했고, 남의 배에 발을 올리고 자기도 했던 모양이다. 전창일이 서대문형무소에 구금되어있을 때, 그곳의 실정을 고발한 기사가 있다.

해방 후 한때는 미결·기결 합해서 3,000명까지 감소되었는데 현재는 5,700명이나 된다. 미결이 2,900여 명, 기결 2,500여 명인데 그중 여자가 80명이며 이 외 특별수용자가 80명이나 된다. 이전에는 독방에 한 사람씩 수용하였는데 현재는 대략 9명 이상을 수용하고 있어 겨우 앉아 있을 정도이고 독방에 1명씩 수용은 감방이 부족하여 불가능한 일이다.…(중략)… 그리고 제일 곤란한 것은 수도설비가 충분하지 못하여 성하기에 음료수를 제외하곤 물을 볼 수 없을뿐더러 죄수들의 음료수도 넉넉히 주지 못하는 형편이며, 최근에 와서 수용인원이 격증일로이기 때문에 감방이 태부족이다. 따라서 보건상 위생상 나쁠 뿐 아니라 음식제조설비가 모자라서 아침 일찍부터 저녁까지 밥을 짓지 않으면 안 될 지경이다.

의류와 약품 부족은 물론이고 식량 배급도 1인당 5홉 5작으로 결정되었는데 실제로는 3홉밖에 주지 않으며 식량 부족으로 시장에 가서 일시에 1천 가마를 구입하게 되면 시장 쌀값이 50원씩이나 오르게 된다.

식량 소비는 1일에 70가마를 사용하는데 죄수급식 등급은 1인당 1등 6홉 6작, 2등 6홉, 3등 5홉이고, 야채 고기 생선 등 현 시가로 100원 내지 110원을 들여야 칼로리 보충이 타당할 터인데 현재는 1인당 70원 정도밖에 안 되어 칼로리 섭취가 부족하다.

그리고 정부에서는 형무소 옥사를 다른 일반관청관사와 동일시하여 응당 옥사를 수리할 곳도 많은데 수리를 안 하고 있을뿐더러 도무지 머리를 쓰지 않고 자료 난으로 죄수에게 작업도 못 시키는 동시에 예산도 수용인원 수가 격증하였음에도 불구하고 그전 그대로 1개월에 2천만 원밖에 할당되지 않았다.

한편 칼로리 부족, 보건위생 등 여러 가지 원인으로 폐병 보균자가 굉장히 많다 하며 병자 수가 약 130명 중 폐병 환자가 20명이나 되어 수위를 점령하고 있고, 병 감방 부족으로 격리해놓지 못하고 한 감방에 갖은 병자를 모아 넣어놓았으며 의무관도 5인밖에 안 될 뿐 아니라 의료설비와 약 부족 때문에 대 곤란을 보고 있어 병자들로 하여금 절망의 눈물을 머금게 하고 있다.

그리고 여자감방에는 생후 5개월과 20일밖에 안 된 천진난만한 귀여운 어린애도 들어있다는데 산모의 영양부족으로 젖이 적어 파리한 얼굴에 배가 고파 울며 보챌 때가 많다고 하며 이 죄인 아닌 어린 죄인을 그대로 따뜻하고 밝은 태양도 없는 컴컴한 감방에서 성장케 해야 할 일인지? 또 여기는 노동법도 없는지 하루에 10시간이나 중노동을 시키고 있다 한다.[21]

---

21 西大門刑務所의 實情, 햇빛을 등진 그들의 生活, 獨房에도 平均九名, 生後 20日의 嬰兒도 있다, 「조선중앙일보」(유해붕), 1949. 6. 5.

호산 전창일과 통일운동 77년사

칼잠을 잘 수밖에 없는 감방 내 환경문제, 옥사환경문제, 식음료 문제, 식량문제, 폐병 등 질병 및 위생문제, 중노동문제, 영아(嬰兒) 문제…, 인용한 기사는 1949년 6월 당시 서대문형무소의 문제점들을 조목조목 지적했다. 물론 그 외에도 징역살이 문제는 헤아릴 수없이 많다. 특히 기후가 열악할 때, 규정이 빡빡할 때, 다른 수용자가 갈굴 때, 교도관에게 찍혔을 때 꼽산다는 꼽(곱) 징역 얘기는 수형경험이 있는 사람이라면 누구라도 지적하는 문제점이다.

인용한 기사를 쓴 기자도 2달쯤 후인 8월경 형무소를 방문했더라면, 좁은 잠자리 때문에 감옥 동료인 옆 사람을 단지 37도의 열 덩어리로 증오하게 된다는 곱 징역 얘기 즉 여름 징역살이의 끔찍함에 대해서도 기록했을 것이다. 그 외 교정직 공무원과 경비교도대원들의 구타와 고문, 금치(행형법을 어길 시 독서, 운동, 접견 등이 원천 차단되는 징벌), 강제급식, 감식… 등 한도 끝도 없는 것이 감옥살이 애환 얘기다.

20대 초반 젊은 청년 전창일에게 무엇보다 고달팠던 것은 굶주림이었다. 당시 '재소자 식량 급여규칙'에 따르면 미결수에게는 3등 5홉이었다. 하지만 실제 배급된 것은 절반 정도밖에 되지 않았다. 그 정도의 '가다밥'으로는 젊은 위장을 채울 수 없었다. 예나 지금이나 돈 없으면 못사는 곳이 감옥이다. 몇몇 수형자들은 차입에 의존해 굶주림을 어느 정도 해소했다. 38선 넘어 북청에 가족이 있는 전창일에겐 꿈같은 일이었다.

물론 친구들이 있었다. 그러나 그들은 대부분 제 먹고살기에도 힘든 고학생이었고, 가끔 책이나 넣어주는 것만 해도 고마운 처지였다. 더욱이 젊은 학생들은 면회조차 잘 허락되지 않았다. 신흥대학에 다니고 있던 친구 상주는 면회장에서 간수와 싸우다가 얻어맞는 봉변도 당했다고 한다.

전창일이 구금되어 있던 신관 3동 상 28방은 소위 사상범, 정치범들이 갇혀있던 곳이다. 대부분 국가보안법 위반 혐의로 구속된 이들이다. 22살로 나이가 가장 어린 축에 속했고, 단선·단정 반대운동하다가 감옥에 들어온 젊은 학생이 안쓰럽기도 하고 귀엽게 보였던 모양이다. 당시 차입 가능한 음식물은 빵과 사과 정도였는데, 개수는 10개로 한정되었다. 하지만 감방 내의 어른들은 차입된 물품 중 일부를 나누어주었으며, 전창일이 아주 편안하다는 느낌이 들 정도로 위해주고 가르쳐 주었다고 한다.

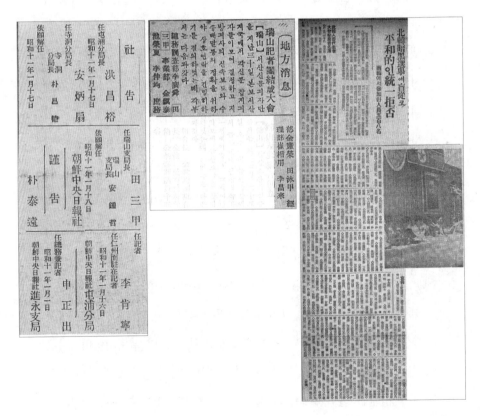

〈 그림80: 1936년 1월 20일 자 조선중앙일보 사고, 1946년 4월 14일 자 자유신문, 1948년 9월 4일 자 평화일보 〉

호산 전창일과 통일운동 77년사

꿈에도 생각하지 못했던 사건이 일어났다. 어느 날, 전창일이 기거하고 있는 감방에 빵, 사과가 잔뜩 들어온 것이다. 이상하다 생각했는데, 그날이 바로 전창일의 생일이었다. 1949년 11월 18일, 월남 후 생일이란 낱말을 기억조차 못 하고 살아온 전창일에게 옥중동지들이 잔치를 마련해 준 것이다. 집 떠난 후 치른 첫 생일파티였다. 지옥 같은 징역살이였지만 감방 내의 분위기를 이처럼 따뜻하게 만든 동지들을 지금도 잊지 못하고 있다는 전창일의 회고다. 특히 두 분의 노 선배에 대한 추억은 도저히 잊을 수 없다고 한다.

추운 겨울이 오자 자신에게 차입된 내복을 전창일에게 양보한 어른이 있었다. 충청남도 초대 인민위원장을 지냈으며, 민주주의 민족전선 중앙위원을 지낸 바 있는 전삼갑(田三甲) 선생이다.[22] 그는 기자 출신이다. 전삼갑은 일제 강점기 시기 여운형이 사장이었던 「조선중앙일보」의 서산 지국장을 역임했으며,[23] 해방 후에는 서산 기자단의 총무·조사부에서 활동했다.[24]

무엇보다 그는 전창일과 동일한 활동을 하다가 구속되었다는 인연이 있다. 전삼갑은 앞장에서 거론한 바 있는 해주 '남조선인민대표자회의' 참석자 1,002명 중의 한 명이었다. 충남 서산군을 대표한 3명(전삼갑, 양근영, 이병선) 중의 한 명으로 해주 총선에 참가했다가 다시 고향으로 복귀한 후 단선·단정 반대운동을 계속하던 중 구속되었다.[25] 전창일은

---

22 전창일 자필 기록, 2021년 3월

23 社告, 「조선중앙일보」, 1936.1.20.

24 지방소식 瑞山記者團 결성대회, 「자유신문」, 1946.4.14.

25 北韓暗黑選擧에 盲從코, 平和的인 統一拒否, 南韓에서 參加한 人員 五百八名, 「평화일

남조선 대표를 뽑는 비밀선거의 종로구 전권위원이었고, 전삼갑은 서산
군 대표 자격으로 해주 선거에 참여했던 것이다.

〈 그림81: 1949년 6월 23일 자 연합신문, 1983년 8월 2일 자 조선일보 〉

　전창일의 감방 재소자 중 저명인사가 한 명 있었다. 5·10 선거 때 경
남 남해에서 당선되었으나 소위 국회 프락치 사건으로 구속된 박윤원
(朴允源, 1908~1994) 의원이다. 앞글에서 언급한 바와 같이 국가보안
법의 폐기 혹은 독소조항 삭제를 위해 마지막까지 투쟁했지만, 바로 그
국가보안법에 의해 영어의 몸이 되었다. 주한 미 대사관에서 주요보직
을 역임한 바 있는 그레고리 헨더슨(Gregory Henderson, 1922-1988)[26]

보」, 1948.9.4.
26　1948년 7월 부영사로 한국에 부임, 주한 미국대사관 문정관, 정치담당 자문 등을 역임했
　　　다. 〈그레고리 헨더슨 지음, 박행웅·이종삼 옮김, 『소용돌이의 한국정치』 한울 아카데

은 국회 프락치 사건을 "독재정권이 반대당을 때려잡기 위해 이용한 정치재판의 전형을 보여준 사건"[27]이라고 평가한 바 있다. 이 사건은 주한미 대사관 및 미 국무성에서조차 문제로 삼았다는 얘기다.

박윤원은 1949년 6월 22일 오전 1시경 수색 역전인근에 위치한 그의 친구 집에서 체포되었다. 그 후 헌병의 구속영장 청구, 영장 발부를 거쳐 기소되었다. 죄명은 국가보안법 위반이며 한국 내 반란사건 즉 이적행위를 한 자로 지목되었다.[28] 1심에서 8년 구형에 8년 선고를 받았고, 2심 준비 중 한국전쟁이 발발하여 6월 28일 출옥하였다. 이때까지 박윤원과 전창일은 같은 감방에서 징역살이를 함께했던 것이다. 국회 프락치 사건으로 구속된 13명의 국회의원 중 서용길만 제외하고 나머지 12명은 북을 선택했고, 월북 후 그들은 한 그룹이 되어 '평화통일협의회'[29]에서 활동하다가[30] 지금은 모두 고인이 되었다. 2022년 현재 이들은 모두 평양 '재북인사릉'에 안장되어 있다. 국회 프락치 사건으로 수난을 겪었던 13명의 간단한 이력을 소개한다.

미, 2000〉

27 김정기, 『국회프락치사건의 재발견』 I, 한울 아카데미, 2008, p.12.

28 國家保安法違反嫌疑로 六議員을 逮捕, 「연합신문」, 1949.6.23.

29 최태규가 헨더슨에게 한 말에 따르면, 평화통일협의회는 '자율적이고 독립적인' 기구로 몇몇 계층으로 구성되었다. 처음에는 조소앙·안재홍·오하웅이 최고위원이고, 그 밑에 상임위원이 있었으며, 그다음 단계에는 집행위원과 정회원이 일하고 있다고 했다. 정부는 사려 깊게도 최고위원은 장관급으로, 상임위원은 차관급으로 예우하고 있으며, 이 협의회는 통일문제를 토론할 수 있는 자유가 보장되는데, 고려연방제를 추진하는 일을 하고 있다고 했다. 〈『국회프락치사건의 재발견』 II, p.376.〉

30 제헌의원 박윤원 씨 납북 후 북한에 생존, 「조선일보」, 1983.8.2.

피고인	생몰	선출지역	소속	구형	선고	기타
노일환(37)	1914~82	전남 순창	한국민주당	12년	10년	평양 재북인사릉
이문원(48)	1906~69	전북 익산	무소속	12년		
김약수(57)	1890~1964	경남 동래	조선공화당	8년	8년	
박윤원(42)	1908~94	경남 남해	무소속	8년		
김옥주(36)	1915~80	전남 광양	무소속	6년	6년	
강욱중(42)	1908~69	경남 함안	조선민족청년단	6년		
김병회(34)	1917~87	전남 진도	무소속	6년		
황윤호(37)	1913~77	경남 진양	무소속	6년		
최태규(31)	1919~ ?	강원 정선	무소속	2년	3년	
이구수(38)	1912~67	경남 고성	무소속	2년 6월		
서용길(39)	1912~92	충남 아산	무소속	5년		북행 거절
배중혁(30)	1922~91	경북 봉화	무소속	4년		평양 재북인사릉
신성균(44)	1905~67	전북 전주	무소속	4년		

　　국회의원 박윤원이 감방동지들에게 특이하게도 생물학 강의를 하곤
했던 모양이다. 사람 몸은 비타민A, B, C, D, E 등 필수 영양소가 필
요한데, 인체가 필요로 하는 영양소로 변하는 가변성과 비가변성 두 가
지 성질이 있다. 우리가 먹는 식물 중 특히 사과는 가변성이 가장 많다.
그러므로 복숭아만 먹을 경우 닷새 살 수 있다면, 사과는 열흘 살 수 있
다. 사과만 먹고도 오래 살 수 있다는 얘기다… 등 박 의원에게서 들은

얘기를 지금까지 잊지 않고 있다고 전창일은 추억한다.[31] 국가보안법 위반으로 무기징역형을 선고받았던 신영복은 아래와 같은 글을 남겼다.

저는 감옥을 대학이라고 부르죠. 또 그때 같이 징역살이했던 사람들을 지금도 일 년에 몇 번씩 만나요. 만나면 대학 동창생이라 불러요. 감옥을 왜 대학이라고 하냐면 바깥에 있었으면 결코 가질 수 없었던 생각들을 가지게 되었어요. 그래서 그때를 대학 시절이라고 생각을 하고, 지금도 제가 '나의 대학 시절'이라는 상당한 분량의 원고를 만들어 놓고 있어요.…(중략)… 저는 참 많이 배웠어요. 사람들을 배우고. 우리 사회의 밑바닥 인생들, 사람들의 모멸 속에서 살아왔던 사람들을 만나게 되죠. 그래서 숨겨져 있는 사회를 제가 공부하게 돼요. 굉장한 공부였지요. 또 제가 1960년대부터 감옥살이를 시작하잖아요. 그때 어떤 사람들이 함께 형을 살았나 하면, 해방 전후의 정치적인 격동기에 활동했던 분들, 또 그 유명한 빨치산 출신들도 있었어요. 그다음에 북한에서 공작원으로 넘어왔다가 구속된 사람들도 있었고요. 그분들을 통해서 정말 역사를 다시 이해하게 돼요. 우리 현대사를 그 사람들을 통해서 다시 한 번 읽는 경험을 하게 된 거죠. 참 많이 배웠어요. 제 개인적인 경험이지만 그 속에서 굉장히 훌륭한 서도 선생님을 만나게 되기도 한학을 했고…, 벽초 홍명희 선생의 제자이기도 한 우리나라

---

31 『인민혁명당과 혁신계의 활동, 주요인사 구술사료 수집』 4·9 통일평화재단, 2014.2.3., p.39.

최고의 한학 하시는 분하고도 한 방에서 4년 이상을 함께 지낸 적
이 있어요. 그래서 제 경우에는 감옥이라는 곳이 인간을 배우고,
사회의 숨겨진 얼굴을 다시 만나고 또 학습화되었던 해방 전후의
현상을 직접 배우는, 이런 여러 가지 살아있는 대학이었다는 겁니
다.[32]

감옥은 전창일에게도 대학이었다. 교수진은 박윤원, 전삼갑 등이었
는데 또 한 명의 특출한 선생이 있었다. 경성제대 출신(1944년 졸업)인
김제옥이다. 광주 출신이며 경제학을 전공했던 것으로 전창일은 기억하
고 있다. 그는 사회과학과 러시아어에 정통했던 모양이다. 차입된 책은
대부분 소련 책이었다. 변증법적 유물론, 역사적 유물론, 정치경제학원
론, 러시아혁명사 등 반입이 금지된 책이라도 러시아로 되어 있으니 무
사히 통과되었고, 김제옥은 그 책들을 풀이해주면서 사회주의에 대하여
설명해주곤 했으니, 대학이나 마찬가지였을 것이다.

그리고 울진 출신으로 서울공대 재학 중 체포되었던 같은 또래의 강
택룡, 안양에서 온 고시 준비생 백금석 등은 기억나는데 논산 출신 연세
대학생 등 몇 명은 도무지 이름이 기억나지 않아 송구스럽다 한다. 모두
다정했던 옥중동지들이었다.

32 감옥은 제게 대학과 같았습니다. 신영복 교수 인터뷰, 「채널예스」

제5장

6 · 25 전쟁,
군대를 네 번 간 사연

:: 01 ::

1949년,
전쟁터로 변한 38선

전창일이 서대문형무소에 구금되어 있던 기간은 1949년 4월부터 1950년 6월 28일까지다. 바깥소식이 궁금했다. 신문도 라디오도 없는 수형생활이었지만, 그래도 전해주는 사람들이 있었다. 첫째는 일부 간수였다. 간수 중에는 단선 단정 반대투쟁에 동의하거나 동정적인 이들이 몇몇 있었다. 둘째는 면회 온 친구들이다. 세 번째는 늦게 구속된 이들이다. 김제옥은 감옥에 오기 전 자기가 보고 들은 당시의 상황을 분석하며 바깥세상 소식을 전해주었다.[1] 놀라운 사실은 그 무렵, 38선 인근 지역은 이미 전쟁터로 변했다는 소식이다. 1949년, 한국전쟁은 이미 시작되었던 것이다.

1948년 12월 25일, 소련군은 철병을 완료하였다. 예정한 기일보다 1주일 앞선 철퇴였다.[2] 그러나 미국은 미군 철수를 거절하며 다음과 같은 성명을 발표했다.

　　보도된바 북한으로부터의 소련군의 철퇴는 미국이나 유엔과 아

1　전창일 녹취기록, 2021년 5월 4일, 경기도 남양주시 덕소 자택
2　북한철병을 완료, 소 타스통신 보도, 「동아일보」 1949.1.4.

　　　　　　　　호산 전창일과 통일운동 77년사

〈 그림82: 1949년 1월 4일 자 동아일보 〉

무런 협의도 없이 일방적으로 취한 행동이다. 미국군은 대한민국
정부가 북한으로부터의 공산군의 위협에 대비할 수 있도록 미국
군의 훈련을 받은 군대를 보유할 때까지 남한으로부터 철퇴하지
않을 것이다.[3]

묘한 논평이었다. 미 국무성에 따르면, 북한의 남침위협을 막을 수
있는 능력을 갖출 때까지 남한군대를 훈련시키겠다는 얘기다. 그다음,
더욱 이해할 수 없는 발언을 하였다. 소련군의 철퇴는 한국인을 비롯한
중국·일본인에게도 감명을 주는 것이다. 하지만 소련의 지시를 받는

3　민국보위안정 전 미군은 불 철퇴, 「동아일보」 1949.1.4.

공산주의 괴뢰정권이
북한이 전쟁을 도발할
가능성이 있는데, 소련
은 향후 발생할 분란에
책임을 지지 않을 목적
으로 철퇴한 것이다.[4]
미군이 아직 주둔하고
있을 무렵 38선상에서
대규모 무력충돌이 일
어났다.

〈 그림83: 1949년 5월 8일 자 호남신문 〉

소련군이 철수한 지
4개월쯤 지난 5월 5일,
대통령 이승만은 38선
인근 지역의 분쟁에 대

하여 기자회견을 자청했다. 이날 두 가지 소식이 전해졌다. 개성 인근
에서의 무력충돌과 춘천 · 홍천 지역 국방군의 월북사건이다. 비슷한 시
간대에 충격적인 사건이 연이어 발생한 것이다. 시간대별로 정리하면
다음과 같다.

① 4일 아침: 북쪽 군대 2개 대대, 개성에서 공격개시 → 국방군이 격퇴

4   북군 남하 우려, 미군 철퇴 거절, 「동아일보」 1949.1.4.

② 4일 하오 11시: 춘천 8연대 제1대대장 표무원 소령, 부하 455명 인솔하여 38 선 말고개 쪽으로 야간연습을 위해 이동 → 북한군에 포위 → 장교 4명과 사병 210명 월북, 장교 2명과 사병 24명 귀환

③ 5일 새벽: 제2연대 강태무 소령, 300명(생남리에 왔던 다른 부대원 100명 포함) 인솔하여 월북, 그중 96명은 귀환(7명은 부상자)

④ 5일: 북쪽 군대 재차 남침 → 국방군이 격퇴

⑤ 〈전과〉 공산군 사망(400명 이상), 국군(사망 17명, 부상 31명), 개성시민 1명 부상[5]

보도에 따르면, 1949년 5월 4일부터 5일에 걸쳐 강원도 지역에서 국군 300여 명이 월북하였고, 개성지역에선 공산군이 남침했으나 국군이 격퇴했는데 공산군 400명 이상을 사살했다. 우리 측은 사망 17명, 부상 31명 그리고 개성시민 1명이 부상당했다고 한다. 당시 언론들은 이 두 가지 사건을 그리 비중 있게 다루지 않았다. 그러나 미 기밀문서를 보면 개성에서의 무력충돌과 표 · 강 두 대대장의 월북이 얼마나 큰 사건이었는가를 짐작게 한다. 주한 미 대사 무초(Muccio)가 국무부에 보고한 이승만과의 대화록을 살펴보자.

---

5 38線國軍의 士氣는 旺盛, 蘇聯式武器를 戰利品으로 押收, 李大統領記者團定例會見席에서 所信披瀝, 「호남신문」 1949. 5. 8.

895.00/5-1049

Memorandum of Conversation, by the Ambassador in Korea (Muccio) 註 001

secret

Seoul, May 10, 1949.

Participants: President Rhee

Mr. Muccio

General Roberts

Mr. Drumright

In the course of a call on President Rhee the afternoon of May 7, 1949, the President made reference to the recent military clash at Kaesong, 註 002 saying that this incident had put him in a very difficult position. He said that although the situation at Kaesong was now fortunately quiet, a good many people had been importuning him to take strong action against the northern invaders.

Mr. Muccio stated that the incident at Kaesong was a most serious one, adding that General Roberts was setting up a board to investigate the causes therefor and the facts. At this point, President Rhee inquired whether there was any discrepancy in the statements issued by the Korean authorities with regard to the Kaesong incident. In response to this question, General Roberts asserted that on May 6th a unit of the Korean army had penetrated north across the parallel to a depth of four kilometers and had shot up several settlements. General Roberts went on to say that perhaps the reports he was receiving were inaccurate. In view of this possibility, he was therefore setting up an investigation board to ascertain the facts.

Mr. Muccio pointed out that there is a United Nations Commission in Korea. Mr. Muccio went on to say it would be most unfortunate if the United Nations Commission got the impression that the Korean military forces were embarking on an aggressive policy. If such a report got back to Lake Success, Mr. Muccio continued, it would create a bad impression on the forty-eight nations which have been supporting the Republic of Korea.

The President stressed the strategic importance of Kaesong. He said that the Korean Government could not yield inch by inch at Kaesong or elsewhere. "We will not move away from Kaesong. We will not yield inch by inch. If we retreat we might as well quit now", the President asserted in a very firm and categorical manner. The President went on to say that he did not believe that his boys had gone across the 38th parallel. They had merely defended themselves against attack from the north. After some further brief discussion of the Chunchon incident, which involved the defection of approximately three hundred Korean soldiers to the north, 註 003 the President again stressed the fact that the Korean Government must stand firm against Communist aggression. In response to these repeated statements Mr. Muccio stated that the United States supported the Korean Government firmly on its defensive measures. But should the Korean Government resort to aggressive measures, Mr. Muccio said he wished to point out that the U.S. could not be of any assistance in this regard. At this point the President reiterated his belief that his soldiers had not crossed the parallel or committed any act of aggression. The President defended the reports submitted by the Korean army on the Kaesong incident and expressed confidence that they were accurate. Before closing the conversation President Rhee reiterated again and again the statement that his army would not resort to aggressive measures, would not cross the 38th parallel, would not provoke clashes with the North Korean forces, but would defend itself against all attacks.

〈 그림84: 1949년 5월 10일 작성된 미국의 기밀문서 〉

자세히 보기-22

[한국군의 공격행위를 지지할 수 없다는 무초 대사의 지적에 대한,
한국군이 38선을 넘어가 공격행위를 하지 않았다는 이승만 대통령의 해명(1949.5.10.)]

895.00/5-1049

주한 미 대사 무초(Muccio) 가 작성한 대화록(Memorandum of

호산 전창일과 통일운동 77년사

Conversation)

2급 비밀(secret)

서울, 1949년 5월 10일

참석자 : 이승만 대통령

무초(Muccio) 대사

로버츠(Roberts) 장군

드럼라이트(Drumright) 참사관

1949년 5월 7일 오후에 진행된 면담에서 이승만 대통령은 최근 개성에서 발발한 군사 충돌에 대해 언급하였다. 이승만 대통령은 이 사건으로 인해 본인은 매우 어려운 상황에 처하게 되었다고 털어놓았다. 그는 다행히 현재 개성 상황은 조용해졌지만, 다수의 선량한 사람들이 북한의 침략자들에게 강력한 조치를 취해달라고 채근하고 있다고 말했다.

무초 대사는 개성 사건은 상당히 심각한 사건이라고 말하면서 로버츠(Roberts) 장군이 그 사건의 발발 이유와 사실관계를 조사하기 위한 위원회를 조직하고 있다고 덧붙였다. 이때 이승만 대통령은 한국 당국자들이 개성 사건과 관련하여 발표한 내용과 일치하지 않는 부분이 있는지 물었다. 로버츠 장군은 이 질문에 대한 답변으로 5월 6일, 한국군의 부대가 38선을 넘어서 북쪽으로 4킬로미터까지 올라가 몇 개 마을에 총격을 가했다고 주장하였다. 로버츠 장군은 본인이 받은 보고가 정확하지 않을 가능성이 있고, 이런 가능성을 고려하여 사실을 확인하기 위하여 조사위원회를 구성하고 있다고 답했다.

무초 대사는 유엔 한국 위원단(United Nations Commission in Korea)을 지적하였다. 무초 대사는 만약 유엔 한국 위원단이 한국 군대가 공격적인 방침에 착수하고 있다는 인상을 받게 된다면 상당히 유감스러울 것이라고 말했다. 무초 대사는 만약 그러한 내용의 보고가 레이크 석세스(Lake Success)로 전해진다면 대한민국을 지지하는 48개 국가에 나쁜 인상을 줄 것이라고 덧붙였다.

이승만 대통령은 개성 지역이 지닌 전략적 중요성을 강조하였다. 이승만 대통령은 한국 정부는 개성이든 그 외 어느 지역이든 털끝만큼도 넘겨줄 수 없다고 말했다. 이승만 대통령은 매우 단호하고 단정적인 태도로 다음과 같이 말했다. "우리는 개성을 떠나지 않을 것입니다. 우리는 털끝만큼이라도 넘겨주지 않을 것입니다. 만약 우리가 후퇴할 것이라면, 지금 중단하는 편이 낫습니다." 이승만 대통령은 한국 군인들이 38선을 넘어갔다고는 생각하지 않는다고 말했다. 한국 군인들은 북한에서 가해오는 공격에 맞서서 단지 스스로 방어했다는 것이다. 이승만 대통령은 한국군인 300명이 북으로 망명한 일과 관련된 춘천 사건(Chunchon incident)에 대해 추가로 짧게 논의한 후 대한민국 정부는 공산주의자의 침공을 상대로 단호히 싸워야 한다는 점을 재차 강조하였다. 무초 대사는 이렇게 반복되는 이승만 대통령의 발언에 대한 답변으로 미국은 한국 정부가 취하는 방어적인 조치 측면에서는 한국 정부를 확고하게 지지한다고 밝혔다. 그러나 만약 한국 정부가 공격적인 조치를 취한다면 미국은 어떠한 지원도 할 수 없다는 점을 지적하고 싶다고 말했다. 이때 이승만 대통령은 한국

군인들은 38선을 넘어가지 않았고 어떠한 공격행위도 저지르지 않았다고 본인이 믿고 있는 바를 되풀이해 말했다. 이승만 대통령은 한국군이 제출한 개성 사건 보고서를 옹호하였고, 그 보고서 내용이 정확하다는 본인의 확신을 밝혔다. 이승만 대통령은 대화를 끝내기 전 한국 군대는 공격적인 조치를 감행하지 않을 것이고, 38선을 넘어가지 않을 것이며, 북한군과의 충돌을 도발하지 않을 것이지만, 모든 공격에 맞서 스스로 방어할 것이라는 말을 몇 번이나 되풀이하였다.

이승만의 기자회견 이틀 후인 5월 7일, 대통령 이승만, 주한 미 대사 무초, 군사고문단장 로버츠(W. L. Roberts) 준장 등 남한에서 영향력이 가장 큰 세 사람이 만남을 가졌다. 무초는 개성사건이 상당히 심각한 사건이라고 했으며, 로버츠는 "한국군의 부대가 38선을 넘어서 북쪽으로 4킬로미터까지 올라가 몇 개 마을에 총격을 가했다"고 주장했다. 그러나 이승만은 "한국 군인들은 북한에서 가해오는 공격에 맞서서 단지 스스로 방어했다"는 보고서 내용이 정확하며, "한국 군인들은 38선을 넘어가지 않았고 어떠한 공격행위도 저지르지 않았다."고 되풀이 말했다.[6]

---

6 한국군의 공격행위를 지지할 수 없다는 무초 대사의 지적에 대한, 한국군이 38선을 넘어가 공격행위를 하지 않았다는 이승만 대통령의 해명, 주한 미 대사 무초(Muccio)가 작성한 대화록(Memorandum of Conversation), 『FRUS 1949. The Far East and Australia, Volume VII, Part 2』

이승만의 발언은 대부분 거짓말이었다. 국군은 38선을 넘어갔고, 더욱이 전투장소가 38선 이북이었다.[7] 브루스 커밍스도 1949년 5월 4일에 발발한 개성전투는 남쪽 국군에 의해 시작되었다고 기술했다.[8] 남과 북 정규군의 첫 전투였던 송악산전투는 남쪽에서 먼저 도발했던 것이다. 여담이 있다. 이승만이 믿고 신뢰한다는 군 장교들의 이야기다.

〈 그림85: 시계방향으로, 1949년 5월 29일 자 경향신문, 파주 통일공원 내에 세워진 육탄10용사 용사탑, 도쿄 인근 사찰인 세이쇼우지(靑松寺)에 세워진 육탄3용사동상 〉

7   정병준의 연구를 따르면, 송악산 292고지는 38선이 관통하며, 주봉은 38 이북 300m에 위치하고 있다. 〈정병준,『한국전쟁, 38선 충돌과 전쟁의 형성』, 돌베개, 2006, p.273.〉

8   브루스 커밍스 · 존 할리데이, 차성수 · 양동주 옮김,『한국전쟁의 전개과정』, 태암, 1989, p.52.

영웅이 필요한 시기였다. 1949년 5월 28일, 소위 10용사의 장례식이 서울운동장에서 육군 제1사단 장(葬)으로 거행되었다. 대통령 이승만, 이범석 국무총리, 채병덕 육군참모총장 등이 참석하였고, 김석원 제1사단장이 상주역할, 제11연대장 최경록 중령이 경과보고를 했다. 사회는 제1사단 참모장 김종배 중령이 맡았다. 10용사에 대한 장례일까지 국군 보도과에 보내온 일반시민들의 조위금과 일선 장병 위안금으로 289만여 원이 도달했다고 한다.[9]

이날 이후 육탄 10용사는 영웅이 되었다. 1950년 12월 30일, 군인 정신의 표상으로서 추앙받은 이 군인들에게 을지무공훈장이 추서되었으며, 서부덕 이등 상사는 중위로, 나머지 9명은 일등상사로 특진했다. 전후에도 육해공군 안 가리고 정훈·정신 교육에 빠지지 않고 나오는 존재가 되었다. 영화, 군가 등이 제작되었고, 군인들의 출신지에는 충혼탑이 세워지기도 했다.[10]

박정희 군부정권이 들어서자 이들 10용사는 아예 신화로 포장되기 시작했다. 1963년부터 73년까지 초등학교 5학년 교과서(바른생활)에 '비둘기 고지의 10용사'라는 제목으로 수록되었고, 국립묘지로 이장되었으며, 동상도 만들어졌다.[11] 파주군 통일 동산 내에는 1980년 5월 3일 제막된 충용탑이 있다. 탑신 20.75m, 폭 7m이며 그 옆에 1.5m의 좌대에 2.8m 높이로 용사상이 세워져 있다. 1979년 5월 4일 기공하여 공사비

9   장하다! 불멸의 영혼, 10용사·전몰장병 장 의식 엄수, 「경향신문」 1949.5.29.
10   육탄 10용사, 《나무위키》
11   송악산 육탄 10용사 안장 및 동상 기공식, 「매일경제」 1971.5.4.

1억 6천만 원을 들여 완공한 것이다.[12]

이 용사상의 원조는 도쿄 인근 사찰인 세이쇼우지(靑松寺)에 세워진 '육탄 삼용사(肉彈三勇士)' 동상이다. 1932년 중국과의 전투과정(상해사변)에서 발생한 전사자를 일본 군국주의자들은 이들을 신화화했다. 목표 지점에 늦게 도착해 뜻하지 않게 폭사했던 전사자 3명을 「오사카 아사히신문」은 "폭탄을 두른 3명의 병사가 돌격로를 개척하기 위해 적진으로 용감히 달려들어 철조망을 폭파한 후 산화했다"고 보도했다. 그후 이들은 '육탄삼용사(肉彈三勇士)'로 불리었으며, 1934년(소화 9년) 전국민의 모금으로 동상을 건립했다. 그리고 군국주의 시절 강제로 참배하는 장소가 됐다. 지난 2007년 6월 13일, 아사히신문은 그들의 잘못을 꺼내 알리고 용서를 빌었다. 무려 75년이 지난 뒤 나온 고백이다.[13]

'육탄 10용사' 신화에 대한 조작 가능성은 사실 오래전부터 제기되었다. 1963년 4월, 「경향신문」은 '신문의 뒤안길―미담탄생'이란 코너에서 "왜정시대에 소위 '육탄 3용사'를 군국주의 일본의 기자들이 보도했다가 전쟁 후에 망신당한 예를 우리는 잘 알고 있기 때문이다."라고 하면서 조작된 미담에 대한 염려를 표명했다.[14]

무엇보다 군부 스스로 '육탄 10용사' 신화에 대한 의문점을 고백했다. 1967년, 대한민국 국방부 전사편찬위원회가 발간한 『한국전쟁사』에 아래와 같은 글이 게재되어 있다.

---

12 육탄 10용사, 충용탑 제막, 경기도 파주 통일공원에, 「동아일보」, 1980. 5. 13.

13 日 '폭탄 3용사'는 거짓… 75년 만에 밝혀진 군국의 진실, 「중앙일보」, 2019. 1. 27.

14 신문의 뒤안길 (1) 미담 탄생, 「경향신문」, 1963. 4. 6.

肉彈10勇士에 대한 後聞

戰鬪가 終熄하고 나서 相當한 時日이 지난 뒤 平壤放送에 의하면 十勇士 중의 徐富德上士와 吳濟龍一兵 등이 "우리는 살아 있다"고 肉擊放送을 하였다. 동시에 開城의 38線 一帶에는 그들의 寫眞이 들어간 歡迎場面의 傳單이 大量 撒布되어 陸軍本部의 首腦部와 第1師團將兵들을 驚愕케 하였다.

以上과 같은 北傀의 平壤放送이나 傳單撒布는 얼마든지 造作할 可能性이 있다. 그러나 계속된 平壤放送에서는 徐上士나 吳一兵이 그들의 戰友의 이름을 모두 다면서 肉彈十勇士는 모두 죽은 것이 아니고 누구 누구도 살아 있다고 하였고 그들 家族에게 보내는 傳單속에서 大學에 다니며 工夫하고 있다고 하였다.

이러한 北傀측의 宣傳을 事實로 看做한다면 다음과 같은 推理를 할 수 있을 것이다.

白晝에 特攻隊員이 各己 1個의 토치카를 目標로 匍匐前進하였는데 敵이 發見 못할 理가 없다. 그렇다면 集中되는 火力앞에 2~300米를 無難하게 接近할 수 있겠는가 하는 問題이다. 설사 敵의 토치카에 到達하였다 하여도 手榴彈도 아닌 81粍追擊砲彈(6.8 kg)을 機關銃口가 나와 있는 銃眼에 投擲시키는 일이 容易하지도 않고 잘못 하다가는 投擲하지도 못하고 自爆할 危險性이 있었으니 즉 爆藥裝置가 電氣雷管이라. 3秒程度의 時差밖에 없었다.

더우기 토치카 안에 들어가서 自爆하였다고 한다면 더욱 首肯이 안 간다. 이 토치카는 땅을 파고 有蓋는 20糎程度의 丸木을 三重으로 交叉시키고 가마니에 흙을 넣어 2米程度의 積土를 하였고 四周에 銃眼이 있어 어느 方向에든지 射擊을 할 수 있게된 堅固한 陣地인데 어데로 外部에서 들어갈 수가 있겠는가 하는 點이다.

以上의 몇가지 問題點을 考慮하여 볼 때 4個의 토치카를 破壞(爆炎을 目擊하였기 때문에 爆破로 認定)한 以外의 다른 5名의 特攻隊員은 前進 중 傀儡軍의 集中射擊에 의하여 負傷을 당하여 不幸되도 捕虜가 되었으리라고 判斷된다.

반면 北傀측이 逆宣傳을 하기 위하여 造作하였다고 볼 수 있다. 軍에서는 肉彈十勇士에 대한 盛大한 慰靈祭를 擧行하였고 10萬 國軍의 龜鑑으로서 軍의 傳統을 樹立케 하였을 뿐만 아니라 軍의 士氣는 冲天하였고 國民들의 國軍信賴의 度는 麗・順叛亂事件以來의 不信에서 信賴로 기우러져 갔으니 北傀는 이러한 軍民들의 團合을 離間시키기 위하여 造作을 하였다고 본다. 寫眞은 이곳에서 十勇士의 寫眞이나 冊子가 發刊되었기 때문에 이의 入手는 容易하고 本人들의 肉擊放送도 어려운 일이 아니다. 이러한 北傀의 宣傳에 대하여 陸軍本部에서는 寫眞을 分析한 끝에 當事者들이 아니라고 結論을 짓고 말았다.

假使 徐富德上士 以外의 몇 名이 捕虜가 되어 北韓에 生存하여 그들 말대로 大學에 다니고 있다면 그 후 오늘에 이르기까지 後聞이라도 있을법한데 이런點이 없는 것으로 보아 宣傳 目的으로 利用後 肅淸하였을 것이다.

여하간 北傀가 眞實를 말하지 않는 以上 生存說의 十勇士 중의 몇名에 관하여는 眞否를 알 길이 없는 것이다.

金錫源將軍은 이들 十勇士의 肉彈精神을 빛내기 위하여 서울特別市 永登浦區 黑石洞의 於口 漢江邊에 肉彈十勇士의 戰功碑를 建立하였다.

〈그림86: 한국전쟁사에 게재된 '육탄 10용사에 대한 후문'〉

지은이는 북괴 측의 조작 혹은 역선전의 가능성을 제시하면서도 몇 가지 문제점을 제시했다.

① 서부덕 상사와 오제룡 일병 등이 "우리는 살아있다"고 육성방송을 했다.(평양방송)

② 그들의 사진이 들어간 환영장면의 전단이 개성의 38선 일대에 대량 살포되었다.

③ 평양방송을 통해 서 상사, 오 일병 등이 그들 전우의 이름을 대며 우리는 죽지 않았다고 하였다.

④ 가족에 보내는 전단 속에, 현재 우리는 대학에 다니며 공부를 하고 있다고 했다.

⑤ 백주(白晝)에 전진하는 특공대원을 인민군이 발견하지 못할 리 없다. → 집중되는 화력 앞에 2~300m 앞에 있는 토치카까지 무사히 도달할 수 있을까?

⑥ 설령 도달했다고 해도, 수류탄도 아닌 80mm 박격포탄(6.3kg)을 기관총구가 나와 있는 토치카 안에 투하시키는 일이 쉬운 일일까? → 투하하지도 못하고 자폭할 위험성이 크다(폭발장치는 전기뇌관이라 3초 정도의 여유밖에 없었다.).

⑦ 토치카 안으로 들어가 자폭했다는 것은 더욱 불가능하다(견고하게 만들어진 이 토치카는 외부에서 침입하는 자체가 불가능한 구조였다.).

　글쓴이는 4개의 토치카는 파괴되었으므로 대원 4명은 사망했을 것이고, 다른 5명의 특공대는 부상을 당하여 포로가 되었을 것이라고 유추했다. 하지만 폭염을 목격하였기 때문에 폭파로 인정한다는 사족을 달았다. 문장의 전체 맥락을 살펴보면, 9명 모두 포로가 되었을 가능성도 열어 두고 있다. 문제점 5, 6, 7항에 근거하면, 소수의 특공대원이 폭발장치가 부착된 박격포탄으로 토치카를 파괴한다는 시도 자체가 무리한 발상이었기 때문이다. 아무튼, 적게는 5명 많게는 9명의 특공대원이 인민군에게 포로가 되었을 것이라고 기술했다.[15] 『한국전쟁사』에 기록된 위의 글만으로도 육탄 10용사에 대한 무용담은 철퇴되어야 할 것이다.

『한국전쟁사』는 그밖에 다른 정보도 제공한다. 박격포탄을 안고 적군의 토치카로 돌진한 사람은 10명이 아니고 상사 서부덕, 이하 김종해·황금재·윤옥춘·양남순·오제룡·박평서·이희근·윤승원 일병 등 9명이다. 나머지 한 사람은 중화기소대 분대장인 박창근 하사다. 박 하사는 단독으로 수류탄을 가지고 전진 중 적탄에 맞아 전사했다.[16] 박창근의 사망 후 다시 9명의 특공대가 박격포탄을 안고 돌진한 것이다. 당시 일부 언론은 10명이 함께 돌진하다가 박 하사는 적탄에 먼저 쓰러지고 나머지 9명이 토치카와 함께 산화했다고 보도했다.[17] 육탄 10용사 영웅담은 하나에서 열까지 조작이었던 것이다.

송악산지구 육탄 10용사의 진상을 가장 먼저 밝힌 사람은 김익렬[18]이

---

15 『한국전쟁사』 1-전쟁과 시련, 전사편찬위원회, 1967, pp.522~555.

16 『한국전쟁사』 1-전쟁과 시련, 전사편찬위원회, 1967, p.522.

17 10용사의 장렬한 전투경과, 육탄으로 진지분쇄, 「동아일보」, 1949.5.21.

18 김익렬(金益烈, 1921~1988); 1921년 경상남도 하동에서 태어났다. …(중략)… 1948년 4월 28일 9연대 연대장 중령 김익렬이 더 이상의 피해를 막고자 남로당 무장대 대장 김달삼과 회담을 해서 평화적으로 해결하고자 했다. 평화협상이 체결되어 전투를 72시간 이내에 중단하기로 합의하였다. 그러나 5월 초 미 군정과 조병옥 경무부장 등이 강경 일변도의 진압 정책으로 나와 이러한 평화협상은 깨졌다. 김익렬은 5월 5일 제주중학교 미 군정청 회의실에서 열린 수뇌부 회의에서 그와 김달삼은 일본 복지산 육군예비사관학교 동기생인 것과 아버지가 공산주의자인 것을 폭로한 조병옥 경무부장과 충돌했다. 그는 진압에 반대하여 5월 6일 9연대장에서 해임되었다. …(중략)… 1962년 제1·2군단장, 1967년 5월 국방대학원장 등을 역임하고 1968년 12월 육군본부 기획관리참모국장 직책에 보임되어 잠시 재식하다가 1969년 1월에 육군 중장으로 예편하였다. 예편 후 말년에 제주 4·3사건의 진실을 담은 유고를 남겼다. 1979년 5월부터 1981년 2월까지 한국자동차공업협동조합 14대 이사장을 지냈다. 1988년 12월 국립현충원에 안장

다. 1964년 5월, 국방부 전사편찬위원회는 제1사단 제13연대 연대장 대령 김익렬의 증언을 채록했다. 앞글에서 소개한 『한국전쟁사』편찬에 참고하기 위해서였을 것이다. 장소는 전 국방부 장관 박병권의 자택이었다. 김익렬은 아래와 같은 증언을 남겼다.

제1사단 제13연대 연대장 대령 김 익 열

○ 일   시 : 1964년 5월 4일
○ 장   소 : 전 국방부장관 박병권의 자택
○ 대   담 : 국방부 전사편찬위원회

□ 주요 증언 내용
△ 전쟁발발전 상황
○ 송악산지구 육탄 10용사의 진상

□ 세부 증언 내용
이 이야기는 1964년 5월 4일 14:30~17:30에 걸쳐 전 국방부장관 박병권댁에서 제5연대 창설에 대한 간담회석상에서 김○○이 공개한 내용이다.

나는 당시 김석원 장군이 지휘하는 제1사단 휘하 제13연대장으로 있었다. 적이 송악산을 점령하고 피아 교전이 전개되었을 때 제11연대(연대장 최경록 중령)가 공격하고 있었는데 제11연대가 진출하기가 곤란하면 제13연대(당시 예비연대)가 투입되찮음 대기상태에 있었다.

제11연대장은 송악산에서 격전중인 일선부대에 박격포탄을 보급하기 위하여 공병소대장(박모)으로 하여금 10명을 공동 지휘하여 박격포탄을 짊어지고 송악산으로 출발시켰다. 그러나 박소위는 지형을 숙지하지 못하여 이동도중 적과 불의의 조우하게 되자 부하들을 수습치 휘하지 못하고 혼자서 탈출하였다.

대원 10명은 박격포탄을 진체 모조리 적에게 포로가 되고 말았던 것이다. 이런 보고를 받은 정보주임은 계통을 따라 사단 G-2에 보고하였다. 사단장 김석원 장군은 대노하여 당장 박소위를 총살하라 하였다.

이때 변호한 것이 제11연대장 최경록 중령이었다. 사실상 박소위와는 친구지간으로서 일본 학병의 동기인가 하여 막연한 사이였다. 따라서 박소위를 총살에서 구출하기 위하여서는 사단장에게 거짓말을 하는 수밖에 없었다.

연대장은 사단장에게 정식보고를 하는데 있어서 "사실은 참모보고는 사실이 아니고 대원 10명이 모조리 포탄을 안고 적진에서 자폭한 것이라고 정정보고를 하게 되었다."

이 보고를 듣고 사단장은 그 자리에서 뜨거운 눈물을 흘리면서 일본군에는 육탄 3용사가 있었지만 우리에게는 육탄 10용사가 나왔다고 하면서 이 사실을 대통령에게까지 보고하였던 것이다.

이것은 최중령이 자기 친구인 박소위를 살리기 위한 일시적인 임시조치에 지나지 않는 허위 조작한 보고에 지나지 않았던 것이다.

사단장은 연대장의 보고를 사실로 알고 상부에 건의하여 대대적인 장례식 행사준비를 하였는데 당시 제병덕 참모총장은 장례식 하루 전까지 행사를 불승인 하였다.

그러나 이종찬, 이용문 대령 등이 제참모총장에게 육탄 10용사는 국군의 전통과 사기진작에도 좋으니 행사를 하자고 권고하게 되어 승인하기에 이르렀다.

채장군은 어느 정도 사건의 진상을 알고 있었는지도 모르지만 당시 김석원 장군과 채장군과는 남북교역문제로 극히 감정대립이 악화되어 있었고 채장군으로서는 육탄10용사를 냈다고 이박사에게 보고하여 김장군의 사기가 올라가는 것에 시기심을 가지고 있었다고 보아야 할 것이다.

여하간에 장례식행사는 서울운동장에서 성대히 거행되었다.

그러나 자폭했다는 육탄10용사는 포로가 되어 평양에서 대대적인 환영을 받았고 살아 있는 방송도 하고 가족에게 편지도 보냈다고 한다.

김익렬 장군이 평양에 입성하였을 때 육탄10용사가 꽃다발을 받고 있는 사진을 보고 놀랐다고 하면서 이는 순전히 최경록 중령의 조작에 의한 것이라고 판단하였다.

김석원 장군은 이러한 사실을 모르고 있을 것이다. 당시의 북한방송 등을 녹음한 것이 정부기관에 보관되어 있을 것으로 알고 있다.

〈주 : 박모 소위는 대령으로 승진하여 예편하였는데 이름이 불명하다.〉

〈 그림87: 육탄 10용사의 진상을 밝힌 김익렬의 증언 〉

되었다. 《위키백과》

[송악산지구 육탄 10 용사의 진상, 김익열의 증언(1964.5.4.)]

제1사단 제13연대 연대장 대령 김익열
  - 일 시 : 1964년 5월 4일
  - 장 소 : 전 국방부장관 박병권의 자택
  - 대 담 : 국방부 전사편찬위원회

주요 증언 내용

• 전쟁발발 전 상황
  - 송악산지구 육탄 10용사의 진상

세부 증언 내용

이 이야기는 1964년 5월 4일 14:30∼17:30에 걸쳐 전 국방부 장관 박병권댁에서 제5연대 창설에
대한 간담회 석상에서 김○○이 공개한 내용이다.

나는 당시 김석원 장군이 지휘하는 제1사단 휘하 제13연대장으로 있었다. 적이 송악산을 점령하고 피아 교전이 전개되었을 때 제11연대(연대장 최경록 중령)가 공격하고 있었는데 제11연대가 지탱하기가 곤란하면 제13연대(당시 예비연대)가 투입되겠끔 대기상태에 있었다.
제11연대장은 송악산에서 격전 중인 일선 부대에 박격포탄을 보급하기 위하여 공병소대장(박모)으로 하여금 10명을 공동 지휘

하여 박격포탄을 짊어지고 송악산으로 출발시켰다. 그러나 박 소위는 지형을 숙지하지 못하여 이동 도중 적과 불의에 조우하게 되자 부하들을 수습 지휘하지 못하고 혼자서 탈출하였다. 대원 10명은 박격포탄을 진 채 모조리 적에게 포로가 되고 말았던 것이다.

이러한 보고를 받은 정보주임은 계통을 따라 사단 G-2에 보고하였다. 사단장 김석원 장군은 대노하여 당장 박 소위를 총살하라 하였다. 이때 변호한 것이 제11연대장 최경록 중령이었다. 사실상 박 소위와는 친구지간으로서 일본 학병의 동기인가 하여 막역한 사이였다. 따라서 박 소위를 총살에서 구출하기 위하여서는 사단장에게 거짓말을 하는 수밖에 없었다.

연대장은 사단장에게 정식보고를 하는 데 있어서 "사실은 참모 보고는 사실이 아니고 대원 10명이 모조리 포탄을 안고 적진에서 자폭한 것이라고 정정 보고를 하게 되었다." 이 보고를 듣고 사단장은 그 자리에서 뜨거운 눈물을 흘리면서 일본군에는 육탄 3용사가 있었지만, 우리에게는 육탄 10용사가 나왔다고 하면서 이 사실을 대통령에게까지 보고하였던 것이다.

이것은 최 중령이 자기 친구인 박 소위를 살리기 위한 일시적인 임시조치에 지나지 않는 허위 조작한 보고에 지나지 않았던 것이다. 사단장은 연대장의 보고를 사실로 알고 상부에 건의하여 대대적인 장례식 행사준비를 하였는데 당시 채병덕 참모총장은 장례식 하루 전까지 행사를 불승인하였다. 그러나 이종찬, 이용문 대령 등이 채 총장에게 육탄 10용사는 국군의 전통과 사기진작에도 좋으니 행사를 하자고 권고하게 되어 승인하기에 이르렀다.

채 장군은 어느 정도 사건의 진상을 알고 있었는지도 모르지만, 당시 김석원 장군과 채 장군과는 남북교역문제로 극히 감정 대립이 악화되어 있었고 채 장군으로서는 육탄 10용사를 냈다고 이 박사에게 보고하여 김 장군의 사기가 올라가는 것에 시기심을 가지고 있었다고 보아야 할 것이다.

　　여하간에 장례식 행사는 서울운동장에서 성대히 거행되었다. 그러나 자폭했다는 육탄 10용사는 포로가 되어 평양에서 대대적인 환영을 받았고 살아 있다는 방송도 하고 가족들에게 편지도 보냈다고 한다. 김익렬 장군이 평양에 입성하였을 때 육탄 10용사가 꽃다발을 받고 있는 사진을 보고 놀랐다고 하면서 이는 순전히 최경록 중령의 조작에 의한 것으로 판단하였다. 김석원 장군은 이러한 사실을 모르고 있을 것이다. 당시의 북한방송 등을 녹음한 것이 정부기관에 보관되어 있을 것으로 알고 있다.

　　〈주: 박 모 소위는 대령으로 승진하여 예편하였는데 이름이 불명하다〉

　　『한국전쟁사』에서 서부덕 상사의 생존 가능성을 언급한 것은 김익렬 때문으로 보인다. 국방부 전사편찬위원회는 김익렬의 증언을 듣고 난 뒤, 그 밖의 자료를 보충하여 작성했을 것이다. 산화한 것으로 알려진 육탄용사가 생존했다는 것도 놀랍지만, 김익렬은 보다 중요한 사실을 언급했다. 영웅담이 어떻게 조작되었는가 그 흐름을 지적한 것이다.

　　육탄 10용사는 날조였다. 제11연대 연대장 최경록 중령의 명령으로 공병부대 대원들이 박격포탄을 나르던 중 지휘관(박 모 소위)의 실수로 북한군의 포로가 되었다. 김석원 장군은 지휘책임을 물어 소대장을 사형시키라고 격분했다. 하지만 연대장의 보고는 달랐다. 연대장은 사단장에게 정식보고하길, "참모보고는 사실이 아니고 대원 10명 전원이 포탄을 안고 적진에서 자폭한 것"이라고 정정 보고를 하였다. 최 중령은 일본 학병 동기이며 친구 사이인 박 소위를 변호하면서 거짓말을 꾸몄던 것이다. 김석원은 감격했다. "일본군에는 육탄 3용사가 있었지만 우리에게는 육탄 10용사가 나왔다."고 하면서 이 사실을 대통령에게까지 보고했다.

대대적인 장례식이 준비되었으나, 참모총장 채병덕 장군은 장례식 하루 전까지 행사를 승인하지 않았다. 하지만 이종찬, 이용문 대령 등이 채 총장에게 "육탄 10용사는 국군의 전통과 사기진작에도 좋으니 행사를 하자."고 권고하게 되어 채 장군은 결국 승인하고 말았다. 서울운동장에서 장례식이 성대히 거행되었다.

그러나 육탄 10용사가 부활하는 불상사가 일어났다. 자폭했다는 용사들이 평양방송에 등장하였고, 가족들에게 편지도 보냈다고 한다. 더욱이 김익렬 자신은 한국전쟁 중 평양에 입성하였을 때 "육탄 10용사가 꽃다발을 받고 있는 사진을 보고 놀랐다."고 말하면서, 모든 것은 "최경록 중령의 조작에 의한 것"으로 판단한다고 국방부 전사편찬위원회 위원들에게 증언하였다. 김익렬의 증언 내역은 국방부 전사편찬위원회의 기록과 다소 다르다. 그러나 그의 증언은 신빙성이 높다고 보아야 할 것이다. 왜냐하면 김석원(1893~1978), 최경록(1920~2002), 이종찬(1916~1983) 등은 증언채록 당시 생존하고 있었기 때문이다. 생존인사를 상대로, 그것도 군의 위신과 명예에 관한 사안에 대해 거짓말을 할 수 있었겠는가? 특히 이용문(1916~1953)은 당시 대통령이었던 박정희

6. 綜合戰果(1946. 1. 1~1949. 12. 31)

部隊別 地區別 種別	第7777部隊	第157//	第170//	第157//	第185//	第125//	第783//	第723//	嶺南地區	湖南地區	濟州島地區	累計
殺射	3,257	2,225	8	1,587	1,032	192	745	885	1,610	3,221	4,304	19,066
負傷	2,071	328	1	286	47	—	1	23	10	4	500	3,271
捕虜	501	117	4	45	92	43	579	170	535	1,387	4,117	7,140
歸順	4	8		1	—	—	—	12	—	53	2,066	2,144
M1小銃	30	—		6	63	62	46	208	87	407	18	927
칼빙小銃	143	—		10	4	—	10	59	161	268	29	684
99式小銃	2	3		20	109	13	76	128	323	91	92	857
38式小銃	1	—		6	28	15	51	18	34	45	6	204
自動小銃	—	6		—	4	—	5	—	8	—	—	23
44式小銃	—	1		1	3	8	2	—	—	—	10	25
長銃	40	345		21	12	—	—	—	261	14	2,798	3,491
多發銃	38	3	1	9	2	—	2	—	—	2	—	55
拳銃	5	5	—	—	1	—	8	10	29	14	8	80
重機關銃	10	1	—	2	—	—	1	—	8	—	—	22
輕機關銃	22	—		4	13	—	9	—	15	4	—	67
60粍迫擊砲	7	3		4	—	—	2	—	—	2	—	18
日本刀	2	—		—	—	—	—	—	8	7	62	79
小銃帶劍	41	10		2	20	4	13	71	72	276	25	534
M1實彈	—	—		2,198	697	105	5,402	3,194	366	13,328	2	25,292
칼빙實彈	—	—		76	59	—	210	179	428	4,405	—	5,357
99式實彈	—	—		277	3,713	1,095	10,028	311	2,748	30,149	265	48,586
38式實彈	—	—		40	1,074	486	2,782	311	1,034	438	1,709	7,874
44式實彈	—	—		40	102	87	—	—	—	—	—	229
多發銃實彈	—	500		10,767	295	—	652	—	—	—	—	12,214
機關銃實彈	—	100		200	—	—	—	—	—	—	—	300
各種實彈	97	273	—	12,265	—	—	—	—	11,333	—	—	23,968
長銃實彈	—	—		2,448	—	—	—	—	220	—	—	2,668
拳銃實彈	—	580		—	59	—	12	—	34	32	69	786
手榴彈	2	84	12	259	432	40	328	8	210	84	41	1,491
다이나마이트	—	—		243	—	10	16	—	—	12	—	281
手砲	—	1		—	—	—	—	—	—	—	—	1
毛布	56	15		—	—	57	—	—	—	—	—	128
아지트破壞	—	—		—	48	—	—	—	207	—	—	255

〈 그림88: 1946~49, 3년간의 남북 충돌 현황 〉

와 각별한 인연을 맺었던 사이다. 박정희는 '이용문장군배 전국승마대회' 등을 개최하며 그를 기리기도 했다.[19] 이용문의 명예를 훼손하는 일 자체가 어려웠던 시기였다는 얘기다. 이러한 까닭인지 인용한 내용은 40년 세월이 흐른 후 공개된다.[20] '육탄 10용사' 조작신화 이야기가 다소 길었다.

아무튼 이야기의 무대가 된 송악산 전투를 기점으로 한국군과 인민군 정규부대의 전투가 수없이 발생하게 된다. 38선을 넘나들며 전투가 벌 어졌으니, 이 무렵 38선 자체가 허물어진 셈이다. 한국전쟁이 시작된 것이다. 가장 치열했던 옹진지역을 비롯해 국군 측이 손꼽은 주요 전투 는 아래와 같다.[21]

[표7: 1949년 38선 충돌과 인민유격대와 교전 현황]

발생순	날짜	사건명	인민유격대의 남침
1	2월 하순	기사문리 포격 사건	
2	5.3~8	개성 송악산 5 · 4 전투	
	(5.5.)	(표 · 강대대월북 사건)	
3	5.8.	사직리 전투	
4	5.17.~19.	백천 침입	
5	5.21.~6.24.	옹진1차 침입	6.1. 오대산에 침투(400명)
6	7.4.	양양돌입 사건	7.6. 오대산에 침투(200명)

19 조갑제, 『내 무덤에 침을 뱉어라』 2 전쟁과 사랑, 조선일보사, pp.247~250.

20 김익렬의 증언이 포함(pp.69~70)된 『6.25 전쟁 참전자 증언록 1권』은 2003년에 발간되 었으며, 현재 국가기록원에서 인터넷으로 서비스하고 있다. 한편 1967년에 초판이 간행 된 『한국전쟁사 1-전쟁과 시련』에는 서부덕 상사 등의 생존을 거론한 '육탄 10용사에 대 한 후문'이 실려 있으나, 신판(2004)에서는 삭제되었다.

21 佐佐木春隆, 강창구 편역, 『韓國戰秘史』 (상권) 건군과 시련, 1977, p.420.

7	7.20.~8.3.	개성 송악산 7 · 25 전투	
8	8.4.~8.20.	옹진 2차 침공	8.4. 해상에서 일월산침투
9	8.6.~20.	신남지구 전투	8.12., 15. 가평군 침투
10	10.14.~20.	옹진 3차 침공	8월 중순 태백산 침투(360명)
11	12월 중순	옹진 · 은파산 전투	9.28., 11.16. 동해안 침투

그러면 그 무렵 충돌횟수는 어느 정도였을까? 현시점에서 정확한 통계는 알 수 없다. 남과 북의 주장하는 바가 현격히 다르기 때문이다. 커밍스에 따르면 UN 조사단조차 남한 측에서 도발한 수많은 전투에 대해서 조사활동이나 보고서 작성을 엉망으로 했기 때문이다.[22] 참고로 1949년 당시의 자료로 남북이 주장하는 38선 충돌 현황을 소개한다.

① 북조선의 주장(1949.10.8. 조국통일민주주의전선 발표): 1949년 1월부터 9월까지 38선 전역에서 남한은 432회 침범, 침범한 군경 총수는 49,000명, 71회 비행기 침습, 42회 함대 습격[23]

② 남한의 주장(1949년 11월 한국군의 보고자료): 1949년 1월 1일부터 10월 5일까지 38선 전역에서 북한이 563회 침범했으며, 참전한 북한 병력은 총 70,626명[24]

22 브루스 커밍스 · 존 할리데이, 『한국전쟁의 전개과정』, 태암, 1989, p.53.
23 三 · 八연선 무장충돌 조사결과에 관한 조국통일민주주의전선 조사위원회 보고서 (1949.10.8.), 『북한관계사료집』 VI, 국사편찬위원회, 1988 〈정병준, 『한국전쟁, 38선 충돌과 전쟁의 형성』, 돌베개, 2006, p.261.〉 재인용
24 정병준, 『한국전쟁, 38선 충돌과 전쟁의 형성』, 돌베개, 2006, p.261.

한편 사사키 하루타카(佐佐木春隆)에 따르면, 『북한공간사(北韓公刊史)』는 "적은 49년의 1년간에 1,836회나 월경했다(p.20)"고 기록한 반면, 『한국전쟁사(1)』는 "인민군은 38도선을 실전 훈련장으로 보고, 874회나 불법으로 사격하거나 침범을 행했다(p.570)."라고 기술하고 있다.[25] 편차가 너무 심하다. 인용한 자료 중 북조선의 주장(432회 남쪽이 침범)과 남한의 주장(북한이 563회 침범)이 옳다고 가정하면, 500회 정도의 전투가 9개월 동안 발생한 셈이 된다. 대략 하루에 두 번 정도 전투가 벌어졌다는 얘기다. 사망자 수 역시 정확한 통계는 없다.

인용한 표는 국방부 전사편찬위원회가 작성한 자료다. 인명피해의 경우 남쪽의 피해 상황은 제외되었다. 이 표를 참고하면 1946년부터 1949년까지 3년간 북조선 인민군·빨치산 및 좌익 계열 인사의 사망자 수는 19,066명이다. 하루에 17명 정도의 사망자가 발생한 것이다. 이 중 영남, 호남, 제주도 등을 제외한 9,931명은 38선 지역에서 발생한 것으로 보아도 무방할 것이며, 이 인명피해는 대부분 1949년도에 집중되었다고 볼 수 있다. 38선 충돌로 인해 매일 27명 정도의 인명피해가 발생한 셈이다. 평화로운 상황에서 6·25 전쟁이 일어난 것이 아니었고, 그 이전에 한반도는 치열한 전쟁터였다는 이야기다. 커밍스는 1949년 38선 충돌에 대해 명 저널리스트인 스틸(A. T. Steel)의 주목할 만한 기사를 소개한 바 있다. 아래에 인용한다.

---

25 佐佐木春隆, 강창구 편역, 『韓國戰秘史』(상권) 건군과 시련, 1977, p.420.

"미국 정부와 소련 정부 간의 사실상 전쟁이 38선 전역에서 실제로 벌어지고 있다…. 그것은 신생공화국인 한국의 전역을 들끓게 하고 있다…. 미국의 돈과 무기, 그리고 기술지원만이 그 공화국의 수명을 몇 시간 더 연장시켜 줄 수 있을 뿐이다." 스틸은 대한민국은 '자유주의 국가임에도 불구하고 경찰국가로서 운영되는, 꽉 짜인 독재국가'라고 기술했다. 남한의 감옥은 죄수로 가득차 그 수가 3만 명에 이를 것으로 스틸은 추정했다. "체포된 정치범들에 대한 고문은 상식적으로 알려져 있다." 양쪽 모두 "여자와 아이들까지 천연덕스럽게 죽이고 있다." 그 상황에서 미국은 "한국의 부활을 열망하는 복음 전도사 같은 꼴"이었지만 스틸이 생각하기에는 그나마 "미국이라는 버팀목이 빠져나가는 즉시, 남한은 아시아의 공산주의의 발밑으로 떨어질 판이었다."[26]

---

26   브루스 커밍스 · 존 할리데이, 『한국전쟁의 전개과정』 태암, 1989, p.56.

:: 02 ::

운명의 기로 서울

데이비드 콩드는 6 · 25 전쟁이 발발하기 전 약 보름 동안 진행된 북조선의 통일제안을 높이 평가했다. 콩드가 언급한 통일제안은 『조선통사 (하)』에 게재된 내용[1]과도 거의 일치한다. 날짜별로 진행된 사항을 간략히 살펴보자.

[1950년 6월 7일]

조국통일민주주의전선은 '평화적 조국통일 방책추진에 관한 호소문'을 채택하였다. 1950년 8월 5~8일간 남북조선을 통한 총선거를 실시하고, 오는 8 · 15 해방 5주년 기념일에 서울에서 선거를 통해 선출된 통일적 최고입법기관의 제1차 회의를 개최할 것을 제의하는 한편 6월 15~17일간에 해주 또는 개성에서 남북 조선 제 정당, 사회단체 대표자협의회를 소집할 것을 제안했다. 단 이승만 · 조병옥 · 장면 · 김성수 · 신성모 등 민족반역자 8명의 참가는 금지한다는 조건을 붙였다. 그리고 본 호소문을 극악한 반동단체를 제외한 각 정당, 사회단체와 유엔총회 '유엔 조선 위원

---

1   과학원 역사연구소, 『조선통사(하)』 1958년 판, 오월, 1988, pp.391~393.

단'에 발송하기로 결정했다.

[6월 10일]

북쪽의 조만식과 남쪽의 이주하 · 김삼룡을 교환하자고 북측이 제안했다.

[6월 11일]

조국 전선 파견원 3명은 300통의 호소문을 가지고 여혈역을 떠나 서울로 출발했다. 그러나 이들은 38선을 넘자마자 체포되었다. 당연히 300통의 호소문은 누구에게도 전달되지 않았다.

[6월 17일]

이승만이 조건을 달아 조만식과 이주하 · 김삼룡의 교환을 수락했다.

[6월 19일]

조국 전선 사자의 투옥에도 불구하고 북조선의 최고인민회의는 남과 북의 의회를 연합하는 방법으로 조국의 통일을 실현할 것을 남조선 국회에 제의하였다. 남측은 아무런 의사표시 없이 거부하였다.

이승만 정부의 반응은 예상한 바였지만, 유엔위원단마저 북조선의 호소를 무시했다. 이로써 전쟁이 일어나기 7일 전에 유엔위원단은 한국

문제를 평화적으로 해결할 수 있었던 마지막 기회를 놓쳐버리고 말았다.[2] 이제 한반도 전체가 전쟁의 포화 앞에 노출된 순간이 왔다.

〈 그림89: (상)조국의 통일과 매국 역적 이승만 타도를 외치는 시민들의 시위 (하)원수를 소탕하러
나가는 탱크부대와 열광적으로 환송하는 시민들, 1950년 7월 5일 자 해방일보 〉

2 데이비드·콘드, 『한국전쟁 또 하나의 시각』 1, 과학과 사상, 1988, pp.82~87.; 『조선통사』(하), 오월, 1989, pp.391~392.

호산 전창일과 통일운동 77년사

1949년 7월 17일, 국방장관 신성모는 대한청년단 훈련장에서 "국군은 대통령으로부터 명령을 기다리고 있으며, 명령만 있으면 점심은 평양에서 먹고 저녁은 신의주에서 먹을 수 있다."고 호언장담했다.[3] 하지만 장담하던 국방군은 사흘 만에 수도 서울을 빼앗겼다. 1950년 6월 28일 인민군은 서울을 점령하였다.

오전 11시경 서대문형무소 안이 갑자기 조용해졌다. 청소, 배식하던 일반죄수들을 모두 감방에 입방시키고 간수들이 도망친 것이다. 갇힌 죄수들이 감방 문을 부수고 쏟아져 나왔다. 전창일은 그날의 감격을 다음과 같이 술회했다.

> 그렇지. 인민군 탱크가 서대문형무소 철문을 팍 부수고 들어온 뒤, 인민군 장교가 앞에 딱 서 가지고 권총을 빵빵 쏘면서 들어오는 거야. 나중에 얘기 들었는데, 간수들이 모자 벗고 옷 벗어버리고 다 도망쳤다는 거야… 조용한 감방에 빵빵 총소리가 들렸어. 무슨 소린가 했는데, 물 갖다 주고 청소하는 등 밖에서 심부름을 돕는 일반죄수들이 있거든, 그들은 푸른 옷을 입고 있었어, 걔들이 와서 인민군이 들어왔다는 거야. 모두 만세를 불렀어, 감옥 안에서. 그 당시 감옥 문은 이런 나무로 만든 문이었어. 우리는 그걸 모두 걷어찼어. 당연히 부서졌지. 그래서 감방을 나왔어.… 두고 온 자기 사물들은 아무도 생각하지 않았어. 나도 혁대하고 맡겨둔 시계가 있었지만 그걸 찾으려고 다시 들어가고 싶지 않더라고.

3 《나무위키》

인민군들이 엄청 쏟아져 들어오더군. 인민군 탱크는 철문을 깔고 서 있고, 인민군 장교가 권총을 빼 들고 공중을 향해 공포를 쏘면서 "감옥에 갇힌 애국자 여러분! 우리 인민군은 서울을 해방했습니다. 총사령관 (김일성)의 명령으로 제일 먼저 서대문형무소와 마포형무소에 갇혀 있는 애국자들을 해방시키라고 하여 이곳에 왔습니다."라고 얘기하는 거야. 그러니까 모두 박수 치고 만세 부르고 뭐 야단이야. 간수들, 물론 아무도 없어요. 여기저기 간수들이 벗어 내버린 모자가 굴러다니고 그랬어요. 우리는 탱크를 만져도 보고, 올라가 타보기도 했어. 그리고 북에서 온 기자, 여기서 나온 기자들하고 사진도 찍고 그랬어.…[4]

정문 밖에는 수많은 시민들이 운집하고 있었다. 그리고 그리운 얼굴들이 보였다. 손위 조카 상주·몽주와 얼싸안고 기쁨을 나누었다. 종로경찰서 소방차를 운전하는 먼 친척 아저씨도 오셨다. 아저씨가 며칠은 요기할 수 있는 금액의 돈을 주었다. 누군가가 석방된 동지들은 모두 내일 11시까지 시청 앞 광장에 모이라고 광고를 하며 여기저기 뛰어다니고 있었다.

1950년 6월 29일, 많은 군중들이 시청 앞으로 모였다. 전창일은 출옥자 중 절반 정도가 모였던 것으로 기억한다. 이승엽이 소개되었다. 그는 서울시장격인 서울시 임시인민위원회 위원장이었다. 연설이 끝난 후 모

---

4 『1960년대 이후 통일운동가들의 통일운동 및 사회운동 경험, 전창일 구술』, 국사편찬위원회, 2014, 녹취록 1차 2번-7, 6·25 발발, 인민군 진주해 서대문형무소 파옥

〈 그림90: 1950년 7월 2일 자 해방일보, 인민군의 서울 점령을 상징하는 중앙청에 게양된 인공기 〉

두 시청 안으로 들어오라고 했다. 2층에서 심사를 받았다. 서대문형무소 몇 동 몇 방에 감금되었으며, 같이 있던 사람은 누구누구였나, 어떤 사유로 구속되었나 등의 질문을 했다. 그리고 주소를 묻기에 아직 거처할 곳이 정해지지 않았다고 전창일은 대답했다. 심사가 끝난 모양이다.

3층은 임시숙소였다. 그곳에 있는 사람들은 모두 감옥에서 출옥된 동지들이었다. 공범으로 함께 잡혀 와 1년 넘도록 같은 형무소에 있었지만, 한 번도 만나지 못했던 친구이자 동지인 이근억도 심사를 마쳤다. 두 사람이 함께 거주할 집을 마련하기 위해 아무개를 만날 약속이 있다, 저녁때 만나자고 하면서 근억은 떠났다. 그러나 그는 오지 않았다. 영원한 이별이었다. 근억에 대한 소식은 40여 년이 흐른 후 사촌 형 전철우를 통해서 듣게 된다. 그는 대학에서 교편을 잡다가 은퇴한 뒤 고향 북청에서 평안히 지내고 있다 한다.[5] 갑자기 갈 곳이 없어진 전창일은 어찌할 바 몰랐다. 숙고 끝에 시청에 그대로 남기로 했다. 이로써 그의 운명이 결정되었다. 전창일은 무기를 들게 된 것이다.

5　〈자세히 보기-4〉[사촌 형 전철우가 전창일에게 보낸 편지(1992.9.12.)] 참조

:: 03 ::

인민군 생활
(첫 번째 군대 이야기)

전창일은 조선노동당 직속 인민유격대 제353부대에 배속되었다. 유격대 군복으로 갈아입었고, M-1총도 지급되었다. 부대장은 김 아무개로 북에서 고도의 훈련을 받고 온 사람이었다. 소대장, 분대장 역시 모두 북에서 훈련받고 온 노련한 유격대 용사들이다. 그들은 출옥하자마자 입대한 애송이 유격대원들에게 권총, 카빈총, 기관총, M-1총 등 총기 분해와 사격 조준 방법 등을 가르쳤다. 정치위원은 안병화(安炳華,

〈 그림91: 1950년 7월 6일 자 해방일보 〉

1917년생 추정) 선생이었다.[1] 이틀 동안 총기 다루는 법 이외 유격전 전략전술 등에 대한 교육을 받았다. 시청 지하실에 취사장이 마련되었고, 여성 동맹원들이 동원되어 식사를 마련해 주어 양껏 먹을 수 있었다. 당분간은 주거와 의식을 걱정할 필요가 없게 되었으니 감옥생활 동안 굶주렸던 기억이 점점 희미하게 된다.

1950년 7월 1일, 출진의 날이 밝아왔다. 수많은 시민의 열광적인 환송을 뒤로하고 서울을 떠났다. 전창일의 분대장은 여성동지였다. 그녀의 인솔하에 시청을 떠나 동대문, 청량리, 강나루(광나루), 한강을 넘어 남으로, 남으로 행군하였다. 100리 정도 행군했을 무렵, 발바닥이 쪼개질 듯 아프기 시작했다. 전창일의 발은 원래 평발이다. 게다가 1여 년 감금생활을 하다 보니 운동부족으로 발바닥이 솜처럼 부드럽게 된 상태다. 전창일만이 아니었다. 서너 사람이 고통을 호소했다. 충청북도 접경에 들어서니 아예 걷지도 못하고 주저앉는 사람이 생겼다. 낙오시킬 수밖에 없다는 부대장의 결단에, 안병화 정치위원이 해당 군당위원장에게 부탁하여 낙오병을 맡겼다. 그는 정든 동지들의 얼굴을 쳐다보며 눈물을 흘리면서 작별인사를 한다. 전창일 일행은 계속 전진했다. "세탁비누를 잔뜩 바른 광목을 발싸개로 하라"는 여성 분대장의 조언을 듣고, 그대로 하니 한결 나은 느낌이었다. "전 동지는 업고라도 끝까지 간다"는 안병화 정치위원의 격려도 큰 힘이 되었다. 세탁비누를 발바닥에도 바르면서 참고 참아 낙오를 극복해나갔다.

---

1   안병화의 이력은 후술할 예정이다.

목적지까지 90여 리 정도를 앞두고, 산청군당에 배치되었다. 그 지방 출신으로 40대 초반의 중년 인사가 함께 배치되었다. 그 역시 단선·단정 반대운동하다가 투옥된 뒤 풀려난 동지다. 그는 산청군 인민위원장으로 추대되었다. 전창일이 속한 제353부대의 행선지는 경상남도 도청 소재지다. 부산이 아직 미 해방구였기 때문에 진주가 임시 도청 소재지였다. 안병화는 경남 함양 출신으로 북경대학 경제학부를 나왔으며, 일제 강점기 시절 항일투쟁을 한 독립운동가 출신이다. 해방 후에는 남로당 경남 도당 부책으로 활동하다가 검거된 뒤, 서대문형무소 투옥 중 전창일과 같은 날 해방되었다.

특히 어학에 능통하였다 한다. 행군 도중, 미군 포로의 신문에 곤란을 겪는 인민군에게 통역을 자청하여 도움을 주곤 했다. 국방군 포로의 경우, 신문한 뒤 집으로 돌아가라고 풀어주는 관대함을 보여준 적도 있다. 대원들의 건강에도 늘 신경을 썼던 모양이다. 오랫동안의 수형생활 탓에 대원들의 건강상태가 좋지 않았지만, 안 정치위원의 배려 덕분으로 7월 말경에는 대부분 건강을 회복했다. 안병화는 산청군당 위원장에게 전창일을 소개시키며, 잘 부탁한다는 인사를 하고 난 뒤 진주를 향해 떠났다.[2] 여기까지는 전창일의 회고다. 그러나 안병화의 투쟁이력은 좀 더 살펴볼 필요가 있다.

1950년 9월 29일, 중앙당의 지시에 따라 경남 함양군 휴천면 문정리에서 경남유격대가 조직되었다. 경남도당 조직부장이었던 안병화가 최초의 사령관으로 임명되었다. 지리산(산청·하동·진양·사천·합천)과

<hr />

2   전창일 자필 기록, 2021년 3월

덕유산(함양·거창) 지역이 주요 활동영역이다. 이 부대는 1950년 10월부터 51년 6월까지 1,808차의 격전을 치르며 국군에 저항했으나, 1951년 11월 30일부터 1952년 3월 15일까지 실시되었던 동계토벌 이후 거의 괴멸되었다.[3] 특히 대성골 참사로 알려진 1952년 1월 28일 국군의 제2차 공세 때 경남부대원은 가장 많은 사망자를 내었다고 한다.[4]

그 후 이 부대는 남부군 예하 57사단으로 재편되지만, 안병화는 남도부 산하로 대구의 팔공산 지역에서 활동하다가, 부산 구덕산 등으로 근거지를 옮겨 계속 투쟁한다. 산에서의 투쟁을 포기하고, 소수의 인원을 거느리고 도시 게릴라 전술을 선택한 것이다.

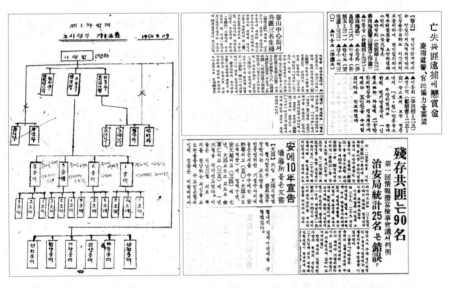

〈 그림92: 시계방향으로, ① 경남 인민유격대 제1차 편제(1950.9.29.), ② 1954년 4월 4일 자 조선일보, ③ 1958년 6월 16일 자 조선일보, ④ 1958년 8월 28일 자 경향신문, ⑤ 1968년 12월 9일 자 동아일보 〉

3 김종준, 한국전쟁기 서부 경남 지역 빨치산의 조직과 활동, 「제노사이드연구」 제2호, 한국제노사이드연구회, 2007년 8월, p.15~55.

4 박순자, 노부부가 겪은 남한 현대사 2, 『끝나지 않은 여정』 대동, 1996, pp.226~227.

"낮에는 나무꾼이나 행상을 가장하고 부산 시내에 내려와 물자를 구득하고, 밤이 되면 무장 강도로 변해서 다액의 금품을 당 공작활동 자금으로 사용하던 어마어마한 공비일당"[5]… 「조선일보」에 보도된 기사의 일부다. 결국, 경남도경은 망실공비에 현상금까지 걸게 되었다. 1인 생포 또는 사살에 20만 환, 정보제공자에 5만 환이라는 거액이었다. 안병화와 함께 공개된 9명 중에는 마지막 빨치산으로 알려진 정순덕의 이름도 보인다.[6] 현상금까지 걸었지만, 안병화는 잡히지 않았고, 1958년 8월 27일 대검이 확인한 90명의 잔비공비 명단에 첫 번째로 이름이 오르게 된다.[7] 지리산을 떠난 지 거의 10년이 되도록 체포되지 않고 도시게릴라 활동을 했던 것이다.

그가 언제쯤 붙잡혔는가는 불확실하다. 정순덕이 1963년 11월 12일에 체포된 것으로 보아 1960년 전후쯤으로 추증된다. 대구교도소에 수감되어 있을 때 교도관과 불온문서를 주고받은 죄로 형이 추가된 것을 보면,[8] 안병화는 최후까지 전향하지 않았던 모양이다. 이인모의 증언을 따르면, 198X년 대전교도소에서 간경화증으로 사망했다고 한다.[9] 지금까지의 이야기는 후일담이다.

안병화의 죽음에 대해선 또 다른 증언이 있다. 전창일이 인혁당 사건

---

5 부산 중심가서 공비 3명 생포, 「조선일보」, 1954.4.4.
6 망실공비 체포에 현상금, 「조선일보」, 1958.6.6.
7 잔존공비는 90명, 「경향신문」, 1958.8.28.
8 안에 10년 선고, 교도소 불온문서, 「동아일보」, 1968.12.9.
9 김종준, 한국전쟁기 서부 경남 지역 빨치산의 조직과 활동, 「제노사이드연구」 제2호, 한국제노사이드연구회, 2007년 8월, p.26.

으로 전주감옥에 있을 때다. 마침 대구감옥에서 이감 온 장기수가 있었다. 그가 전하는 말에 따르면, 안병화 선생이 대구감옥에 있다고 하여 깜짝 놀랐다고 한다. 너무나 기쁜 소식이었다. 그러나 빨치산 투쟁으로 총에 맞아 한쪽 팔이 없다고 하는 말에, 기가 막혔다. 전창일이 산청군 각 면 기관요원들을 인솔하고 산청을 떠날 때, 선생을 포함한 수백 명이 진주 쪽에서 산청으로 왔다. 지리산에 입산하기 위해서였다. 노상에서 선생을 만나 인사하고 헤어진 것이 마지막이었다.

1980년 5월, 광주민주화운동이 발생하자 수감자 대이동이 있었다. 대구감옥으로 이감된다는 소식에 전창일은 남모르게 환성을 질렀다. 선생을 만날 희망을 안고 대구로 갔지만, 대전으로 이감되었다 한다. 재회의 기쁨을 누릴 기대가 수포로 돌아갔다. 몇 달이 지났다. 대전에서 이감 온 사람에게 안 선생의 안부를 물었더니, 옥사하셨다는 참담한 소식을 전한다. 인생의 허무함에 낙담했다는 전창일의 증언이다.[10] 마지막 빨치산으로 알려진 정순덕은 다리를 절단했고, 지휘관급으론 최후의 빨치산이라고 할 수 있는 안병화는 팔을 잘랐다. 기이한 운명이다.

전창일이 인민유격대로 활동했던 1950년으로 다시 돌아간다. 산청군당 요원들 대부분은 지리산에서 싸우다 인민군에 의해 산청지역이 해방되자 하산한, 소위 '구빨치'였다. 위원장은 진주농업학교 출신으로, 부농의 아들로 태어났지만 혁명가의 길을 선택한 분이라고 옆에 앉은 이가 소개했다. 위원장이 "어떤 직책을 원하느냐"고 묻자, 전창일은 "선전부서에서 일하고 싶다"고 했다. 전창일은 그날로 산청군당 선전부장으로 임명되었

---

10 전창일 자필 기록, 2021년 3월

호산 전창일과 통일운동 77년사

다. 동시에 '직외 강사직'도 맡게 되었다. '직외 강사직'은 그 지역 공직자 특히 학교 교직원들을 상대로 하는 교양강좌의 강사를 말한다.

며칠 후 평양에서 사람이 내려왔다. 직책은 군당 부위원장이었다. 인민군 해방지역의 공직자 수장은 군 보안서장을 제외하곤 모두 현지인이었고, '부' 자가 붙은 차석은 대부분 북에서 파견된 인물이 맡았다. 부위원장은 30대 초반의 인상 좋은 신사 같은 모습을 하고 있었다. 군당 위원장이 차고 있는 권총을 보며 그가 전창일에게 말했다. "군당 위원장은 군내 인민의 가장 다정한 벗인데, 권총 찬 모습은 인민들에게 좋지 않은 영향을 줄 수 있다."고 한다.

당황한 전창일이 "전투지역에서도 그렇게 해야 하는가?"라고 묻자, "지금 이곳은 전투지역이 아니지 않느냐?"고 오히려 반문하였다. 그는 전창일을 마치 친동생처럼 대해 주었다. "내가 갖고 있는 M1총은 어찌하는가?"라는 물음에 "보안서에 갖다 주라"고 응답했다. 전창일은 그 무거운 애물단지 같은 총을 재빨리 보안서에 갖다 주었다. 이제 전창일은 중앙당 직속 인민유격대에서 제대하여 군당 기간요원이 되었다. 전창일은 우선 군당 일꾼들을 대상으로 야간 교양강좌를 시작했다. 모두가 열성적이었다.

9월 초순경, 군당부위원장이 어깨 위에 손을 올리면서 "전 부장, 이제부터 어깨에 별을 단 인민군이 되었다."고 웃으면서 말했다. 경상남도에 군사동원부를 조직하는데 전 부장이 산청군 군사동원부 책임지도원이 됐다며 축하한다고 하였다. 경남 군사동원부 부장은 허가이라고 한다. 군 책임지도원은 어깨에 작은 별(소성) 4개를 단 군관이다. 졸지에 인민군 장교, 대위(총위)가 되었다. 전창일의 나이 스물세 살이었다. 부장은 타 지역에서 올 예정인데 중성 하나(소좌)라고 한다.

軍隊의 직급과 급수				
구 분	직 급	명 칭	급 수	직 책
尉官	小星 1	소 위	3 급	소 대 장
	小星 2	중 위	4 급	
	小星 3	상급중위	5 급	
	小星 4	대 위	6 급	
佐官	中星 1	소 좌	7 급	
	中星 2	중 좌	8 급	
	中星 3	대 좌	9 급	
	中星 4	총 좌	10 급	
將官	大星 1	소 장	11 급	사 단 장
	大星 2	중 장	12 급	군 단 장
	王星 1	대 장	13 급	

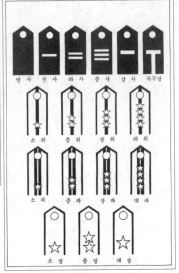

〈 그림93: 조선 인민군의 직급과 급수 〉

　군복은 북에서 곧 올 예정이니 조직사업을 즉시 착수하라고 당부한다. 담배전매공사 건물을 사무소로 사용하기로 하고 필수인원 10여 명을 배치받아 업무를 시작했다. 곧 온다던 군복은 미군 폭격기의 공습으로 수송 중 모두 타버렸다는 전갈이 왔다. 소성 4개가 달린 군복은 입어보지도 못한 채 9월 하순경 퇴각명령이 내렸다. 군당일꾼들은 모두 지리산으로 입산하고, 80여 명의 각 면 단위 기관요원들은 군사동원부의 인솔하에 전주로 북상하라는 지시였다.

　피난 보따리를 등에 메고 야밤에 정든 산청을 떠났다. 하지만 문제가 발생했다. 이삼십 리 정도 이동했을 때부터 낙오자들이 발생한 것이다. 전라도 땅에 들어설 무렵에는 부녀자를 포함해 여러 사람이 더 이상 못 가겠다고 하여 집으로 돌려보냈다. 더욱 큰 문제가 기다리고 있었다. 일차 행선지인 전주 부근에 도달했을 때다. 되돌아온 선발대에의 전언에 따르면, 전주시는 국방군에게 이미 점령당했다고 한다.

〈그림94: 시계방향으로, ① 피난민 행렬, ② 부상당한 전우를 업고 가는 인민군 병사, ③ 부상당한 인민군 포로와 총을 들고 뒤따르는 미군, ④ 인민군 시체, ⓒNARA〉

전주로 북상하는 애초의 계획은 포기할 수밖에 없었다. 퇴각하는 인민군을 뒤따르기로 결론이 났다. 민간인이 포함된 전창일의 일행 70여 명이 인민군의 뒤를 따라간다는 것은 애초부터 무리한 발상이었다. 소가말을 쫓는 격이었다. 아무튼, 갈 데까지 가보자는 식으로 뒤를 쫓았다.

부상당한 인민군들이 대로변 여기저기에 흩어져 있다. 물을 달라고애원하는 그들의 참담한 모습에 그냥 지나칠 수 없었다. 인민군들은 환자들을 대부분 도로변에 두고 후퇴했다. 쫓아오는 미군과 국방군에게환자치료를 맡기고자 한 어쩔 수 없는 선택이었다. 그들에게도 일말의양심은 있을 것이라고 믿었던 것이다. 배가 고파 감을 따다가, 국방군의 총을 맞고도 필사적으로 감을 안고 떨어지는 장면도 보았다. 전창일은 지금 전쟁의 참혹한 현장을 직접 목격하는 중이다.

목적지 전주의 점령 소식은 일행들에게 무한한 공포를 주었을 것이다. 이제 우리는 어디로 가는 것일까? 후퇴하는 인민군에 따르면, 목적지는 속리산이었다. 계속 그들의 뒤꽁무니를 따라갔다. 위급한 상황이었지만 허기진 배는 채워야 했다. 일행 모두 산 능선에 잠복한 뒤, 몇 사람을 선발하였다. 마을에 내려가 밥을 구해오라는 임무를 주었다. 식대는 달라는 대로 주라고 했다. 출발 전, 경상남도 군사동원부에서 꽤 많은 돈을 주었으니, 돈은 충분했다. 한참 후 임무를 맡았던 요원이 무사히 돌아왔다. 보기만 해도 반가운 밥과 불길한 소식을 함께 가져왔다. 인근 보은읍도 국방군이 들어 왔단다.…

식사를 마친 후 각 면에서 선출한 간부회의가 소집되었다. 현 상황이 설명되었고, 대책을 위한 토론에 들어갔다. 낮에는 움직이지 못하고 밤에만 이동해야 하는 상황이다, 이러다간 모두 체포될 것이다, 해산하여 각자 사방으로 흩어질 수밖에 없는 형편이다… 대부분 의견이 일치되어 해산하기로 결정되었다. 군사동원회에서 지급한 돈을 각자에게 분배하기로 했다. 모두가 똑같은 금액을 지니고 있다면, 누가 보더라도 이상할 것이라는 누군가의 문제 제기가 있었다. 합리적인 생각이었다. 검문당할 때 의심을 사지 않도록 약간의 차등을 두었다.

70여 명 일행 중 딱한 사람이 있었다. 북에서 김일성대학 학생으로 있

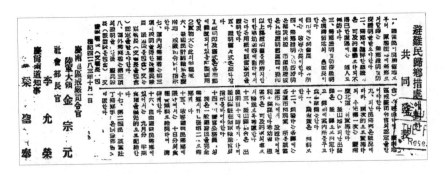

〈 그림95: 1950년 10월 5일 자 부산일보 〉

호산 전창일과 통일운동 77년사

다가 파견되어 군 민청 부위원장으로 있던 청년이다. 북쪽 사투리를 사용하는 말투를 바꾸기 힘들었고, 연고도 없는 데다가 더욱이 그는 이곳의 지리를 전혀 몰랐다. 결국, 인솔 총책임자인 산청군 군사동원부장이 그 청년을 맡기로 했다.

북청이 고향인 전창일도 비슷한 경우다. 의논 끝에 세 사람이 한 조가 되기로 하였다. 용모가 비슷하게 생긴 청년과 부인을 남매로 가장하고, 전창일은 그 부인과 부부로 위장하기로 결정되었다. 배당금을 받고 난 뒤 세 사람은 보은읍 방향으로 하산하였다. 출발 전 이들 세 사람은 연습을 했다. 서울에서 이곳 보은군 ○○면 ○○리에 피난 온 것으로 꾸몄다. 익숙해질 때까지 서로 말대답을 연습한 후 인근 마을의 이장을 찾았다. 이 마을에서 약 한 달간 피란생활을 했다는 확인서를 부탁했다. 약간의 돈을 지불하고 도장을 받았다.

이제 이 확인서를 근거로 귀향증을 만들어야 했다. 서울 수복 사흘 후인 1950년 10월 1일, 경남지구 계엄사령관 육군대령 김종원(金宗元), 사회부장관 이윤영(李允榮), 경상남도지사 양성원(梁聖奉) 등 세 사람은 공동명의로 '피난민 귀향 조처'에 관해 발표했다.[11] 경찰서에 들어서니, 많은 사람이 잡혀 와 조사를 받고 있는 광경이 눈에 들어왔다. 가슴이 두근거렸다. 북에서 온 젊은 여성이 살려달라고 애원하는 애처로운 모습이 보였지만, 애써 냉정을 되찾았다. 큰 책상에 앉은 과장쯤으로 보이는 사람에게 이장의 도장이 찍힌 확인서를 보이고, 서울이 수복되어 귀향하려고 하는 데 필요한 귀향증을 해달라고 요청했다. 그는 세

---

11   피난민 귀향 조처에 관한 공동발표, 「부산일보」 1950.10.5.

사람의 관계를 신문하였다. 전창일과 그의 처 역할을 하기로 한 부인 그리고 처남 역의 젊은이 등 세 사람은 당황하지 않고 연습 때처럼 잘 대답하여 무사히 곤경을 벗어날 수 있었다. 보은경찰서장 직인이 찍힌 귀향증이 그들의 손에 쥐어졌다. 경찰서를 벗어나자 안도의 숨을 쉬었다. 이제 여유로운 마음이 생겼다. 느긋하게 신작로(국도)를 걸어 북행하였고, 열흘 정도 걸어 서울에 도착했다.

1950년 10월 27일, 국군 8057부대가 한만 국경 지대인 평북 초산을 점령하고 압록강에 도착했다는 보도가 나왔다.[12] 전선 상황이 염려되었지만, 세 사람은 일단 발걸음을 옮겼다. 전창일이 살던 거처는 종로구 사직동에 있는 일본인 소유의 2층 석조건물, 소위 적산가옥 방 한 칸이었다. 해방 후 집 없는 사람들이 텅 빈 이 집에 투숙하여 살고 있었다. 전창일도 이들 중의 한 명이었다. 약삭빠른 모 인사가 미국 군사정부의 허락을 받아 이 건물의 법적 소유자가 되었다 한다. 전창일이 투옥되어 있던 동안, 거주자들은 모두 내쫓기고 법적 소유자가 그 집을 차지하고 있었던 것이다.

거처가 불안정한 상태에서 시민증 발급을 위한 예비심사를 진행해야만 했다. 심사과정이 너무 까다로웠다.[13] 특히 믿고 따라온 가짜 오누이가 걱정되었다. 전창일이 한숨을 내쉬자, 위장부인인 정 여사가 제안했다. 자기 큰아버지가 사는 울진(당시 울진은 강원도였다)으로 가면 강원

---

12   태극기 국경에 휘날리다, 국군 압록강에 도달, 「조선일보」, 1950. 10. 28.
13   〈제1장 1절, '분단으로 인해 뿌리가 바뀌다'〉 참조

도 도민증을 쉽게 받을 수 있을 것이라고 했다. 고향이 울진이라고 말했던 옥중 동지 강택룡이 떠올랐다. 다소 기대감이 생겼고, 정서적으로도 거부감이 들지 않았다. 불안한 서울에서 심사를 받기보단 정 여사의 친지가 있는 울진이 보다 안전하리라고

〈 그림96: 1950년 10월 28일 자 조선일보 〉

판단되었다. 울진으로 가기로 결정했다. 또다시 장거리 도보여행이 시작되었다.

국도변 경찰지서 앞을 지날 때는 상경 때와 마찬가지로 매번 신문을 받았다. 피난민 귀향증이 이번에도 위력을 발휘했다. "주소가 서울인데 왜 강원도로 가느냐"고 물으면 "피난 갔다가 집으로 돌아와서 보니, 폭격으로 완전히 파손되어 거처할 곳이 없어 당분간 인척 집이 있는 울진으로 간다."고 대답하니 별 의심 없이 통과시켜주었다. 20여 일가량 걸었던 것으로 전창일은 기억한다.

드디어 울진에 도착했다. 정 여사의 큰아버지는 칠순이 넘은 연로한 노인이었다. 전창일은 큰절을 올렸다. 며칠 머물면서 도민증을 받으려고 왔다고 하니 온 식구가 반기면서도 걱정하는 눈치가 역력했다. 하나밖에 없는 외아들이 부역 혐의로 울진경찰서에 갇혀있는 상태였다. 서울에서 낯선 손님이 왔다는 소문이 돌자, 경찰서에서 형사들이 와 세 사람을 조사·신문하였다. 전창일은 "나는 서울에서 6·25 동란을 맞아

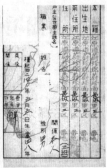

〈 그림97: 단기 4287년(1954년)에 발급된 강원도 도민증, 1963년 1월 1일 울진군의 행정구역이 강원도에서 경상북도 행정 관할로 변경되면서 편의상 기존의 도민증에 스탬프를 찍어서 별도 표기를 한 채 경상북도 도민증으로 통용되어 사용된 것이다. ©울진뉴스 〉

남쪽으로 피란하다 보은에 정착하여 피란생활을 했다. 서울이 수복되었다는 소식을 듣고 귀향증을 발급받아 서울에 갔으나, 살던 집이 완전히 파괴되어 할 수 없이 이곳에 당분간 있으려고 왔다."라고 말하며 보은 경찰서에서 발급한 귀향증을 보여주었다. 경찰은 보따리 조사까지 하고 난 뒤 돌아갔다. 이때 정 여사의 설득력 있는 답변이 큰 힘이 되었다.

위장 처남 정 동지(실은 배 씨)를 인접 면에 있는 사위 집으로 보낸 뒤, 전창일은 노인과 같이 지게 지고 땔감을 마련하면서 소일했다. 노인의 사위는 촌장(이장)을 지낸, 그 마을의 유력인사였다. 며칠 지나 부역 혐의로 갇혔던 아들이 풀려나 집으로 돌아왔다. 모두 환한 얼굴이 되었다. 친가족 같은 화기애애한 분위기로 며칠을 보냈다.

드디어 도민증이 발급되었다, 눈물이 핑 돌았다. 감격 가운데, 도민증을 손에 쥔 정 여사가 걱정을 틀어 났다. 산청에 있는 노모와 남에게 맡겨놓은 아기 걱정 때문에 아무래도 가 봐야겠다고 한다.(정 여사는 애기를 업고 노점상을 하다가 군사동원부에 와선 취사를 담당했었다.) 얼마간의 노잣돈을 주면서 그녀를 보냈다. 전창일은 "정 여사는 나에게 생

호산 전창일과 통일운동 77년사

〈 그림98: 중국 인민지원군이 압록강을 건너고 있는 사진, 1 · 4 후퇴 때 한강 앞에서 우는 어린이들, ©NARA 〉

명의 은인이라고 해도 과언이 아니었다."고 먼 옛날 추억에 대한 감회를 감추지 않았다.

이튿날, 전창일도 그동안 신세 진 고마움에 대해 감사를 표하며 고향을 향해 떠났다. 울진에서 동해안선을 따라 북행길에 나선 것이다. 머나먼 고향 북청을 향해 부지런히 쉼 없이 걸었다. 새로 발급받은 도민증 탓인지 피곤함도 모르고 지치지도 않았다. 그리운 부모, 형제들의 얼굴이 바로 눈앞에 있는 듯했다. 울진, 삼척, 강릉, 양양을 지나 속초를 바라보는 지점에 이르자 국군들이 길을 막았다.

어디로 가느냐고 묻기에, 함경도 북청으로 간다고 대답하였다. 군인들이 어이없는 표정을 지었다. 북청은 고사하고 속초, 고성도 못 들어간다며 돌아가라 한다. 더 이상 북으로 갈 수 없었다. 문득 전선의 상황이 바뀌었다는 생각이 들었다. 좀 더 정확한 정보가 필요했다. 서울 쪽으로 방향을 틀었다. 북에서 남으로 나오는 피난민들이 무리 지어 나오고 있다. 전창일은 그들 무리에 합류했다. 중국 인민지원군이 참전하여 UN군과 국군이 총퇴각하는 중이라는 얘기가 들렸다. 이른바 1 · 4 후퇴다. 전창일은 다급한 마음으로 서울을 향하여 움직였다. 기회가 다시 올지 모른다는 기대감에 가슴이 부풀었다.

:: 04 ::

제주 육군 제1훈련소에서 겪은 고초
(첫 번째 강제징집)

〈 그림99: 좌에서 시계방향, ① 1950년 12월 18일 자 동아일보, ② 죽음의 행진·국민방위군 행렬(1951.1.8.), ③ 아사 직전 국민방위군의 모습, ④ 총살집행순간(1951.8.12., 김윤근·윤익헌·강석한·박창언·박기환), ⓒNARA 〉

동해안에서 열흘 정도 걸어 서울에 도착했다. 우여곡절 끝에 다시 온 서울이다. 하지만 전창일이 모르고 있는 사안이 있었다. 국민방위군이라는 끔찍한 제도가 실행되고 있었던 것이다. 중국 인민지원군의 참전으로 곤경에 처한 이승만 정부는 17세부터 40세까지의 청장년들을 무장시키기로 결정했다. 소위 국민방위군이다.[1]

1951년 12월~2월 사이에 국민방위군으로 징집된 50만 명 가운데 아사자, 병사자, 동사자 등 사망자는 약 50,000~90,000여 명에 이르렀고, 손가락·발가락·손·발 등이 절단된 부상자는 약 20만 명에 달했다.[2] 고위 장교들이 국고금과 군량미, 군수물자 등을 부정처분하여 착복함으로써 발생한 것이다.

국민방위군 사령관 김윤근(준장, 대한청년단 단장), 국방장관 신성모, 법무장관 김준연 등의 처벌을 요구하는 여론이 비등했으나, 김윤근을 비롯해 윤익헌(부사령관), 강석한(재무실장), 박창언(조달과장), 박기환(보급과장) 등 국민방위군 간부 5명만 처형되었다.[3] 한편, 국민방위군은 1951년 5월 12일부로 방위군폐지법이 공포됨으로써 이미 소멸되었음을 밝혀둔다.[4] 물론 이러한 국민방위군사건 처리결과는 전창일의 고통·고난과는 아무런 상관이 없었다.

전창일은 청량리를 지나 신설동에 왔을 무렵 검문·검색을 당한다. 17세부터 40세까지의 청장년은 무조건 징집대상이라는 것을 몰랐던 탓이다. 그동안 신분을 보장해주었던 강원도 도민증을 보여주었다. 그러나 권총을 찬 형사는 도민증을 압수했다. 경남 산청에서 서울로, 서울에서 다시 울진으로…, 수천 리 길을 걷고 또 걸어 천신만고 끝에 얻은

---

1   청장년 총무장실시,「동아일보」1950.12.18.

2   "국민방위군 사건", National Archives of Korea.《위키백과》재인용.

3   사형집행 결정호,「동아일보」1951.8.8.

4   방위군폐지법, 12일 공포,「동아일보」1951.5.15.

도민증을 허무하게 빼앗겼다.

끌려간 곳은 동대문 인근 창신 초등학교 교정이었다. 100여 명의 청장년들이 붙잡혀와 있었다. 전창일과 마찬가지로 모두 증명서를 빼앗긴 사람들이다. 저녁 무렵이 되자 더욱 많은 사람들이 끌려왔다. 끌려온 이들은 중대, 소대로 편성되었다. 군복을 입고 무장한 중대장, 소대장, 분대장이 배치되었다. 일행이 밤새도록 걸어서 도착한 곳은 인천이었다.

〈 그림100: 미군 수송선 LST 전경, 제주 모슬포의 육군 제1훈련소 정문, ©NARA 〉

미군 수송선 LST에 실려 간 곳은 제주도 제주항이다. 이해할 수 없는 것은, 승무원들이 모두 일본인들이었다. 왜 일본인들이 미군 수송선을 운행하고 있을까? 이러한 의문에 답할 수 있는 사람은 아무도 없었다. 일행은 모두 하선하였고, 비를 맞으며 행군하여 도착한 곳은 어떤 초등학교였다. 대동상업학교와 한국대학 간판이 나란히 붙어있던, 전창일의 모교 한국대학교의 모습과 유사했다. 한쪽에는 모슬포 초등학교라는 간판이 붙어있었고, 또 다른 한쪽 기둥에는 '육군 제1훈련소'라는 간판이 달려있었다. 전창일은 대한민국 군인이 되었다. 얼마 전까지 인민군 장교였던 그가 이제 국방군 훈련병이 되었다. 1951년 2월 중순에 일어난 일이다.[5]

대한민국육군 훈련병으로서 전창일이 겪은 경험을 들어볼 순서다. LST 운항 중 조직편성이 있었다. 전창일은 소학교 반에 있었다. 대학까지 다닌 그가 중학교 출신은 손들라고 했을 때 나서지 않았던 것은 이유가 있었다. 중학교 이상 학력자는 일본에 보내 훈련을 시킨 뒤 장교로 임명한다는 소문이 있었기 때문이다. 아무튼, 정창일은 한국군 졸병이 되었다. 배정받은 학교 교실에는 가마니가 깔려 있었고, 한 교실에 100명가량이 배정되었다. 식사는 서대문형무소에 있을 때와 비슷했다. 비참할 정도로 적은 양의 주먹밥과 소금국이 전부였다. 된장을 넣지 않고 그냥 물에 소금을 탄 국이었다. 반찬은 아예 없었다. 어쩌다 나오는 반찬이 단무지 한 쪽이었다.

교육도 황당했다. 훈련이라는 게 가마니를 깐 교실에서 퀘이커 교도들이 찬송가 부르며 몸 흔들듯이 군가 부르며 몸을 흔드는 것이었다. 몸을 흔들지 않으면 야구방망이가 날라 왔다. 맞지 않기 위해 "낙동강아, 잘 있거라. 우리는 전진한다…" "…국방군 용사" 하면서 몸을 흔들었다고 한다. 가끔은 운동장에 나가 군가를 부르면서 운동장을 돌며 행진하는 것이 훈련의 전부였다.

---

5 『1960년대 이후 통일운동가들의 통일운동 및 사회운동 경험, 전창일 구술』 국사편찬위원회, 2014, 녹취록 1차 2번-8, 시민증(도민증) 뺏기고 수송선에 태워짐; 전창일 자필 기록, 2021년 3월

문제는 사망자와 부상병이 자꾸만 발생하는 현실이었다. 비참한 음식, 가혹한 날씨, 게다가 형무소에서도 지급되는 이불조차 없었다. 겉옷을 덮고 옆 사람을 껴안고 잔 후, 아침에 덮고 잔 옷을 벗어보면 보리쌀 같은 이가 바글거렸다. 온몸에도 이가 우글우글했다. 이를 잡는 것이 일과 중 큰일의 하나였다. 아침에 일어나면 한두 사람의 시체가 보였다. 이쯤에서 등장한 것이 몽둥이 치료였다.

시체 처리 후, "아픈 사람 손 들고 나와!"라는 호령이 떨어지면 대여섯 명 정도는 손을 들었던 모양이다. 결과는 몽둥이세례였다. "대한민국 국군의 기합으로 치료한다!"라고 하면서 쭉 세워놓고선 야구방망이로 엉덩이를 때렸단다. 얻어맞은 훈련병은 다음 날 아침이면 대부분 시체로 변했다. 이제 손드는 사람이 없어졌다. 그렇게 며칠이 지난 후 이번에는 전창일에게 병마가 찾아왔다. 며칠간 손을 들었고, 며칠간 계속 매를 맞았다. 당시 전창일의 심정을 들어 보자.

한 4, 5일 계속 매 맞고 들어오니까 움직일 힘이 없어졌어요. 뭐라도 대꾸하게 되면 날아오는 건 매질이에요. 분대장, 소대장 그게 뭐 우리를 보호하는 게 아니고 어떻게 반항이라도 하게 되면, 저희 말을 안 들으면 매질을 하는 게 일이에요.… 나는 그때 벌써 육군 제1훈련소라는 야만사회에 내가 들어와 있구나 하는 걸 느꼈거든. 그래서 내가 차라리 죽는 것이 낫겠다는 생각까지 했어요. 내 너희한테 맞아서 죽는 게 낫겠다, 이렇게 살아서 뭐할 거냐? 또 이런 군대 끌려가서 내가 뭐할 거냐?

그래서 죽으려고 매일 아침 손들고 나갔어요. 그러니까 그놈도 때리는 놈도 아마 지쳤던가 봐. 나를 끌고 가요. 난 사형장 끌고

가는 줄 알았어요. 그래, 아예 죽여, 죽여서 파묻어버려, 이제 죽
는 게 낫겠다, 그렇게 가는데 운동장을 건너가고 있는데 거기에
진짜 한국군 장교가 있었어요. 우리가 있는 곳에서는 한국군 장교
를 구경하지 못해요. 이상하게도 한국군 군복은 입었는데 계급장
이 없어요. 모자에다가 풀잎 같은 것을 붙였는데, 지금 저 사람들
뭐 하는 사람들이냐고 물어보니까 대한청년단원6들이라는 겁니
다. 그 사람들이 소대장, 중대장이었죠.7

　전창일이 간 곳은 의무실이었다. 의무실이 이처럼 있는데도 환자들
을 이곳에 데려오지 않고, 국군의 기합으로 치료한다고 방망이질을 해
매일 아침마다 사람을 죽게 하다니…, 전창일은 분노했다. 더욱 놀라운
일은, 제1육군 훈련소 의무관이 육군대령이라는 사실이었다. 전창일이
처음 보는 육군 고관이었다. 그 사람한테 하소연 겸 항의 겸 막 떠들기
시작했다. 이곳이 생지옥이지 훈련소입니까. 지금 어떻게 살고 있고,

6　우익 청년 단체 간의 암투가 치열해지고 다른 청년 단체들도 계속 우후죽순 생겨나자 이
　　승만은 청년 단체들의 통합을 지시했다. 날이 갈수록 커지는 이범석의 조선민족청년단(
　　족청)에 대한 견제의 필요성도 느꼈던 이승만의 지시 결과로 탄생된 것이 이승만을 총재
　　로 하는 준국가 기구적 성격의 대한청년단이었다. 최고위원은 장택상, 지청천, 전진한,
　　노태준, 유진산, 서상천, 강낙원으로 단장은 신성모, 건설국장 겸 감찰부국장은 김두한이
　　었다. 10개 도지부, 9개 서울 구지부, 17개 지방지부, 180개 시지부, 4천 230개의 군, 읍
　　지부로 구성되었다. 48년 12월 31일 회원 수는 300만에 달하는 거대 조직으로 성장했
　　다. 대한청년단은 소속 청년단원들을 훈련시켜 예비역 장교로 임명하여 정규 군조직과
　　청년단 조직이라는 이원 체제로 운영했다. 그 후, 1949년 대한민국의 예비 군조직인 호
　　국군이 폐지되면서 대한청년단을 청년방위대로 재편하여 예비군사조직으로 활용하였
　　다. 후에, 한국 전쟁 와중에 청년방위대는 국민방위군 창설의 바탕이 된다.《위키백과》
7　『1960년대 이후 통일운동가들의 통일운동 및 사회운동 경험, 전창일 구술』, 국사편찬위
　　원회, 2014, 녹취록 2차 1번-8, 제주 육군 제1훈련소에서 겪은 고초

어떻게 치료받았는가를 얘기했다. 아무런 대답이 없었다.

바지를 벗어 국군의 기합으로 치료받은 흔적인 궁둥이를 보여주었다. "나 차라리 죽여주시오. 약 먹고 싶은 생각도 없소. 내가 살고 싶어 여기에 온 것이 아니요. 나 죽고 싶소." 이렇게 난리를 치자 그제야 반응이 왔다. 안쓰러운 표정으로 "집이 어딘가?" "서울입니다." "서울이라 알겠습니다." 짧은 문답 후에 육군 제1훈련소 의무관 육군대령 아무개라는 자신의 이름을 대며 신체검사 불합격증이라는 증명서에 도장을 찍고, 이제 집으로 돌아가라고 한다.

기쁘기도 했지만, 한편으로는 당황스러웠다. 돈이 한 푼도 없었다. 차비를 주는 것도 아니었다. 그냥 가라는 것이었다. 당시 전창일은 열이 상당했다. 그런데도 숙소를 들르지 말고 그냥 집으로 가라는 것이었다. 인솔자에게 말해 유일한 소지품인 오버코트를 찾았다. 한참 후 생각해보니, 의무실이 있다는 사실이 환자들에게 알려지면 발생할지 모르는 소동을 미리 차단하기 위해 그렇게 기를 쓰고 숙소로 돌아가지 못하게 했다는 생각이 들었다. 이제 전창일의 몸에는 '신체 불합격 증명서' 한 장밖에 없었다.

정문을 나서니 어디로 가야 할지 방향감각이 상실되었다. 일단 항구가 있는 제주로 가야 했다. 길가는 사람에게 물으니 방향을 알려준다. 훈련소 입소 시 왔던 길을 떠올리며 무작정 걸었다. 열이 오르니 살이 마구 떨렸다. 식욕은 없었지만 그래도 배는 고팠다. 석양이 지기 시작한다. 싸리문이 있는 집이 보였다. 무작정 문을 열고 들어서면서 계세요, 계십니까, 목소리를 높이니 어떤 할머니가 아주 반갑게 달려서 나온다. 왜 나를 반길까? 의문은 곧 풀렸다. 전창일이 할머니의 아들하고 그렇게 닮았단다. 4·3 때 밀수선 타고 일본 갔던 아들이 지금 돌아오는 줄 알았다고 한다.

훈련받다가 몸이 아파 출소했는데 추워서 참을 수 없다고, 할머니한
테 사정을 얘기했다. 할머니는 자기 아들 대하듯 여기저기 만져보며,
아휴 열이 많네, 하면서 어서 들어오라고 한다. 이불을 깔아주며 누우
라고 한다. 거지 몰골, 이가 득실거리는 자기를 전혀 개의치 않고 잠자
리를 마련해주는 할머니의 친절에 당황스러웠다. 지금 생각해도 송구스
럽다는 전창일의 회고담이다.

이불을 뒤집어쓰고 땀을 내었더니 열이 서서히 가라앉았다. 할머니가
차조[8]밥을 내어준다. 꿀맛 같은 밥을 먹고 난 뒤 제주로 갈 예정인데 하
룻밤만 묵겠다고 하니, 그 몸으로 어떻게 제주까지 걸어가느냐고 펄쩍
뛴다. 고향 북청 이야기, 중공군의 참전 이야기……, 이런저런 이야기
를 하며 지내다 보니 할머니가 가족같이 느껴지기 시작했다. 할머니는
극진히 전창일을 간호했다. 멍든데 찜질도 해주고, 생전 듣도 보도 못
한 말고기를 먹는 경험도 했다. 그 집에서 4, 5일을 지냈다. 이제 제대
로 걸을 수 있고, 거의 회복된 듯싶었다. 할머니의 성함과 주소를 적었
다. "전쟁 끝나면 찾아오겠습니다. 할머니는 저에게 제2의 어머니입니
다. 북청의 특산물 모시로 만든 옷 한 벌 지어 꼭 오겠습니다.…" 그러
나 약속을 지키지 못했다. 우선 북청을 가지 못했다. 그 후 전창일의 파
란만장한 생활이 제주도로 가는 길을 방해했다. 세월이 한참 흐른 후 그
할머니 돌아가셨겠지 라는 생각에 가지 못했고… 전창일은 지금도 할머

---

8   조의 한 가지. 메조보다 열매가 작고 빛깔이 훨씬 누르며 찰기가 있다. 밥, 죽, 엿, 떡을 만
들어 먹으며 술 원료로도 쓴다. 《네이버, 지식백과》

니와의 약속을 지키지 못한 것이 마음에 걸린다. 약속을 지켰으면 가슴이 후련해질 터인데…… 어쩔 수 없는 일이다.

제주에 도착했다. 돈이 없으니 여객선을 탈 수 없다. 항만 사무소 사람이 저쪽 부두에 화물선이 있으니 그곳에 가 보라고 알려준다. 목포와 제주도를 오가며 석탄을 실어 나르는 석탄 운송선이 있었다. '제2국민병 신체검사불합격증'을 보여 주니 타라고 한다. 석탄 싣는 화물칸이다. 그래도 고마웠다. 뱃멀미로 구역질이 자꾸 났지만 참았다. 목포에 내린 후 새까맣게 변한 손바닥을 쳐다보았다. 바다로 흘러가는 개천가에 빨래하는 여인들이 보였다. 새까만 얼굴의 젊은 청년을 보고 놀라는 아주머니에게 비누를 빌려 손과 얼굴을 대강 닦았다.[9] 이제 서울로 가야 한다. 전창일은 제주도 육군 제1훈련소에서 가장 먼저 빠져나왔다. 어떻게 보면, 제2국민병(국민방위군)에서 무사히 살아나온 최초의 사람일지도 모르겠다. 국민방위군사건에서 그렇게 많은 사람이 죽었는데, 전창일은 살아남았다. 일주일간의 구타를 참은 탓이다.

천천히 발걸음을 옮겼다. 어느덧 해는 뉘엿뉘엿 지고 석양이 아름다웠다. 잠자리를 찾아야 한다. 목포에서 4, 5리쯤 되는 마을이다. 무턱대고 마을 촌장 집을 찾았다. 사정을 얘기했더니 자기 집에서 하룻밤 묵고 가라는 배려를 베푼다. 배가 고팠지만, 차마 밥 좀 달라는 말이 입에서 떨어지지 않았는데, 주인이 밥상을 들고 온다. 고맙습니다, 아침에 일찍 떠나겠다고 인사하니 아침도 먹고 가라는 주인의 말씀에 몸 둘 바

---

9 『인민혁명당과 혁신계의 활동, 주요인사 구술사료 수집』 4 · 9 통일평화재단, 2014.2.3, pp.49~51.

를 몰랐다. 아침을 맛있게 먹고 다시 길을 떠났다. 저녁 무렵 주위 사람에게 물었더니 목포에서 30리쯤 떨어진 마을이라고 한다. 하루 종일 걸은 게 겨우 30리였다. 아직은 몸이 완전하지 않아 천천히 걸은 탓이다. 또 촌장 집을 찾았다. 왜 그러냐는 어떤 아주머니의 물음에, 사정을 이야기했다. 아이고, 촌장 집은 저 멀리 다음 마을인데…, 차라리 우리 집에서 하룻밤 쉬고 가라고 친절을 베푼다. 흔히들 전라도 사람들을 '개똥새'라고 하면서 천대를 하는 곳이 서울이다. 전라도 사람이라면 복덕방에서도 외면했다. 전창일은 실제 전라도의 인심을 체험하는 중이다. 고정관념이 깨어지는 중이다. 양반 마을이라는 충청도에서 창피를 당하고 나서, 남쪽 하늘을 쳐다보며 내가 다시 내려가서 살 곳은 전라도다, 정말 전라도로 내려가려고 생각했다고 전창일은 고백한다.

어쨌든 전라도 땅을 벗어나 충청도에 들어섰다. 밥 얻어먹기가 힘들었다. 어쩌다가 준다는 밥이 찬밥이었다. 질그릇에다 밥을 담가주면서 마루에 앉아 먹으라고 한다. 전라도에선 거지도 그렇게 대우하지 않는다는 것이 전창일의 경험담이다. 자존심이 상해서 먹지 않았다. 하루 종일 굶으며 걸었다. 어느 곳이나 마찬가지로 질그릇에 찬밥 한 덩어리였다. 하지만 진짜 배가 고프니 어쩔 수 없었다. 거지처럼 밥을 얻어먹었다.

경기도에 들어섰다. 큰 부잣집에 무작정 들어갔다. 그 시절에도 깨끗한 한복을 입고, 긴 곰방대로 담배를 피우며 사랑방에 앉아 있는 주인이 보였다. 무조건 절을 했다. 증명서를 보여 주며 하룻밤 묵어가게 해달라고 부탁했다. 서울 어디로 가는가, 제2국민병 갔다 나왔으면 돈은 좀 있는가 보네, 이 사람아 돈 없이 어떻게 서울을 가는가, 돈 없으면 배 공짜로 안 태워줘, 한강 도강할 때 경비 보는 국군들에게도 돈 줘야 건너갈 수 있어… 이렇게 너스레를 떨던 집주인이 본심을 드러냈다.

"여기서 자고, 자네 나무 베어 올 수 있는가?"라고 묻는다. 방학 때마다 고향에서 나무를 했다는 전창일의 대답에, 그럼 우리 집에서 며칠 묵으라 한다. 낮에 산에 가서 나무를 좀 해라는 얘기였다.

산이 꽤 멀었다. 하지만 열심히 일했다. 지게 지고 산에 가서 나무를 잔뜩 해 가지고 오면, 집주인 영감은 나무를 잘한다고 칭찬했다. 식사는 괜찮았다. 사나흘 일하고 나서 가겠다고 하니 얼마간의 돈을 쥐여주며, 서울 들어갈 때의 주의사항을 되풀이하며 조심하라고 재차 당부한다.

한강 나루터에 왔다. 며칠 머물었던 광주(현재의 천호동 인근)에서 지척의 거리였다. 광진교가 눈에 보인다. 그러나 이 다리는 사용할 수 없다. 1950년 10월 28일, 한강인도교와 함께 폭파된 이후 이 다리는 군용전용이 되었다. 전창일이 한강을 건너고자 한 시점의 전선 상황을 살펴보면, 중국의 참전(1950년 10월 25일) 이후 서울이 함락되었고(1951년 1·4 후퇴), 오산 인근까지 밀렸던 미군의 재 반격(1951년 2월, 미8군 25사단 27연대)을 기점으로 서울이 재탈환(3월 15일)된다. 하지만 중국 인민지

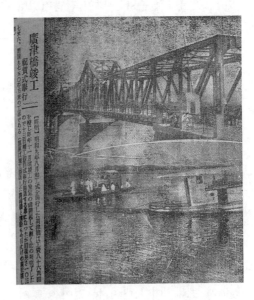

〈 그림101: 1936년 10월 16일 자 조선신문, 준공 시의 광진교 전경 〉

원군과 UN군은 일진일퇴, 공방을 벌이는 중이었다. 서울 입성 자체가 통제를 받던 시기였다. 배를 탈 수밖에 없다.

　뱃삯을 미리 받은 사공은 야밤에 노를 저어 지금의 워커힐 앞에서 내려주었다. 거기는 헌병이 서 있는 곳이다. 헌병에게 돈을 주니 들여보내 준다. 나무를 해주었던 영감의 말이 옳았다. 아무튼, 이제 서울에 도착했다.

:: 05 ::

지게부대 이야기
(두 번째 강제징집)

〈 그림102: 1951년 5월 15일 자 동아일보, 지게부대의 모습, ©NARA 〉

서울에서 사는 동안 전창일의 삶의 터전은 종로였다. 종로를 목표로 다시 걷기 시작했다. 답십리를 거쳐 동대문을 향해 걷는데, 이번에도 신설동이었다. 그곳에서 또 어떤 놈이 증명을 보자고 한다. 제대증명서 역할을 하는 '신체검사불합격증'을 보여주었다. 그자는 그 증명서를 호주머니에 쓱 집어넣더니 따라오라고 한다.

이 무렵은 방위군폐지법이 공포되어 전국의 국민방위군 훈련소가 모두 문을 닫았던 시점이다. 그러나 국민방위군으로 끌려갔던 지난 2월 때와 같았다. 그때와 같은 장소, 창신초등학교로 다시 끌려갔다. 다른 것은 숫자였다. 제주도로 끌려갈 때는 수백 명이 모여 있었지만, 이번에는 40명 정도밖에 되지 않았다.

미군 트럭(GMC)이 한 대 왔다. 모두 그 트럭을 탔는데, 뺐었던 증명서를 돌려주는 생각지도 않았던 일이 벌어졌다. 증명서는 찾았지만, 도망칠 수는 없었다. 카빈총을 든 미군이 눈을 부라리고 있었다. 여차하면 총을 쏠 모습이다. 미군들은 일행 모두를 포로 취급했던 것이다. 트럭은 북을 향해 달렸다. 의정부 인근에 있는 미군 부대가 목적지였다.

의정부를 탈환한 미군의 다음 목표는 동두천이었다. 끌려온 장정들에게 임무가 주어졌다. 전투가 벌어지고 있는 고지에 탄약과 식량 등을 운반해 주는 일이다. 전창일은 소위 지게부대의 일원이 된 것이다. 위험한 일이었지만 그 보상인지 C-Ration은 풍족하게 보급되었다. 맛있는 고기 얻어먹고, 짐 지고 미군이 있는 데 따라가고, 고지에 짐을 올려주고, 다시 내려오고… 어쨌든 이제 하루 세 끼를 먹게 된 셈이다. 전창일은 당시 지게부대원으로서의 경험을 다음과 같이 회고한다.

… 그런데 고지에 올라가게 되면 인민군들 총알이 '뽕'하고 날라 와요. 아무 전투 경험도 없고 미련하기만 우리 일행은 서서 쳐다보기만 했거든. 양놈들은 뒤에서 누워 가지고, 엎드리라고 말만 하는 거야. 허허, 이 지게부대가 총에 맞는 일이 미군이 총에 맞는 것보다 더 많았어. 또 다른 기억이 있어.

미군 장교가 망원경을 통해 앞의 고지를 흘끔 보더군. 흑인 병사가 잔등에 붉은 기를 뒤집어쓰고 그 고지를 기어오르는 것이 보였어요. 그곳에는 고지를 점령하고 있는 인민군이 있습니다. 그리고 이쪽 고지에는 지금 미군들이 총을 겨누고 있어요. 이유를 몰랐어요. 궁금증을 풀기 위해 이것저것 물었어요. 학교와 감옥에서 영어공부를 좀 했기 때문에 더러 통했습니다. 정 안되면 손짓, 발짓 그리고 글로 써서 질문을 하면, 양놈이 깜짝 놀라면서, 어? 너 영어를 아는가? 그러면서 나한테 담배 한 갑 더 주고 그러더라고. 그 이후 지게부대 속에서는 내가 아주 대우받는 사람이 됐지.

그 흑인 병사가 총알받이로 사용되고 있는 것을 거기서 직접 보고 알았어요. 한참 올라가더니 붉은 기가, 붉은 천이 움직이질 않아요. 죽은 거예요. 망원경으로 보고 있던 장교들이 저희끼리 뭐라고 쑥덕거리더군. 내가 능선에 서 있으니, 나를 끌어서 엎드리게 만들어요. 이제부턴 능선에 올라가지 말라고 주의를 주데요. 그때 알았어요. 능선에 올라가면 인민군 총에 맞을 수 있다는 것을. 그런데 그곳이 마지막이었어. 지게부대원으로서 말이야.

지금 어느 곳인지 확실히 모르겠지만, 의정부를 조금 지나서 미군이 후퇴하기 시작한 거예요. 그곳이 마지막 고지였어.

그리고 전화로 뭐라 하는데 비행기 부르는 거야. 비행기가 고지를 폭파시키는 것을 보니 개미 새끼 한 마리도 살아남을 것 같지 않아. 완전히 고지를 불바다로 만드는 거예요. 비행기로 폭파시키고 난 후 인민군이 다 죽었다고 판단되면, 또 빨간 천을 잔등에 맨 흑인 병사를 보내는 거예요. 나중에 알았지만 그들이 척후병이에요. 고지에 올라가 신호를 보내게 되면, 인민군이 없다는 표시에요. 그러면 그 고지를 점령하는 겁니다. 비행기 폭격으로 고지를 점령하는 것이지, 그들은 육박전으로 점령 안 하더라고. 아무튼 그때 또 후퇴야. 탄약 같은 건 다 자동차로 보내고, 개인 비품 등을 우리 지게부대원들이 이제는 잔등에 메고 그들과 함께 후퇴하는 거야. 자꾸 후퇴했어. 그러다가 어느 지점에 오니까 우리보고

가라더군. 서울로.[1]

전창일의 증언을 따르면, 한국전쟁 당시 미군의 인명피해가 왜 그렇게 적었는가 하는 의문이 풀린다. 빨간 천을 두른 흑인 척후병을 통해 목표고지에 인민군이 있느냐 없느냐를 판단하고, 그다음은 폭격기를 통해 고지를 초토화시킨다. 그 후 척후병을 통해 다시 판단한 다음, 고지를 점령한다. 이렇게 전투를 하니 미군 사망자가 적을 수밖에 없었던 것이다.

아래에 한국전쟁 당시 인명피해와 사상자 비율을 표로 정리해 보았다.[2] 최고병력 유지 시점의 동원병력을 기준으로 사상자(사망과 부상자)의 비율을 정리하면, 남한군(118%), 북한군(134%), 미군(41.9%), 중국군(72.8%) 정도가 된다. 미군의 비율이 유독 낮은 것을 확인할 수 있다. 미군을 흑인과 백인의 비율로 분리하면, 백인 미군의 사상자율은 더욱 낮아질 것이다.[3]

1 『1960년대 이후 통일운동가들의 통일운동 및 사회운동 경험, 전창일 구술』 국사편찬위원회, 2014, 녹취록 2차 1번- 미군 지게부대 배치됨
2 박동찬, 『통계로 본 6·25전쟁』 국방부 군사편찬연구소, 2014
3 안타깝게도 미군의 흑백 비율에 관한 통계자료는 없다.

		국방군 및 UN군			인민군 및 중국군		
군인	한국군[1]	전사	137,899	북한군[2]/참조[3]	전사	508,797	
		부상	450,742		–	–	
		실종/포로	32,838		실종/포로	98,599	
		계	(621,479)		계	(607,396)	
	유엔군[4]/미군[5]	전사	37,902	중국군[6]/참조[7]	사망	148,600	
		부상	103,460		부상	798,400	
		실종/포로	9,767		실종	3,900	
		–	–		포로	21,700	
		계	(151,129)		계	(972,600)	
	사상자 합계		〈772,608〉	사상자 합계		〈1,579,996〉	
민간인	남한[8]	사망	244,663	북한[9]	사망	282,000	
		학살	128,936		실종	796,000	
		부상	229,625		국외 소개	80,000	
		납치	84,532		한국편입	40,000	
		행불	303,212		군 징집	600,000	
		계	〈990,968〉		계	1,798,000	

4   국방부 군사편찬연구소, 「통계로 본 6·25전쟁」, 2014, p.30.

5   국방부 군사편찬연구소, 「통계로 본 6·25전쟁」, 2014, p.449.

6   미군 자료에 따르면, 비전투손실이 177,000임

7   국방부 군사편찬연구소, 「통계로 본 6·25전쟁」, 2014, p.30.

8   미국/ 전사(33,686) 부상(92,134) 실종(3,737) 포로(4,439) 사상자 계(33,686)

9   국방부 군사편찬연구소, 「통계로 본 6·25전쟁」, 2014, p.475.

10   질병에 의한 입원 치료자 등 비전투손실이 포함된 수치임(사망 13,000 부상 590,000, 계 603,000)

11   내무부 통계국, 「대한민국 통계연감」, 1955, pp.212~213.

12   국방부 군사편찬연구소, 「소련 군사고문단장 라주바예프의 6·25 전쟁 보고서」, 2001, p.36.(전쟁 전 북한군 병력 185,097명과 전쟁 기간 징집 병력 600,000명을 더하면, 남한 지역을 제외하고 북한지역에서만 최소 785,097명 이상이 북한군으로 동원되었음을 알 수 있음)

	병력동원, 최고시점	전사	부상	계
남한	50만(개전 시 10만)	137,899(27.6%)	450,742	588,641(118%)
미국	30만(보통 20만)	33,686(11.2%)	92,134	125,820(41.9%)
북한	38만(개전 시 20만)	508,797(134%)	–	508,797(134%)
중국	130만	148,600(11.4%)	798,400	947,000(72.8%)

:: 06 ::

노무봉사단 이야기
(세 번째 강제징집)

전창일 일행을 풀어준 곳은 상계동 인근이었다. 갈 곳이 없었다. 고민 끝에 알 만한 친척 집을 찾았다. 전선은 그 무렵 역시 교착상태였다. 인민군이 삼각산 인근까지 접근했으나, 서울로는 진입하지 못했다. UN군이 재차 반격을 시작하자 인민군과 중국군은 지금의 휴전선 인근까지 후퇴했다. 친척 집에 머문 지 며칠이 지났다. 종묘공원 인근에서 또 붙잡혔다. 증명서를 다시 빼앗겼다. 왜 잡느냐, 어디로 가느냐고 항의를 했지만, "가 보면 알아."
라는 대답밖에 없다. 세 번째 강제징집이었다. 지난번에는 미군 트럭이었는데 이번에는 국군 트럭이 왔다. 도착한 곳은 지난번에 끌려왔던 의정부의 미군 부대 바로 그곳이었다. 그러나 의정부는 최종목적지가 아니었다. 트럭이 한 대 더 왔다. 최종 목적지는 동두천을 지나 철원 인근 지역이었다.

〈 그림103: 제9보병사단 제28보병여단 일명 도깨비 부대의 상징마크 〉

전창일 일행을 태우고 온 트럭은 국군 28연대[1] 본부 앞에 멈추었다. 1951년 6월 무렵이다. 이제 여름이 되었다. 계곡에서 내려오는 물에 군인들이 러닝 차림으로 목욕하는 모습이 보인다. 일행을 놀라게 한 것은 러닝에 그려진 기괴한 그림이었다. 그렇다. 말로만 듣던 도깨비부대에 온 것이다. 푸를 청자, 도깨비 귀자 청귀부대라 불리는 국군 28연대에 온 것이다.

인솔 장교가 "지금부터 여러분의 소속은 28연대 소속 노무봉사단이다."라고 말한다. 그리고 작대기 두 개(일병)인가 세 개(상병)인가 하는 애송이를 내세우며, 앞으로 이 사람의 지휘에 절대 복종해야 한다고 엄포를 놓는다. 그다음 발언은 아예 공갈이다. 이 사람은 너희의 지휘관이다. 명령에 복종하지 않을 때는 총살당할 수도 있다.… 소위 지휘관이라는 하급 병사는 한술 더 떴다. 일행 중에는 40대, 50대 되는 사람도 있는데, 이 젊은 청년은 "이 새끼, 저 새끼" 하면서 "너희들, 앞으로 내 명령에 복종해야 돼."라고 의기양양해 한다. 마치 맥아더가 극동군 사령관으로서 일반명령 제1호를 발설하는 것 같았다. "아, 이거 또 노예 신분이 됐구나!" 전창일의 눈에 그 병사가 메고 있는 카빈총이 섬뜩하게 보였다. 정말 그 총에 죽을 수도 있겠다는 생각이 들었다. 다시 지게부대 생활이 시작되었다. 하루아침에 다시 국방군 지게부대 대원이 된 것이다. 얼마나 고달팠는지 저번 미군 지게부대 생활이 그리울

---

1 대한민국 육군 제1군단 제9보병사단 예하 제28보병여단. 별칭은 도깨비부대. 도깨비 부대로 불리는 이유는 6·25 전쟁 때 중공군이 도깨비처럼 신출귀몰하게 나타났다가 사라지는 모습을 보고 도깨비 같다고 부르게 되어 이름이 붙여졌다. 원래 명칭은 제28보병연대였으나 국방개혁 2.0 기본계획에 의거, 상비사단과 지역방위사단이 개편돼 28보병연대 역시 2020년 부로 28보병여단으로 격상되었다. 《나무위키》

정도였다. 전창일은 그 무렵의 고통에 대해 다음과 같이 분노를 쏟아
냈다.

　미군들은 그렇게 무거운 짐을 지게 하지 않았는데, 이 사람들은
어떻게 그렇게 무거운 짐을 지우고 고지를 올라갔다, 내려갔다.
시키는지… 탄약 지고 고지에 있는 국군들 밥해서 지고 올려 주다
가 총알에 탁 맞으면 그냥 쓰러져 죽고, 파묻지도 않아! 게다가 뭐
먹을 거나 제대로 주나, 국군이 돼서 말이에요. 그리고 지네는 야
전 천막 속에서 자면서 우리는 나무 밑에서 자게 했어요. 지들은
우리를 포로, 아니 포로보다 못하지, 현대판 노예야. 소변보려고
해도, 허가 맡아야 돼, 총 들고 따라와서 지키곤 했어.
　그 인솔자 일등병을 우리는 사령관이라고 불러야 했는데, 그 친
구가 내 시계를 탐내는 거야. 내 재산목록은 다 팔아먹고 그 시계
하나밖에 없었어. "어이, 그 시계 나 줄 수 없어?" "내 재산목록
이거 하나뿐인데, 남에게 주면 어떡해" "안 돼? 그러면 두고 보
자"… 소위 사령관은 나를 말이야 더 무거운 짐을 짊어지게 하는
거예요. 너같이 말 안 듣는 놈은 죽어야 해, 하면서 들고 있는 카
빈총으로 쏠지도 모른다는 생각에 겁이 났어요.
　진짜로 자살하고 싶은 생각이 또 나데요. 그곳은 제주도, 육군
제1훈련소는 아무것도 아니야. 거기는 가만 앉아서 '국방군 용사'
하고 노래만 부르면 되는데, 아! 이곳은 짐을, 그 무거운 것을 지
고 고지에 올라가는데 적탄이 저기서 뽕, 뽕 날아오거든. 아! 인간
같지 않은 작대기 두 개 붙인 놈은, 이 새끼, 저 새끼하고…왜 살

아?[2]

　이쯤에서 반전이 일어난다. 한참 무더운 7, 8월경이었다. 탄약운반을 하다가 잠깐 쉬고 있을 때, 대여섯 명의 군인들이 군용 지도판을 들고 오는 것이 보였다. 그중의 한 명이 전창일에게 "어! 형님" 하며 다가왔다. 아는 얼굴이었다. 북청공업학교 기계과 1년 후배가 장교들 사이에 있었다. "형님 어, 이거 어이 된 겁니까?" 하는 군인을 자세히 보니 방덕수[3]라는 이름이 생각났다. "덕수야, 그래 이렇게 됐어"라는 전창일의 대답에 후배는 당장 지게를 벗으라고 하며 난리를 쳤다. "어이, 내 선배님이시다. 내 모시고 갈 테니까 그리 알라!"라는 호령에 자칭 사령관은 "예, 알겠습니다." 하며 경례를 붙인다. 전창일에게 빽이 생긴 것이다.
　사실 전창일과 후배 두 사람은 다소 인연이 있다. 방덕수는 학교를 졸업하지 않고 전창일보다 먼저 남으로 내려왔다. 북에서 넘어온 많은 청년처럼 그도 우익청년단에 가입했다. 샌드백을 걸어놓고 사람 치는 연습을 하는 후배를 본 전창일은 충격을 받았다. 북청공업학교는 북청의 수재들이 모이는 곳이었다. 사회의 인재가 될 수 있는 후배가 테러단의 일원이 되다니… 야단을 쳤다. 공부를 하라고, 나처럼 신문 배달이라도 하라고 충고를 했다. 방덕수는 선배의 꾸중을 심각하게 받아들였던 모양이다. 군문을 선택했고, 이제 육군 상사 계급장을 달고 감격스러운 재회를 하게 된 것이다.

2　『인민혁명당과 혁신계의 활동, 주요인사 구술사료 수집』 4 · 9 통일평화재단, 2014.2.3., pp.52~53.
3　방덕수(方德洙, 1930~1995): 육군 중령예편, 온양 방씨《위키백과》

짐을 놔두고 함께 가자는 후배의 배려를 거절한 뒤, 자기 몫의 짐을 목적지까지 운반하고 난 뒤 연대본부로 갔다. 이 새끼 저 새끼 하던 사령관이 졸지에 선생님, 선생님 하면서 데려다 줬다. "선생님, 거기 가서 나에 대해서 나쁘게 얘기하지 마세요. 거기가 연대 정보과입니다. 그들은 직결 처분권을 갖고 있어요." 인간은 간사한 동물이라는 생각이 새삼스럽지 않았다. "그럼 자네도 우리 지게부대 사람들을 사람대접 하라고, 집에 가면 다 가장이고, 형님이고, 아버님이고, 다 그렇다고. 사람이 뭐 이 새끼, 저 새끼하고 말이야. 그래서 되겠어?" "예, 안 그럴게요." 전창일이 호되게 나무라자, 계속 '예, 예' 하기 바쁘다. 잠시 후 헤어질 때 동료들은 눈물을 흘리면서 배웅해 주었다.

방덕수는 연대본부 정보과 특무상사였고, 정보과장은 사관학교를 갓 졸업한 새내기 육군소위였다. 방 특무가 정보과의 실세라는 얘기다. 계곡으로 갔다. 신발을 벗으니 발에서 송장 썩는 냄새가 났다. 몸을 씻고 빨래를 한 뒤 방 상사가 건네준 도깨비가 그려진 러닝과 국방 군복으로 갈아입었다. 새 모자도 썼다. 공중에 붕 뜨는 기분이었다. 방덕수가 말하길, 우리 부대는 지금 동북방향으로 진격할 예정이다. 철원, 원산, 함흥을 지나 북청을 점령하고 압록강 쪽으로 들어갈 것이라고 한다. 자기는 정보과이기 때문에 계급장 없는 군인, 전문 고용원, 전문가, 문관을 고용할 수 있는 자격이 있다고 한다. 즉 자신의 정보원이 되라는 얘기였다. 전 선배를 연대 문관으로 신분을 바꿔놓을 것이니, 북청까지만 동행하면 그곳에서 제대시키겠다는 제안을 했다. 거절할 이유가 없었다.

전창일은 이제 문관이 되었다. 계급장 없는 국방군이 된 셈이다. 연대본부의 장교들한테 인사를 했다. 방 상사의 선배라니까 모두 친절하게 대우해 준다. 개인용 천막도 지급되었다. 며칠이 지났다. 충격적인 장면을 목격했다. 장교들이 강간하는 장면을 본 것이다. 철원은 이북과 접경지역이다. 그곳의 여인들을 여성 동맹원, 노동당 가입 등의 혐의로 수용소에 집어넣고 난 뒤, 그들 중 반반한 처녀들을 밤마다 겁탈한다는 것을 알게 되었다. 잠을 잘 수 없었다.

다음 날 아침, 식사하고 난 뒤 후배에게 항의했다. "야, 더 이상 이곳에서 못 살겠다" "왜요?" "어젯밤에 못 볼 것을 봤다. 내게 총이 있었다면 만행을 저지른 그놈들을 쏘았을 것이다. 내가 총이 없어 쏘지 못했다." 방 상사는 전창일에게 "형, 지금도 이상주의자요? 그런 도덕관 잊으세요, 지금은 전쟁 중입니다. 우리 연대·대대 고문관이 미군입니다. 연대장하고 고문관이 매일 저녁 깔치를 준비하라고 해서 부하들이 그 뒷바라지를 하고 있습니다. 그게 군대입니다."라고 변명을 한다.

'깔치'가 무슨 뜻이냐는 질문에 길게 설명하는데, 간략히 말하면 첩 혹은 성노예 라는 얘기였다. 만약 자기가 이러한 군대 풍조를 막으려고 시도하면 언제 뒤통수에 총알이 박힐지 모른다는 방 상사의 말에 전창일은 입을 다물 수 없었다. 너무나 큰 충격에 전창일은 "이런 군대 풍기 속에서 삼팔 이북을 해방하면 뭘 해? 동족끼리 이 무슨 짓이야? 여기 계속 있다간 아무래도 사고를 칠 것 같다."라고 말하면서 증명서나 찾아달라고 요구했다.

방덕수 특무상사가 말하기로 자기들은 증명서를 받지 않았다고 한다. 의정부 민사처에 있을 것이라는 말에, 그러면 의정부나 서울에 좀 데려달라고 부탁했다. 답변이 의외였다. 지금 차가 없다고 한다. 자기들 차를 타고 나가려면 적어도 일주일은 기다려야 한단다. 그리고 부대의 실상을 설명했다. 현재 연대장 지프 한 대, 고문관 차 한 대 그리고 보급차 GMC트럭 한 대밖에 없다고 한다. 이 보급차를 타기 위해선 1주일 정도 기다려야 한다는 설명이었다. 부대사정이 이처럼 악화된 것은 몇 달 전의 전투 때문이라고 했다. 방 상사가 언급한 전투는 한국전쟁 중 최악의 참사로 알려진 현리전투를 말한다. 이 전투는 다음과 같은 역사를 지니고 있다.

〈 그림104: (좌) 무기와 장비를 버리고, 전투 중 퇴각하는 국군들, (우) 중공군에게 붙잡힌 국군 포로들, 현리전투는 한국전쟁 중 가장 많은 수의 포로가 발생한 전투로 꼽힌다. ©NARA 〉

현리 전투는 1951년 5월 16일~5월 22일, 강원도 인제군 기린면 현리에서 유재흥 중장이 이끈 국군 제3군단 산하 2개 사단(3, 9사단)이 중국군 제9병단과 3개 인민군 군단과 맞서 국군이 패배한 전투다. 중국군과 인민군이 3군단을 공격하면서, 보급로인 오마치 고개를 점령했다. 3군단이 포위당하자 당시 군단장이던 유재흥은 부군단장을 대리로 지정한 후 군단을 버리고 항공기편으로 군단본부로 돌아갔다. 이후 3군단은 지휘통제가 불가능한 와해 상황이 되었으며, 사단장들을 비롯한 모든 지

호산 전창일과 통일운동 77년사

휘관이 지휘를 포기하고 계급장을 제거한 후 살기 위해 무질서한 도피를 시작했다. 결국 현리에서 엄청난 희생자를 내었고 수많은 장병이 포로가 되었다.[4]

　이 전투를 바라보는 시각은 증언자에 따라 많은 차이가 난다. 당시 육군참모총장 정일권은 그의 회고록『전쟁과 휴전』에서 유재흥 3군단장이 오마치 고개의 중요성을 설명했으나, 알몬드 소장은 "왜 인접군단의 작전구역까지 흥미를 갖느냐?"고 하면서, 미군의 작전지역으로부터 한국군의 철수를 계속 요구함으로써 국군 제3군단은 오마치 고개에서 철수했다. 결국 이렇게 해서 엄청난 결과가 빚어지고 말았다고 기록했다. 그러나 백선엽의 의견은 다르다. 아래는 1군단장이었던 백선엽의 글이다.

　이 무렵 중공군은 다시 중부 전선에 집결해 또 한 차례 대공세를 준비하고 있음이 확인됐다. 미 8군은 중공군이 이번에도 서울 공략을 위해 서부전선을 노릴 것으로 판단하며 대비하고 있었다. 중공군의 6차 공세(2차 춘계 공세)는 동쪽을 노리는 것이었다. 5월 16일 저녁 중공군은 피리와 꽹과리를 울리면서 인제 서남쪽 소양강 상류를 건너 국군 7사단과 9사단의 협조점인 남전리에 첫 공격을 했다. 이곳은 미 10군단과 국군 3군단과의 접점이기도 했다.
　7사단(사단장 김형일 준장)을 일거에 물리친 중공군은 밤새 동남쪽으로 진출해 오마치(伍馬峙) 고개를 점령했다. 이것은 엄청난 사건이었다. 현리와 용포에 진출한 3군단 예하 3사단(사단장

4　현리 전투《위키백과》

김종오 준장)과 9사단(사단장 최석 준장)의 유일한 후방 보급로인 인제-하진부리 간 도로의 허리가 차단된 것이기 때문이다. 3군단은 눈 깜짝할 사이에 앞뒤에서 적군의 협공을 받게 됐다. 전쟁에서는 때와 장소는 달라도 비슷한 상황이 되풀이되는 경우가 많다. 이날 양상은 청천강 중공군 3차 공세와 여러 면에서 유사했다. 우선 지형이 청천강을 소양강으로, 낭림산맥을 태백산맥으로 바꿔 넣으면 판에 박은 듯 비슷하다. 강의 상류는 적군이, 하류는 유엔군이 장악한 상황도 마찬가지다. 유제흥 소장이 군단을 지휘하고 좌익에 미 2사단이 포진한 것도 우연의 일치라 할 수 있다. 중공군에게 후방을 차단당한 것까지도 마찬가지 형국이었다.

협공에 직면한 3군단이 택할 수 있는 방도는 오마치를 차단한 중공군과 결전을 벌여 후방의 적을 돌파하는 것 아니면 산중으로 후퇴하는 것뿐이었다. 물론 산중 후퇴를 위해서는 중장비를 모두 버려야 한다. 3군단은 '결전'이냐 '후퇴'냐 하는 기로에서 후자를 선택했다. 국군은 야포와 트럭을 모두 버리고 남쪽에 치솟은 방대산으로 뿔뿔이 흩어져 달아났다. 병사들은 개인 화기마저 버리고 맨몸으로, 장교들은 계급장마저 떼어버리고 달아난 경우도 허다했다고 전해진다. 3군단은 부득이 '최악의 선택'을 했겠지만 제대로 싸워보지도 못한 채 와해됨으로써 전선에는 현리를 중심으로 커다란 구멍이 생겼다.[5]

5   백선엽, 『군과 나』 시대정신, 2009, pp.220~222.

이후 3군단은 5월 21일까지 계속 후퇴를 하게 되는데, 제3사단은 송계리로, 제9사단은 대화로 각각 퇴각하고, 군단사령부는 횡계리에서 영월로 퇴각하여 흩어졌다.[6] 결국 현리에서 한국군 3군단 예하 3사단, 9사단 병력 1만 9천여 명이 희생됐고, 병력의 40%가량만 복귀했으며, 무기는 거의 다 뺏겼다. 현리전투에 대한 후처리가 어느 정도 이루어진 5월 25일경 밴 플리트 사령관이 강릉 공군기로 날아와 다음과 같은 충격적인 선언을 했다. 배석자는 정일권 육군참모총장, 이준식 전방지휘 소장 그리고 백선엽 1군단 사령관 등 이었다.

　한국군 3군단을 폐지합니다. 또 육군본부의 작전통제권도 없어 집니다. 육군본부의 임무는 작전을 제외한 인사·행정·군수 및 훈련으로만 국한됩니다. 1군단은 나의 지휘하에 두며 육본 전방 지휘소는 폐쇄합니다.[7]

3군단장 유재흥 소장, 9사단장 최석 준장, 28연대장 이창정 대령, 30 연대장 손희선 대령, 29연대장 차갑준 대령, 3사단장 김종오 준장, 18 연대장 유양수 대령, 22연대장 장춘권 대령, 23연대장 김종순 대령 등 이 현리전투 당시 3군단 지휘부였다.[8] 1951년 7, 8월경 전창일과 방덕 수 특무상사가 머물고 있었던 창귀부대의 전신이 현리전투에서 처참하

6　『6·25전쟁사』⑧중공군 총공세와 재 반격, 국방부군사편찬연구소, 2011, p.540.

7　『군과 나』 p.230.

8　『한국전쟁전사』 현리전투편, 국방부전사편찬위원회 편. 국방부전사편찬위원회. 1991, p.129~132.

게 패배를 당했던 제3군단 9사단 28연대였다. 전창일의 증언을 계속해서 들어보자.

> 인제에서 중공군한테 자기 부대가 완전히 포위되어 가지고 연대장하고 자기와 몇 사람만이 포위망 뚫고 살아나왔다는 거예요. 다 포로가 됐대. 차 다 뺏기고, 완전히, 강원도 인제에서. 그래서 대구에 와서 신병 새로 받아 다시 부대 편성해서 들어왔는데, 연대장·고문관·보급용 트럭 이외 그 밖의 차는 아직 한 대도 지급받지 못하고 있다는 거야.[9]

변명 같은 방 상사의 말은 들을수록 짜증이 났다. "야, 오늘 여기서 하룻밤 더 잔다면 내가 미칠 것 같다, 오늘 가야겠다."는 전창일의 고집에 후배는 방법을 제시했다. 고개 몇 개를 넘어가면 미군 부대가 있다고 한다. 미군 부대에 차가 많으니 그 차를 타고 서울로 가라는 얘기다. 그리고 형이 영어를 좀 하니 미군 부대에서 취직하는 것도 좋겠다는 의견을 덧붙인다. 증명서 같은 것을 준비해달라는 전창일의 요구에, 지금 자기 부대는 그런 것이 없으니 그냥 가시고 문제가 생기면 전화를 하라고 한다. 방 상사가 준 군복을 다 벗고, 빨아서 말려둔 자신의 옷으로 갈아입은 뒤 제28연대 청귀부대를 떠났다.

다소 찜찜했지만, 간식으로 준 건빵을 먹으면서 고갯길을 걸었다. 총

---

9 『인민혁명당과 혁신계의 활동, 주요인사 구술사료 수집』 4·9 통일평화재단, 2014.2.3, p.58.

호산 전창일과 통일운동 77년사

알에 맞아 부러진 나뭇가지를 보면서 치열했던 전투를 상상해본다. 지금도 산 너머로부터 총소리, 대포 소리가 들리고 있다. 미군 부대의 천막이 보였다. 흰 모자 쓰고 군용식기를 닦는 한국인이 보인다. 사정을 얘기했다. 국군 28연대에 있다가 서울로 나가려고 하는데 거기 차가 없어서 미군 차를 좀 이용하려고 이곳에 왔다고 사실 그대로 얘기했다. 요리사가 "헤이, 써전(sergeant, 하사관, 중사)."하고 미군을 불렀다. 그리고 설명을 하는데, 영 서툴러 보였다. 답답한 나머지 전창일이 직접 얘기해 보기로 했다. 자신이 없었지만, 그래도 그 사람보다는 나을 것 같았다.

전창일의 영어 역시 통하지 않았다. 필담을 해야겠다는 생각이 들었다. "펜, 펜 앤드 페이퍼." 처음에는 못 알아듣는다. 계속해서 "페이퍼."를 외치니 "아, 페이플." 하면서 알아들은 눈치다. 종이하고 펜을 가져왔다. "나는 국군 28연대에서 밀리터리 레이바(Military Laborer)로 일을 한다. 나는 서울사람인데 서울 가는 차를 트랜스포테이션(Transportation), 타려고 여기 왔다."라고 쓰고 마지막으로 프리즈(Please)라는 단어를 덧붙였다. 미군 써전은 대략 이해했던 모양이다. 그리고 글씨가 너무 정결했다. 자기들 필체보다 훨씬 낫다고 생각했던 모양이다.

그는 전창일이 쓴 글을 갖고 장교에게 보고했다. 장교가 뭐라고 하는데 하나도 알아듣지 못했다. 다시 필담을 했다. "영어, 어디서 배웠느냐?" "아니, 난 학생이다. 학교에서 배웠다." 대략 이런 말이 오갔다. 어느 순간 갑자기 경호원을 하나 붙였다. 감시병이었다. 화장실 갈 때도 따라다녔다. 가만히 생각해 보니 뭔가 수상한 냄새가 났던 모양이다. 영어를 할 줄 아는 학생이 국군 28연대에서 레이바로 종사했다? 믿을 수 없다. 이 놈은 훈련받은 인민군 첩자다, 라고 판단했던 것이다.

〈 그림105: (좌)국군1사단과 평양 선점 경쟁을 펼치던 당시의 제1기병사단, (우)1st Cavalry Division with Sabres Decal,(기병대 문양이 새겨진 제1기병사단 마크) ©Google 이미지〉

결국, 영어가 탈이었다. 영어 좀 알고 있다는 게 오히려 화근이 된 셈이다. 의정부로 이송되었다. 그곳이 본부였다. 나중에 알게 되었 지만, 그 부대는 말대가리 부대로 알려진 미 제1기병사단(1st Cavalry Division)[10]이다. 원래 인디언을 토벌하던 기마 부대였지만, 전차를 보 유한 기갑사단으로 변신했다. 미국 육군에서 제일 정예부대로 알려져 있다. 제2차 대전 후 일본 도쿄지역 점령군 임무를 수행하던 1950년 7 월 9일 예하 제7기병연대 제1대가 포항에 긴급 전개됨으로써 6·25 전쟁에 참전했다. 강력한 기갑부대인 제1기병사단은 미군이 관여한 모 든 전쟁에 참여했다는 말을 들을 정도인데 모든 미군 부대 중 긴급 투입

10 제1기병사단(1st Cavalry Division)은 미국의 제병협동사단이다. 주둔지는 텍사스주 포 트 후드다. 1921년 편성되어 제2차 세계대전, 한국 전쟁, 베트남 전쟁, 걸프 전쟁 등에 종 군했다. 한국전쟁 당시 육군 국가위병 부대인 제45보병사단이 1952년 1월에 배치될 때 까지 전선에 있다가 일본으로 빠졌다. 이후, 다시 1957년부터 1965년까지에 한반도에 재배치된 바 있다.…세계 최강의 기갑 부대로 알려졌다.《위키백과》

호산 전창일과 통일운동 77년사

이 가능한 우선 부대로 여겨지고 있다.[11]

　전창일이 연행된 곳은 이 부대의 연대본부 정보과다. 정보과는 대체로 엘리트들이 근무하는 곳이다. 통역도 있었다. 그런데 통역들이 대체로 신통치 않았다. 대학생들이었다. 사전을 보면서 통역하는 수준이었다. 전창일에 따르면, 그 무렵 영어 좀 알았다 하면 살판나는 시절이었다고 한다. 통역으로 채용되면 최하가 육군 중위였고 중령까지 무난하게 진급하던 시절이었다. 통역문제도 있었지만, 아무튼 전창일은 중대범죄자가 되어 버렸다. 그리고 사단본부로 이송되었다.

〈 그림106: (좌)미군 제1군단본부가 위치하던 의정부 캠프 레드크라우드 정문(1960년대), (우)현재의 이태원 초등학교 전경, ⓒGoogle 이미지〉

　도착한 곳은 서울 이태원초등학교다. 그곳이 제1기병사단의 본부였다. 자기를 취조하는 미군들에게 국군 제28연대에 전화해보라고 통사정했으나 들은 척도 하지 않았다. 영어 어쩌고저쩌고했던 후배가 원망

11　동고동락, 《대한민국 국방부 대표 블로그》

스러웠다. 미군은 인민군 2, 30여 명이 포로로 있는 곳으로 전창일을 집어넣었다. 교실이 아니었다. 복도에 철조망을 두른 곳이 임시 감옥이었다. 인민군 간첩으로 오인되어 감옥에 수감되었지만, 그래도 조그만 행복감을 느꼈다고 고백한다. 인간 대접을 받았다는 얘기다. 미군들은 전창일을 고급 인민군 장교 대우를 해주었다. 너 인민군 스파이가 아닌가, 어떤 훈련을 받고 잠입했는가, 등의 신문이 있었지만 전창일의 영어는 서툴렀고, 통역도 마찬가지였다. 사전을 들춰가며 말을 맞춰보지만, 신문이 제대로 될 리 없었다. 그래도 고문이 없었다는 것이 그런대로 살 만했다.

감옥 안에선 상관 대접을 받았다. 포로들의 질문에 별다른 대꾸를 하지 않고 지금 조사 중이라는 전창일의 대답에 더 이상 묻지 않았다. 더욱이 모두 추레한 인민군복을 입고 있었는데, 비록 낡았지만 사복을 입고 있는 전창일을 보고 당 간부쯤으로 생각했던 모양이다. 전창일에 따르면, 그곳의 분위기는 서로 간에 예우를 지켰다고 한다. 국방군의 경우 작대기 두 개 붙인 사람이 이 새끼, 저 새끼 하는데 인민군은 서로가 동무, 동무하면서 존댓말을 했다. 저속한 말은 일절 사용하지 않았다. 특히 전창일에겐 밥과 국, 반찬을 먼저 주는 등 상관 대우를 해주었다. 양심에 가책은 없었다. 어쨌든 나는 인민군 총위(대위) 출신이 아닌가? 저녁마다 지겨운 조사를 받았지만, 차츰 정신적으로 안정되고 있었다.

감옥에 있는 동안, 지난 세월을 반추해 보았다. 1년 남짓 지난 시간이 꿈만 같았다. 서울형무소 출옥 → 인민유격대 소속으로 도보 행군 → 산청군당 선전부장 임명 → 산청군 군사동원부 책임지도원 및 조선 인민군 총위(대위) 임명 → 전주를 목표로 후퇴 → 도주하는 인민군과 동행 → 속리산 인근에서 인솔했던 일행 해산, 위장부부 행세 → 보은에서 피란생활 확인서 획득 → 보은경찰서에서 귀향증 획득 → 서울 도착, 서울시민증 발급 포기 → 울진에서 강원도 도민증 획득 → 북청을 목표로 동해안을 따라 북상 → 속초 인근에서 서울로 방향 전환 → 신설동 인근에서 도민증 압수, 강제 징집 → 인천 도착 → 미군 수송선 LST를 타고 제주 도착 → 모슬포 육군 제1훈련소 도착 → 구타로 인한 발병으로 신체검사 불합격증 획득 → 4·3 사건으로 일본으로 밀항한 아들을 둔 할머니의 정성 어린 간호로 건강회복 → 석탄선을 타고 목포 도착 → 전라도, 충청도를 거쳐 경기도 도착 → 광진교 인근에서 배를 타고 워커힐 근처에서 하선 → 신설동 인근에서 재차 검색, 증명서 압수 → 동두천 공략 미군 지게부대 근무 → 상계동 인근에서 풀려남 → 종묘공원 인근에 다시 강제징집 → 철원 인근 국군 28연대(청귀부대) 지게부대 근무 → 북청공업학교 후배(방덕수 특무상사)와의 조우 → 미 제1기병사단에서 서울 가는 차를 부탁하다가 검거 → 이태원 사단본부에서 구속 중….

이렇게 상념에 젖고 보니 문득 고향에 있는 가족들 생각이 났다. 특히 군 입대 연령인 동생들에 대한 걱정으로 애가 탔다. 먼 훗날 알게 되지만, 전창일의 동생은 6·25 전쟁 때 참전하였고, 인민군 소좌로 제대하였다고 한다. 전창일은 "내가 만약 국방군 정규군이 되어 전투에 참전하였더라면 내 동생과 서로 총질을 하는 불상사가 일어났을지도 모른다. 이 얼마나 무서운 죄악인가!"라는 고백을 남겼다. 전창일은 세 번에 걸쳐 징집되었지만, 훈련병·지게부대 근무 등으로 정규 국방군에 근무한 적은 없다. 물론 전투에도 전혀 참가하지 않았다. 불행 중 다행스러운 일이라고 아니 할 수 없다.

:: 07 ::

일본인 수사관과
한국전쟁

여러 차례 조사했지만, 통역의 자질 문제 등으로 진상파악을 제대로 할 수 없다고 생각한 모양이다. 무엇보다 인민군 간첩이라고 볼 만한 증거를 찾지 못했다. 그러다 보니 같은 질문을 계속하게 된다. 지금까지 살아온 과정을 반복해서 조사하는 것이다. 전창일 역시 같은 말만 되풀이했다. 어려서부터 성장해 온 과정을 이야기했다. 물론 단선·단정 반대 데모, 서대문형무소 투옥과 출옥, 인민군 관련 등 문제가 될 여지가 있는 사안은 결코 발설하지 않았다. 제2국민병으로 제주도훈련소 갔다온 이야기, 지게부대에서 노역했던 일만 진술했다.

미군 정보부는 전창일의 답변을 믿지 않았던 모양이다. 그들은 방법을 바꾸었다. 일본인 수사관을 부른 것이다. 갑자기 등장한 일본인 탓에 전창일은 깜짝 놀랐다. 이곳에 일본인이 어떻게 왔을까? 일본도 이 전쟁에 참가했다는 말인가? 전창일의 증언을 계속 듣기 전에 6·25 전쟁 참전국에 대해 살펴보기로 하자.

흔히들 이야기하는 UN 참전 16개국은 그리스(유엔가입일, 45.10.25.)·남아프리카공화국(45.11.7.)·네덜란드(45.12.10.)·뉴질랜드(45.10.24.)·룩셈부르크(45.10.24.)·미국(45.10.24.)·벨기에(45.12.27.)·에티오피아(45.11.13.)·영국(45.10.24.)·오스트레일리아(45.11.1.)·캐나다(45.11.9.)·콜롬비아(45.11.5.)·타이(45.12.16.)·터키(45.10.24.)·프랑스(45.10.24.)·필리핀

(45.10.24.) 등을 말한다.

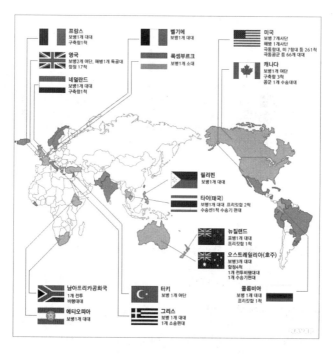

〈 그림107: 6 · 25 전쟁 참전국, ⓒ국가기록원 〉

　이들 나라 중 가장 많은 병력을 파견한 나라는 미국(326,863), 영국 (56,000), 캐나다(25,686) 등의 순서이며, 룩셈부르크(83)가 가장 적은 수의 군대를 파견했다. 전사자 수는 미국(36,574), 영국(1,078), 터키 (741), 오스트레일리아(339), 캐나다(312), 프랑스(262), 그리스(188), 콜롬비아(163), 타이(129), 에티오피아(121), 네덜란드(120), 필리핀 (112), 벨기에(104), 남아프리카공화국(34), 뉴질랜드(23), 룩셈부르크 (2) 등의 순서다. 그 외 노르웨이, 이탈리아, 스웨덴, 덴마크, 인도 등 5개국이 의료부대를 파견했는데, 노르웨이(3), 인도(1) 두 나라의 의료진이 사망했다. 여기까지는 우리가 대략 알고 있는 내용이다.

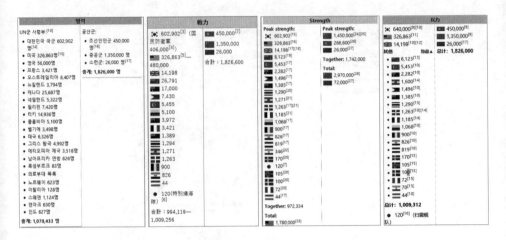

〈 그림108: 좌로부터, ① 한국 위키, ② 일본 위키, ③ 미국 위키, ④ 중국 위키 〉

《위키백과》란 사전이 있다. 이 사전은 2000년 누피디아(지금은 폐기된 프로젝트)라는 곳에서 시작하여, 현재 200개 이상의 언어로 된 지식을 전 세계 사람에게 제공하는 국제적인 인터넷 기반 백과사전이다. 한국전쟁에 관한 정보도 많은 언어로 소개되어 있다. 먼저 눈에 띄는 것은 한국 위키만 제외하고 UN군이란 용어를 사용하지 않고 한국(조선)전쟁 참전국이라고 표현하고 있다는 점이다. 그리고 이 참전국 명단에 일본이 등장한다.

참전국을 살펴보면 한국 위키의 경우, 미국을 비롯한 16개국이다. 여기에 의료부대 파견 5개국을 합하면 21개국이다. 일본 위키는 17개국, 미국 위키 22개국, 중국 위키 22개국이다. 왜 이런 차이가 발생했을까? 사실 미국, 일본, 중국의 위키 내용은 모두 같다. 일본 역시 의료부대 5개국을 합하면 22개국이다. 한국만 21개국으로 게재된 이유는 일본을

호산 전창일과 통일운동 77년사

삭제했기 때문이다. 일본·미국·중국의 위키를 따르면, 6·25 당시 일본은 120명을 파병했으며, 사망자 수는 79명(미국 위키)이라고 했다.

그러면 한국은 일본의 참전만 왜 누락했을까 하는 의문이 들 것이다. 모든 것은 UN 참전 16개국이라는 신화 때문이다. UN 참전국이란 전제가 따르면 일본은 불법 참전국이 된다. 왜냐하면, 1956년 12월 18일에 가입한 일본은 당시 UN 회원국이 아니었기 때문이다. 더욱이 일본에 대한 한국인의 국민감정 등을 고려할 때, 일본이 남한과 협력하여 북조선을 공격했다는 사실이 알려질 경우 대한민국이라는 나라의 정체성 자체가 흔들릴 위험이 있다는 것은 삼척동자도 알 수 있는 일이다. 그러나 세월이 흘렀고, 세상이 많이 바뀌었다. 일본의 6·25 참전은 이제 '설'이 아니고 '진실'로 파악되고 있는 중이다.

일본인이 6·25 전쟁에 참여했다는 사실은 일본에서 먼저 보도되었다. 1975년 7월경 NHK TV는 "유엔군의 인천 및 원산상륙작전을 전후하여 일본의 소해정이 맥아더 장군의 지시에 따라 인천 및 원산 앞바다에 출동하여 기뢰제거작업에 참여했는데, 작업 도중 원산 앞바다에서의 사고로 1명 사망, 18명이 부상했다."는 소식을 전했다. 「동아일보」는 NHK의 보도를 기사화했다.[1] 일본이 한국전쟁에 참여했다는 한국 최초의 보도였다. 이런 엄청난 기사가 보도되었는데도 세상은 조용했다. 모든 언론이 침묵을 지켰다. 「동아일보」역시 후속보도를 내지 않았다.

후속보도는 3년쯤 후 「조선일보」를 통해서 이루어진다. 이 신문은

---

1 일 소해정 6·25 참전, 일 NHK 보도, 「동아일보」, 1975.7.22.

〈 그림109: 시계방향, ①1975년 7월 22일 자 동아일보, ② 78년 6월 10일 자 조선일보, ③ 79년 5월 4일 자 경향
신문, ④ 80년 10월 30일 자 경향신문, ⑤ 90년 6월 26일 자 한겨레, ⑥ 94년 3월 16일 자 한겨레 〉

6·25 전쟁 당시 일본 해상보안청 장관으로 소해 작전의 최고 책임자였
던 오오꾸보(大久保武雄)의 발언을 다루었다. 오오꾸보는 자신의 자서
전을 통해 소해대가 한국전쟁에 참전한 것은 "미-일 강화조약을 유리하
게 이끌고 일본이 국제사회에 복귀하기 위한 필요한 행위"라는 요시다
(吉田戊) 당시 수상의 말을 믿었기 때문이라는 중요한 증언을 했다. 승
무원 1,200명, 보급담당 250명이라고 참가인원도 구체적으로 언급했

다.[2] 동아, 조선 두 신문의 보도를 따르면 일본의 수상, 해상보안청 장관과 미국의 맥아더 장군(유엔군 총사령관) 등이 소해 작전에 관여했다. 그리고 참전인원 1,450명 중 1명이 사망했고, 부상자는 18명이다. 참전인원 수만 따지면 프랑스(3,421명)에 이어 15번째다.

다음 해인 1979년 5월, 이번에는 「경향신문」이 중요한 보도를 했다. 국가 차원은 아니지만 일본 정부의 주요 기관인 '해상보안청'이 한국전쟁 참전을 인정했다는 내용이다. '해상보안청'은 『해상보안청 30년사』를 통해 "맥아더 사령관의 명령으로 특별 소해대를 편성, 1950년 10월부터 원산 앞바다의 소해 작업에 나섰다"고 6·25 전쟁 참전을 인정했다. 이 30년사에는 10월 17일 원산 앞바다 영흥만에서 1명 사망, 12월 15일에 19명이 사망했다는 내용이 포함되어 있다.[3] 이제 사망자 수가 20명으로 늘어났다. 하지만 한국, 일본, 미국 등의 정부는 아무런 반응이 없다.

「경향신문」은 1년 후 또 다른 중요한 기사를 보도했다. 6·25 때 미국 의회가 일본에 의용군을 요청했으나, 일본 수상은 반대의 뜻을 표명했으며, 맥아더도 받아들일 수 없다고 주장하여 이 구상이 취소되었다는 내용이다.[4] 하지만 이 문제는 좀 더 검토해야 할 사항이다. 후술하겠지만 미군은 비공식적으로 의용군과 유사한 일본인 군대를 운용한 바 있다.

---

2 일 소해대 한국전에 참전, 전 해상보안청 장관 극비내용 공개, 「조선일보」 1978.6.10.

3 일 소해대, 6·25 참전, '해상보안청 30년사'서 처음 공개, 「경향신문」 1979.5.4.

4 일에 의용군 요청 미 의회, 6·25 때, 「경향신문」 1980.10.30.

「경향신문」 보도 후 다시 10년 세월이 흘렀다. KBS 1TV가 일본 해상 보안청장 오쿠보와의 인터뷰를 방영했고, 「한겨레신문」은 방송내용을 기사화했다. 오쿠보 이외 또 다른 증인 소해대 14호 함장 이시노 지교의 증언을 추가함으로써 보도의 신뢰성을 돋보이게 하였다. 특히 KBS 6·25 특집 제작반이 당시 소해대 작전의 책임자였던 미 해군 제독 알레이 버크를 만나 사실의 확인을 요청했으나 그는 확인해주기를 거부했다는 내용은 이 사건의 실체를 규명하는 데 중요한 단서를 제공한 것이라고 볼 수 있다.[5] 4년 후인 1994년 3월, 「한겨레신문」의 동경 특파원 김효순은 지금까지 거론된 일본 소해대의 한국전쟁 참전에 대해 구체적으로 정리한 기사를 송고했다. 자위대의 창설과 관련 있는 중요한 내용이다. 아래에 전문을 소개한다.

일본의 전후 역사에서 공식적으로는 인정되지 않는 사건 중에 소해정부대의 한국전쟁 참전이 있다. 「산케이신문」은 15일 자 보도에서 그동안 일반인에게는 거의 알려지지 않았던 일본의 한국전쟁 참전 사실을 전하면서 참전이 일본의 재군비를 촉진한 것으로 밝혔다.

보도에 따르면 한국전쟁이 한창이던 50년 10월 2일 초대 해상보안청 장관인 오쿠보 다케오는 미 극동해군 부참모장인 알레이 버크 소장으로부터 긴급히 만나고 싶다는 전화를 받았다. 오쿠보

---

5 일본함정 한국전쟁참전, 당시 해상보안청장 증언 "원산 앞바다 기뢰제거", 「한겨레신문」, 1990.6.26.

호산 전쟁일과 통일운동 77년사

는 "원산상륙작전을 위해 북한이 원산항에 부설한 기뢰를 제거해야 하니 해상보안청의 소해부대를 출동해 달라."는 요청에, 혼자서는 답변할 수 없어 요청을 문서화해 달라고 했다.

버크가 문서로 할 수는 없다고 거절하자, 오쿠보는 당시 외상을 겸하고 있던 요시다 시게루 총리를 찾아가 이를 보고했다. 요시다는 존 덜레스 미 국무부 대일강화담당 고문이 와 강화조약의 교섭에 들어간 마당에 요청을 거절하면 강화의 기회를 놓치게 된다고 말하고, 소해 작업을 하는 것이 밝혀지면 국내적으로 문제가 되므로 극비에 하라고 지시했다.

당시 해상보안청에는 미군이 태평양전쟁 중 투하한 기뢰를 제거하기 위해 1백 척의 소해정으로 구성된 '항로계개부'란 소해부대가 있었다. 이 부대를 지휘하는 옛 일본제국 해군의 장교들은 공직추방의 대상에서 제외되어 있었다.

오쿠보는 10월 6일 밤 원산에 파견되는 21척의 소해정부대를 격려하기 위해 시모노세키를 방문해 "일본이 독립하기 위해서는 여러분의 활약이 필요하다"고 말하고 "오늘은 일장기를 흔들며 환송해 주는 사람도 없지만, 30년 뒤에는 국민들이 환호의 소리로 여러분을 기릴 것"이라고 연설했다.

10월 17일에는 소해 작업을 하던 특무정 202호가 기뢰에 충돌해 폭발, 침몰하면서 1명이 죽고 18명이 다치는 사고가 일어났다. 또한, 해상보안청 소속과는 별도로 미군에 고용되어 미군 함정에서 소해 작업을 하던 일본인 2명도 사망했다. 당시 미군 함정에 승선해 지원활동을 한 일본인은 1천 명에 이르렀으며, 이들의 일부는 인천, 원산, 포항상륙작전 등에 참가한 것으로 전해지고 있다.

오쿠보는 당시 사망한 해상보안청 승무원의 유족에게는 사실을 이야기했지만, 정부의 다른 부처에는 세토나이 해에서 소해 작업 중 사망한 것으로 보고했다. 버크 소장은 소해작업이 끝난 뒤 "이 것으로 일본의 독립은 3년 빨라졌다"며 감사장을 오쿠보에게 전했다고 한다.

소해부대의 인원을 중심으로 52년 해상경비대가 발족했으며, 54년에는 현재의 해상자위대로 이어져, 소해부대의 활동은 일본 의 재군비를 앞당겼다는 평가를 받고 있다.[6]

일본 자위대는 1950년 창설된 경찰예비대(警察豫備隊)와 1952년 창설된 해상경비대를 모체로 1952년에 보안대, 경비대로 각각 개편된 뒤, 1954년 7월 1일 자위대법에 따라 자위대로 통합·개칭되어 오늘에 이르고 있다. 버크 소장의 말에 따르면, 1957년 창설예정이던 자위대가 1954년에 창설되었다고 볼 수 있다. 질문을 하나 하자. 일본의 경우, 소해정 부대의 활동 즉 미군 군부 덕분에 예상보다 빠르게 재군비를 앞당긴 셈이다. 그렇다면 일본은 미국에 감사해야 할까? 아니면 패전국으로서 계속 미국에 대한 원한을 지니고 있어야 할까? 어려운 질문일 것이다. 소해정부대의 한국전쟁 참전은 마찬가지로 한국에게도 어려운 질문을 요구한다. 이 부대는 미군의 상륙작전 성공에 큰 기여를 했다. 그렇다면 한국은 일본에게 고맙다고 해야 할까? 아니면 항의를 해야 할

---

6 일본군 6·25 참전 비사 첫 공개, 미 장성 요청으로 원산 앞바다 등 기뢰제거, 1천여 명 미 군함 승선도…재군비 촉진 역할, 「한겨레신문」 1994.3.16.

호산 전창일과 통일운동 77년사

까? 한국정부 역시 쉽사리 대답을 못 할 것이다. 지금까지 한미일 3국이 일본국의 6·25 참전에 대해 언급을 하지 않는 이유다.

소해정부대의 한국전쟁 참전은 해당 국가가 공식적으로 인정하지 않음에도 불구하고, 여론은 대체로 인정하고 있는 분위기다. 그러나 일본의 한국전쟁 참전문제는 계속 진행형이다.

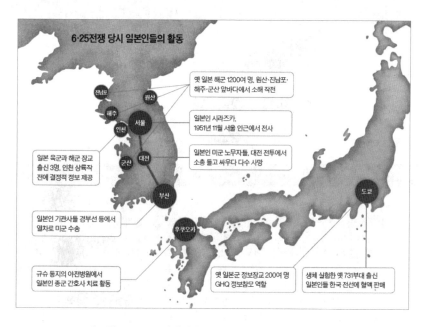

⟨ 그림110: 6·25 전쟁 당시 일본인들의 활동, ⓒ중앙 선데이 ⟩

일본의 한국전쟁참전 문제는 2000년대에 들어서면서 보다 구체적으로 규명되기 시작한다. 그동안 꽤 많은 자료가 축적되었다.7 본격적인

---

7   오쿠보 다케오(大久保武雄) 전 일본 해상보안청 장관의 회고록 『해명(海鳴)의 날들』

논문도 발표되었다.[8] 언론에서도 탐사보도를 선보이기 시작했다.[9] 지금까지 거론한 자료를 참고하여 6·25 전쟁 당시 일본인이 참여한 내용을 정리하면 다음과 같다.

[표10: 한국전쟁 참전 일본인 현황]

소속	내용	인원	사망 (실종)	부상
〈기뢰 제거 및 화물, 군인 수송〉				
GHQ 내 일본상선관리국	전차양륙함(LST) 39척의 선원, 인천상륙작전	2,000	–	–
미군 수송선	하역 선원	1,300	–	–
일본 특별조달청	연합군의 근로조달요구, 선원	2~3,000	–	–
일본 해상보안청	특별 소해대, 소해정 54척, 기뢰제거	1,200	1	18
	대형 인양선, 기뢰접촉 침몰(50.11.)	?	22	–
[합계]		약 8천 명	23	18

(1978년), 일본 정부의 『해상보안청 50년사』(1998년), 일본 방위연구소 다니무라 후미오(谷村文雄) 연구원의 일본 특별 소해대(掃海隊) 활동 관련 학술 논문, 일본 학자 오누마 히사오(大沼久夫)가 일본 외무성 외교 사료관에서 발굴한 유엔군 총사령부(GHQ) 문서, 서울대 일본연구소 교수의 도쿄대 박사학위 논문(조선전쟁과 일본), 양영조 국방부 군사편찬연구소 군사부장이 발굴한 미국 국립문서기록관리청(NARA)의 대전전투 관련 기록, 일본 아사히(朝日)신문의 기획 보도, MBC '이제는 말할 수 있다-6·25 일본 참전의 비밀'(박건식 연출) 등을 들 수 있다. 〈요시다 "한반도 해역 기뢰 제거는 전투행위 … 비밀로 하라"『중앙일보』[중앙선데이], 2015.9.26.〉 재인용

8 Tessa Morris-Suzuki, Post-War Warriors: Japanese Combatants in the Korean War, July 29, 2012, Volume 10 | Issue 31 | Number 1, Article ID 3803

9 북, 일본군 6.25 참전 공론화, 「통일뉴스」, 2000.9.9. / 6.25, 일본 참전의 비밀, 「MBC」, 2001.6.22./6.25, 일본 참전의 비밀 - 오마이뉴스 모바일, 「오마이뉴스」, 2001.6.12./일본 입 닫고 있지만, 사실상 한국전쟁 참전국, 「한겨레」, 2010.6.29./한국전쟁에 일본인 8천 명 참전(?), 「연합뉴스」, 2010.7.25./[매거진N 특종] 6·25 전쟁에 일본군 '참전'했다, 「아시아엔」, 2013.6.21./요시다 "한반도 해역 기뢰 제거는 전투행위 … 비밀로 하라", 「중앙일보」, 2015.9.26./"일본은 한국전쟁 참여한 당사국이었다", 「프레시안」, 2016.6.23./6.25 당시 인민군 수십 명 사살한 일본인 있었다…美극비문서 기록, 「서울경제」, 2020.6.22./12살 소년병 북한군 5명 죽였다…일본인 6·25 참전했었다, 「한국경제」, 2020.6.22.

〈참전 사례〉			
※1950년 말, 소련 · 중국 · 북한 신문, 일본의 참전 비난 보도	8,000	−	−
① 전쟁 초기 미군의 차출, 46명 송환(51.2.12.), 72명 송환(52년 중반) :하우스보이, 요리사, 운전사, 수리공, 통역사(→ 실제 전투참가)	120	2(2)	?
② 재일 거류민단(5만 모집목표), 644명 지원(30% 정도 전 일본군)	644	135	?
③ 고아 및 결손가족, 소년병 모집	?	?	?
④ 일본계 미국인	5,000	262	?

　일본의 6 · 25 전쟁 참전사례 중 어느 정도 규명된 사안은 특별 소해
대를 비롯한 상륙용 함정(LST)의 선원 정도이다. 여기에 동원된 일본
인은 약 8,000명으로 추정되고 있다. 6 · 25에 참전한 미국 등 16개국
중 6위에 해당되는 규모다. 일본보다 파병 수가 더 많은 나라는 미국
(326,863), 영국(56,000), 캐나다(25,687), 터키(14,986), 오스트레일
리아(8,407) 정도다. 아직 파악되지 않은 사례를 고려하면, 5위 정도로
보아도 무방할 듯싶다. 특별히 추가할 사안이 있다.

〈 그림111: 미국군 참전 기념비ⓒ경향신문, 일본계 미군 참전비 〉

임진각 관광단지 내 임진각과 경기평화센터 사이에 기념비 광장이 있다. 광장을 살펴보면 중앙에 세워진 미국군 참전 기념비를 비롯해, 트루먼 동상, 임진강지구 전적비, 일본계 미군 전사 기념비, 미 제2보병사단 6 · 25 참전비, 미 육군 187 공수전투단 참전 기념비, 괌 차모로 병사 추모비, 일본계 미군 장병 참전비 등 6 · 25 전쟁 관련 기념비를 볼 수 있다. 이들 기념비 중 특히 일본계 미군 장병 참전비를 주목할 필요가 있다. 보도에 따르면, 참전병사의 숫자는 5천여 명이다.[10]

이들 중 사망자 247[11]명의 명단이 일본계 미군 장병 참전비에 새겨져 있다. 새겨진 명단을 살펴보자. KAZUAEI AKAZAWA, YUTAKA JACK AMANO, TATSUO ARAI, JAMES SEIFUKU ARAKAI…, 귀화한 일본인이라면 당연히 미국식 이름을 사용할 것이다. 그러나 절반 이상이 순수한 일본식 이름이다. 일본계 미군 장병 중 다수가 미국인이 아니라 일본인이라는 의심이 들 수밖에 없다. 이 문제는 향후 풀어야 할 숙제의 하나다. 아무튼, 6 · 25 전쟁에 수많은 일본인이 참전하였고, 많은 일본인이 사망하였음은 사실이라는 것이 확인된 셈이다.

6 · 25 전쟁 중 대통령 이승만은 "일본군과 국부군의 사용을 강경히 반대"[12]할 것이며, "공산당보다도 일본군과 싸우겠다."[13]는 발언을 한 바 있다. 6 · 25 전쟁 때 종군기자(로이터통신)로 활동한 지갑종(88) 유

---

10 한국전쟁 60주년, 일본계 미군 참전용사의 한국사랑, 「라디오 코리아」, 2010.6.23
11 현재 파악된 사망자 수는 262명이다.
12 압록강까지 진격, 국무회의 아 원수에 건의책 결정, 「경향신문」, 1952.11.29
13 이 대통령 방일의 의미, 「경향신문」, 1953.1.2

호산 전창일과 통일운동 77년사

〈 그림112: 1952년 11월 29일 자 경향신문, 53년 1월 2일 자 경향신문 〉

엔한국참전군협회장을 따르면, 원산상륙작전 이후 중공군 개입(10월 25일) 이전 시점에 "만약 일본군이 미군을 돕는다는 이유로 한국 전선에 참전하면 우리는 공산당이 아니라 일본군과 먼저 싸울 것"이라고 했다 한다.[14] 이승만이 호언장담할 시점, 수많은 일본인들이 6·25 전쟁에 참전하였다. 이승만은 그러한 사실을 알고 있었을까? 몰랐다면 무능한 대통령이라는 의미일 터이고, 알고도 그러한 발언을 했다면 전형적인 위선자이자 매국노라고 볼 수 있을 것이다.

전창일이 구금되어 있던 이태원초등학교로 장소를 옮긴다. 그의 증언을 계속 들어보자. 일본인이 6·25 전쟁에 참여한다는 것은 누구도 상상하기 어려웠던 시절, 전창일은 몇 차례 수상한 경험을 겪었다. 이미

---

14   요시다 "한반도 해역 기뢰 제거는 전투행위 … 비밀로 하라", 「중앙일보」 [중앙선데이], 2015.9.26.

거론한 바 있지만, 1951년 2월 중순경 국민방위군으로 끌려갈 때 탔던 미군수송선 LST의 선원이 모두 일본인이라는 것을 보고 놀랐고, 이상하게 생각했던 적이 있다.[15] 이번에는 왜놈 수사관이 등장한 것이다.

〈 그림113: 최고 권력자, 해방공간의 통역관리, ©부산시보 〉

　수사관은 공업학교 3학년 때까지 일본교육을 받았다는 전창일의 이력을 잘 알고 있었다. 일본말로 대화하자고 한다. 그런데 일본말이 입에서 떨어지지 않았다. 해방 후 일본말을 전혀 하지 않았던 탓이다. 하지만 듣는 데는 아무런 지장이 없었다. 사전으로 통역하던 대학생이 다시

15　〈제5장 4절 제주 육군 제1훈련소에서 겪은 고초(첫 번째 강제징집)〉참조

불려 왔다. 미군 수사관, 일본인 수사관, 한국인 통역, 전창일…, 네 사람의 묘한 대화가 진행되었다. 일본어로 하는 말은 모두 알아들었다. 같은 질문을 두 번씩 듣게 되는 셈이니 어떻게 대답할 것인지 생각할 여유가 생겼다. 일본인의 정체도 파악할 수 있었다. 그는 북청에서 고등계 형사를 했던 자였다.

미군 정보부의 치밀함에 가슴이 서늘해졌다. 경력을 파악하기 위해, 북청 지역의 정보에 정통하고 전창일의 집안까지 파악할 수 있는 사람을 데려온 것이다. 같은 질문이 반복되었다. 초점은 월남한 목적과 이유였다.

문: 38선 이남으로 내려온 목적은 무엇인가?

답: 북청에 대학 등 고등교육기관이 없다. 내 친구들이 서울로 나와서 대학을 다니고 있다. 그리고 예전부터 북청 사람들은 대학을 가려면 모두 서울로 갔다. 관례였다.

문: 왜 북에서 대학을 가지 않았는가?

답: 평양에 전문대학이 있고 1947년 12월에 김일성 대학이 설립된다는 말을 들었지만, 가기 싫었다. 무엇보다 평양에는 아는 사람이 아무도 없었다, 그래서 내가 서울에 왔다.

이런 대화가 오가는 중에 집안 이야기가 나왔다. 불현듯 아버지의 친구가 생각났다. 전치덕이다. 그는 일제 강점기에 군수를 했던 자다. 그렇다, 이 사람을 친척으로 만들자. 전창일은 다소 거짓말을 하기로 작정했다. 전창일의 아버지는 소학교 출신이다. 상급학교에 진학하지 못했지만, 소학교 내내 1등을 할 정도로 성적은 좋았다고 한다. 소학교 출신으로서 일본어도 가능했던, 당시 농촌사회에서는 지식인이었다. 그러나 면 서기도 마다하고 농사만 지었다. 그리고 한문·일본어 등 글이 되니까 마을에서 대서 노릇이나 하며 지냈다.

동기인 전창일의 아버지보다 성적은 다소 떨어졌지만 전치덕은 북청 농업학교에 무난히 입학했던 모양이다. 학교 졸업 후 행정 관료로 입신했다. 어떻게 처신했는지 자꾸 진급이 되어 결국 군수까지 올랐다. 조선 사람으로서 북청 같은 갑지는 언감생심이었지만, 갑산·산수·덕원·이원·단천 등 을지 지역의 군수를 역임했다.

전창일은 "우리 집안에 군수 한 분이 있었다. 그 사람 때문에 우리 집도 친일파로 몰렸고, 그래서 남한으로 내려왔다"고 거짓말을 했다. "아버지 친구라는 친척의 이름의 무엇이냐"라는 질문에 '전치덕'이라는 이름을 댔다. 갑자기 일본인 수사관의 얼굴이 밝아졌다. 전창일의 의도가 적중했다. 왜놈은 전치덕을 아주 잘 알았던 것이다. 그 후로는 모든 것이 일사천리로 진행되었다. "이 사람은 인민군 첩자 할 사람이 아니다, 공산당 할 집안도 아니다."라는 일본인 수사관의 말에 미군 조사관도 동의했고, 전창일은 풀려났다. 함께 있던 인민군 포로들에게 인사를 하고 작별을 고했다.[16] 지옥 문턱까지 갔다가 이승으로 되돌아온 셈이다.

이것으로 고난이 끝난 것은 아니었다. 전창일이 대한민국 국민이 되

---

16 『인민혁명당과 혁신계의 활동, 주요인사 구술사료 수집』 4·9 통일평화재단, 2014.2.3, pp.61~62.; 『1960년대 이후 통일운동가들의 통일운동 및 사회운동 경험, 전창일 구술』 국사편찬위원회, 2014, 녹취록 3차 1번, 북청의 고등계 형사 출신 일본인 때문에 간첩혐의 벗음

기에는 아직도 많은 난관이 기다리고 있었다. 아무튼, 전창일은 일본 고등계 형사 출신 수사관 덕분에 살아났다. 앞에서 거론한 일본의 한국 전쟁 '참전사례'에 미군 정보부 즉 G2, CIC 등에 채용된 일본인도 추가 해야만 되리라 본다.

제6장

대한민국 국민으로
살아가기

:: 01 ::

미군 부대(1169공병여단)에
취직하다

〈 그림114: 서울 영등포구 문래동 일대에 남아 있는 영단주택 현장, 1970년대 문래2동 오백채 마을 〉

의심은 풀렸고 감옥은 나왔지만, 다시 증명서가 없는 신세가 되었다. 수천 리 고행길을 걸으면서 얻었던 강원도 도민증은 빼앗긴 지 오래되었고, 서울시민증이나 제대증명서도 없었다. 호적도 없었다. 통역관에게 이곳에서 조사받았다는 증명서를 부탁했다. 하지만 미군들은 거절했다. 사람을 보증하는 증명서를 발행하는 것은 자신들의 권한 밖이라는 얘기였다. 당시 전창일의 심정을 들어보자.

"… 증명이 없으니 어떡하지? 또 잡히면 또 지게부대에 끌려갈 터인데 이거 어떻게 하나, 고민했어. 증명서를 발급했던 경찰서에 가서 경찰서장을 만나 증명서를 다시 발급해달라고 해야 하나… 고민했어. 에이, 증명이 있은들 뭐해. 다시 증명 뺏기고 또 지게부대에 끌려갈 텐데… 그런데 예감이 이상했어. 지게부대에 두 번 끌려갔는데, 세 번째로 끌려가면 이번에는 죽는다는 생각이 나더라고."

갑자기 주택영단(住宅營團)이 생각났다. 조선주택영단은 주택 부족을 해소하기 위한 목적으로 일제 강점기에 세워진 기관이다. 이 기관은 해방 후에 대한주택영단, 대한주택공사가 되었다가 2009년에 한국토지공사와 합병하여 현재는 한국토지주택공사(LH)가 되었다.[1] 1941년 출범 후 주택영단이 가장 먼저 사업을 시작한 것이 영등포 토지구획정리사업 구역 내의 도림정(현재 문래동)과 번대방정(현재 대방동), 상도정(현재 상도동) 등에 영단주택을 건립하는 것이었다.[2]

일본인들이 살던 영단주택이 해방 후 적산으로 처리되어 빈집이 되었을 때, 월남민들 다수가 이곳으로 흘러들어 왔다. 전창일의 집안사람 서너 세대도 대방동을 정착지로 삼았다. 그래 그곳으로 가자. 밥을 한 끼 얻어먹어도 몇 집 돌아가면서 신세를 지는 것이 부담이 덜 되리라는 생각이 들었다. 문제는 다시 한강을 건너는 것이다. 그러나 이제 배짱도 생겼고 요령도 생겼다. 길을 가다가 앞에 형사가 있나 없나 살폈다.

---

1   일제 강점기에 조성된 "최초의 강남" 신길동에서 일어나고 있는 일, 「서울신문」, 2019.2.19.
2   영단주택(營團住宅), 《한국민족문화대백과사전》

다소 수상한 사람이 있으면, 먼 길을 돌아갔다. 다행히 서울지리는 골목골목을 알 정도로 훤했다. 무사히 한강에 도착하여, 이번에도 가지고 있는 돈을 탈탈 털어 헌병에게 주고 난 뒤 배를 탔다.

헌병에게 강탈당한 돈, 억울했을 것이다. 먼 훗날, 자신의 동기동창이 한강 다리를 지키는 헌병 중의 일원이었다는 사실을 알게 되었다. 밀수선 같은 배를 구태여 탈 필요가 없었던 것이다. 동창은 월남 후 헌병이 되었고, 최고의 보직이라는 한강 다리 경계업무를 맡았다. 저녁이 되면 돈으로 가득 채워진 마대를 들고 집으로 갔다고 한다. 그리고 상관과 장교들에게 이 돈을 막 뿌렸다. 이러한 처세가 보직을 계속 유지한 비결이었을 것이다. 친구는 "야, 인마, 그때 네가 나를 찾아왔으면 내가 돈을 한 보따리 주었을 것인데…" 다 지나간 일이다.

대방동에 살고 있던 친척들은 갑자기 나타난 전창일을 보고 깜짝 놀랐다. 모두 죽은 줄 알았다는 것이다. 인민군이 서울에 진입했을 때 그곳의 젊은이들 대부분은 인민군 의용대로 끌려갔고, 인민군이 후퇴한 후 도망친 사람들은 대부분 처형당했다는 얘기들을 한다. 머리가 깎인 청년들이 대상이었다. 그러나 전창일의 머리카락은 길었다. 긴 머리의 전창일을 보고, "자네는 인민군에 끌려가지 않았구먼, 아니 장교를 했나, 그런데 인민군에서 어떻게 장교가 되었지…" 등의 질문을 하며 시끌벅적 야단이었다.

전창일은, "국방군에 끌려갔다가 죽다 살아났다, 제주도까지 끌려갔다." 등의 경험을 말하며 적당히 얼버무렸다. "아니, 미군 군대에 들어가 통역장교나 하지, 왜 국군에 들어가 그렇게 고생을 했어." 전창일의 고생담을 듣고 난 친지들의 반응이다. 그들은 전창일이 영어를 대단히 잘하는 것으로 알았던 모양이다.

친척 중 한 집이 미군들의 빨래를 대신해 주고 있었다. 잘 되었다, 여기서 빨래를 하겠다는 전창일의 말에 집주인은 손사래를 쳤다. 공부를 그렇게 한 사람이 어떻게 미국 놈 빨래장이를 하느냐고 야단을 쳤다. 안 된다고 딱 잘라 말한다. 그러면 어떻게 하느냐, 여기서 나가면 다시 지게부대에 끌려가게 된다는 전창일의 하소연에 친척이 "그러니, 미군 부대에 취직하여 통역가로 일하라."고 계속 윽박지른다. 그 친지는 영어 회화와 독해의 차이를 몰랐던 것이다.

알 수 없는 것이 인생이다. 거래처인 미군 부대가 원래 영등포에 있었는데, UN군이 북진함에 따라 포천으로 이동하게 되었지만, 그동안의 인연으로 계속 거래를 하고 있다 한다. 일주일에 한 번 정도 빨래를 가져오며, 모레쯤 올 것이라고 한다. 그 차를 타고 가서 미군 통역관이 되라고 재차 말한다. 전창일은 "미국말 한 마디도 못하는 놈이 무슨 통역을 하는가…"라고 속으로 자조의 웃음을 지으며 생각하다가 아차 싶었다. 아, 이 사람이 부담을 느끼는 모양이구나. 하긴 장정 한 사람 먹여 살리는 것이 보통 일이 아닐 것이다. 전창일은 생각을 바꾸기로 했다.

다림질을 하는 등 잡일을 도우면서 며칠을 보내자 빨래 실은 차가 왔다. 미군 한 명과 조선인 한 명이 동행했다. 얘기를 들어보니 그 사람은 부산 출신이었다. 지금 근무하고 있는 부대가 부산에 있을 때 인연이 되어 대구, 서울 영등포를 거쳐 포천까지 따라갔다고 한다. 친척이 조선인에게 부탁했다. 집안 친척인데 취직 좀 시켜달라고. 자기는 취직시킬 힘은 없지만, 아무튼 가보자고 친절을 베푼다. 그 사람은 통역은 아니었지만, 그런대로 영어를 할 줄 알았다. 운전을 하고 온 미군에게 사정을 말하자, 타라고 한다. 얼떨결에 미군의 빨래를 수송하는 차를 탔고, 내린 곳이 포천이었다. 때는 6·25 전쟁 3년째인 1952년도다. 휴전협정이 진행되고 있었지만, 철원 인근에서는 치열한 전투를 하고 있을 무렵이다.

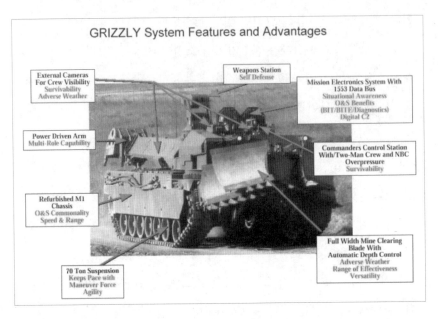

〈 그림115: 대지뢰전, 대장물전 수행능력을 갖춘 미 전투공병대의 "M1 그리즐리 CMV", ©Google 〉

그곳은 제1169 공병전투단 직속 485공병대였다. 전창일은 노무과로 안내되었다. 담당자는 오세민이라고 자신을 소개했는데, 영어를 굉장히 잘하는 사람이었다. 미군 부대 말대가리 사단에서 사전을 보며 통역을 하던 자와 차원이 달랐다. 나중에 알고 보니 서울 문리대 영문과 3학년 학생이었다. 전창일도 학생이라고 자신의 신분을 밝혔다. 오세민은 잘 왔다고 축하를 하며, 마침 여기 자동차 공장에 통역이 필요한 참이라고 했다.

통역은 불가능하다는 전창일의 말에, 읽고 쓰는 것은 가능하지 않느

호산 전창일과 통일운동 77년사

냐고 되묻는다. 독해가 가능하다면 됐다고 하며, 자신도 처음에는 전혀 말을 못했다고 한다. 부산 피난 갔을 때 이 부대에 근무하게 되었는데, 포천까지 따라다니다 보니 말문이 터져 이제 통역관이 되었다고 자신의 경험담을 얘기했다. 전 형도 몇 개월만 고생하면 회화가 가능해질 것이라고 용기를 북돋아 주었다. 그리고 지금 당장 필요한 것은 매뉴얼을 번역하는 것이라고 한다. 한국인 자동차 기술자들이 부속품을 청구하려고 해도 영어를 모르기 때문에 업무에 지장이 많다고 하면서, 그 일을 전 형이 해주면 된다고 했다. 당시 전창일은 자동차 핸들도 잡아 본 적이 없었다.

매뉴얼을 공부하다 보면, 자동차에 대해 알 수 있을 것이라는 오세민의 격려에 힘을 내었다. 매뉴얼은 방대했다. 지프부터 중장비까지 미 공병대 소유 장비, 엔진부터 시작하여 핀셋 하나까지 모든 부품이 기록되어 있었다. 분해와 조립하는 순서도 매뉴얼을 보면 다 알 수 있게 되어 있었다. 매뉴얼을 천막으로 옮겼다. 사전을 들춰가며 공부하기 시작했다. 얼마 지나지 않아 자동차 전문가가 되었다. 자동차 수리공들이 부품을 청구하거나, 몇 호 차에 어떤 부품을 교환했다는 보고 등을 기록하기 시작했다. 번역관이 된 것이다.

미스터 '로'로 불리는 오세민이 기회를 주었다. 미군 장교에게 전창일을 추천했다. 지금 회화는 경험이 없어 서툴지만, 영어 실력은 자기보다 못하지 않다고 얘기했다. 미군 장교는 전창일을 불러 영어로 된 공문서를 읽어보라고 했다. 테스트를 한 것이다. 발음이야 어쨌든 막히지 않고 모두 읽었다. 그다음에는 어떤 문장 하나를 써보라고 한다. 역시 문제없이 척척 써 나갔다. 오케이였다. 이로써 전창일은 미군 부대의 통역이 되었다. 얼마 전까지 지게부대의 노무자 그리고 빨래쟁이

가 될 뻔했던 전창일이 하루아침에 미군 부대의 통역·번역관이 된 것이다. 미군 통역이 된 것은 전창일의 일생 중 대 사건이었다. 먼 후일 인혁당 사건으로 옥고를 치르기 전까지 전창일의 사회생활은 미군 부대 통역관 시절의 이력으로부터 시작된다. 통역이 됨으로써 인생의 방향이 달라진 것이다.

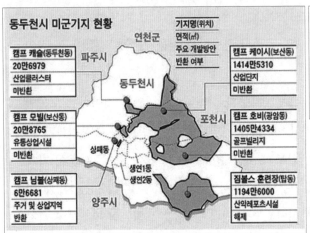

〈 그림116: 동두천 미군기지 현황, KSC문장 〉

얼떨결에 시작된 포천생활이 몇 개월 지났다. 부대가 동두천으로 이동했다. 미8군 1169 전투 공병여단 소속이 된 후 전창일은 여러모로 놀라운 일을 목격한다. 수많은 한국인들이 미군을 위해 봉사를 하고 있었다는 것도 알게 되었다. 위험한 일, 험한 일, 귀찮은 일은 대부분 한국인의 몫이었다.

전창일이 근무하던 무렵, 소위 UN 경찰이라고 칭하는 경찰대대가 미군 부대경비를 서주었다고 한다. 이 UN 경찰은 동두천이란 군사도시가

호산 전창일과 통일운동 77년사

조성된 과정과 깊은 관계가 있다. 6·25 전쟁 발발 이후 동두천은 북조선 땅이 되었다가 남한 땅이 되기를 반복한 끝에 다시 남한의 접경마을로 자리를 잡게 된다. 미군이 동두천에 진주한 것은 1951년 7월경부터다. 미군이 동두천에 주둔하기 시작하자 유엔 한국 민사지원단(약칭 민사처)[3]은 거주하던 주민들을 강제로 이주시켰다. 가옥 보상은 전혀 없었고, 토지에 한하여 국가발행 채권과 징발보상증권으로 지급되었다. 당연히 주민들의 반발이 거세게 일어났다. 이때 UN 경찰이 주민 소개(疏開)를 담당했던 것이다. 이들은 대부분 황해도민으로 결성되었다고 하는데 서북청년회 출신이었을 가능성이 높다.[4]

동두천 주민 강제이주가 완료된 후 미군 부대의 경비가 이들의 주 업무가 되는데, 해산될 때 대부분 경찰로 편입되었다. 그리고 다른 형태로 오늘 현재도 존재하고 있는 중이다. 주한 미군은 위병 업무를 비 전투적 임무라 생각해 민간 위탁, 경비 용역업체 직원들이 초병업무를 수행하고 있다. 정확한 규모는 미군 보안상의 이유로 밝히기 어렵다는 것이 경찰청 관계자의 전언이다. 이들 경비 용역업체 직원들은 총기를 소지하고 있다. 경비업체의 총기소지 문제로 경찰청, 외무부, 미군 간에

---

3 유엔 한국 민사지원단(-韓國民事支援團, United Nations Civil Assistance Corps Korea, UNCACK)는 1950년과 1953년 사이 한국 전쟁 당시 대한민국의 재건을 지원하던 유엔의 군사 기구였다. 국제연합 한국재건단(United Nations Korean Reconstruction Agency, UNKRA)과 같이, 국제연합 한국 민사지원단은 전쟁기간 도중 인도주의적 지원을 담당하였다. 유엔 한국 민사지원단의 주목적은 질병을 예방하고, 민간인의 기아와 더불어 동요를 막는 것이었다. 한국 전쟁 도중 유엔의 자금 지원이 힘들었기 때문에, 국제연합의 가입국들의 식량, 물자, 그리고 기술적 지원을 공급해주는 구조로 기능하였다. 1953년 한국 전쟁의 휴전 협정이 조인된 후, 유엔 한국 민사지원단의 임무는 한국민사원조처(Korean Civil Assistance Command, KCAC)로 이관되었다. 《위키백과》

4 허훈, 강석찬, 조윤기, 동두천시, 『동두천과 주한미군』 조명문화사, 2016, pp.35.

갈등이 있는 모양인데, 국내법(경비업법)과 SOFA(미군에 관한 한 · 미행정협정) 간의 충돌 때문이다.[5]

　　UN 경찰이라는 준군사조직 이외 KSC라는 또 다른 준군사조직이 미군의 궂은일을 도맡아 했다. 6 · 25 전쟁 중 미8군 사령관인 월턴 워커 중장의 긴급 지원 요청에 따라 대통령 이승만이 1950년 7월 25일 날짜로 수락 · 서명하였고, 《대통령 긴급시행령 제6호》가 공포됨으로써 KSC가 창설되었다. 최초에는 민간인 수송단 또는 운송단(CTC, Civilian Transportation Corps)으로 불리었으며, 국가 긴급 동원령에 따라 노무자로 징집된 민간인으로 구성되었다. 국제 연합군은 노무자들이 짊어지는 지게가 영어 알파벳 "A"와 닮은꼴이라 하여 그들을 "A Frame Army로 불렀다.[6]

〈 그림117: 6 · 25 전쟁 당시 한국 근무단 노무부대의 모습, 1953년 1월 15일 자 조선일보 〉

5　미군기지, 실탄 든 한국 용역이 지킨다… 아셨나요?, 「머니투데이」, 2018.8.8.
6　한국 근무단, 《위키백과》

　　　　　　　　　　　　　호산 전창일과 통일운동 77년사

1951년 5월, 한국 근무단의 활약을 높이 평가한 제임스 밴 플리트 중장은 제8군 예하 지원단으로 재편성하고, 부대는 3개 사단과 2개 여단으로 점차 증편하였다. 6·25 전쟁 중에 편성된 노무단 부대는 제101 노무사단(대령 김응조, 경기도 의정부, 1951. 5.~1963), 제103노무사단(대령 박시창, 강원도 인제, 1951. 5.~1955), 제105노무사단(예비, 대령 김관오, 강원도 춘천, 1951.5.~1953), 제100노무여단(대령 오광선, 강원도 속초, 1953. 1.~9.), 제200노무여단(대령 이량, 강원도 화천, 1952. 3.~9.) 등이다. 전쟁 중 사망 2,064명, 부상 4,282명, 실종 2,448명 등의 인명피해가 발생했다. 전투부대가 아니면서도 만 명 가까운 사상자가 발생했던 것이다.[7]

KSC는 지금도 같은 명칭으로 존재한다. 한국 근무단(KSC, Korean Service Corps) 또는 미8군 지원단(Korean Service Corps Battalion)은 주한 미군 제8군 예하 제19원정지원사령부, 주한 육군 물자지원 사령부(MSC-K)에 예속된 지원부대로, 주한 미군에 대한 전투지원 및 전투근무지원을 맡고 있다. 평시에는 대한민국 민간인 2,200여 명으로 구성된 18개 중대가 편성되며, 전시에는 159개 중대 2만여 명으로 증원된다.

전창일이 근무했던 부대(485공병대)에는 제101노무사단 소속 1개 소대, 본부인 1169 전투공병여단에는 1개 대대가 배속되었다. 이 지원부대에게 부여된 임무는, 전창일이 이미 경험한 탄약상자·식량 등을 고지에 운반하는 일선 보병부대 소속의 지게부대[8]와는 다소 달랐다. 공병

---

7 Korean Service Corps, 《WIKIPEDIA》

8 군대 못지않은 노무자, 포탄도 나르고 빨래도 하고, 「조선일보」, 1953. 1. 15.

부대였기 때문에 목숨을 걸고 하는 작업은 없었다.

땅 파는 일, 쓰레기 수거 및 소각, 방공호 건설, 빨래 등이 주 작업이었다. 요즘으로 치면 다른 직종에 비해 어렵고 힘들어서 구직 희망자를 구하기 어려워 기피업종으로 분류되고 있는 3D(Difficult, Dirty, Dangerous) 업무를 미군을 대신하여 한국인들이 사역하였다. 그리고 별도의 한국인 기술부대가 제1169공병전투단 직속 485공병대를 지원했다고 한다. 경비병력, 사역병력, 기술병력이 미군 공병부대에 배속되어 있었다는 얘기다. 인원은 약 100명 정도 되었는데, 이들 한국인들을 관리하는 것이 전창일의 임무였다. 숙소에서 매뉴얼을 공부하는 것이 주업무라고 할 정도로, 힘들거나 바쁜 일이 별로 없었기 때문에, 월급 받는 일이 미안할 정도였다고 전창일은 고백한다.

이 무렵, 전창일의 생활은 많이 바뀌었다. 직책이 통역 번역관이기 때문에 미군 준 장교 대우를 받게 된 것이다. 많은 특전이 주어졌다. 예를 하나 들면 목욕탕(shower room) 사용에 대한 특혜였다. 샤워실의 사용은 미군 장교, 미군 사병, 조선 종업원에 따라 목욕시간을 구분하여 운영하였다고 한다. 그러나 전창일은 언제든지 목욕을 할 수 있었다고 하니 대단한 특권을 누린 셈이다.

KSC와 미국군인 사이를 오가며 생활하다 보니, 미군들이 한국인에 대한 편견을 가지고 있다는 것을 알게 되었다. 몇 년 전 아직 북조선에 있을 때 인연을 맺었던 소련 군인 안또니와의 대화가 기억났다. 전직 수학 선생이었던 안또니에 따르면, '카레스키9 워'다. 워는 첫째라는 의미

---

9   카레이스키(корейский)는 형용사다. 러시아어로 한국인은 '카레예츠'(Кореец)다.

이니 영어로 하면 코리안 넘버원이라는 뜻이다. 그리고 "모스크바 대학의 유명한 교수들 중 OO와 XX가 조선인이다. 조선 사람은 우수한 민족으로서 나는 그들을 존경한다."라는 말을 덧붙였다. 소련군은 북에 와서 우리 민족을 멸시하지 않았다는 얘기다.[10]

그러나 미국 군인들은 달랐다. 한국인과 함께 일하는 미군 병사들 대부분은 한국인을 아예 야만인 취급했다. 미군이 오기 전엔 비누를 사용해 본 적도 없는 너희 민족이 왜 이렇게 비누를 많이 사용하느냐고 하는 장교와 싸우기도 했다. 미군들이 한국문화에 대해 많은 오해를 하고 있다는 것을 깨달은 전창일은 이들에게 정확한 정보를 전달해야 한다는 의무감이 생겼다. 자료를 찾아보기 시작했다. 원인은 일본 놈들이었다. 태프트-가쓰라 밀약 이후 조선을 침략하기 위한 여론전으로 온갖 흑색선전으로 점철된 문건을 만들어 미국에다 뿌렸다는 기록이 나왔다. 그중에는 "조선 민족은 자기 몸에 이가 득실거리는데, 그 이를 씹어 먹는다"는 루머도 있었다. 미국인들은 이러한 기록을 보곤 조선인들은 야만인이라고 단정하게 된 것이다. 전창일은 미군들에게 역사적 사실을 설명하며 조선인에 대한 그릇된 인식을 바로잡는데 진력(盡力)을 다했다.[11]

이렇게 미군들과 부대끼며 생활하는 가운데 세월이 몇 개월 지나니까 전창일은 자연스럽게 영어로 말할 수 있게 되었다. 미스터 '로'의 얘기가 옳았다. 어느 날 갑자기 미스터 '로'가 행방불명이 되었다. 휴가차 서

---

10 〈제3장 5절, 소련 군인과의 인연 그리고 어머니와의 이별〉 참조

11 임미리 기록, 『1960년대 이후 통일운동가들의 통일운동 및 사회운동 경험, 전창일 구술』, 국사편찬위원회, 2014, 녹취록 3차 1번, 5.한국인에 대한 미군들의 편견

울에 나갔다가 한국군에게 붙잡혔던 것이다. 알아본 바로는, 한국군에서 경찰·헌병들에게 "미군 부대 통역관이 나오게 되면 다 잡아들이라"고 비밀지령을 내렸다고 한다. 붙잡은 통역관에게 중위 계급장을 부여한 뒤 국군의 통역관으로 사용했다는 사실이 밝혀졌다. 유능한 통역이 부족했던 시절의 야담 같은 이야기다. 이러한 폐단이 문제화되자, 이승만과 UN군 사령관은 협약을 맺었다. "미군에 봉사하는 7급 이상의 종사자는 부대장의 사전 승인 없이는 한국군 혹은 한국 경찰이 징병 혹은 징용을 하지 못한다."는 양해각서였다. 하지만 이 협약은 잘 지켜지지 않았던 모양이다.

몇 개월 후 오세민이 나타났다. 그의 계급장이 모두를 놀라게 했다. 국군 통역장교를 하는 줄 알았는데, 작대기 두 개, 일병 계급장을 달고 부대에 온 것이다. 오세민에 따르면, 한국군 장교가 되기를 권유했지만 거부했다고 한다. 그리고 근무부대에 연락하라는 오세민의 요청은 받아들여지지 않았다. 결국, 오세민은 신병 훈련을 받게 된다. 며칠 후 육군 장성의 호출이 있었다. 통역장교 임관을 다시 권유하는 장성에게, 나는 끌려온 사람이고 군인 체질이 아니기 때문에 장기복무를 해야 하는 장교는 싫다고 의사를 분명히 밝혔다.

한편, 서울대학교 문리대 영문학과 3학년 재학 중, 6·25 전쟁 후 부산으로 피난 갔다가 미군 부대 취직, 그 후 통역관으로 근무…라는 오세민의 이력에 호감을 느낀 장군은 생각을 달리했던 모양이다. 그에게는 중학교, 고등학교에 다니는 자식이 있었다. 오에게 명령을 했다. "우리 애새끼들 공부 좀 시켜라, 너의 임무는 내 자식을 서울대학교에 입학시키는 것이다. 공부 가르치는 것 외는 완전한 자유를 보장하겠다." 거절할 수 없었다. 이러한 연유로 오세민은 일병 계급장을 달고 가정교사가 되었던 것이다. 생활은 편했다. 궂은일은 속칭 따까리(공관 병)들이 다 해주었다. 공부도 할 수 있었다. 관사를 드나드는 한국군 중에서 계급은 제일 낮았지만, 아무도 그를 무시하지 않았고, 대우도 최상급이었다. 어느 정도 신뢰가 쌓이자 휴가를 신청했다. 무엇보다 전창일의 안부가 궁금했다. 자기가 사라지고 난 뒤 자신의 업무는 누가 맡고 있으며, 전창일은 어떻게 됐는지 정말 궁금했다고 한다. 자신의 업무를 대신하고 있다는 전창일의 대답에 아주 잘 되었다고 축하하며, 이제 군 복무를 마칠 때까지 맘 편안히 장성 자녀들의 가정교사를 하면서 지내게 되었다고 기쁜 마음으로 부대를 떠났다.

통역관 오세민의 실종으로 전창일이 덕을 톡톡히 보았다. 원래 7급이었지만, 오세민의 부재로 인해 9급이 되었다. 조그만 사무실에 타자기 한 대를 놓고 일하다가, 이제 부대본부에서 일하게 된 것이다. 직책은 노무처장이었다. 인사규정(personnel regulation)에 의하면 7급부터 12급까지로 구분되는데, 박사학위 가진 사람이 10급으로 채용되었다고 한다. 9급이라면 꽤 높은 자리였다는 것이 전창일이 전하는 말이다.

지게부대원 출신이었던 전창일은 아무래도 그들의 애환에 각별한 관심을 가질 수밖에 없었다. 지게부대원들도 국군과 같은 군복을 입었다. 군인 대우를 해 준 것이다. 월급은 명목뿐이었다. 지금 돈으로 치면 만 원 정도였고, 속옷과 신발·양말·모자 등이 지급되었다. 식료품은 전부 미군에서 보급했지만, 지게부대원들은 별도의 식당에서 식사를 해결했다. 그리고 별도의 천막에서 수면을 취했다. 이들을 관리하는 책임은 현역 한국 군인들에게 있었다. 보급을 책임지고 있는 전창일은 식사를 제대로 하고 있는지 늘 관심을 두고 챙겨보았다고 한다.

어느 날, 지게부대원들이 쓰레기통에서 미군 부대 양놈들이 피우다

버린 꽁초를 줍고 있는 장면을 목격했다. 어떻게 된 일이냐고 묻는 전창일에게, "아니 통역관님 모르세요? 며칠째 담배가 안 나와요, 그러니 꽁초를 주어다 피울 수밖에 없어요…." 전창일은 깜짝 놀랐다. 믿을 수 없었다. 어떻게 된 일인지 확인이 필요했다.

당시 규정에 의하면, 미군에겐 하루에 양담배 1갑, 국군 및 지게부대원들에겐 화랑 담배 10개비(반 갑)가 지급되었다. 화랑 담배는 일본에서 수입되었는데, 가끔 풍랑 등으로 인해 수송이 지연되어 공급에 차질이 생기곤 했던 모양이다. 보급의 책임이 있는 미군은, 화랑 담배 대신 양담배를 지급했다고 한다. 문제는 이 양담배를 사병들한테 배급하지 않고 누군가가 횡령하고 있다는 것이었다. 전창일은 사실을 확인했다.

노무처장으로 일하다 보니 부대 내의 비리를 많이 알게 되었다. 인원을 다소 늘려 담배나 식량을 타가는 것은 비밀 아닌 비밀이었다. 그러나 지게부대원들에게 지급되는 담배 문제는 도저히 참을 수 없었다. 진술서를 받았다. 번역해 사령관에게 보고했다. 미군 장교들이 기겁을 했다. 미 군율에 의하면 보급품 착취는 사형감이었다. 미군 1169공병여단이 한국군 18연대를 감사할 권한은 없었지만 조사는 할 수 있었던 모양이다. 한국군 담당 장교를 불러다 신문을 하였다. 영수증을 보여주면서 우리는 이렇게 담배를 지급했는데, 왜 이 사병들은 받지 않았다고 하느냐… 18연대에 날벼락이 떨어진 것이다.

연대장(중령)이 전창일을 불렀다. 그리고 18연대 고문관인 미군 대위와 통역관이 동석하여 네 사람이 대질하였다. 이 통역관은 훗날 알게 되지만 극우 논객으로 악명 높았던 신상초[12]의 동생으로 당시 육군 중위였다. 신 중위는 제대 후 건국대학교 교수를 역임하는데 양심적인 사람이었던 것으로 전창일은 기억한다. 아무튼 신 중위는 많이 괴로워했고, 평소 안면이 있었던 미군 고문관도 난처했는지 대답을 제대로 하지 못했다고 한다. 전창일과 전혀 접촉이 없었던 연대장은 전 통역이란 놈이 미군에게 고자질해서 사건이 벌어졌다, 이놈 좀 혼내야겠다고 결론을 내렸던 모양이다.

육군 특무대(KCIC, Korea Counter Intelligence Corps, 현 국군기무사령부)가 전창일을 체포하기 위해 근무하는 미군 부대 사무실에 들어왔다. 동행을 요구하는 이유를 묻자, 조사할 것이 있다, 가 보면 알게 된다고 한다. 부대장의 허락이 없으면 여기를 떠날 수 없다며 옥신각신하자 옆자리에 있던 미군 장교가 전창일에게 무슨 일이냐고 물었다. 아무래도 담배사건의 보복 같다고 말했다. 미군 장교는 모든 상황을 파악했다. "미스터 전은 우리 작전의 필수요원으로서 한시라도 떠날 수 없는 사람이다. 도대체 무슨 이유로 데려가려고 하느냐?"는 미군의 질문에 특무대원은 아무 말도 못 했다. 신 중위가 우물쭈물하며 "아무래도 징빙기피 혐의로 조사하려는 것 같다"고 대신 대답했다. "무슨 소리냐, 여기서 근무하는 것은 한국군에서 근무하는 것과 같다. 한미합의 각서도 모르

---

12 신상초(申相楚, 1922~1989), …언론계에도 몸을 담아 1954년 동아일보 논설위원을 시작으로 1974년 중앙일보 논설위원을 그만둘 때까지 약 15년간 평론의 필봉을 놓지 않았으며, 그 업적으로 서울시 문화상(언론 부문)을 받았다. 그 밖에도 1961년 2월 서울특별시 마포구 보궐선거에서 당선된 이래 제5·제8·제10·제11대에 걸쳐 의정활동을 하였다. 1980·1981년에는 국가보위입법회의 입법위원, 1984·1988년에는 북한학회 회장을 역임하였으며, 1954년부터 죽을 때까지 흥사단 활동을 하였다. …《한국민족문화대백과사전》

는가?" 신 중위와 특무대원들은 모두 쫓겨났다. 사건은 이것으로 종결되지 않았다.

미군 장교가 UN 경찰에게 명령을 내려 한국군 장교 출입금지 명령을 내렸다. 국군 장교들의 담배 비리는 밝혀졌지만, 처벌할 권한이 없기 때문에 대신 출입을 못 하게 했던 것이다. 명예를 손상당한 국군은 신 중위에게 항의서를 작성하게 하였다. 사건이 더욱 커졌다. 미군 부대장이 부대 안에 있는 KSC에 철수명령을 내렸다. 부대 이동이란 대형사건이 터지자 육군본부도 이 사건을 묻어둘 수 없게 되었다. 담배사건이 육군본부까지 비화한 것이다. 진상조사결과 전 통역관에게 책임을 물을 수 없는 사안이라는 것이 밝혀졌다. 결국, 육본이 사과문을 보내는 것으로 사건은 종결되었다. 나중에 알게 되었지만, 담배사건에 연루되었던 장교들 그리고 전창일을 연행하려고 했던 특무대원 등이 모두 문책을 받았다고 한다.

한편, 그 후 쓰레기 처리, 청소, 빨래, 방공호 작업 등 KSC 한국인들이 해주던 허드렛일을 미군이 직접 해야만 했다. 전창일은 미군들에게 미안하다고 사과를 했지만, "No, No." 하며 괜찮다고 한다. 부대장이 사병들에게 과정을 설명하며 설득했던 것이다. 물론 얼마 후 KSC 요원들은 다시 돌아왔다. 한국 육본의 조처가 취해진 후였다. 이러한 소동이 벌어지는 중에 휴전조약이 성립되었다.[13]

---

13 『인민혁명당과 혁신계의 활동, 주요인사 구술사료 수집』 4 · 9 통일평화재단, 2014.2.3, pp.81~83.

:: 02 ::

휴전회담과 원자폭탄

〈 그림118: (좌) 유엔군 수석대표 윌리엄 해리슨 미 육군 중장과 조선 인민군 및 중국 인민지원군 대표단 수석 대표 남일 대장의 휴전협정 조인식 (우) 판문점 휴전협정 조인식 날 보초를 서고 있는 미 육군 병사의 모습, ⓒ 전자사료관, 국사편찬위원회 〉

1953년 7월 27일 오전 10시 유엔군 수석대표 해리슨 중장과 조·중 연합군 대표 남일이 3통의 휴전협정서와 부속협정서에 각각 서명한 뒤 클라크 유엔군 사령관, 북조선군 총사령관 김일성, 중국군 총사령관 펑더화이(彭德懷)가 각각 그의 후방 사령부에서 휴정협정서에 서명하였다. 이로써 1950년 6월 25일 발발된 6·25 전쟁은 만 3년 1개월 2일 만에 정전으로 매듭짓게 되었다. 그러나 이 정전(휴전)은 2022년 현재까지도 진행 중이니 전쟁은 아직 끝나지 않은 셈이다.

조·중 연합군 측과 유엔군 측은 1951년 7월 10일부터 1953년 7월 27

일까지 159회의 본회담과 765회의 각종 회담을 개최하였다.[1] 2년이란 기간에 1,000회에 가까운 회담이 진행된 것이다. 종전도 아니고 휴전협상이 이처럼 장기화된 이유는 무엇일까? 휴전협정이 성립된 과정을 살펴볼 필요가 있다.

내전으로 시작된 6·25 전쟁은 미국을 중심으로 한 UN군이 참전함으로써 준 국제전으로 확대되었다. 10월 5일, 중국의 외상인 저우언라이 (周恩來)는 "유엔군이 38도 선을 넘어서면 개입할 것"이라고 경고하였지만, 맥아더는 이를 무시하고 압록강 근처 중국 국경까지 진격하며 전세를 중국과 만주까지 확전하고자 했다. 맥아더의 확전론에 대한 응답으로 중국은 참전을 최종적으로 확정한 것이다.[2] 이제 한국전쟁은 조·중 연합군과 유엔군의 전쟁이란 국제전으로 치닫게 되었다. 1950년 10월 19일, 제1차 중국 인민지원군 26만 명은 압록강을 건넜다. 그리고 10월 25일 최초의 전투가 개시되었다.

〈 그림119: (좌) 장진호 전투에서의 패배 후 후퇴하는 미 제1해병사단ⓒGoogle, (우) 장진호 전투의 승리로 환호하는 중국 인민지원군ⓒBaidu 〉

1   한국정치외교사학회, 『한국전쟁과 휴전체제』, 집문당, 1998, p.167. 〈정일영, 한국전쟁의 종결에 관한 연구, 「현대북한연구」 16권 2호, 2013, pp.7~40.〉 재인용

2   중국 인민지원군, 《위키백과》

전쟁은 치열하게 전개되었고, 조·중 연합군에 의해 UN군이 연전연패하고 있다는 소식이 계속 들려왔다. 특히 장진호 전투(1950.11.27~12.11.)에서의 참패는 치명적이었다. 이 전투로 인해 북조선 점령을 포함한 유엔군의 승리에 대한 기대는 완전히 소멸된다.

파죽지세로 밀려오는 중국 인민지원군의 전투력에 UN군은 패닉에 빠졌다. 게다가 조·중 연합군을 지원하기 위해 만주 선양비행장에 진주하고 있던 소련공군 제64전투비행군단[3]의 존재는 항공권을 장악하고 있던 UN군의 처지를 더욱 곤혹스럽게 하였다. 이러한 상황에서 꺼내 든 카드가 원자폭탄 사용과 대만침공을 포함한 대륙으로의 확전이었다.

1950년 11월 30일, 정례기자회견에서 트루먼은 원자폭탄을 사용하는 방안을 적극적으로 고려 중임을 두 차례에 걸쳐 언급하면서 어떠한 종류의 무기라도 사용할 것임을 시사했다. 뿐만 아니라 대통령의 권한인 원폭사용권을 맥아더의 재량이라는 말도 했으며, 원자탄의 사용을 위해 UN의 승인을 기다리지도 않을 것이며 또한 그에 의존하지도 않을 것이라고 말했다.[4]

트루먼의 발언은 영국을 비롯한 유럽을 들끓게 하였다. 영국 수상 애틀리(Clement Attlee, 노동당)는 영국·영연방과 유럽의 대변인 자격으로 급히 워싱턴을 향해 떠났다. 12월 4일 워싱턴에 도착한 애틀리는 중국을 돌이킬 수 없는 적으로 만드는 계획에 반대했다. 그리고 한국에서

---

3 러시아연방국방성중앙문서보관소 문서군 제64전투비행군단, 목록 173543, 문서철 95, 138~139쪽 〈1950년 11월에서 12월까지 제64전투비행군단의 전투 행동 개관, 전투비행군단의 편성과 최초의 전투 임무에 대하여, 《한국사데이터베이스》〉재인용

4 브루스 커밍스·존 할리데이, 차성수·양동주 옮김, 『한국전쟁의 전개과정』 태암, 1989, pp.123~124.

원자탄을 사용하지 않겠다는 서면 약속을 받기 위해 애썼다. 하지만 트루먼은 서면 약속을 하지 않고 구두로만 애틀리를 안심시켰다. 원폭 문제로 세계의 이목이 한반도로 집중되는 동안 전쟁은 한층 치열하게 전개되었고, 조·중 연합군에 의해 UN군이 연전연패하고 있다는 소식이 계속 들려왔다.

　미 국무성 및 국방부는 한반도에서 모든 미군의 철수를 진지하게 고려했고, 미군 지도자들은 비밀리에 비상계획을 세웠다.[5] 그러나 맥아더의 생각과 판단은 달랐다. 1950년 12월 9일, 맥아더는 원자탄의 사용을 자신의 재량에 맡겨달라고 요구했다. 사후에 출간된 인터뷰에서 맥아더는 다음과 같이 말했다.

　　나는 만주의 숨통을 따라 30~50발의 원자탄을 줄줄이 던졌을 것이다. 그리고 50만에 달하는 중국 국부군을 압록강에 투입하고 우리의 뒤편인 동해에서 황해까지에는 60년 내지 120년 동안 효력이 유지되는 방사성 코발트를 뿌렸을 것이다. 소련은 아무 일도 할 수 없었을 것이다. 나의 계획은 완벽했다.[6]

　30~50발의 원자탄을 만주에 투하, 중국침공에 장개석 군 50만 명을 투입, 한반도 주변 바다를 60년 내지 120년 동안 오염시킬 방사성 코발트 투척… 역사에 가정은 없다. 하지만 11월 30일의 기자회견에서 말한

5　　Battle of Chosin Reservoir, 《WIKIPEDIA》

6　　브루스 커밍스·존 할리데이, 차성수·양동주 옮김, 『한국전쟁의 전개과정』, 태암, 1989, pp. 128~130.

바와 같이 트루먼이 맥아더의 요청을 받아들여 원폭사용권한을 이양했다면, 한반도의 운명은 어떻게 되었을까? 동해·황해·남해는 지금 어떤 상황일까? 그리고 장개석 군이 한국전쟁에 참전하였다면 인류의 미래는 어떻게 되었을까?

〈 그림120: (좌) 초토화된 평양중심가, (우) 유엔군의 네이팜탄 공중폭격으로 화상 입은 3명의 한국 여성이 수원 인근 지역 야전 응급 구호소에 응급치료를 받고 휴식 중인 모습(1951.2.24), ⓒ전자사료관, 국사편찬위원회 〉

한편, 미 공군은 원자탄투하 이전에 네이팜탄과 소이탄을 선택했다. 소위 초토화 작전이 시행된 것이다. 1950년 12월 14일에서 15일, 이틀간 평양에 투하한 폭탄(네이팜탄 및 소이탄 포함)은 70만 500파운드(318톤)에 달했다. 이 공중폭격은 평양뿐 아니라 북조선의 임시수도인 강계 그리고 신의주, 원산 등 북조선 전 지역을 초토화시켰다. 지상전의 참패를 공중전으로 보복하였던 것이다. 이 무렵부터 민간인들에 대한 대학살이 진행되었다는 얘기다. 공중폭격은 휴전이 될 때까지 계속된다. 그리고 175톤의 시한폭탄을 별도로 투하했다. 시한폭탄은 투하 후 72시간 내 뜻밖의 순간에 폭발되도록 조작되어 있었다. 극도의 불안감을 야기시키고, 네이팜탄의 화력으로부터 피신하거나 부상자를 구조하려는 사람들을 제거하기 위한 목적이었다. 이러한 상황에서 조·중 연합 군은 12월 6일에 평양을, 다음 해 1월 4일에는 서울을 (재)점령하였다.

결국, 맥아더가 해 임되었다. 트루먼 은 아무래도 정치인 이었다. 1951년 4월 11일, "한국에서의 공산 침략을 배제(排 除)하려는 유엔의 대 전략을 지지하지 않 았으며, 또 그 전략 을 변경시키려고 노 력하였다"는 이유로

〈 그림121: 1951년 4월 13일 자 동아일보 〉

맥아더는 해임되었다.[7] 맥아더 해임 이후 휴전회담은 물밑에서, 비밀리 에 논의되기 시작했다. 1951년 5월 말부터 6월 초, 주 UN 소련대사 말 리크(Jacob Malik)와 미국 외교관 캐넌(Gorge Kennan)이 비밀회담을 가

---

7   맥 원수 4개 공직서 해임, 후임에 8군 사령관 리지웨이 중장 임명, 「동아일보」, 1951. 4. 13. 〈스토운(Isidor F. Stone, 1907~1989)은, 트루먼과 연합국의 허가를 받 지 않고 중국군 사령관들과 의사를 소통한 것 그리고 트루먼의 머리 위에서 하원 공화 당수와 의사전달을 한 것을 문제로 삼았다. 특히 공화당 마틴에게 보낸 편지는 대통 령의 권위에 대한 도전일 뿐 아니라 대통령의 활동영역에 대한 침해로서 맥아더 해임 의 주요 해임으로 꼽았다. I·F스토운, 백외경 옮김, 『비사 한국전쟁』 신학문사, 1988, pp.298~299.〉

졌다.[8] 그리고 7월 10일, 개성시 고려동 내봉장에서 휴전회담이 처음으로 개최된다. 휴전회담이 시작되었지만, 전투는 더욱 치열해지는 아이러니가 계속되었다.

널리 알려진 전투만 꼽아보아도, '단장의 능선 전투(1951.9.13.~10.13.)' '노리고지 전투(1952.9.29.~9.30.)' '백마고지 전투(1952.10.6.~10.14.)' '잭슨 하이츠 전투(1952.10.16.~19.)' '삼각고지(1952.10.21.~10.25.)', '포크찹 고지 전투(1953.3.23.~7.8.)' 등을 들 수 있다. 특히 삼각고지(제인럿셀 고지) 쟁탈전이 전개된 저격능선 전투는 1952년 10월 14일부터 시작되어 종료되는 11월 24일까지 42일간 고지 주인이 28차례나 바뀌었다고 한다.[9]

일진일퇴하는 가운데 수많은 사상자가 발생하고 있지만 어느 전투도 군사적으로 결정적인 것은 아니었다. 이러한 소식이 널리 알려지자 급격히 종전을 요구하는 여론이 형성되기 시작했다. 한편으로는 맥아더의 망령이 다시 살아났다. 하지만 맥아더의 주장과는 다소 달랐다. 구체적으로 피폭대상과 필요한 원자탄 숫자까지 구체적으로 제시했던 맥아더와 달리, 조건부로 사용해야 한다는 주장이 연이어 등장했다. 휴전회담이 목적이고 원폭사용은 수단으로 사용해야 한다는 얘기다.

원자병기 사용 휴전회담 성부 여하로, 한국 전선서 사용하라 미

---

8 브루스 커밍스 · 존 할리데이, 차성수 · 양동주 옮김, 『한국전쟁의 전개과정』, 태암, 1989, p.161.

9 [김희철의 전쟁사(63)] '저격능선 및 상감령 전투' 승리의 진실은?(상), 「뉴스투데이」, 2020.11.21.

상원 3의원 건의(동아, 1951.10.7.)

미 의원 담, 원자탄 사용만이 한국전쟁을 종식(동아, 1951.11.15.)

휴전회담 결렬 시에 원자폭탄 사용 찬성, 미 갤럽 여론조사협회 발표(조선, 1951.12.15.)

정전 결렬 시에 원자폭탄 사용, 미 하원 '부'씨 결의안 제출(조선, 1952.2.10.)

필요하면 원자폭탄 사용, 코린스 미 육군참모총장 언명 (1952.7.17.)

원폭과 만주폭격, 휴전실패 시 부 의원 주장(동아, 1953.4.29.)

휴전 결렬 시엔 원폭사용, 부루크스(민주당) 미 의원 재강조 (1953.7.20.)

조건부 원폭사용은 미국국회에서 많이 제기되었다. 그 외 육군참모총장도 이 대열에 합류했으며, 1951년 12월 중순 여론조사 결과도 조건부 원폭사용이란 경향에 방점을 찍었다. 더 나아가 아예 원자탄을 사용해서는 안 된다는 주장도 나오기 시작했다.

원자탄 사용 없이 한국전에 승산, 미 군사 수뇌 자신만만(경향, 1952.6.15.)

승패 결정은 지상군, 원자탄위력 과신 불가, 미 합동참모총장 부랏드리 장군(조선, 1952.9.19.)

승리엔 원자탄보다 병력증강, 부랏드리 장군, 미 의회서 증언 (조선, 1953.1.12.)

원폭 사용을 우려, 공군 지하전투 태세(조선, 1953.1.13.)

미국 군부의 최고위직인 합동참모총장이 연이어 원폭 불가론을 펴고 있다. 심지어 원폭사용 자체를 우려한다는 기사도 보도되고 있다. 물론 원자탄을 사용하지 않아도 한국전에 승할 수 있다는 전제는 있었다. 원자탄 사용 불가론이 급속히 팽창하기 시작했다. 그렇다고 맥아더 아류의 주장이 사라진 것은 아니다.

> 한국전선 전투기 총 교체, 원자탄 적재 가능의 Z기로(동아, 1952.7.11.)
> 한국에서 원자무기 사용 전면 전쟁 시작하라, 미 재향군인 전국 사령관(조선, 1952.9.19.)
> 만주에 원폭 세례를 숙의(경향, 1952.11.27.)
> 한국전 원자탄 사용론 미 의회 내서 급격증대, 아 신 대통령에 압력?(동아, 1953.1.11.)

아무튼, 원자탄 투하론, 조건부 피폭, 피폭 불가론 등의 엇갈린 주장이 당시 미국의 여론상황을 어지럽게 했다. 그렇다면 그 이유는 무엇일까? 원폭에 대한 여론이 복잡하게 된 원인은 단 하나다. 독점했던 원폭 소유가 이제 허물어진 것이다. 미국은 1945년 8월 6일과 9일, 사흘 간격으로 히로시마와 나가사키에 플루토늄, 우라늄 등 각기 다른 형태의 원폭을 투하함으로써 유일하게 핵무기를 사용한 나라가 되었다. 제2차 세계대전 종전 이후에도 미국은 끊임없이 핵무기를 사용하겠다고 위협하곤 했다. 아래는 주요 사례다.

① 트루먼 대통령, 유고슬라비아에 대해 핵무기 사용 위협(1946년)

② 이란 주둔 소련군의 철수를 요구하며 원폭투하 위협(1946년)

③ 우루과이에 대해 피폭 위협(1947년)

④ 동베를린에 대해 핵무기 사용 위협(1948년)

⑤ 북조선과 중국에 대해 핵무기 사용 위협(1950~53년)

〈 그림122: 1949년 7월 27일 자 조선일보, 1951년 6월 30일 자 동아일보 〉

　　1949년 7월 10일, 소련이 서시베리아에서 원자탄 실험을 했다는 보도가 나왔다. 출처는 「사메티 · 소일」이라는 파리의 주간지다.[10] 그리고 몇 달 후 소련이 원자탄을 보유하고 있다고 미국 대통령이 발표했다.[11]

10　7월 10일 소 최초로 원자탄실험, 파리주간지 보도, 「조선일보」, 1949.7.27.

11　소, 원자탄을 보유, 원자탄을 보유 트루먼 미 대통령 발표, 「경향신문」, 1949.9.25.

소련도 원자탄의 보유 사실을 정식으로 발표했다.[12] 이제 소련의 원자탄 보유문제는 더 이상 논란거리가 될 수 없었다. 미국의 원자탄 위협이 다소 잠잠해졌다. 군축 대신 원폭 다량 보유[13]와 수소탄 개발[14]로 미국의 정책이 바뀌었다.

이러한 배경하에서 한반도에서 전쟁이 발발했고, 중국의 참전으로 미국의 권위가 추락하자 다시 원폭투하를 주장하는 집단이 생겨난 것이다. 그러나 앞글에서 언급한 바와 같이 원폭투하에 대해 영국 등 세계의 여론이 부정적으로 바뀌었고, 더욱이 소련의 원자탄 보유 숫자가 100개에 달한다는 기사가 보도되자,[15] 미국의 여론도 급격히 달라지기 시작했다. 한국전쟁의 휴전과 원폭투하 문제는 1952년 치러진 미국 대통령선거의 커다란 쟁점으로 대두되었다.

〈 그림123: 1952년 7월 13일 자 동아일보, 11월 1일 자 조선일보 〉

12 원자비밀의 발견을 소 정식으로 발표, 「조선일보」, 1949.9.27.

13 미 원자탄 대량 생산계획, 「조선일보」, 1949.10.1.; 원자탄 천배, 「조선일보」, 1950.1.21.

14 수소폭탄 제조, 「조선일보」, 1950.4.12.

15 소 원자탄 백 개, 미 하원 경위원장 언명, 「동아일보」, 1951.6.30.

1952년 7월 12일, 아이젠하워(Dwight David Eisenhower, 1890~1969)는 공화당의 후보로 지명됨으로써 34대 대통령선거에 출마하게 되었다. 후보가 된 첫 일성으로 한국전쟁에 대해 그는 다음과 같이 말했다.

이 전란에 결정적인 종결을 가져올 수 있는 약방문은 지금 내가 가지고 있지 못하다. 그러나 이 전쟁은 사상전인 만큼 지금 우리가 점령하고 있는 지역으로부터 철퇴하여도 좋다고는 나는 믿지 않는다.… 그러나 우리 측 손해를 될 수 있는 데까지 덜 보도록 노력하는 동시에 명예를 잃지 않는 휴전을 성립시키도록 노력할 것이다.… 압록강 월경에 적이 상당히 큰 공군력을 준비해 놓은 현시(現時)에서 당장에 종전을 기도하는 것은 위험한 일이므로 우리 측 준비가 더 확고할 때까지는 섣불리 전쟁을 확대시키는 것은 (더) 위험하다. 그러나 만일에 우리나라 국가안전을 위태케 하도록 중공이 공격해 올 때에는 중공본토에 대한 복수적 폭격에 동의한다.[16]

대체로 원론적 발언이지만, 한국전 종결에 대한 아이젠하워의 의지를 읽을 수 있다. 민주당 후보 스티븐슨(Adlai Ewing Stevenson II, 1900~1965)과의 대통령선거가 막바지에 이를 즈음인 10월 30일에도, 뉴욕에서 과반(過般, 지난번) 언명한 바와 같이 자기는 한국 전란을 동

---

16 아 원수의 정책과 인물, 「동아일보」 1952.7.13.

결시키기 위하여 자신은 한국에 갈 용의가 있다[17]고 재차 확언함으로써 한국전 종결을 강력히 피력했다. 그렇다고 아이젠하워가 군축논자 혹은 평화논자라는 얘기는 아니다. 그는 나토의 최고사령관으로 재임 시, 나토에 70개 사단과 원폭이 필요하다고 역설한 바 있다.[18] 그 역시 전형적인 미국 군인이었다는 뜻이다. 그러나 정치인으로 변신했고, 그에게는 20년간 집권을 못 했던 공화당의 오랜 숙원을 풀어야 할 책무가 주어진 공화당 대통령 후보였다. 1952년 4월 2일 갤럽 여론조사에 의하면, 인구의 51%가 미국이 한국전쟁을 시작한 것은 오류라고 생각하고 있었다고 한다.[19] 이러한 여론에 부응하여, 공화당은 전쟁과 평화의 이미지로 선구 구도를 설계했다. 올바른 결정이었다.

한편, 민주당과 별개로 미군 군부 일부는 한국전쟁의 휴전회담을 무산시키고자 했다. 맥아더의 후임 리지웨이(Matthew Bunker Ridgway, 1895~1993)에 이어 1952년 5월 12일, UN군 사령관에 취임한 클라크(Mark Wayne Clark, 1896~1984)는 6 · 25 전쟁에 승리하기 위한 비밀 계획을 세웠다. 그는 "적을 살아서 돌아가지 못하게 응징함으로써 공산 측이 미국의 조건을 받아들이게 하는" 통합 합참참모본부의 기본정책을 고집했으며, 그 외 정치적으로 '4개 도발 행동'을 준비했다.

① 반공 포로의 석방

② 휴전회담의 정지

---

17 한국전 종결 안, 아 후보 재강조, 「조선일보」, 1952.11.1.

18 70개 사단과 원폭이 필요, 아 원수 북대군위서 역설, 「동아일보」, 1951.11.28.

19 데이비드 · 콩드, 『한국전쟁 또 하나의 시각』 2, 과학과 사상, 1988, p.415.

③ 한국군을 더욱 강력하고 유효한 전투분대로 만든다.

④ 장개석 정부군 2개 사단을 전선에 투입함으로써 우리가 본격적으로 전쟁에 임하고 있음을 공산주의자에게 알려 준다.[20]

클라크의 계획이 성공한 것은 반공 포로 석방밖에 없다. 클라크보다 더욱 위험한 전쟁 관을 가진 맥아더는 대선에 직접 출마하는 길을 선택했다. 한국에서 승리를 거두지 못할 경우에는 제3차 세계대전을 도발하려고 했던 맥아더는 극단적 국가주의 단체인 기독교국민당과 입헌당의 후보로 출마했다. 민주당의 후보는 스티븐슨으로 낙점되었다. 그는 지적인 기품과 뛰어난 인품, 선량한 행실, 리버럴한 신념을 웅변한 인물로 알려졌었다. 하지만 그가 지닌 덕목이 오히려 발목을 잡았다. 공화당이 내세운 휴전 및 평화공세를 차단하기 위해서 그의 강점을 감추어야 하는 입장이 되었던 것이다.

군인 출신인 아이젠하워는 전쟁을 비통해하면서, 만약 당선된다면 전쟁을 종료시킬 길을 찾기 위해 한국을 방문할 것이라고 공약했다.[21] 선거결과는 공화당의 압승이었다. 아이젠하워는 442표의 선거인단을 얻었고, 스티븐슨은 89표, 맥아더는 한 표도 얻지 못했다.[22] 아이젠하워는 당선자 신분으로 한국을 방문했다.[23] 그리고 취임 첫해인 1953년 7

20 Clark, Mark W. 『From the Danube to the Yalu. New York』 Harper, 1954, p.73. 〈『한국전쟁 또 하나의 시각』 2, p.411.〉 재인용

21 데이비드 · 콩드, 『한국전쟁 또 하나의 시각』 2, 과학과 사상, 1988, pp.415~417.

22 미 공화당 대승과 아 원수의 등장, 「경향신문」 1952.11.7.

23 아이젠하워, 극비리에 김포 착, 「조선일보」 1952.12.7.

월, 한국전쟁의 휴전을 성립시켰다. 6·25 전쟁은 민간인 출신인 트루먼 시기에 시작되었고, 군인 출신인 아이젠하워 때에 정전된 아이러니한 전쟁이었다.

:: 03 ::

아내 임인영과의 인연

〈 그림124: 1953년 12월 28일 경향신문, 2018년 4월 폐쇄된 의정부 미군기지 호원동 캠프잭슨, ⓒ연합뉴스 〉

휴전으로 인해 전창일의 생활도 크게 바뀌게 된다. 1953년 12월 26일, 미 대통령 아이젠하워는 한국에 있는 미 지상군을 점차 삭감할 것이라고 발표했다.[1] 이러한 방침에 따라 공병부대도 축소가 불가피하게 되었다. 당시 전투공병여단은 1169전투공병여단(동두천 주재) 외 36전투

---

1   주한 미군 2개 사단 철수, 「경향신문」, 1953.12.28.

공병여단(의정부 주재) 등 2개 여단이 한국에 주둔하고 있었는데, 전창일이 근무하고 있던 1169공병여단이 철수하게 되었다. 전창일은 실업자가 될 상황에 처한 것이다.

반전이 일어났다. 36공병여단 여단장(대령)의 해외근무 연한이 만기가 되어 본국으로 돌아가게 되었다는 소식이 들려왔다. 공석이 된 36공병여단 여단장 자리에 1169공병여단장(대령)이 취임하기로 결정되었다고 한다. 행운의 소식이 계속 들려왔다. 1169공병여단의 철수는 기정사실이지만, 장비만 본국으로 이동하고 군인 및 군속들은 36공병여단과 통합된다는 소식이다. 여단장이 1169공병여단 출신이니, 결국 사라진 공병여단이 살아있는 공병여단을 접수한 셈이 되어 버렸다.

36공병여단의 신임 여단장은 여단 책임통역자로 전창일을 임명하며, 36공병여단에 있던 사람들은 해고시켜 버렸다. 졸지에 직장을 잃게 된 그들의 심정은 어떠했을까? 미안하고 안타까웠지만, 전창일이 어떻게 해 볼 사안은 아니었다. 이 무렵부터 미군 부대에 너무 오래 있었다는 생각이 들기 시작했던 모양이다. 파란만장했던 포천·동두천 시절이 새록새록 기억났다. 목숨을 걸고 고지를 오르내려야 했던 지게부대원 생활, 고향 후배 방덕수와의 만남, 일본인 수사관과 간첩혐의 모면 사건, 우연이 겹쳐 통역관으로 변신할 수 있었던 사연, 담배 횡령 사건… 무엇보다 동두천에 있을 때 호적을 정리한 것은 전창일이 대한민국 국민으로 살아갈 수 있는 발판이 되었다.[2]

아무튼, 이제 의정부 생활이 시작되었다. 동두천에서의 통역관 시절

---

2 〈제1장 1절 '분단으로 인해 뿌리가 바뀌다'〉참조

중 빼놓을 수 없는 추억이 있다. 전창일이 근무하고 있는 미군 부대에는 꽤 많은 통역·번역관이 있었다. 대다수는 대학을 다니다가 온 사람들이었다. 50% 정도는 군 복무를 피해 미군 부대에 취업한 것으로 전창일은 기억한다. 그들 중 임모라는 서울공대생이 있었다. 어느 날 자기 여동생(임인영)에 관한 이야기를 꺼냈다. 공주여자사범학교 졸업반(6학년)이란다. 며칠 후 그의 여동생으로부터 편지가 왔다. APO(Army Post Office, 군사 우체국)를 통해서였다. 자기 오빠를 잘 돌봐주신다니 고맙다, 오빠가 존경한다는 친구라고 하니 편지를 보낸다.… 대략 이런 내용이었다. 알고 보니 이 친구가 휴가 갔을 때 전창일에 대해 미주알고주알 얘기하면서 동생에게 편지를 한 번 해보라고 했다고 한다.

두 사람은 편지를 주고받다 보니 서로의 모습을 알고 싶었을 터이다. 양키(미군)에게 카메라를 빌려 사진을 보냈다. 왕복 서신을 통해 서로 간에 호기심이 싹트고 연정으로 변해갈 무렵, 휴전이 되었고, 전창일은 의정부로 이동하게 된 것이다. 얼마 후 처남이 될 임모는 미군 부대를 사직하고 학교에 복학했다. 그런데 이 친구가 토요일, 일요일이 되면 의정부로 놀러 오곤 하는 것이다.

사실, 이 무렵 전창일도 미군 통역관 생활을 청산할까 하는 생각을 했다 한다. 하지만 그와 함께 온 1169부대 동료들에 대한 의무감 때문에 사표 생각을 접었다고 말하며 먼 추억에 젖어든다. 전창일은 미군들이 36공병단에 근무하는 조선인들을 해고시킬 때 방관하고 있었다. 그들은 나하고 아무 인연이 없는 사람들이다, 처음 보는 사람들이다, 그리고 '내가 해고시키는 것도 아니지 않은가.' 라고 자위를 했다. 그러나 1169부대 종업원들은 달랐다. 그들은 오랜 동료였다. 결국, 1169부대에 근무했던 조선인들은 한 사람도 해고되지 않고 새로운 직장 36공병단에 자리를 잡을 수 있게 되었다. "아! 전 통역 덕에 직장을 잃지 않았어! 굶지 않게 되었어!" 전창일은 조선인 노무자들 사이에 작은 영웅이 되었다. 미군 장교들 사이엔 또 다른 의미로 주목의 대상이 되었다. 미군들은 전창일을 지니어서(genius)라고 불렀다고 한다.

어쨌든 군대는 폐쇄생활을 벗어날 수 없다. 신문을 볼 수 없으니 세상 돌아가는 것을 제대로 알 수 없고, 바깥세상하고는 담을 쌓고 있을 수밖에 없다. 그러다 보니 시간이 나면 서로 간에 토론하는 경우가 많았다. 간혹 미국 지식인들과 철학에 관한 토론도 했다. 칸트, 헤겔, 쇼펜하우어, 데카르트… 등에 대한 학설을 설명하자 모두 놀라며, 전창일을 천재라고 했던 모양이다. 이 소문에 대해 전창일은 쑥스러워한다. 사실 난 둔재인데… 그저 책 몇 권 읽은 것을 이야기한 것뿐인데…

〈 그림125: 좌로부터, 전창일, 셋째 재연, 둘째 경란, 임인영, 첫째 기연, 을지로5가와 청계천 5가 사이에 있던 방산국민학교의 옛 모습, 지금은 방산시장건물이 들어서 있다. 〉

임인영의 오빠는 토요일마다 면회를 왔다. 서울공대가 있던 공릉동(현 서울과학기술대학교 위치)이 의정부와 그리 멀지 않았던 탓이다. 당시 미군 부대는 물자의 천국이라고 할 정도로 모든 것이 풍족한 곳이다 보니, 들어오게 되면 늘 술이었다. 그리고 늘 토론을 했다. 임모도 전창일하고의 토론을 언제나 좋아했다고 한다. 이 친구가 어느 날 휴가를 내라고 한다, 공주 자기 집에 가자고 한다, 공주에는 편지로만 소식을 주고받던 그의 누이가 있지 않은가, 가슴이 뛰었다. 전창일은 당시의 심정을 다음과 같이 고백했다.

편지를 여러 번 주고받으면서, 그녀는 나를 오빠라고 불렀다. 여자 형제는 두 사람 있었지만 모두 누님들이었고, 모두 시집을 갔다. 게다가 이제는 만나볼 수도 없는 북녘에 있다. 오빠 친구이니까 오빠라고 했겠지만, 난생처음 들어보는 오빠라는 호칭에 가슴이 야릇하게 뛰었다. 그리고 이 이상한 감각은, 기회가 닿으면 그녀를 내 아내로 삼을 것이다, 라는 결심을 하게 만들었다.

한편, 이상한 생각이 들었다. 나는 완전한 외톨이이다. 게다가 돈도 없다. 나같이 아무것도 없는 외톨박이에게 충청도 양반 집안의[3] 귀한 딸인 자기의 동생을 소개시켜 준다는 것이 아무래도 수상했다. 뭐 어딘가 흠이 있는 여성이 아닌가, 설마 코가 삐뚤어졌나 하는 의심도 들었다.

'아무튼, 가자, 가 봐야 하겠다,' 그래서 휴가를 내어 같이 내려갔어요. 그런데 저녁때가 되도록 동생이 안 나타나요. 초조했어

---

3 임인영의 출생지는 함경남도 함흥. 부친(림창호) 모친(정수녀). 부친은 상당한 자산가로서 함흥군 선출직 민선 도의원을 하는 등 지역사회의 유지였으나, 평소 정감록을 신봉하여 태평양전쟁이 일어나자 1943년경 함흥에서 계룡산 인근인 충청도 공주읍으로 이전했다고 함. 해방 6개월 전 작고. 〈전창일 · 임인영 및 막내딸 전재연의 증언〉

요. 한참 후 한복을 입고 인사하러 들어왔어요. 와서 인사하는데, 아! 이거 내 눈이 말이야, 잉! 하늘에서 내려온 천사 같기도 하고, 어~ 내가 처음 보는 미인이여. 아! 내가 팬스런 의심을 했구나. 자책감이 들었다. 코가 삐뚤어진 여성일지 모른다고 의심했던 나의 마음속이 들킬까 봐 어쩔 줄 몰랐다. 그래서 그 여인 앞에 말도 한 번 못하고 주눅이 들었어. 아마 수줍어서 그랬던 것으로 생각했을 거야.[4]

공주에 며칠 머물다가 올라왔다. 첫 만남은 황홀한 가운데 끝났다. 이제 전창일이 청혼할 차례였다. "내가 여기서 결혼한다면 오직 그대이기에 결혼을 결심했다"며 청혼했다. 공주사범학교를 졸업한 임인영은 서울 방산국민학교로 부임했다. 이 학교는 당시 세계에서 학생 수가 제일 많은 소학교(초등학교)로 알려졌다고 한다.[5] 서울중심가에 있는 초등학교에 부임할 수 있었던 것은 공주(여자)사범이라는 명문교를 졸업한 재원이라는 인식 탓이었을 것이다. 전창일에 따르면 공주(여자)사범출신을 영입한 학교가 오히려 영광으로 알았다고 한다. 전창일에게 낙이 생겼다. 한 달에 한두 번, 미군 부대 군복을 입고 서울에 나와 임인영과 데이트를 즐겼다. 인생의 황금기, 청춘이었다.

---

4   『인민혁명당과 혁신계의 활동, 주요인사(전창일 님) 구술사료 수집』 4·9 통일평화재단, 2014.2.3., p.90.
5   방산국민학교는 1970년에 폐교되었다.

양말수입 장사와
미곡상회 투자

〈 그림126: 미군기지 용산 케이시 공식페이지에 있는 APO 홍보물/ 시어스 카탈로그와 제품 소개 〉

　임인영과 편지를 주고받으면서 APO를 자주 이용하게 되었고, 그 기
능에 대해 관심을 가지게 되었다. APO는 편지뿐만 아니라 생활필수
품의 배달기능도 있다는 것을 알게 되었다. 미국 백화점 시어스 로벅
(SEARS ROEBUCK)[1]의 카탈로그를 보던 중 눈이 번쩍 떠졌다. 나일론

1　시어스(Sears, Roebuck and Company)는 세계적인 미국계 유통업체다. 19세기 말 리처

양말, 영원히 구멍이 나지 않는다는 선전이 보인 것이다.

몇 해 전 신문 배달을 하며 고학할 때가 생각났다. 사흘 신으면 구멍이 뚫어졌고, 양말을 기울 시간이 없다 보니 빨랫줄에 걸린 양말을 훔쳤던 기억이 났다.[2] 백 켤레를 주문했다. 태평양을 건너온 양말을 신어보니 정말 튼튼했다. 영원히 구멍이 뚫어지지 않을 것 같았다. 서울에 나갔을 때 만나는 사람마다 한 켤레씩 막 나누어주었다. 며칠 후 지인(知人)이 남대문시장에서 장사하는 상인을 데리고 면회를 왔다. 그 상인은 대뜸 "나일론 양말 어떻게 살 수 없느냐"고 물었다. 양말을 판매한다는 것은 꿈에도 생각하지 않았던 전창일은 어리둥절할 수밖에 없었다. 상인은 계속해서 "그 양말 무진장 필요합니다. 100켤레 얼마에 살 수 있습니까?"라고 답변을 재촉했다. "나더러 양말을 팔라고요? 나는 장사꾼이 아닌데요?" 전창일의 황당한 반응에 남대문 상인은 같은 질문을 반복한다. 어떻게 하다 보니 흥정단계에 이르게 되었다. 당신이 가격을 제시해 보라는 요구에 답변하지 않자, 더 이상 상담을 하지 않겠다고 배짱을 부렸다. 결국, 상인이 항복했다. 마지못해 제시한 가격은 원가의 몇십 배였다.

500켤레를 주문했다. 투자한 돈의 수십 배가 지갑으로 들어왔다. 수

드 워렌 시어스(Richard Warren Sears)와 알바 로벅(Alvah Roebuck)에 의해 설립됐다. 20세기 중반 우편 판매를 통해 미국 시장에서 크게 성장했으며 그 후 시어스의 카탈로그는 명물이 되었다. 제2차 세계 대전 이후 고객들의 변화에 따라 시어스는 큰 도전을 맞게 된다. 도심 주민들이 시 외곽으로 이전하면서 시 근교 시장이 크게 성장했기 때문이다. 마침내, 시어스는 카탈로그를 통한 상품 판매 방식을 그만두게 된다. 2017년 기준으로 시어스는 미국에서 23번째로 큰 소매업체이다. 여러 해 동안 판매량이 감소하면서 모회사는 2018년 10월 15일 파산 보호를 신청했다. 《위키백과》

2 〈제4장 6절, '첫 번째 구속(1949년 4월) 그리고 옥중에서 만난 사람들〉 참조

십 배를 30배 정도로 계산하면, 50만 원어치의 양말을 수입했을 때 남대문 상인으로부터 1,500만 원의 돈을 받았다는 얘기다. 10회면 500만 원 투자에 1억 5천만 원, 20회라면 1,000만 원 원가에 3억 원 매출이 된다. 속된 말로 '떼돈'을 번 것이다. 더욱이 세금도 없는 수입이었다. 전창일의 표현을 따르면, '양말 절도범'이 양말을 밀수하여 '밀수 왕'이 된 것이다.

이제 달러가 필요했다. 미군들은 달러로 월급을 받았지만, 전창일의 월급은 한화로 지급되었다. 한화가 필요한 미군들에게 환전해주었고, 더 많은 달러가 필요할 때는 암시장에서 바꾸었다. 통역관 전창일에겐 많은 특전이 주어졌던 모양이다. 그중 하나가 PX에서의 물건 구입이었다. 달러만 있으면 자유롭게 무엇이든지 살 수 있었다. APO 사용의 경우, 법적으론 미군 병사만 사용할 수 있었으나, 통역관의 경우 묵인해주는 것이 관례였다고 한다. 혹시 군법에 저촉되는가 싶어 미군들에게 상의해보니, 본인(전창일)의 이름으로 APO를 통해 물건을 구입하는 것은 아무런 문제가 없다고 한다. 아무튼, 꽤 많은 돈이 쌓이기 시작했다.

〈 그림127: 미군들이 사용했던 사물함(foot locker), 미군용 더플백, ©Goole 〉

호산 전창일과 통일운동 77년사

사실 돈을 쓸데가 없었다. 의식주는 모두 미군이 해결해 주었고, 담배도 부족하지 않게 공급되었다. 월급만으로 생활할 때도 부족한 줄 몰랐는데, 이제 거금이 들어 들어오기 시작한 것이다. 풋 로커(foot locker)라고 미군들이 개인 사물을 보관하는 철제 함을 하나 구했다. 여기에 돈을 집어넣고 자물쇠를 채웠다. 밀수꾼 소리를 듣지 않을 정도로 자제했는데도 어느새 궤짝에 돈이 꽉 찼다.

주위에서 집을 사라고 한다. 누군가가 청파동을 추천했다. 알고 보니 일제 강점기 시절 조선총독부 고관들의 관사들이 있던 동네였다. 육군 특무부대장 김창룡의 집도 그곳에 있었다. 가진 돈으로 비슷한 규모의 집을 두 채 정도 살 수 있었다. 그 무렵 집값이 쌌던 탓이다. 하지만 망설여졌다. 집을 사면 뭐하는가, 형제라도 있으며 여기서 살라고 할 터인데, 모르는 사람한테 살라고 했다가 나중에 자기 집이라고 하면 어떻게 하지… 등기라던가 소유권에 대한 인식이 거의 없던 시절, 청년 전창일의 모습이다.

그 무렵 외삼촌이 월남한 것을 알게 된다. 먼 훗날 북녘의 가족들과 편지를 할 수 있게 주선해 준 외사촌 동생 조열하의 아버지, 조기함 목사가 서울에 살고 있었던 것이다.[3] 조기함 목사는 기독교대한성결교회 교단 내에서 상당히 비중 있는 인물이다. 그의 딸 조신자가 아버지에 대해 쓴 글을 아래에 소개한다.

---

3 〈제1장 3절, '40여 년 만에 핏줄이 쓴 편지를 보다'〉 참조

함흥 광화리 성결교회에서 목회하신 고 조기함 목사님의 장녀 조신자입니다.

아버지께서 서울 신학을 졸업하신 후 교단 본부로부터 함흥으로 목회지를 지정 발령받았습니다. 이후 신학교 동기인 고 최하숙 전도사님과 함께 함흥 운흥리 성결교회를 개척하셨습니다. 그런데 1935년 봄에 교단 총회에서 강송수 목사님과 서로 교회를 바꿔 사역하기로 결정되어서 바로 그해 봄에 함흥 광화리 성결교회로 임지를 옮긴 것입니다.

저는 그 이듬해인 1936년 2월 27일에 교회 주택에서 장녀로 태어났고, 그 후 차남인 홍삼 목사, 차녀인 은자, 삼남 원하 목사, 막내아들 성하 장로(당시 광화리에서 잉태, 1951년 3월 6일생) 등 장남 열하 장로를 제외한 조기함 목사님의 모든 자녀들이 함흥 광화리 교회 주택에서 낳고 잉태되었습니다.

아버지께서 신사참배 반대로 함흥경찰서 유치장에 강송수 목사님과 함께 10여 개월 수감생활을 하셨던 때의 일, 왜경이 교회 종을 교회 마당으로 떨어뜨려 가져가던 때의 일을 저는 지금도 생생하게 기억합니다. 또 일본 경찰이 아버지 서재에서 기독교 서적을 지게꾼에게 지워 압수해 가는 일도 보았습니다.

우리는 1950년 6.25 동란 중 12월 14일경 남한으로 월남했습니다. 조기함 목사는 다시 거제도 거제읍 성결교회로 부임하였습니다. 그런데 총회본부로부터 십자군 전도대장으로 임명을 받게 되어 거제도 거제성결교회에는 조기함 목사님의 후임으로 박명원 목사님을 모셔왔고, 박명원 목사님께서 교인들과 함께 서울 충무로 그 교회를 이끌고 와서 충무로 성결교회를 세우게 된 것입니다.

함흥 광화리 성결교회에서 아버지를 충성스럽게 도와 수고하신 장로님들은 아래 사진과 같습니다.

① 안영화 전도사님　③ 권용국 장로님　⑤ 조기함 목사님　⑦ 박후진 장로님
② 안광춘 목사님　④ 김인종 장로님　⑥ 김영로 장로님

〈 그림128: 전창일의 외사촌 조신자의 결혼식 사전 〉

이 사진은 1962년의 제 결혼식의 한 장면으로, 장소는 충무로 성결교회이며 교단 목사님들과 사역자들이 함께 찍은 사진입니다. 충무로 성결교회에서 작고하신 고 안영화 전도사님은 함흥 광화리 성결교회와 거제 성결교회를 거쳐서 서울 수복 후 충무로 성결교회에서 계속 목회하신 분으로, 사진에서 제 왼쪽이자 아버지인 조기함 목사님의 바로 앞에 서 있는 분입니다. 이외의 분들은 교단 목사님들이십니다.

충무로 성결교회는 함흥 광화리 성결교회 교인들이 남한으로 온 후 거제 성결교회로 명명됐고, 수복 이후 서울에서 충무로 성결교회로 명명했으니, 함흥 광화리 성결교회는 그 뿌리요, 모체인 것입니다.

2007년 4월 7일
고 조기함 목사님의 장녀 조신자 씀[4]

글쓴이 조신자는 전창일과 외사촌 관계가 된다. 그러나 엄밀히 따지면 6촌이다. 이미 거론한 바 있지만, 전창일의 외할아버지는 상처(喪妻)한 후 안고 다니면서 딸을 키우다가 형과 형수한테 젖먹이를 맡기고 소련으로 이민을 갔다.[5] 이에 따라 조신자의 아버지와 전창일 모친은 법적으로 형제가 되었고, 조신자의 형제·자매들은 전창일과 외사촌이 된 것이다. 아무튼 조신자 집안은 전창일의 가장 가까운 친척이 된 셈이다.

조신자의 아버지 조기함(1900~1974) 목사는 1924년에 북청에서 교사 생활을 하다가 1926년에 일본 동경으로 유학을 가 전문학교에서 토목학을 전공했다. 그 후 동경 성서학원에 입학하려고 하다가 서울에도 같은 성서학원이 있다는 것을 알았다. 그래서 서둘러 귀국하여 즉시 경성

---

4 《페이스 북 혹은 메신저, 충무성결교회, @choongmoochurch》
5 〈제3장 5절, '소련 군인과의 인연 그리고 어머니와의 이별'〉

성서학원에 입학하였다고 한다.[6] 그 후의 이력은 그의 딸이 서술한 바와 같이 함흥 운흥리 성결교회 개척을 거쳐, 함흥 광화리 교회 재임 중 신사참배를 반대하다가 옥고를 치르고 난 뒤, 해방을 맞게 된다. 전창일에 따르면, 조기함은 항일목사로 함흥에서 유명인사가 되었으며 공산당도 그를 존경했다고 한다. 그 후의 이력이 흥미롭다.

해방 후 많은 기독교인들이 월남했다. 1945년 10월 월남한 한경직, 윤하영이 시작이었다.[7] 그 후 이윤영, 박조준, 함석헌, 김홍도 등 유명한 종교인·목사들이 남을 선택했다. 이들이 북을 탈출한 이유는 다양할 것이다. 다만 공통점이 하나 있다. 모스크바삼상회의의 결정을 조직적으로 반대한 반탁·반공주의자라는 점이었다. 소련 민정청은 반탁운동을 종교인 본연의 임무를 저버리고 정치활동을 하는 것으로 규정했다. 반탁 목사들은 요시찰 인물이 되었고, 일부는 연금되었다. 조만식이 대표적인 예다. 하지만 조기함은 연금되지 않았고, 함흥에서 목회를 계속할 수 있었던 것으로 보아 반탁운동에 가담하지 않았던 것으로 보인다. 6·25 전쟁이 발발하고 문제가 터졌다. 함흥을 점령하고 난 뒤, 국군은 조기함을 함흥 부시장으로 임명한 것이다. 항일투쟁 이력, 주위의 평판, 인품 등을 고려한 결과였을 것이다.

다시 전세가 바뀌었다. 중국 인민지원군이 참전하자 원산·함흥지역에 주둔했던 UN군과 국방군 그리고 많은 민간인들이 남으로 떠나게 된

---

6 세상 꿈을 버린 유학생의 헌신결단, 「성결신문」, 2016.9.30.
7 윤정란, 『한국전쟁과 기독교』, 한울, 2015, p.67.

다. 그 유명한 흥남철수작전[8]이다. "12월 14일경 남한으로 월남했고, 아버지 조기함 목사가 거제읍 성결교회로 부임했다"는 조신자의 글을 참조하면, 조 목사의 가족들은 미군 LST를 타고 흥남부두를 떠나 거제도로 피난을 간 것으로 보인다. 당시 30만의 인파 중 마지막까지 배를 탄 피난민은 9만 1천여 명이었으니, 그런대로 운이 좋았다고 할 수 있을 것이다. 국군에 의해 임명되었지만, 함흥 부시장으로 재직한 것이 조기함 목사의 월남 이유라고 짐작된다. 만약 함흥에 계속 있었더라면 인민군에 의해 반역자로 지목되었을 것이다. 어쨌든 남으로 내려온 조기함 목사는 거제도에서의 목회생활과 십자군 전도대장을 거친 후 1954년 4월, 후암성결교회(현 후암백합교회)의 제2대 담임목사로 취임하였다.[9]

이 무렵 전창일은 외삼촌을 만나게 된다. 담배 횡령 고발사건을 기억할 것이다. 당시 갈등관계였던 18연대 장교들과 통역장교 그리고 전창일을 구속하려고 했던 특무대 요원 등은 세월이 흐르다 보니 모두 친한 친구가 되었다. 그들 중 이현이라는 장교가 있었다. 그에게 외삼촌 이야기를 하면서 서울에 있을지 모르니 좀 찾아달라고 부탁했다. 군의 정보망은 정말 무서웠다. 그리 큰 기대를 하지 않았는데, 얼마 후 후암동의 조그마한 교회에서 목회를 하는 외삼촌을 만나게 되었다. 외사촌들도 모두 만났다. 3남 2녀, 그들 남매는 공부를 잘했다. 서울의대, 문리대 사학과, 사범대… 모두 수재들이었다. 이들 가족 대부분은 후일 미

---

8 미 제10군단과 국군 제1군단이 1950년 12월 15일(출항 기준)부터 23일까지 흥남항구를 통해 해상 철수한 작전, 《한국민족문화대백과사전》

9 조기함 목사는(흥남철수(興南撤收) 1954년 4월부터 59년 4월까지 재임했다. 《교회 연역, 후암백합교회 홈페이지》

국으로 이민을 가는데, 그중 장남인 조열하가 인도주의 실천의사회 총무로 활약했다 한다. 이 단체의 주요사업 중의 하나가 의사, 의료기기, 약품 등을 보내는 북한지원사업이었다. 먼 후일 전창일과 가족 간 편지 왕래의 징검다리 역할을 할 수 있었던 것은 조열하가 이 단체의 주요 구성원이었기 때문이다.

원래 존경했던 분이고, 혈연관계로도 이곳 남한에서 유일한 어른이었던 외삼촌에게 자신의 현 상황을 이야기하고 조언을 구했다. 통역관으로 근무하고 있는데, 휴전 후에도 미군 부대에 있다는 것이 창피하다, 충주 비료공장을 만드는 미국의 기술회사가 반도호텔(현 롯데호텔 위치)에 와 있는데 그곳에 취직했으면 한다, 그리고 그동안 모아둔 자금도 좀 있다… 등.

외삼촌은 간단하고 명료하게 자신의 견해를 밝혔다. 미군 부대에 있거나 미국회사에 취직하나 그게 그거지 않은가, 네가 돈이 좀 있다 하니 차라리 조선의 기업체에 투자하라고 한다. 어느 회사에 투자하는 것이 좋겠느냐는 질문에, 자신이 봉직하고 있는 교회의 장로가 남대문시장에서 큰 미곡상회를 하고 있다, 현재 자금이 부족하다고 하니 그곳에 투자하라고 권유했다. 회사의 명칭은 신일미곡주식회사였다. 호남에서 올라온 쌀을 매입해 도매로 파는 것이 주업이었다. 화차(貨車) 한 칸, 두 칸이면 몇백 가마나 되는 엄청난 물량이다. 이 쌀을 서울역에서 미곡상회 자동차로 운반하고 난 뒤 남대문시장에서 도매로 파는, 확실한 사업이었다. 가지고 있는 돈을 모두 투자했다. 요즘으로 치면 수억 원쯤 되는 돈이다. 군용 더블백(더플백, Duffle bag)에 가득 찬 돈 보따리를 건네자 그 장로는 깜짝 놀라며 어쩔 줄을 몰라 했다. 전창일의 표현을 따르면, 마치 하나님을 만난 듯 놀랐다고 한다.

외삼촌은 다른데 취직할 생각 말고 부사장이나 전무로 근무하면서 사업을 관장하라고 전창일에게 당부했다. 그러나 정중하게 거절했다. 젊디젊은 청년으로서 쌀장사를 한다는 것이 창피하기도 했고, 자존심도 다소 상했던 모양이다. 더욱이 결혼문제도 급속하게 진행되고 있었다. 미래의 처에게 좀 더 근사한 직장에서 자신의 재능을 마음껏 펼치는 모습을 보여 주고 싶었던 것이다. 미곡상회 사장은 주권(株券)을 주며 전무로서 회사의 경영에 관심을 가져달라고 부탁했다. 전창일은 며칠에 한 번씩 회사를 들르는 것으로 그치고, 회사의 경영에 대해선 일절 간섭을 하지 않았다. 그만큼 외삼촌과 장로를 믿었던 것이다. 전창일은 "그 무렵의 나는 외삼촌의 말이라면 팥으로 메주를 쑨다고 해도 곧이들었을 때"라고 먼 기억을 회상한다.

:: 05 ::

취직(OEC)과 결혼,
그리고 투자실패 경험담

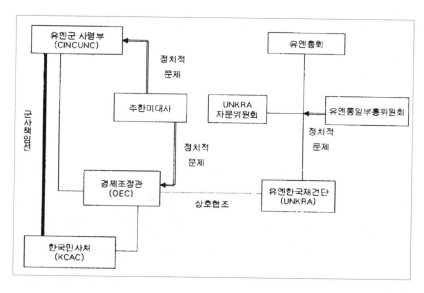

〈 그림129: 민간 업무 관련 원조기구 간의 관계, ⓒ이현진의 논문 〉

전창일은 미래에 대해 고민을 하고 또 했다. 복학하라는 권유가 있었다. 하지만 자신이 다녔던 한국대학은 국제대학으로 바뀌었고, 무엇보다 다시 다니고 싶은 생각이 없었다. 친구 한 명은 건국대학에 편입학하라는 조언을 했다. 건국대학이라고 하니 담배사건 때의 통역관 신 중위가 생각난다. 그는 지금 건국대학의 교수이다. "아이고, 싫어 안 가⋯."

정부 공무원을 추천하는 이도 있었다. 당시 한국정부는 영어가 가능한 사람을 특채했다고 한다. 마음만 먹으면 고급공무원으로 들어갈 수 있었다. 그러나 단선·단정 반대운동 하다가 감옥에 들어갔는데, 그 정부에 들어가 봉사한다는 것이 꺼림칙했다. 미군장교들은 미국에 유학을 가라고 추천한다. 우리나라를 분단시킨 미국에 간다고? 도무지 안 될 말이었다.

미래에 대한 희망과 불안이 교차하는 가운데, 임인영과 가끔 데이트를 즐겼다. 장소는 주로 덕수궁 연못가였다. 결혼 이야기가 오고 가다 보니, 그때 집이나 사둘 걸 하는 때늦은 후회를 하게 되었다. 직장문제도 의논했다. 불현듯, 미군 계통은 대학 졸업장을 보지 않는다는 생각이 났다. 그들은 학력보다는 자격증이나 실력을 중요시한다는 것을 그동안의 경험으로 익히 알고 있었다.

UN군 사령부에 '경제조정관실'[10]이라는 조직이 있었다. 공식 명칭은 OEC(Office of the Economic Coordinator, United Nations Command)이며, 한국 현지의 원조집행기관으로서 유엔사령관 직속 경제기구였다. 경제조정관은 경제원조에 관한 종합계획을 수립 감독하며 미국정부와 UNKRA(유엔한국재건단, United Nations Korean Reconstruction Agency, 1950년 12월 1일 설립)의 경제원조 활동과 군사 활동을 조정할 임무를 갖고 있었다.[11]

1953년 8월, 유엔군 총사령부 휘하에 설치된 경제조정관실(OEC)은 대외활동본부(FOA, Foreign Operation Administration)를 포함한 모든 원

---

10 1952년에 맺은 '한미 경제 조정에 관한 협정'에 의한 대한(對韓) 경제 원조 사업에 관하여 아이시에이(ICA)를 대표하던 기관. 1959년에 유솜(USOM)으로 바뀌었다. 《다음, 어학사전》

11 이현진, 1950년대 대한원조구상과 경제조정관실, 「한국사상사학」, 2006년 제26권, pp.343~376.

조를 관리했다. 실무는 한국민사처(KCAC)가 운송, 통신, 공공행정, 전력, 복지사업, 공중위생, 노동, 농촌교도, 철도와 항만 등의 업무를, UNKRA는 산업, 어업, 광업, 주택, 교육 분야를 담당하였다. 주택, 교육 분야에서는 UNKRA와 KCAC가 긴밀한 협조체계를 유지하였다.[12]

경제조정관은 민사 관련 원조기관들의 원조프로그램을 조정하였고, 정치적 문제는 주한 미 대사관에 협조를 구했다. 설립 초기에는 계획, 조정업무에만 치중하고 사업의 운영은 KCAC와 UNKRA로 하여금 담당하게 하였으나, 1956년 7월 KCAC를 흡수함에 따라 업무 성격이 많이 바뀌게 되었다. 그리고 UNKRA도 청산단계에 들어감에 따라 동 기관의 운영까지 흡수하여 한국 내에서 유일한 원조기관이 되었다.[13] 전창일에 따르면, OEC는 원조 관련 업무뿐 아니라 경찰서장, 군수 등 각 행정기관의 고문관도 임명했다고 한다. 업무가 증가하고 조직이 확대됨에 따라 당연히 많은 인원이 필요했고, 그들은 영어 공문서를 해독할 수 있는 고급인력이어야만 했다. OEC는 UN군 산하 각 부대에 우수 인력을 추천해 달라는 공문을 보냈다. 36공병단에서는 전창일을 추천했다.

추천서를 들고 미8군 사령부로 갔다. 하지만 그곳이 아니었다. 정동교회 옆, 현재 구 신아일보 별관 자리가 있는 벽돌건물에 OEC 인사처가 있었다. 시험은 무난히 통과했다. 그것으로 끝이 아니었다. OEC 담당 부서에 가서 인터뷰(면접) 심사를 통과해야 최종합격이란다. 인사처

---

12 전후경제복구기,《국가기록원》

13 이현진, 1950년대 대한원조구상과 경제조정관실, 「한국사상사학」, 2006년 제26권, pp.358.

장이 말하길, 경제조
정관실에 하버드대
학 경제학 교수 출신
인 닥터 앤드루스(J.
Russel Andrus)라는 분
이 있다, 대단히 까다
로운 사람이다, 인사
처에서 사람을 보내면
퇴짜 놓고, 보내면 퇴
짜 놓는다, 자네가 꼭
합격하길 바란다며 격
려했다.

〈 그림130: 구 신아일보사 별관 전경ⓒ구글지도 〉

인사처가 마련해준 셔틀버스를 타고 용산 미8군 사령부로 갔다. OEC
본부는 그곳에 있었다. 닥터 앤드루스는 예상외로 첫인상이 좋았다.
전형적인 학자 타입이었다. 그가 몇 가지 질문을 했다. 막히지 않고 대
답을 하자, "경제학에 대한 공부를 좀 했는가?"라고 묻는다. 전문적인
공부를 하지 않았지만 경제학 관련 서적을 더러 읽어봤다고 하자, 어
떤 책인지 묻는다. 갑자기 식은땀이 났다. 대답이 나오지 않았다. 영어
로 된 경제학 서적을 본 적이 없었기 때문이다. 잠시 뜸을 들이고 난 뒤
일본학자들이 쓴 책을 몇 권 보았다고 하자, "이제 되었다, 내가 원하
는 사람이 왔구나."라고 말하며 악수를 청한다. "언제부터 나올 수 있
는가?" 합격이 된 것이다. 가정문제를 좀 정리하고 다음 주 월요일부터
나오겠다고 했다. OEC의 정식 직원이 된 것이다. 직책은 닥터 앤드루
스의 보좌관이었다. 앤드루스는 부흥부 장차관·국장들을 지도하는 위

호산 전창일과 통일운동 77년사

치에 있었다.

〈 그림131: 한국 내 사업사회 교육(Social work education), 한국 내 교육프로그램(The education program in Korea)라는 제목의 보고서 일부(1954년 6월 7일 자, 앤드루스의 사인이 보인다) ©국사편찬위원회 전자사료관, 주한 미8군 사령본부가 위치한 용산 기지의 조감사진 (1953년 항공촬영)©국사편찬위원회 전자사료관 〉

36공병여단에서 사무인계를 마쳤다. 그리고 서울로 왔다. 이제 직장은 미8군 사령부 내에 있는 경제조정관실(OEC)이다. 무상출입할 수 있는 출입증도 받았다. 그곳에서 반가운 사람을 만났다. 전 씨와 사돈 관계로서 미국 컬럼비아 대학 출신인데, 고향에선 최고의 인텔리로 대접받던 이였다. 나이는 전창일보다 열댓 살 위였다. 그런 인물과 같은 직장에서 같은 레벨로 근무한다는데 자부심을 느꼈다. 더욱이 그분이 근무하는 부서는 전창일보다 영향력이 없는 곳이었다. OEC에 출근하면서 신분에 대한 불안감이 완전히 사라졌다. 미국이 전창일의 신원을 보장해 주었다는 얘기다. OEC의 눈치를 볼 수밖에 없었던 대표적인 기관으로 부흥부[14]를 들 수 있다. 경제조정관실(OEC)과 부흥부의 관계는 아랫글이 참조된다.

초대 경제조정관으로 한국에 부임한 사람은 타일러 우드(Tyler C. Wood)이다. 우드는 1953년 8월부터 1956년 5월까지 임무를 수행하였고, 2대는 E. 원(William E. Warne)이 파견되었다. 원은 AP통신 기자 출신으로 루스벨트 대통령이 뉴딜정책을 추진할 당시 내무성 수자원 담당 부차관보를 지낸 이력이 있는 인물로서 미국이 차관경제 및 제3세계 개발을 준비하면서 파견한 인물이었다. …(중략)…

1954년 6월 경제조정관실의 직원은 애초 계획과 달리 30명 정도에 머물렀다. 1955년 이후 기술국의 확대와 더불어 1956년 원 경제조정관의 부임 이후 경제조정관실이 확대 개편되면서 직원 규모도 확대되었다. 1956년 11월 현재 직원구성을 보면 각 부서별 미국 직원 수는 300여 명에 달했고, 한국 고용인 수도 900여 명에 이르렀다. …(중략)…

한편 1950년대 중반 이후 확대 개편된 경제조정관실의 규모는 그 상대역이라고 할 수 있는 한국의 부흥부와 비교할 때 그 규모 면에서 비교되지 않을 만큼 엄청난 것이었다. 경제조정관실에는

---

14 과거 경제기획원(현 기획재정부의 모태)과 비슷한 조직으로, 기획국 · 조정국 등의 기획 부서로 구성되었다. 산하에 부흥위원회를 두어 국무회의에 제출하는 계획안을 심의했으며, 외자청을 두어 외국 자금의 도입 · 관리 사무를 관장했다. 1961년 6월 건설부가 신설되면서 사무를 건설부에 이관하고 해체되었다. 《다음백과》

호산 전창일과 통일운동 77년사

계약관계로 주재하는 사람들을 포함하여 1,000여 명이 일하고 있는 데 반해 부흥부에는 불과 70 ~ 80명 정도의 직원이 있을 뿐이었다. 또한, 경제조정관실은 합동경제위원회의 정책 건의에 대한 합의뿐 아니라 개개 사업의 집행 및 감독에 관여할 정도로 그 활동이 광범위했다.15

전창일의 경험담을 들어보자. 당시 부흥부 장관은 송인상16이었다. 송인상의 동생이 전창일과 같은 사무실에서 근무했다. 서울대 문리대 수학과를 나왔고, 전창일과 급수는 같았다. 그는 대단히 시끄러웠고, 일과 후 매일같이 술을 마시는 술꾼이었다. 전창일은 술을 그리 즐기지 않았지만, 동료와의 화합 때문에 술자리를 매몰차게 거절하지 못했던 모양이다. 술자리에서의 대화란 뻔한 것이다. 상관 욕, 업무에 대한 불만, 미래에 대한 불안…. OEC에 근무하는 자체는 대단한 자부심을 가지게 했지만 한편으론 한국인으로서 애환이 많았다는 얘기다. 사실 전창일도 고민이 많았다. 아래에 그의 고백을 소개한다.

---

15 이현진, 1950년대 대한원조구상과 경제조정관실, 「한국사상사학」, 2006년 제26권, pp.343~376.

16 송인상(宋仁相, 1914-2015), 대한민국의 전 경제관료이다. 본관은 은진(恩津). 조석래 효성그룹 회장이 그의 셋째 사위이다. 1914년 강원도 회양군 장양면에서 태어났다. 선린상업학교, 경성고등상업학교(현 서울대학교 경영대학 및 사회과학대학 경제학부)를 졸업하고 조선식산은행에 근무했다. 태완선이 그의 입행 동기다. 이승만 정부 때 한국은행 부총재, 부흥부 장관(현 국토교통부장관), 대한축구협회 부회장, 재무부 장관(현 기획재정부장관) 등을 지냈다. 재무부 장관 재임 시절인 1960년 3.15 부정선거에 연루되었다. 이후 동양나이론 회장, 한국능률협회 회장, 효성그룹 고문 등을 지냈다. 《나무위키》

거기에 근무할 때 부흥부 공무원들이 우리를 상전 대접했어요. 그것이 양심에 걸려 괴로웠습니다. 물론 이승만 정부의 공무원들 입장은 이해합니다. 모든 권력은 양키들이 쥐고 있으니까요.

내가 양키한테 붙어있다고, 나한테 굽실거리며 비위를 맞추는 목적은 뻔해요. 그렇게 하지 않으면 자기들에게 불리하다고 생각한 거예요. 사실 나도 한국국민인데⋯ 나는 자존심이 강한, 미군 기관에 와서도 굽실거리지 않는 공무원을 존경했습니다. 하지만 나 자신의 생각을 그들에게 밝힐 수는 없었어요. 그냥 속으로만 삼키고 있었습니다. 아무튼 OEC, 상전인 미국인들을 설득시켜야만 원조를 받을 수 있었으니까요.

계획이 올라가도 그 사람들이 승인해야만 자금이 집행됩니다. 그 사람들을 잘 못 건드리면, 천만 불 탈 것을 백만 불밖에 타지 못해요. 그러니까 여기에 와서 굽실거릴 수밖에 없는 거지. '옛날에 우리 조선 사람들이 일본 놈한테 머리 숙이고 아부했던 행태가 지금 부흥부 직원들의 모습과 똑같았겠구나.'하는 생각을 하면서 그 자리에 앉아 있는 게 괴로웠습니다.

"나는 양놈의 앞잡이다"라고 자책하며 괴로워하면, "어휴, 무슨 말씀을 그렇게 하느냐, 그 좋은 자리에 있으면서⋯"하는 것이 주위의 반응이었다. 전창일이 갈등한 데는 또 다른 이유가 있었다. 차별을 받는다는 생각이 들기 시작한 것이다. 그의 육성을 다시 들어보자.

이런 고민이 있는 데다가, 직무상 비밀서류를 많이 취급하게 돼요. 클래서파이드 도큐먼트(Classified Document, 기밀문서)라고 하는데, 클래서파이드 도큐먼트 N01, N02, N03…이렇게 나가거든요. 넘버 쓰리부터는 건드리지 못해요. 못 건드려. 내가. 그리고 문서 캐비닛을 열지 못하게 했습니다. 규정을 그렇게 만들어 놨어요. 내가 미군 부대에 있을 때는 그런 차별이 없었거든요. 거기는 클래서파이드 도큐먼트라는 게 없었습니다. 여기(OEC) 오니까 이놈들이 한국정부와 아주 간격이 있고, 지네들만 아는 기밀문서 그리고 지네들만 논의하는 비밀회의 그런 게 있는 거야. 이렇게 외면당하니까, 야! 이렇구나, 참 여기 있을 데가 아니구나, 바깥세상에 나가 직장을 구해야겠다는 생각이 들기 시작했어요. 그곳에서 한 2년인가 3년 있었습니다.[17]

1956년 임인영과 결혼을 했다. OEC라는 확실한 직장이 있었고, 신일미곡주식회사의 전무로서 꽤 많은 돈(주권)을 가지고 있을 때다. 최소한, 돈 때문에 처를 고생시키지 않을 것이라는 자신감이 들었다. 갑자기 날벼락이 떨어졌다. 미곡회사가 망했다고 한다. 전창일은 발행 주식의 절반 정도를 가진 대주주였지만 경영에는 일체 간섭하지 않았고, 가끔 미곡상회에 들러 구경을 하는 정도에 그쳤다.

그러나 예상외의 돈이 필요하게 되는 것이 결혼생활이다. 미곡상회에 요청했다. 그 장로가 찔끔찔끔 주긴 주는데, 차츰 약속을 지키지 않는다. 전창일은 자신의 지분을 회수하겠다고 하며 돈을 돌려달라고 요구

---

17 『인민혁명당과 혁신계의 활동, 주요인사 구술사료 수집』 4 · 9 통일평화재단, 2014.2.3., pp.91~95.

제6장   대한민국 국민으로 살아가기   593

했다. 사장은, 지금 줄 형편이 아니라며 이런저런 변명을 늘어놓는다. 사기를 당했다, 상무라는 자가 회사 돈을 횡령해 도망쳤다… 등등. 처음에는 큰일 났다고 낙담했으나, 역시 쉽게 번 돈은 쉽게 없어지는구나 하며 스스로 위로를 했다. 이제는 아내가 된 임인영을 볼 날이 없게 되었다. 괴로워하던 애 엄마의 표정이 지금도 역력하다고 전창일은 고백한다. 외삼촌 조기함 목사는 오히려 조카를 책망했다. 두 사람의 대화를 들어보자.

- 외삼촌: 내가 네한테 다른 데 취직하지 말고 그 회사에 들어가 딱 네가 들어지고 회사경영에 참여하라고 했지 않았니.
- 조카: 아니, 장로님이니까 하나님같이 믿었죠.
- 외삼촌: 장로님이니까 더 의심해야지.
- 조카: 네?
- 외삼촌: 교회 장로들이 얼마나 돈에 인색하고 얼마나 교활한지 넌 모른다. 나는 그래서 투자하려면 네가 들어가서 투자하라고 한 거지.[18]

돈만 맡겨놓고 불안했다는 외삼촌의 말에 전창일은 너무 놀라 말이 나오지 않았다. 아무튼 그 무렵부터 기독교를 보는 눈이 달라졌다고 한다. 장로는 좀 기다려달라고 했다. 자신은 하나님을 착실히 믿고

18 임미리 기록, 『1960년대 이후 통일운동가들의 통일운동 및 사회운동 경험, 전창일 구술』, 국사편찬위원회, 2014, 녹취록 3차-5. 미곡상회 투자금 떼임

호산 전창일과 통일운동 77년사

있으니, 하나님의 은총에 의해 다시 재기할 것이다, 그것이 하나님의 섭리다, 그때 요구하는 대로 이자까지 다 붙여주겠다고 기다리라고 한다.

전창일은 그의 말을 또 믿었다. 그리고 장로의 아들을 미군 부대에 취직을 시켜주는 선심도 베풀었다. 은총 때문인지 하나님의 섭리인지는 모르겠지만, 장로가 다시 재기했다는 소문이 들리기 시작했다. 결과는, 한 푼도 못 찾았다. 장로가 작고했단다. 신일미곡주식회사의 상황은 어떻게 되었는지 알아보았다. 망했다고 한 후 어떻게 재기를 했던 모양이다. 약속한 바대로 이자를 포함한 투자액을 돌려주어야 했으나, 전창일은 OEC에 다니면서 잘살고 있으니 번 돈을 하나님에게 바쳐야 한다고 했다고 한다. 종암동에 땅을 산 후 그곳에 큰 교회(종암동 성결교회)를 지었다는 것이 전해 들은 말의 전부였다. "그래 나도 쉽게 번 돈이니까, 어쨌든 하나님의 교회 짓는데 들어갔으니… 하나님이 날 미워하지 않겠지…."라고 체념하며, 양말장사로 번 돈에 대해 완전히 포기하고 말았다. 전셋집에서 계속 살 수밖에 없어서 아내에게 미안했지만, 그저 쓴 웃음만 짓고 말았다.

작고한 장로는 전창일이 그 무렵 직장문제로 극도의 스트레스에 시달리고 있다는 것을 몰랐다. "내가 미국 점령군 기관인 OEC에서 닥터 앤드루스의 행정보좌관으로 언제까지 이렇게 있어야 하나?" 장식단탄(長息單歎, 단숨에 한숨을 쉬다.) 긴 한숨에 짧은 탄식뿐이었다. 한국인에 대한 차별과 양키의 앞잡이라는 자괴감 때문에 고민하며, 이직을 심각하게 고려했다.

주변에서 OSROK(Office of Supply, Republic of Korea, 조달청)[19]로 취직할 것을 권유했다. 솔깃했다. OSROK에 대해 알아보았다. 월급이 너무 박했다. 월급만으로는 살기에 너무 힘든 시절이었다. 이승만 정부의 공무원들 특히 조달청 직원들은 입찰에 대한 권한을 이용하여 업자들로부터 부수입을 챙긴다는 소문이 파다했다. 결국, 부정 공무원으로 감옥으로 가는 공무원들이 다수 생겼다. '또 감옥으로 간다니……' 안 될 말이었다. 긴 고민 끝에 결국 사표를 내었다.

마침 고향 사람들이 서울 남영동에서 부강산업주식회사(富鋼産業株式會社)란 자그마한 기업을 운영하고 있다는 것을 알게 되었다. 흥남비료공장 기계공작소에서 일하다가 1·4후퇴 당시 미군의 강제후퇴명령에 따라 가족과 생이별하고, 남하한 뒤 동료 기술자 몇 명이 모여 창업한 회사였다. 얘기를 들어보니, 후퇴하던 미국 점령군들이 곧 원자폭탄이 투하될 것이라고 위협하며 기술자들을 강제로 남으로 끌고 왔다고 한다. 회사의 주 생산품은 한국에서 처음 생산되는 '소형 콘크리트 믹서'였다. 큰 건설회사의 기계 부문 하청을 받아 일감은 많았으나 수익은 적은 전형적인 중소기업이었다. 전창일은 이력서를 제출했고, 회사는 대환영하며 설계과장 직함을 주었다. 무엇보다 떳떳한 직업이라 생각되어 마음이 편했다는 것이 전창일의 고백이다.

한편, OEC 앤드루스 박사는 전창일의 사표를 수리하지 않고, 보름에 한 번씩 나오는 급료를 전창일의 집으로 계속 (우편)송금했다. 부담

---

19 1949년부터 조달청의 영문명칭으로 사용해 온 'OSROK'(Office of Supply, Republic of Korea)는 1997년부터 'SAROK'(Supply Administration, Republic of Korea)으로 변경되었다. 〈조달청, 영문명칭 SAROK으로 변경, 「연합뉴스」, 1996.12.24.〉

호산 전창일과 통일운동 77년사

이 되었다. 박사에게 전화를 걸어, 이미 다른 곳으로 직장을 옮겼으니 사표를 수리하고 급료를 더 이상 보내지 말라고 부탁했다. 언제든지 다시 오라고 하는 박사의 배려에 감사하다는 인사를 하며 OEC와의 인연을 마감하게 되었다.

새 직장에서 처음 맡게 된 일은 주문진 부두에 있던 선박용 유류수 공급·저장시설 설계였다. 6·25 전쟁 와중에 미군의 무차별 폭격으로 인해 완전히 파괴된 유류시설을 새로 복구하는 공사였는데, 발주처는 동해안 주문진 어업조합이었다. 우선 현장답사를 해야만 했다. 난생처음 비행기를 타게 되었다. 김포공항에서 강릉까지 비행기(KAL)로 이동했고, 주문진 현장까지는 어업조합에서 준비한 승용차를 타고 갔다. 처참하게 파괴된 유류시설이 보인다. 군사시설도 아닌, 어민들의 생계수단인 시설을 왜 이렇게 처참하게 파괴했을까? 미군의 만행을 마음속으로 저주하며, 어업조합장의 요구사항을 경청하면서 현장을 스케치했다.

서울로 돌아왔다. 얼마 후 설계가 완성되었고, 주문진에서 올라온 조합장에게 도면과 시방서(Specification)를 인도했다. 그는 매우 흡족해하며 공치사를 했다. 그리고 향후의 시공감리를 부탁했다. 주문진으로 돌아간 지 며칠 지나지 않아 어업조합장이 전창일을 다시 찾아왔다. 저장탱크 골조가 기역 자 앵글인데 철도레일(선로, 線路)로 설계변경을 해달라고 한다. 깜짝 놀랐다. 까닭을 물었더니 조합장이 말하길, 현지 주둔 한국군 사령관[20] 백선엽 장군이 동해선 철도 레일을 뜯어 상인들에게 팔

---

20 백선엽은 1954년 2월부터 1957년 2월까지 제1야전군 사령관을 지냈다. 백선엽,《위키백과》

고 있는데, 가격이 설계된 앵글의 반값이라고 한다. 참고로 『친일인명사전』에 실린 백선엽의 이력을 아래에 소개한다.

자세히 보기-24

[백선엽(1920~2020)]

1920년 11월 23일 평안남도 강서에서 태어났다. 1939년 3월 평양사범학교를 졸업했다. 만주국이 초급장교를 양성하기 위해 펑텐(奉天)에 세운 중앙육군훈련처(봉천군관학교)에 1940년 3월 입학해서 1942년 12월에 제9기로 졸업하고 견습 군관을 거쳐 1943년 4월 만주국군 소위로 임관했다. 자무쓰(佳木斯) 부대를 거쳐 간도 특설대에서 근무했다. 1943년 12월 러허성(熱河省)에서 간도 특설대 기박련((機迫連, 기관총 · 박격포 중대) 소속으로 팔로군 공격작전에 참가했다. 일제 패망 당시 만주국군 중위였다.

간도 특설대는 1938년 9월에 만주국 젠다오성(間島省) 성장 이범익(李範益)의 건의를 받아들여 옌지현(延吉縣) 특무기관장 겸 젠다오지구 고문인 오고에(小越信雄) 중좌가 주도해서 만든 조선인 특무부대다. 일본인 군관 7명, 조선인 위관 9명과 조선인 사관 9명을 먼저 선발하여 옌지현 명월구에서 같은 해 12월 15일 제1기 지원병 입대식을 열었다. 모두 7기까지 모집한 간도 특설대는 총인원 740여 명 중에서 하사관과 사병 전원, 그리고 군관 절대 이상이 조선인이었다. 간도 특설대는 일제의 패망으로 해산할 때까지 동북 항일 연군과 팔로군에 대해 모두 108차례 '토공(討攻)' 작전을 벌였다. 이들에게 살해된 항일 무장 세력과 민간인은 172명에 달했으며, 그 밖에 많은 사람이 체포되거나 강간·약탈·고문을 당했다.

일제가 패망하자 9월 초 고향으로 돌아가 평안남도 도 인민위원회 치안대장을 지냈으며 평양에 있던 조만식의 비서를 잠시 지냈다. 1945년 12월 간도 특설대 출신의 김백일·최남근 등과 함께 월남했다. 같은 달 군사영어학교에 입교해서 1946년 2월 제1기로 졸업한 뒤 육군 중위로 임관했다.

대한민국 정부 수립 후 육군본부 정보국장(대령)으로 재직하면서, 좌익을 제거하기 위한 숙군(肅軍)작업을 지휘했다. 1948년 11월, 박정희 소령이 '여순사건' 이후 남로당 활동 혐의로 체포되자 구명에 앞장서 문관 신분으로 정보국에서 근무할 수 있도록 했다. 1949년 7월 제5사단장으로 부임했고, 1950년 4월부터 제1사단장으로 복무하던 중 6·25 전쟁이 일어났다. 1950년 7월 준장으로 진급했고, 1951년 1월 중장으로 진급했으며, 같은 해 7월에는 육군참모총장 겸 계엄사령관을 지냈다. 1953년 1월 한국군 최초로 대장으로 진급했다. 1959년 2월부터 1960년 5월까지 연합참모본부 의장을 지내고 5월 말 예편했다.

1960년 7월 주 중화민국 대사, 1961년 7월 주 프랑스 대사, 1965년 7월 주 캐나다 대사를 거쳐 1969년 10월부터 1971년 1월까지 교통부 장관을 지냈다. 1973년 4월부터 1980년 3월까지 한국종합화학공업주식회사 사장을 지냈다. 2008년 5월 대한민국 건국 60주년 기념사 추진위원회 고문에 위촉됐다.

슬하에 2남 2녀를 뒀으며, 2020년 사망 기준 한국 나이로 101세였다.

==

[군 경력]

- 1941. 12.　　: 만주 봉천군관학교 졸업, 만주군 소위로 임관
  제2차 세계대전 종전 시 만주군 육군 헌병 중위 – 당시 헌병은
  Military Police가 아닌 지금의 정보·기무·특수전 병과와 유사
- 1945. 12. 05. : 군사영어학교 입교
- 1946. 02. 26. : 군사영어학교 졸업 및 국방경비대 부위(중위)
  임관, 보병 제5연대 A중대장
- 1946. 09.　　: 제5연대 제1대대장
- 1947. 01. 01. : 중령 진급, 제5연대장
- 1947. 12. 01. : 제3여단 참모장
- 1948. 04. 11. : 통위부 정보국장 겸 국방경비대 총사령부 정
  보처장
- 1948. 12. 25. : 대령 진급
- 1949. 07. 30. : 제5사단장

- 1950. 04. 23. : 제1사단장(1950. 06. 25. : 6.25 전쟁 발발)

- 1950. 07. 25. : 준장 진급

- 1951. 04. 15. : 소장 진급, 제1군단장

- 1951. 07. 10. : 휴전회담 한국 대표

- 1951. 11. 16. : 백 야전군 사령관 – 만주군 간도 특설대, 헌
  병(역시 비정규, 공작, 정보) 경력을 바탕

- 1952. 01. 12. : 중장 진급

- 1952. 04. 05. : 제2군단장

- 1952. 07. 23. : 육군 참모총장 겸 계엄사령관

- 1953. 01. 31. : 대장 진급(대한민국 국군 최초의 대장)

- 1953. 05.   : 육군대학 총장 겸직

- 1954. 02. 14. : 제1야전군 사령관

- 1957. 05. 18. : 육군 참모총장

- 1959. 02. 23. : 연합참모의장

- 1960. 05. 31. : 전역

전창일은 두 가지 이유를 들어 그의 요청을 거절했다. 첫째, 설계된 철재 앵글이 탱크의 구조 역학상 가장 적합한 보강프레임이며 기차 레일은 무모한 설계이다. 둘째, 철도레일은 국유재산이다. 나중에 문제가 될 소지가 있다. 그러나 조합장은 막무가내였다. 공사비 절감을 위해 하는 일인데 양해해 달라며 거듭 간청하였지만, 전창일은 보다 확실하게 대답했다. 설계도는 향후 수십 년 혹은 그 이상 보존되어야 하는 귀중한 문서다. 따라서 설계변경은 불가능하다. 하지만 현장에서 시공자

< 그림132: 끊긴 동해선(제진역에서 강릉역 방향)ⓒcreatrip china Goole,
동해선 연결 진행현황 (2018년 현재)ⓒ아시아경제 >

임의로 변경하는 것은 제가 관여할 사항이 아니다. 주문진 어업조합장
은 알겠다고 하면서 돌아갔다. 이 에피소드에 대한 여담이 있다.

사건이 일어난 시기는 1950년대 하반기 무렵인데, 2000년대 들어 김
대중 정부의 햇볕정책에 따라 금강산 관광사업이 시작되었다. 전창일도
금강산 관광단에 참여하였고, 동해선 철도를 살펴볼 기회가 주어졌을
때, 아래와 같은 소감을 남겼다.

동해안 철도 선로를 유심히 관찰하였더니 휴전선 이북 선로는
아무런 훼손 없이 조국의 분단을 저주하듯 '녹슨 기찻길' 그대로
인데, 휴전선 이남의 기찻길은 레일이 없는 흙더미 벌거벗은 토로
(土路, 흙길)일 뿐이다. 남과 북의 너무나 대조적인 철길이 세사
(世事)와 인정을 허무하게 고백하고 있는 듯하다. 그 현장이 나를
또다시 한없이 슬프게 한다.[21]

---

[21] 전창일의 자필 기록(2021년 6월 24일)

〈 그림133: 1961년 3월 28일 자 조선일보, 1963년 10월 22일 자 동아일보 〉

　다시 고민이 생겼다. 공사현장의 비리가 앞으로도 계속 발생할 것이 분명한데 나는 어떻게 처신해야만 하나. 이제 OEC로 돌아갈 수도 없다. 자존심 탓이기도 하지만, 아껴주던 앤드루스 박사마저 그곳에 없었다. 전창일이 사직한 얼마 후 그는 경기도지사 고문으로 전근되었다고 한다.

　그 무렵 건설업자들이 영어가 가능한 사람들을 찾아다니기 시작했다. 대부분 현대건설, 대림산업, 공영토건 등 굴지의 건설 회사들이었다. 미군 부대에서 공사가 쏟아져 나온 탓이다. 공영토건 한경수 사장으로부터 연락이 왔다. 그의 간곡한 부탁에 마음이 흔들렸다. 그래 차라리 건설회사에 들어가자, 어쨌든 나는 공업학교를 나온 엔지니어가 아닌가 하는 생각이 들었다. 부강산업에서의 짧은 생활을 끝내고, 공영토건으로 이직했다. 1958년 3월경이다.

　1950, 60년대의 공영토건은 당시 최고의 건설회사 중 하나였다. 대

만의 대북시에서 열리는 '아시아 및 서태평양지구 건설업자협회연합회 제3차 연차대회'에 참석할 한국 대표 12사의 일원으로 선정된 바 있으며,[22] 건설공제조합이 발족할 때는 조합원대표운영위원에 대림산업의 이재준, 현대건설의 정주영과 함께 공영토건의 사장 한경수가 선출되기도 했다.[23] 전창일은 이제 공영토건(주)의 외국 공사부장이 되었다.

〈 그림134: 청계천 옆에 있는 미군 부대(극동사령부 공병대) 전경, 우측 옆으로 국립의료원이 있다. 〉

어떻게 보면 일은 단순했다. 을지로 6가 청계천 인근에 있는 극동사령부 공병대에서 입찰이 공고되면 입찰에 응하고, 선정되면 공사하고,

22 대표 20명 선출, 「조선일보」, 1961.3.28.
23 건설공제조합발족, 「동아일보」, 1963.10.22.

공사완료 후 수금한 돈을 회사에 입금하는 일의 반복이었다. 전창일의 일생 가운데 그 무렵이 가장 행복했을지도 모른다. 사랑하는 아내, 귀여운 자녀들… 평범했지만 평온한 가운데 세월이 흘러가고 있었다.

　공영토건 재직 시에 4월 혁명이 일어난다. 그리고 그의 삶은 격랑에 휩싸이게 된다. 그 이야기를 하기 전에 미곡상회 투자자였던 시기, 진보당과 관련된 경험담을 들어보기로 한다. 사실 진보당과 전창일은 아무런 관계가 없다. 조봉암 사형사건도 마찬가지다. 다만 진보당에 외상으로 쌀을 제공한 사연이 있다. 1948년 제정된 헌법과 1952년 개정된 헌법의 제55조는 대통령의 임기와 연임에 대하여 "대통령의 임기는 4년으로 한다. 단, 재선에 의하여 1차 중임할 수 있다."라고 규정하고 있다. 이 헌법 규정대로라면 이승만은 더 이상 출마할 수 없다. 이승만은 또다시 집권하기 위해 '초대에 한해서 중임을 철폐한다'는 내용이 담긴 개헌안을 제출했으나 부결되었다. 하지만 '사사오입의 원리'를 내세워 2차 개헌을 통과시키는데 이를 '사사오입 개헌'이라고 한다.[24] 아무튼, 이 헌법에 의해 1956년 5월 15일, 제3대 정·부통령 선거가 치러졌다. 이승만·이기붕이 자유당의 후보로 나섰고, 민주당의 후보는 신익희·장면 그리고 진보당은 조봉암·박기출을 후보로 선출했다.

　정·부통령선거전 과정에서 이승만의 3선을 막기 위한 범야권의 후보 단일화가 필요하다는 주장이 제기되었다. 이에 수차례의 막후협상을 통해 민주당이 진보당의 기본 정책 일부(①책임정치의 수립 ②수탈 없는 경제체제의 확립 ③평화통일)를 받아들여 대선공약으로 공표할 것을 전제

---

24 《대한민국 제3대 대통령 선거, 위키백과》

로 진보당의 정·부통령 후보자가 모두 사퇴한다는 합의에 도달하였다. 그러나 민주당과 진보당의 최종회담 전날인 5월 5일 신익희가 전남, 전북 지방을 유세하는 도중에 뇌일혈로 졸도·사망하는 사고가 발생했다. 신익희의 급서로 조봉암은 야권의 실질적인 대통령 단일후보가 되었지만, 부통령 후보는 내지 않았다. 민주당과의 합의를 지킨 것이다.

선거운동이 이상하게 흘러갔다. 민주당이 야권 단일후보인 진보당 조봉암을 지지하지 않고, 지지자들에게 신익희를 추모하는 뜻에서 무효표를 던질 것을 독려하는 추모표 캠페인을 벌였던 것이다. 반공·보수정당의 한계였다. 결국, 이승만이 제3대 대통령으로 선출되었다. 부통령은 민주당의 장면이 당선되었다. 4·19 이후의 비극이 이때부터 잉태되었던 것이다. 이승만 정권의 독재·부정선거 못지않게 민주당의 소아병적인 반공 노선이 이승만 정권의 독재연장에 큰 책임이 있었다는 얘기다.

진보당을 바라보는 민주당의 시선은 당 기관지역할을 하던 「동아일보」의 보도를 보면 짐작할 수 있다. "사창가 밀집지역인 양동에 조봉암의 선거사무실이 있다" "당원들은 한산한 사무실에서 낮잠을 자고 있다" "선거사무장 윤길중은 별로 하는 일도 없이 비밀실에 시종 앉아 있다" "진보당은 초

〈 그림135: 1956년 4월 23일 자 동아일보 〉

호산 전창일과 통일운동 77년사

조, 과신의 고민을 하고 있다" 등이 기사 내용이다.[25] 집권당인 자유당의 탄압과 제1야당인 민주당의 불신 속에 진보당 선거운동원들은 힘든 가운데 선거운동을 할 수밖에 없었다. 하지만 굶어가면서 일을 할 수는 없었을 것이다. 이쯤에서 전창일의 증언을 들어보자.

> 남산 아래 올라가는데 진보당 당사가 있었어요. 대통령 선거운동을 하는데 선거운동원들에게 식사를 제공해야 하잖아요. 남대문 시장 쌀집에서 쌀을 사 갔어요. 그런데 진보당이 쌀을 사가면 제때 돈을 주지 않으니 소매상들은 쌀을 주지 않았습니다. 그러니까 큰 도매상에 와서 가마로 쌀을 사 갔는데, 처음에는 돈을 주더니 다음부터는 돈을 주지 않아요. 당연히 도매상들도 쌀을 주지 않게 되었지요. 내가 한 번 가 보니까, 진보당 사람들이 사정하더라고. 그래서 내가 어이, 쌀 주라고. 얼마든지 외상 주라고 했어요. 그래 가지고 여러 가마의 쌀값을 떼였지, 진보당에…[26]

4·19 이후 통일운동에 참여하게 된 전창일은 진보당 출신 인사들을 많이 알게 된다. 그들과 담소할 때, "외상 쌀값 갚아라."하면서 함께 웃곤 했다고 한다.

---

25 초조·과신의 고민? 한산한 사무실에 낮잠 자는 당원들, 「동아일보」, 1956.4.23.
26 임미리 기록, 『1960년대 이후 통일운동가들의 통일운동 및 사회운동 경험, 전창일 구술』, 국사편찬위원회, 2014, 녹취록 3차-5. 미곡상회 투자금 떼임